300 BLUES ROCK & JAZZ LICKS FÜR GITARRE

Lerne 300 Licks im Stil der 60 größten Gitarristen der Welt

JOSEPH ALEXANDER

FUNDAMENTAL CHANGES

Gitarren-Licks: 300 Blues, Rock & Jazz Licks für Gitarre

Erlerne 300 Licks der klassischen Gitarre im Stil der 60 größten Spieler der Welt

ISBN: 978-1-78933-146-2

Veröffentlicht von **www.fundamental-changes.com**

Copyright © 2019 Joseph Alexander

Das moralische Recht dieses Autors wurde geltend gemacht.

Alle Rechte vorbehalten. Kein Teil dieser Publikation darf ohne vorherige schriftliche Genehmigung des Herausgebers vervielfältigt, in einem Abrufsystem gespeichert oder in irgendeiner Form und mit irgendwelchen Mitteln übertragen werden.

Der Herausgeber ist nicht verantwortlich für Websites (oder deren Inhalte), die nicht dem Herausgeber gehören.

www.fundamental-changes.com

Über 10.000 Fans auf Facebook: **FundamentalChangesInGuitar**

Tagge uns für einen Share auf Instagram: **FundamentalChanges**

Für über 350 kostenlose Gitarrenstunden mit Videos gehe zu

www.fundamental-changes.com

Copyright des Titelbildes: Shutterstock

Inhalt

Vorwort zur Zusammenstellung 6

„Im Stil von …?" Was bedeutet das?! 7

100 Klassische Blues-Licks für Gitarre 8

Hol dir das Audio 9

Wie du dieses Buch benutzt 10

T-Bone Walker 12

Elmore James 16

Albert King 20

B.B. King 24

Albert Collins 28

Freddie King 32

Otis Rush 36

Buddy Guy 40

Roy Buchananan 44

Jimi Hendrix 48

Mike Bloomfield 52

Johnny Winter 56

Eric Clapton 60

Peter Green 64

Rory Gallagher 68

Gary Moore 72

Robben Ford 77

Stevie Ray Vaughan 81

Joe Bonamassa 87

Derek Trucks 91

Beispiel Blues Solo Eins 95

Beispiel Blues Solo Zwei 97

Schluss und weitere Buchempfehlung... 98

100 Klassische Rock Licks für Gitarre 99

Wie man dieses Buch benutzt 100

Jimmy Page 101

Angus Young 105

David Gilmour 109

Billy Gibbons 113

Brian May 117

Keith Richards 122

Carlos Santana 126

Tony Iommi 130

Ritchie Blackmore 134

Duane Allman 139

Paul Kossoff 143

Jeff Beck 147

Lindsey Buckingham 152

Michael Schenker 157

Joe Walsh 161

Eric Clapton 165

Jimi Hendrix 169

Peter Green 173

Gary Moore 177

Tom Scholz 181

Komplette Solos 185

Schluss und weitere Buchempfehlung 191

100 Klassische Jazz Licks für Gitarre 192

Wie man dieses Buch benutzt 193

Hol dir das Audiomaterial 194

Django Reinhardt 195

Charlie Christian 199

Herb Ellis 203

Tal Farlow 208

Johnny Smith... 213

Wes Montgomery 218

Barney Kessel.. 222

Jimmy Raney 227

Joe Pass 232

Jim Hall 237

Kenny Burrell 242

Grant Green 246

Lenny Breau 250

John McLaughlin 255

George Benson 260

Pat Martino.. 265

Larry Carlton 269

John Scofield 274

Mike Stern.. 279

Pat Metheny 283

Beispiel Jazzgitarren-Solo 1.. 288

Beispiel Jazzgitarren-Solo 2.. 290

Fazit.. 292

Andere Jazz-Bücher von Fundamental Changes 293

Vorwort zur Zusammenstellung

Diese Zusammenstellung von über 300 Gitarren-Licks vermittelt dir alles, was du über die moderne Musiksprache des 20. und 21. Jahrhunderts wissen musst. Obwohl diese Licks nicht transkribiert wurden, bringen sie dich so nah wie möglich an die Sprache der Gitarristen, die vier Generationen definiert haben.

Diese Zusammenstellung enthält die Bücher:

100 klassische Blues-Licks für Gitarre

100 klassische Rock-Licks für Gitarre

und

100 klassische Jazz-Licks für Gitarre

Jedes Buch beschreibt die Stile von 20 der größten Gitarristen ihres Genres und bringt dir fünf Licks von jedem ikonischen Spieler bei, zusammen mit einer detaillierten Biographie und Informationen zum Aufbau.

Du wirst feststellen, dass einige Spieler, wie Eric Clapton, zweimal auftauchen, weil sie mehr als einem Stil definierten. Zum Beispiel war Claptons Arbeit mit den Blues Breakers genauso wichtig, aber völlig anders als seine Arbeit mit Cream.

Ich bin sicher, dass du viel von der Arbeit mit diesem Buch bekommen wirst und es wird dich für die nächsten Jahre beschäftigen!

Genieße die Musik und habe Spaß.

Joseph

„Im Stil von …?" Was bedeutet das?!

Um dieses Buch zu schreiben, sind wir ganz in die Musik der einzelnen Künstler eingetaucht und haben Stunden damit verbracht, Hunderte von Stücke anzuhören. Während diese hundert Licks nicht direkt von den Platten übertragen wurden, sind sie etwa so stilistisch präzise, wie wir sie machen können. Jeder der fünf Licks für jeden Künstler ist so konzipiert, dass er dessen Herangehensweise an das Solo in ein paar Takten zusammenfasst.

Die Idee ist, dass dir (zum Beispiel) ein B.B. King-Lick ein „Ahhhh! Ja, das ist definitiv B.B.!" entlocken sollte.

Natürlich ist es unmöglich, einen Gitarristen in nur fünf Phrasen zu beschreiben. Die hier vorgestellten Musiker sind alle unglaublich talentierte, komplexe Persönlichkeiten mit großem Vokabular und großer Tiefe. Jedem einzelnen könnte ein ganzes Buch gewidmet werden ... Vielleicht werden wir alle das eines Tages schaffen.

Die hier vorgestellten Phrasen sind ein Ausgangspunkt für deine Erkundung der einzelnen Gitarristen. Wenn du alle Beispiele in diesem Buch durcharbeitest und sie richtig übst, wirst du ein mächtiges Arsenal an Blues-Vokabular aufbauen und auf dem besten Weg sein, deinen eigenen Stil zu entwickeln. Genau wie die Sprache entwickelst du dein eigenes Vokabular, indem du die Worte anderer lernst.

Du hast dieses Buch vielleicht als Abkürzung gekauft, um Blues-Lead-Gitarre zu spielen. Wir sind zuversichtlich, dass es dir helfen wird, insbesondere bei den stilistischen Aspekten jedes einzelnen Gitarristen. Der größte Teil des Blues-Vokabulars basiert auf Pentatonik, aber die Art und Weise, wie jeder Gitarrist jede Phrase persönlich und einzigartig macht, ist wahrscheinlich die größte Einsicht, die dieses Buch dir geben kann.

Die beste Einübung, die du tun kannst, ist, die Soli deiner Lieblingskünstler zu transkribieren. Schalte das Handy aus, schließe Facebook und setze dich einfach mit deiner Gitarre hin, um herauszufinden, welche Licks du liebst. So wie du die Sprache deiner Eltern nachahmen kannst, wirst du allmählich ein eigenes Vokabular in dem Stil entwickeln, den du liebst.

Wenn du transkribierst (und dieses Buch studierst), wähle die Zeilen aus, die dich anspringen, und erlerne sie Note für Note, genau wie du es als Baby getan hast, als du herausgefunden hast, wie du die ersten Töne machen kannst.

Lade bitte dann das Audiomaterial für das Buch herunter. Musik vom Blatt zu lesen ist eine Sache, aber man muss wirklich jeden Lick hören, um ein Gefühl dafür zu bekommen, wie er gespielt wird. Beim Blues dreht sich alles um das Gefühl, und während die Notation dir die Noten zeigt, gibt dir das Audio die wichtige Phrasierung und Nuance. Anweisungen, wie du das Audio kostenlos erhältst, findest du auf der nächsten Seite.

Vor allem aber viel Spaß beim Erkunden der Musik dieser unglaublichen Blues-Gitarristen. Wende alles musikalisch an und konzentriere dich darauf, nur das zu lernen, was du gerne hörst.

Wir hatten eine Menge Spaß bei der Zusammenstellung dieses Buches. Ich hoffe, es ist genauso angenehm, daraus zu lernen, und bietet einen einzigartigen Einblick in die Musik der Gitarristen, die du liebst.

Viel Erfolg!

Joseph

100 Klassische Blues-Licks für Gitarre

Lerne 100 Blues-Gitarrenlicks im Stil der 20 besten Gitarristen der Welt.

Veröffentlicht von **www.fundamental-changes.com**

Copyright © 2019 Joseph Alexander

Das moralische Recht dieses Autors wurde geltend gemacht.

Alle Rechte vorbehalten. Kein Teil dieser Publikation darf ohne vorherige schriftliche Genehmigung des Herausgebers vervielfältigt, in einem Abrufsystem gespeichert oder in irgendeiner Form und mit irgendwelchen Mitteln übertragen werden.

Der Herausgeber ist nicht verantwortlich für Websites (oder deren Inhalte), die nicht dem Herausgeber gehören.

www.fundamental-changes.com

Über 10.000 Fans auf Facebook: **FundamentalChangesInGuitar**

Instagram: **FundamentalChanges**

FundamentalChangesInGuitar

Für über 350 kostenlose Gitarrenlektionen mit Videos Anschauen

www.fundamental-changes.com

Urheberrecht des Titelbildes: Shutterstock: Andrzej Sowa

Hol dir das Audio

Die Audiodateien zu diesem Buch stehen unter **www.fundamental-changes.com.** zum kostenlosen Download bereit. Der Link befindet sich oben rechts in der Ecke. Wähle einfach diesen Buchtitel aus dem Dropdown-Menü aus und befolge den Anweisungen, um das Audio zu erhalten.

Wir empfehlen dir, die Dateien zunächst direkt auf deinen Computer und nicht auf dein Tablet herunterzuladen und dort zu extrahieren, bevor du sie zu deiner Medienbibliothek hinzufügst. Du kannst sie dann auf dein Tablet, dein iPod ziehen oder auf CD brennen. Auf der Download-Seite gibt es ein Hilfe-PDF, und wir bieten auch technischen Support über das Kontaktformular.

Kindle / eReader

Um das Beste aus diesem Buch herauszuholen, denke daran, dass du **auf jedes Bild doppelklicken kannst, um es zu vergrößern**. Schalte die Spaltenansicht aus und halte deinen Kindle im Querformat.

Hol dir jetzt dein Audio kostenlos:

Es macht das Buch lebendig und du wirst viel mehr lernen!

www.fundamental-changes.com/download-audio

Wenn du ein Problem hast, melde dich bitte, bevor du eine negative Bewertung schreibst. Am Ende dieses Buches findest du eine E-Mail-Adresse.

Die sehr wenigen negativen Bewertungen, die wir erhalten, basieren in der Regel auf audio/technischen Problemen, die wir für dich schnell lösen können. Es ist wirklich frustrierend, eine schlechte Bewertung bei Amazon für etwas zu bekommen, bei dem wir leicht helfen können.

Wie du dieses Buch benutzt

Mein Tipp ist, dir deinen Lieblingsgitarristen auszusuchen und direkt in seine Licks einzutauchen. Achte auf die Akkorde, über die jeder Lick gespielt wird, da sie einen tiefgreifenden Einfluss auf das Gefühl der Melodie haben. Sobald du einen grundlegenden Überblick über den Lick hast, spiele ihn zusammen mit der zugehörigen Begleitspur, um ein Gefühl für die Idee zu bekommen (auch wenn du ihn mit 1/4 der Geschwindigkeit spielen musst), bevor du ihn noch einmal isolierst, um ihn mit einem Metronom auf die normale Geschwindigkeit zu bringen.

Wenn du selbstbewusst bist, versuche, die Linie auf verschiedene Weise zu spielen. Du kannst den Lick an verschiedenen Stellen im Takt beginnen und mit verschiedenen Phrasierungen experimentieren. Wie wäre es mit Sliding statt Bending? ... Oder der Hammer-on-Technik statt einem Picking? Wie kannst du jeden Lick zu deinem eigenen machen?

Schließlich kannst du jeden Lick als Grundlage für deine eigenen Soli verwenden. Lerne, den Lick zu entwickeln, indem du Noten änderst, platzierst, formulierst, erweiterst, kontrahierst ... es gibt Hunderte von Möglichkeiten, eine musikalische Phrase zu ändern, also vertraue deinen Ohren und hab Spaß – es ist unmöglich, einen Fehler zu machen! Behandle jeden Lick wie einen Samen eines Solos und lass dich überraschen, wohin er dich führt.

Mein Buch **Blues Guitar Melodic Phrasing** geht sehr ausführlich auf all diese Konzepte und noch viel mehr ein. Es lehrt dich, wie du eine persönliche musikalische Sprache mit Seele und großartiger Phrasierung entwickeln kannst. Du erfährst dort alles über das Placement und Displacement und ich empfehle sie als idealen Begleiter zu diesem Buch.

Viele Blues-Licks werden mit Noten aus der Moll-Pentatonik-Tonleiter gebildet. Wenn diese Idee neu für dich ist, mach dir keine Sorgen, man muss die Theorie nicht verstehen, um Musik zu machen, aber mein Buch **The Practical Guide to Modern Music Theory for Guitarists** wird dir einen großen Beitrag leisten, diese Konzepte zu verstehen.

Einige der Licks von schnelleren Gitarristen wie Gary Moore, Stevie Ray Vaughan und Joe Bonamassa sind technisch anspruchsvoll, da sie schnell gespielt werden und viele schnelle Notenunterteilungen beinhalten. Wenn diese Licks zu schnell für dich sind, mach dir keine Sorgen, denn es ist ein langfristiges Ziel, sie in Tempo zu spielen.

Es gibt immer viel zu lernen, auch wenn man nur einen kleinen Teil davon nimmt und es mit langsamerer Geschwindigkeit spielt. Du wirst feststellen, dass die verwendeten Formen und die allgemeine Stimmung der Linie für dich viel nützlicher sein werden, als monatelang daran zu arbeiten, einen Lick in vollem Tempo zu perfektionieren.

Wenn du deine Geschwindigkeit oder einen anderen Aspekt deiner Gitarrentechnik verbessern möchtest, empfehle ich dir wärmstens unsere meistverkauften Bücher **Complete Technique for Modern Guitar** und **The Guitar Finger Gym**.

Ein Hinweis zum Klang

Bei der Zusammenstellung dieses Buches war sofort klar, dass die Sprache vieler Blues-Meister (in Bezug auf die Wahl der Tonleiter) bemerkenswert ähnlich war. Abgesehen von ihren Phrasierungsunterschieden, war das Einzige, was sich wirklich von anderen Gitarristen unterschied und dazu beitrug, jeden Spieler zu identifizieren, der tatsächliche Gitarrenklang.

Im Blues ist der Gitarrensound so einzigartig und persönlich, dass er dein Spiel völlig anders klingen lässt. Der gleiche Lick, der mit einem gesättigten modernen Drive gespielt wird, klingt völlig anders (und bringt dich an einen anderen kreativen Ort) als ein Fender Twin, der gerade kurz vor dem Auseinanderbrechen ist.

Wir haben uns sehr bemüht, den richtigen Ton für jede Audioaufnahme zu finden, und wir empfehlen dir, zu versuchen, zumindest die Sounds der Downloads zu kopieren. Jede Biographie gibt dir Amp- und Gitarrenvorschläge und das Experimentieren macht viel Spaß. Pete und ich schwören beide auf die Scruffham Amp Modeling Software als preiswerte Soundbibliothek. Schauen sie dir unter **www.scuffhamamps.com** an.

T-Bone Walker

Aaron Thibeaux ‚T-Bone' Walker, wurde 1910 in Texas, USA, geboren. Als Jugendlicher lernte Walker mehrerer Instrumente, darunter Klavier, Geige, Banjo und Ukulele, da seine beiden Eltern und sein Stiefvater Musiker waren.

Walker begann seine musikalische Karriere als Teenager und seine Familie war mit Blind Lemon Jefferson befreundet, einem der beliebtesten Blues-Künstler der 1920er Jahre. Jefferson beeinflusste Walker, eine Karriere in der Musik zu verfolgen, und im Alter von 15 Jahren war er ein professioneller Künstler, der auf dem Southern Blues Circuit arbeitete.

Sein Plattendebüt gab er 1929 bei Columbia Records und arbeitete im Alter von 25 Jahren regelmäßig in Clubs in Los Angeles sowohl als Sänger als auch als Gitarrist. In den 1940er Jahren trat Walker in Chicago auf und seine bekannteste Komposition „Call It Stormy Monday" stammt aus dieser Zeit. Viele seiner bekanntesten Werke entstanden in den späten 1940er und 1950er Jahren, während er für Black and White Records, Imperial Records und das Atlantic Label aufnahm.

In den frühen 1960er Jahren erlebte Walker einen kommerziellen Rückgang in seiner Karriere, obwohl er immer noch mehrere von der Kritik gefeierte Soloalben produzierte. Schließlich erhielt er 1971 für Good Feelin' einen Grammy. Mitte der 70er Jahre ging es Walker jedoch gesundheitlich zunehmend schlechter und erlitt 1974 einen Schlaganfall, bevor er 1975 leider im Alter von nur 64 Jahren starb.

T-Bone Walker ist einer der einflussreichsten Blues-Gitarristen des 20. Jahrhunderts und wurde von Chuck Berry, B.B. King und Jimi Hendrix sehr geschätzt. Er wird allgemein als der erste bemerkenswerte E-Blues-Gitarrist angesehen und war live auf der Bühne ein großartiger Showman. Viele der Bühnenakrobatik, für die Chuck Berry und später Jimi Hendrix so bekannt waren, wurden direkt aus Walkers eigenen Live-Routinen übernommen, wie z.B. Gitarre hinter seinem Rücken und mit den Zähnen zu spielen.

Einige seiner Songs wurden von bekannten Rock- und Blueskünstlern aufgenommen, allen voran „Call It Stormy Monday", der sowohl von Bobby Bland als auch von der Allman Brothers Band auf ihrem 1971er Fillmore Live-Album aufgenommen wurde. Walkers Vermächtnis wird immer noch jedes Jahr in Texas mit dem T-Bone Walker Blues Festival gefeiert.

Walker wurde hauptsächlich mit frühen Gibson-Hohlkörpergitarren in Verbindung gebracht, beginnend mit dem ES-250, dann später mit den Modellen ES-5 und ES-335, als Gibsons Produktion von Halbresonanz-Gitarren expandierte. Für Verstärker bevorzugte er im Allgemeinen einen klaren Klang entweder von einem frühen Gibson EH-130 oder einer Fender 4x10 Bassman Combo.

T-Bone Walkers Anwendung der Blues-Tonleiter beeinflusste viele spätere Rock- und Blues-Gitarristen und er nahm manchmal Elemente des Jazz in sein Spiel mit auf. Als dünne Saitenstärken weit verbreitet wurden, begann er, das weiträumige Bending zu erforschen, was zum Merkmal der modernen Bluesgitarre geworden ist.

Walker wird oft zugeschrieben, dass er die E-Blues-Gitarre als legitimes Soloinstrument in der Öffentlichkeit bekannt gemacht hat, anstatt sie auf eine rein rhythmische Rolle zu beschränken.

Hörempfehlung

T-Bone Walker – Complete Imperial Recordings 1950 - 1954

T-Bone Walker - T-Bone Blues

T-Bone Walker – Good Feelin'

T-Bone Walker – Every Day I have the Blues

T-Bone Walker Style Blues Licks

Diese Licks sind in der Tonart G geschrieben.

Beginnend mit einem G9-Akkord ohne Grundton, der ohne die Begleitspur etwas ungewöhnlich klingen mag, verwendet die erste T-Bone Walker-Linie durchgängig die G-Moll-Pentatonik. Nach einer Reihe von wiederholten Bends mit dem dritten Finger führt die zweite Hälfte des Taktes Zwei eine pentatonische Phrase ein, die die Grundlage für Licks eines jeden großen Bluesgitarristen bildet.

Beispiel 1a:

Diese Linie beginnt mit einem einfachen Abstieg nach unten in Form einer der Moll-Pentatonik-Tonleitern, aber der etwas anspruchsvollere Teil ist die zweite Hälfte der Linie, wo sich die Melodie verdoppelt und die G-Blues-Tonleiter absteigt. Benutze auf der fünften Saite die Finger Drei, Zwei, dann Eins, dann deinen kleinen Finger auf der unteren Saite, bevor du mit dem zweiten Finger wieder zum C# (4) springst.

Beispiel 1b:

Beispiel 1c ist eine lyrische, springende Linie und du solltest sicherstellen, dass du jede Note für ihren vollen Wert hältst. Der erste Satz ist ein gängiger kleine zu große Terz Hammer-On, den du im Blues und in der Country-Musik ständig hören wirst. Die Saite springt zum Grundton auf der ersten Saite und leitet den entfernten Slide mit dem zweiten Finger in den 9. Bund (E) ein. Das E ist die große Terz des C9-Akkords und zielt auf den Akkordwechsel ab.

Ich spiele die ‚11' in Takt zwei mit meinem dritten Finger, aber du kannst deine 4h nutzen, um den Rest der Linie etwas logischer zu organisieren.

Beispiel 1c:

Die nächste Linie bewegt sich von G-Dur-Pentatonik in der ersten Hälfte des Taktes Eins zu G-Moll-Pentatonik in der zweiten. Es gibt auch eine zusätzliche Mixolydische Note im letzten Beat, schau, ob du sie hören kannst. Der zweite volle Takt verwendet einen Bend, um die große Terz des C9-Akkords zu erreichen, während er einen statischen Ton (die b7) auf der hohen E-Saite hält. Das Halten dieser Note und das gleichzeitige Bending ist etwas unangenehm, so dass du vielleicht die höhere Note weglassen möchtest. Verwende den vierten Finger, um die ‚6' zu halten und bende mit dem zweiten Finger. Leg den ersten Finger auf die Saite dahinter, um sie zu stützen.

Beispiel 1d:

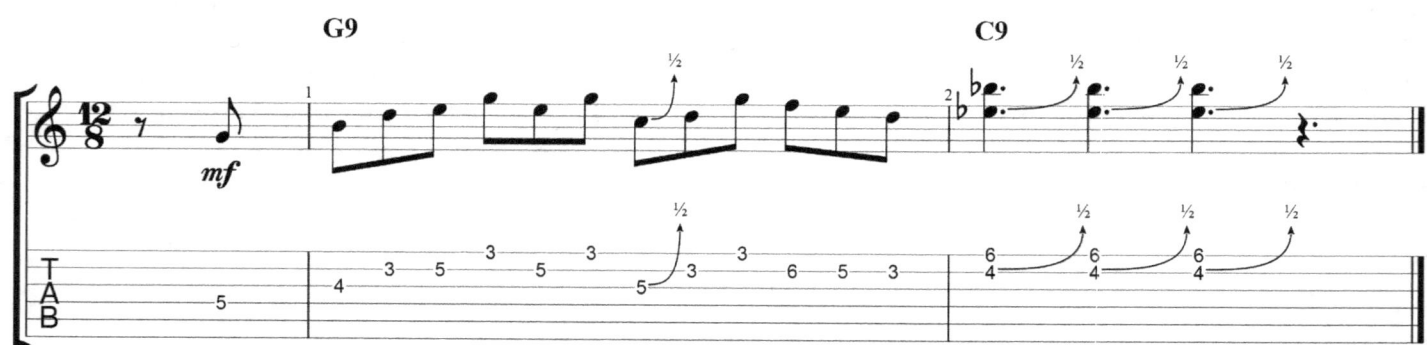

Die gleiche Bending-Bewegung tritt am Ende des letzten T-Bone-Beispiels auf und ist mit einem wiederholten Doppelstopp (zwei gleichzeitig gespielte Noten) auf den mittleren beiden Saiten eingeleitet. Um mehr Leben hinzuzufügen, versuche, ein breites Vibrato hinzuzufügen und in die erste der jeweils drei Triolen zu gleiten. Takt Vier enthält wieder den klischeehaften Blues-Lick.

Beispiel 1e:

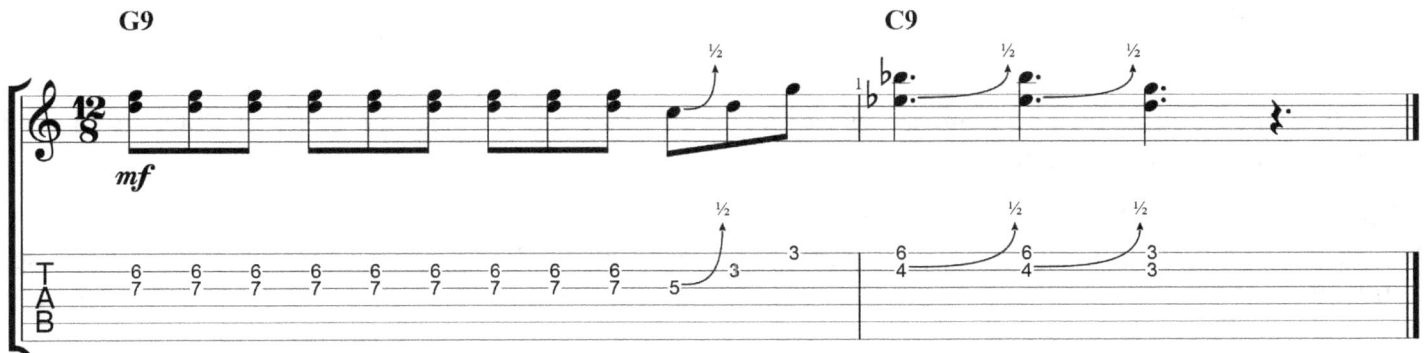

Elmore James

Elmore James, einer der einflussreichsten Slide-Gitarristen und Blues-Songwriter des 20. Jahrhunderts, wurde 1918 in Richland, Mississippi, USA, als Elmore Brooks geboren. Er wurde ein bedeutender Einfluss auf viele nachfolgende Blues- und Rockkünstler, von denen einige sein Material coverten. James' Slide-Gitarren-Stil beeinflusste viele Spieler seit seinem Tod und er war ein besonderer Favorit von Jimi Hendrix, Roy Buchananan, Duane Allman und Brian Jones of the Rolling Stones.

Als unehelicher Sohn einer 15-jährigen Erntehelferin namens Leola Brooks aufgewachsen, war sein Vater höchstwahrscheinlich ein Mann namens Joe Willie ‚Frost' James, und Elmore übernahm seinen Nachnamen. Er begann schon im Alter von 12 Jahren mit einem rudimentären Einsaiterinstrument, einem Diddley Bow (oder Jitterbug), das an einer Hüttenwand aufgehängt war. Schon als Teenager trat er regelmäßig bei lokalen Tänzen unter den Künstlernamen Joe Willie James und Cleanhead auf.

Während des Zweiten Weltkriegs trat James der Marine der Vereinigten Staaten bei, wurde zum Steuermann befördert und nahm an der Invasion von Guam während der Pazifikkampagne teil. Nach seiner Entlassung kehrte er ins Zentrum von Mississippi zurück und ließ sich mit seinem Adoptivbruder Robert Holston in der Stadt Kanton nieder.

In Holstons Elektrogeschäft arbeitete er und kreierte seinen einzigartigen E-Gitarren-Sound mit Ersatzteilen aus dem Geschäft und einer ungewöhnlichen Platzierung von zwei DeArmond Pickups. Zu dieser Zeit erfuhr James auch, dass er ein ernsthaftes Herzproblem hatte, das einen Großteil seines späteren Lebens beeinflussen würde.

James' Schreiben und Spielen wurde stark von frühen Blues-Meistern wie Robert Johnson, Tampa Red und Kokomo Arnold beeinflusst, und er nahm später mehrere Kompositionen von Red auf.

Elmore James begann im Januar 1951 mit den Aufnahmen für das Trumpet Records Label und begann als Sideman für Sonny Boy Williamson und auch für Willie Love. Sein Debüt als Session Leader gab er im August 1951 mit seinem bekanntesten Song „Dust My Broom" (ursprünglich von Robert Johnson komponiert). Dieses Stück wurde 1952 zu einem unerwarteten Chart-Erfolg.

James löste kurz darauf seinen Vertrag mit Trumpet Records auf, um bei den Bihari Brothers zu unterschreiben, ein Schritt, der von ihrem Talentsucher Ike Turner eingeleitet wurde, der bei einigen seiner Aufnahmen Gitarre und Klavier spielte.

Mitte der 1950er Jahre nahm James für eine Vielzahl anderer Plattenfirmen auf, darunter Flair Records, Modern Records und Meteor Records. Außerdem spielte er Leadgitarre bei dem 1954er Hit „TV Mama".

1959 nahm James für Fire Records auf und veröffentlichte einige seiner bekanntesten Werke, darunter „The Sky Is Crying" und „Shake Your Moneymaker". Diese Songs wurden später zu beliebten Coversongs für Künstler wie Fleetwood Mac und Stevie Ray Vaughan.

Elmore James starb im Mai 1963 im Alter von 45 Jahren an einem Herzinfarkt, während er sich gerade auf eine Europatournee vorbereitete.

James' Auswahl an Gitarren und Verstärkern war bemerkenswert einfach und bevorzugte in der Regel eine Kay-Akustikgitarre mit einem DeArmond-Pickup über dem Schallloch oder manchmal eine Silvertone Solid Body Gitarre. Für die Verstärkung soll er eine frühe Gibson-Kombination verwendet haben. Wie viele Slide-Gitarristen favorisierte James die Verwendung offener Stimmungen.

Er spielte häufig in der offenen D-Stimmung (wie in „Dust My Broom" verwendet), die D A D F# A D (von niedrig auf hoch gestimmt) ist.

Hörempfehlung

Elmore James – Blues After Hours

Elmore James – Dust My Broom

Elmore James – The Sky is Crying

Elmore James – King of the Slide Guitar

Elmore James Style Blues Licks

Diese Licks sind in der Tonart D geschrieben.

Der erste Elmore James Lick basiert auf einem einfachen D-Dur-Dreiklang, um den Akkord zu umreißen. Es klingt auch toll, wenn man es mit einem Glissando spielt, man rutscht einfach bis zum 15. Bund, anstatt den 13. in Takt Zwei zu benden.

Beispiel 2a:

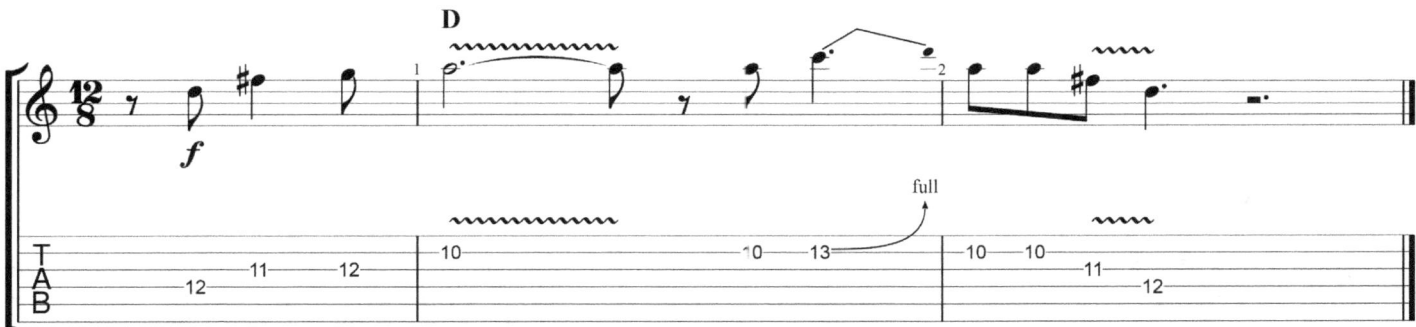

Beispiel 2b beginnt mit einer weiteren großen Dreiklangidee, diesmal mit einem anmutigen Hammer-On von Moll zur großen Terz, und setzt sich mit einer absteigenden mixolydischen Idee in der zweiten Hälfte des Taktes fort. Ich sage Mixolydisch, aber das könnte genauso gut als Kombination von Dur- und Moll-Pentatonik gesehen werden. Die ‚12' in Takt 3 ist die Note, die schwer zu kategorisieren ist. So oder so, lerne den Klang und verwende ihn in deinen eigenen Improvisationen.

Versuche, von der ‚7' in Takt Zwei nach unten und von dort nach oben zu gleiten, bemerke den Unterschied im Timing zwischen den Hammer-Ons in Takt Eins und Zwei.

Beispiel 2b:

Der dritte Elmore James Lick ist in offener D-Stimmung; DADF#AD von niedrig bis hoch. Er besteht ausschließlich aus einem rhythmischen D-Dur-Akkord mit einer Moll-zu-Dur-Bewegung, der auf der dritten Saite gespielt wird.

Beispiel 2c:

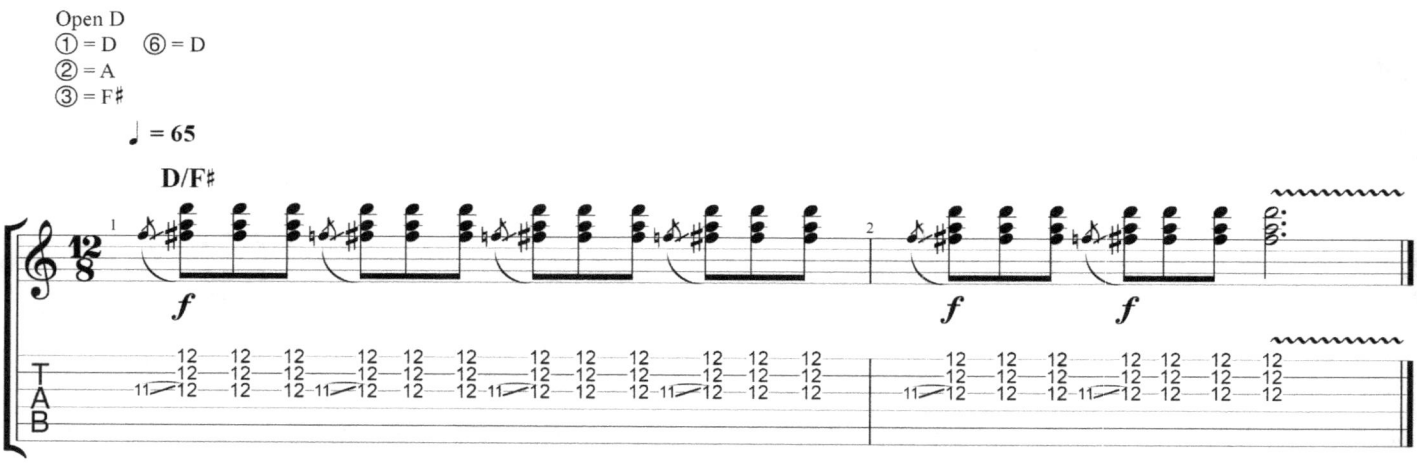

Als nächstes folgt eine lange, langsame Linie, die aus großzügigen Bends besteht, die schön phrasiert sind. Das erste Bending-und-Release erfolgt von der zweiten Tonstufe der D-Dur-Pentatonik (E) bis zur dritten (F#). Dies ist im Blues etwas weniger verbreitet als ein Bend auf der b3, aber hier klingt es schön. In der zweiten Hälfte von Takt Eins wird die üblichere b3-Kurve gespielt, bevor auf Bending-und-Release von der 4. Tonleiter (G) zur 5. Tonleiter (A) hinunter geglitten wird.

Beispiel 2d:

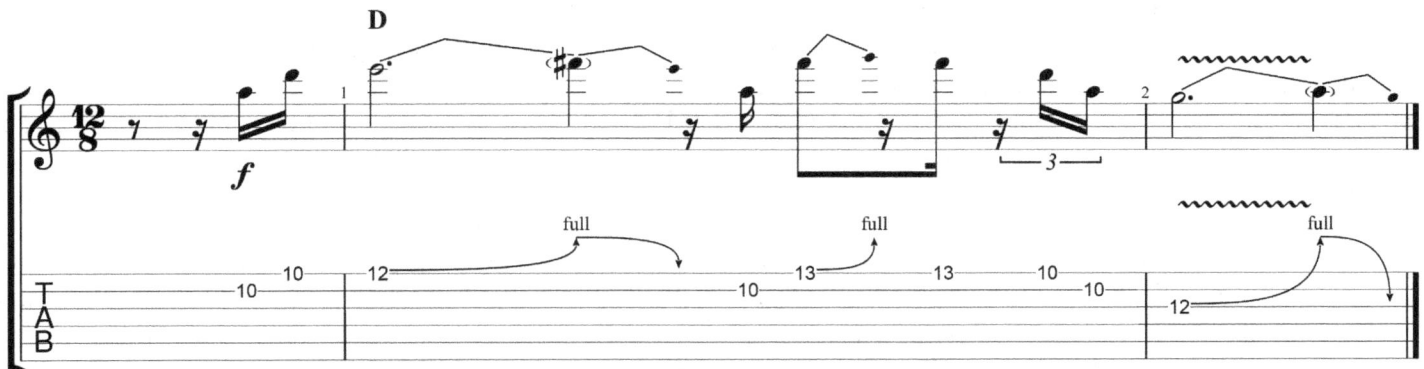

Beispiel 2e zeigt, wie Melodie verwendet werden kann, um Akkordfolgen zu dekorieren und zu umreißen. Beachte, wie der Doppelstopp jedes Mal unterschiedlich mit Slides und Hammer-ons angegangen wird. Füge ein subtiles Vibrato hinzu, um diese einfache Linie schimmern und glänzen zu lassen.

Beispiel 2e:

Albert King

Albert King wurde 1923 auf einer Baumwollplantage in Mississippi, USA, als Albert Nelson geboren. Er begann seine musikalische Karriere mit dem Singen von Gospelmusik in der Kirche, während er auf dortigen Feldern arbeitete und Baumwolle pflückte. King wurde wegen seiner schieren Größe und seines gefühlvollen Gesangsstils als „Velvet Bulldozer" bezeichnet. Er war angeblich zwischen 6,4 Zoll und 6,7 Zoll groß und wog etwa 250 Pfund. Zusammen mit B.B. und Freddy King gilt er als einer der „Three Kings" des Electric Blues, obwohl er mit keinem von beiden verwandt war und einfach ihren Nachnamen übernahm.

In seiner frühen Karriere spielte er in Arkansas, Indiana und Missouri, bevor er Anfang der 1950er Jahre nach Chicago zog. Seine erste Single veröffentlichte er 1953, aber erst 1963 fand er kommerziellen Erfolg mit „Don't Throw Your Love On Me So Strong". Nach einer Reihe von Labelwechseln und enttäuschenden Einzelverkäufen zog King nach Memphis, wo er sich dem berühmten Stax-Label anschloss und mit der legendären Session-Gruppe Booker T & the MGs aufnahm.

King nahm viele Singles mit der Gruppe auf, darunter seine bekannteste Aufnahme „Born Under a Bad Sign", die von vielen anderen Blues- und Rockkünstlern aufgenommen wurde. Die Aufnahmen, die King zu dieser Zeit machte, zählen zu seinen besten Werken und die ausgefeilten R&B-Produktionen bei Stax machten sie extrem radiofreundlich. Kings Album „Live Wire/Blues Power" (aufgenommen in Bill Grahams Fillmore Auditorium) half King, die Aufmerksamkeit vieler zeitgenössischer, von Blues beeinflusster Rockgitarristen wie Eric Clapton, Gary Moore und Stevie Ray Vaughan zu gewinnen.

In den 1970er Jahren wurde King zunehmend von der Funkmusik beeinflusst und in dem Versuch, den kommerziellen Erfolg aufrechtzuerhalten, produzierte er eine Reihe von Alben, die Streicharrangements und funkgesteuerte Rhythmusgitarrenparts enthielten. 1975 hatte King Vertragsprobleme mit dem Stax-Label, das schließlich Konkurs anmeldete. Er wechselte zu einem anderen Label, bevor er eine vierjährige Aufnahmepause machte.

King kehrte in den 1980er Jahren zum Blues zurück, was zum Teil auf das erneute Interesse an dem Genre zurückzuführen war, das von Spielern wie Stevie Ray Vaughan geschaffen wurde, und trotz wachsender gesundheitlicher Probleme ging er weiter auf Tournee. Er nahm 1984 sein letztes Studioalbum auf und trat bis zu seinem Tod 1992 nach einem Herzinfarkt live auf.

King war bekannt für seinen einzigartigen Sound und seinen unverwechselbaren Spielstil. Seine Wahl der Gitarre war eine Gibson Flying ‚V', von der er später ein Signaturmodell anfertigen ließ. Sein Gitarrenklang war im Allgemeinen ziemlich sauber, obwohl er mit etwas leichtem Overdrive experimentierte, um einen wärmeren und stimmlicheren Klang zu erzeugen.

Normalerweise stimmte er seine Gitarren vom Konzertpitch ab und spielte oft in einer offenen Stimmung, obwohl die Berichte über die tatsächlich verwendeten Tonhöhen variieren. King benutzte am häufigsten einen akustischen Festkörper-Verstärker mit zwei 15-Zoll-Lautsprechern. Er benutzte selten Effektpedale, setzte aber gelegentlich später in seiner Karriere einen MXR Phase 90 ein.

Unterscheidend war, dass er eine Rechtshänder-Gitarre benutzte, diese aber verkehrt herum in einer Linkshänderstellung spielte. Dies bedeutete, dass die Saiten in umgekehrter Reihenfolge zu einem regelmäßig gestimmten Instrument angeordnet wurden, was ihn dazu veranlasste, einzigartig klingende Blues-Bends zu kreieren, die auf einer konventionell gestimmten Gitarre schwer nachzubilden sind. King besaß angeblich unglaublich starke Hände, die es ihm erlaubten, die Saiten weiter in der Tonhöhe zu biegen als andere Gitarristen in dem Bereich.

Kings Vibrato- und Saitenbiegeansatz wurde von vielen Rock- und Blues-Gitarristen kopiert und hatte auf Stevie Ray Vaughan einen großen Einfluss.

Hörempfehlung

Albert King - King of the Blues Guitar

Albert King - I'll Play the Blues For You

Albert King - Live Wire/Blues Power

Albert King - I Wanna Wanna Get Funky

Albert King Style Blues Licks

Diese Licks sind in der Tonart A geschrieben.

Der schnelle, gerade 4/4 Backing in der Tonart A verleiht diesen Licks mehr Rock-Aroma und du wirst deinem Verstärker ein wenig Overdrive hinzufügen wollen, um das richtige Gefühl zu bekommen.

Die erste Albert King Linie ist eine freche, mutige Aussage in a-Moll-Pentatonik, die den Rahmen für ein ganzes Solo bilden könnte. Es gibt nicht viel zu sagen; hör dir das Audio an, um das Gefühl zu bekommen, und experimentiere mit der Länge und dem Timing der Bends.

Beispiel 3a:

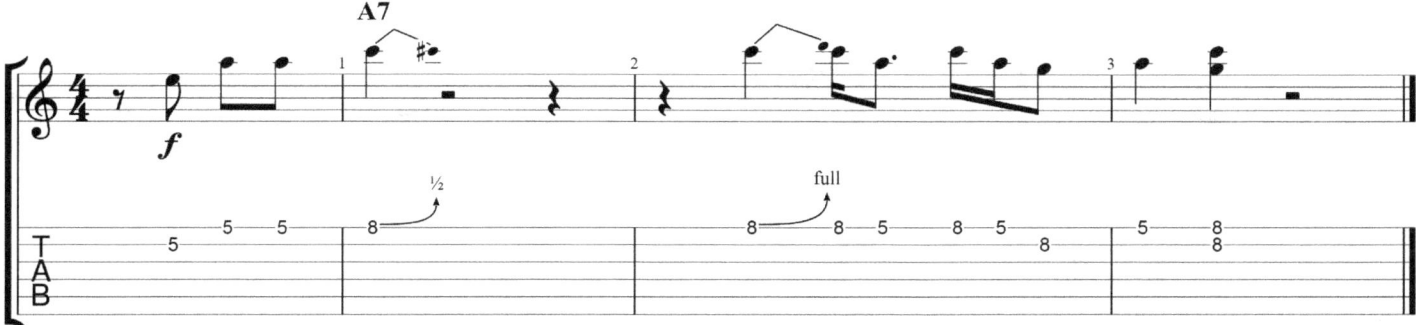

Lick Zwei ist eine weitere aggressive Idee, also schlage hart mit deinem Pick und spiel es ‚wütend'! Sie basiert auf der zweiten Form der Moll-Pentatonik-Tonleiter (genannt „The B.B. Box"; benannt nach B.B. Kings Lieblingsbereich der Gitarre zum Spielen) und enthält nichts anderes als eine auf- und absteigende Tonleiteridee mit einigen Bends und Vibrato. Wenn du die richtige Einstellung hast, wird die Phrasierung folgen.

Beispiel 3b:

Zurück in Form Eins, ist diese Linie trügerisch knifflig. Die ersten vier 1/2-Ton-Bends sind in Ordnung, aber die fünfte ist ein Vollton-Prebend, das eine gewisse Genauigkeit erfordert. Die zweite Hälfte des Taktes Zwei weist einige Pull-Offs auf, die ein Vorläufer von Jimi Pages Spiel mit Led Zeppelin sein könnten. Benutze deinen ersten und dritten Finger überall.

Beispiel 3c:

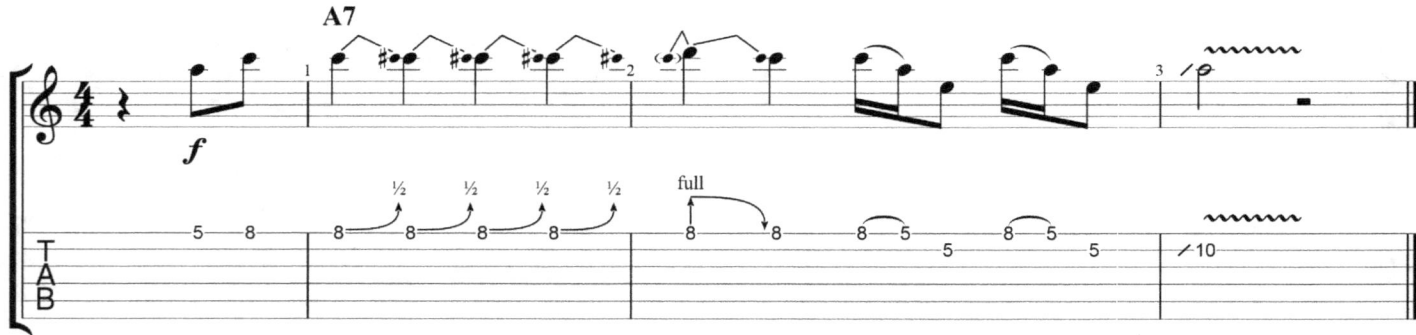

Lick Vier beginnt mit einer Moll-Pentatonik Blues Staple; ein Bending auf der dritten Saite, dann ein Mini-Barré über die zweite und erste Saite, bevor sie auf dem b7 der Tonleiter (G) endet. Eine ähnliche Idee wird in Takt Zwei gespielt, klingt aber ohne die Bendings ganz anders. Füge wie immer den längeren Noten ein Vibrato hinzu.

Beispiel 3d:

Die letzte Albert King Linie beginnt mit einer ähnlichen Idee wie in Beispiel 3d, aber diese ist etwas anspruchsvoller. Du musst dir das Audio anhören, um das Timing zu bestimmen und den Unterschied zwischen den vollen und 1/4-Ton-Bendings in Takt Zwei zu hören.

Beispiel 3e:

B.B. King

Riley Benjamin „B.B." King wurde 1925 in Mississippi, USA, geboren und ist einer der einflussreichsten und kommerziell erfolgreichsten Bluesmusiker aller Zeiten. Als Sohn von Farmpächtern wurde er von seiner Großmutter aufgezogen, nachdem sich seine Eltern getrennt hatten. Seine ersten musikalischen Erfahrungen sammelte er als Mitglied eines Gospelchores.

Kings Interesse an der Gitarre scheint etwa im Alter von 12 Jahren begonnen zu haben, als er seine erste Gitarre erwarb. Er interessierte sich für die Bluesmusik, die er im Radio hörte, und Ende der 1940er Jahre trat er regelmäßig auf und baute eine begeisterte Fangemeinde auf.

1949 hatte King einen Plattenvertrag mit RPM Records abgeschlossen und auch seine eigene Band, The B.B. King Review, gegründet. Kings Ruf als Gitarrist, Sänger und Komponist war in den 1950er Jahren gut etabliert und er hatte eine Reihe erfolgreicher Hitsingles wie „Sweet Little Angel" und „Every Day I Have the Blues". Diese Singles halfen ihm zu großem kommerziellen Erfolg und er tourte fast ständig.

In den 1960er Jahren war King ein etablierter und erfolgreicher Bluesmusiker mit großer Popularität, und der britische Blues-Boom Mitte der 1960er Jahre trug dazu bei, ihn auf der Weltbühne im Blick zu behalten. B.B. King unternahm 1969 auch eine Support Tour mit den Rolling Stones, die ihm viel Aufmerksamkeit bei einem neuen, meist weißen Rockpublikum verschaffte. 1970 wurde sein Lied „The Thrill Is Gone" mit einem Grammy ausgezeichnet.

King war einer der am härtesten arbeitenden Bluesmusiker seiner Generation, der regelmäßig 300 Konzerte im Jahr aufführte und dies fast bis zu seinem Tod im Jahr 2015 fortsetzte. King arbeitete während seiner langen Karriere mit vielen anderen Künstlern zusammen (darunter U2 auf der Single „When Love Comes to Town", 1988). Er wirkte in mehreren Filmen mit und war regelmäßiger Fernsehgast. Praktisch jeder moderne Bluesgitarrist wurde von Kings Spiel und Songwriting beeinflusst, wobei das Rolling Stone-Magazin ihn auf Platz 6 der Liste der 100 größten Gitarristen aller Zeiten platzierte.

B.B. Kings Spielstil ist sofort erkennbar und zeichnet sich durch ein reichhaltiges, singendes Vibrato aus, das von vielen anderen Gitarristen kopiert wurde. Meistens mit Blues- und pentatonischen Tonleitern, war sein Spiel, insbesondere seine Phrasierung, extrem vokal, zweifellos beeinflusst von seinem wunderbaren Talent als Sänger. King spielte selten Akkorde, stattdessen wurde sein Gitarrenspiel hauptsächlich zur Unterstützung seines Gesangs verwendet.

Obwohl King zu Beginn seiner Karriere eine Fender Esquire benutzte, ist er vor allem für seinen Einsatz der Gibson ES-355 bekannt, die er liebevoll Lucille nannte. 1980 brachte die Firma Gibson ein B.B. King Lucille-Modell auf den Markt und produzierte 2005 eine limitierte Auflage von 80 Sonderausführungen zum 80. Geburtstag von King.

King bevorzugte Verstärker, die einen sauberen, klaren Klang lieferten, und war langjähriger Benutzer einer Lab Series L5 2x12, die in den späten 70er und 80er Jahren bei einer Reihe von Gitarristen beliebt war, aber nicht mehr hergestellt wird.

B.B. King benutzte gelegentlich einen Fender Twin Reverb-Verstärker, aber selten (wenn überhaupt) Effekte auf seinem Gitarrensound, wobei alle erforderlichen tonalen Veränderungen von seinen Fingern und dem Instrument selbst kamen.

Hörempfehlung

B.B. King - Singin' the Blues

B.B. King - Live im Regal

B.B. King - Live In Cook County Gefängnis

B.B. King - Reiten mit dem König

B.B. King Style Blues Licks

Diese Licks sind in der Tonart a-Moll geschrieben.

King war ein Meister darin, nur wenige Noten zu machen, die viel sagen, und Beispiel 4a will genau das zeigen. Die ganze Linie wird in „The B.B. Box" gespielt, seinem Lieblingsbereich der Moll-Pentatonik-Tonleiter, die es zu erforschen gilt, und dreht sich alles um Subtilität und Ausdruck. Hör dir das Audio an, um die Phrasierung und den Unterschied im Pick-Attack zu hören. Achte sehr auf das Vibrato, denn dort bekommt diese Linie ihre Wirkung.

Beispiel 4a:

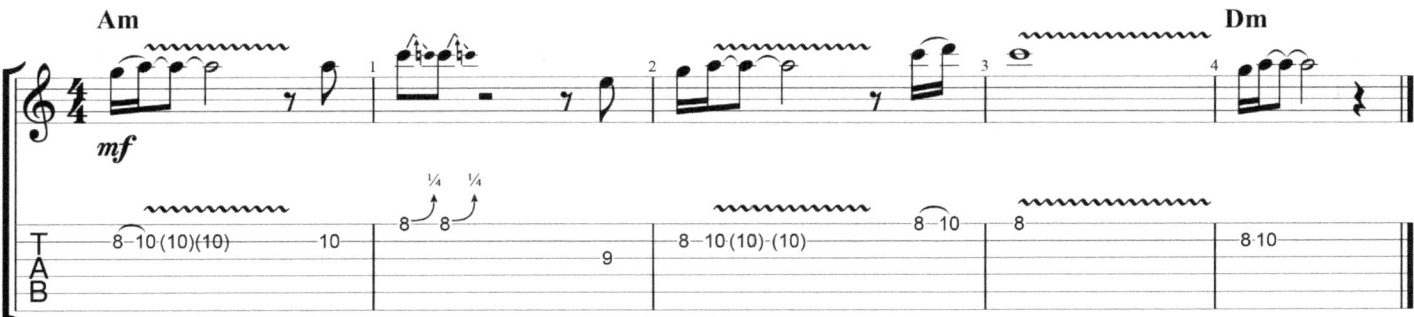

Beispiel 4b untersucht die Fähigkeit von King, ein Solo um nur wenige Noten herum zu bauen. Was er tut, ist einfach so subtil, dass die Noten zwar leicht auf Papier zu spielen sind, aber der beste Weg, um in diese Ideen einzusteigen, ist, die Audiospuren sorgfältig anzuhören und zu versuchen, die Phrasierung und Dynamik zu kopieren. Das Vibrato ist ein sehr wichtiger Teil des Puzzles und das von B.B. ist schwer nachzuahmen. Experimentieren ist der Schlüssel und das Hören seiner Originalaufnahmen ist unerlässlich.

Beispiel 4b:

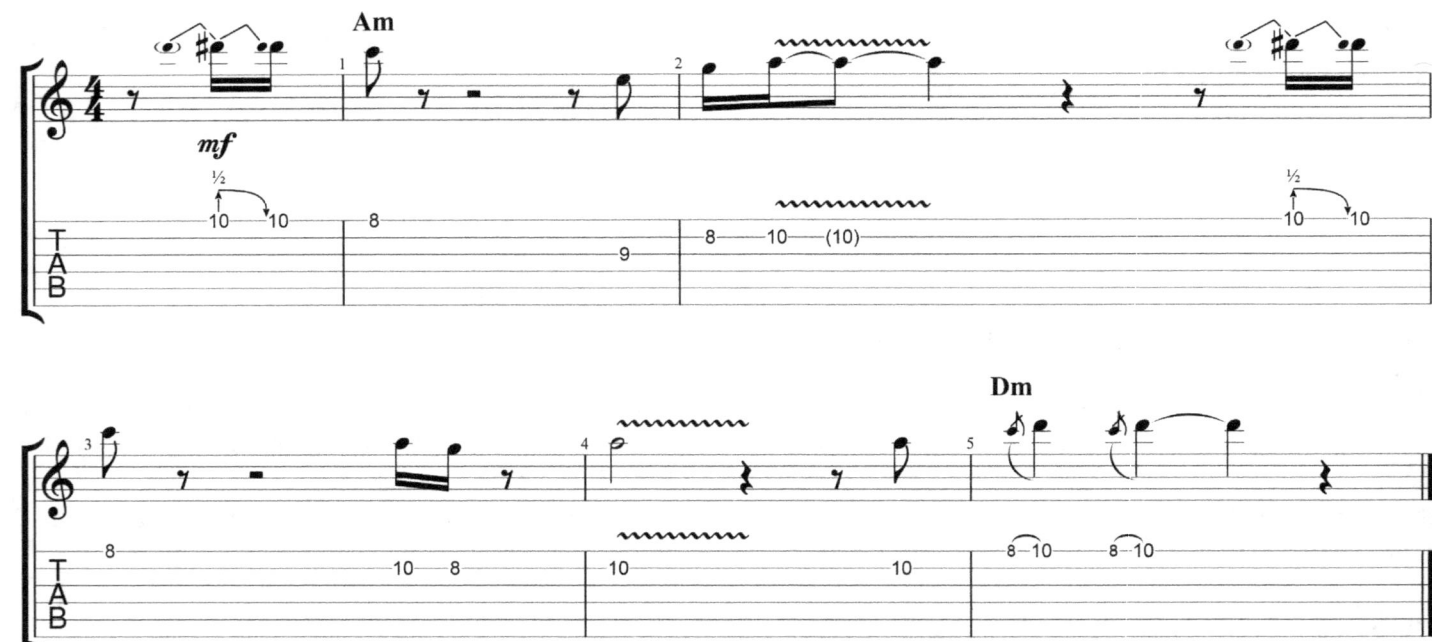

Beispiel 4c ist ein weiteres spärliches Beispiel; stelle dir diese Linien vor, die um kurze Gesangsmelodien herum arbeiten. Platzierung ist alles, und vergiss nicht, mit deinem Pick-Attack zu experimentieren.

Beispiel 4c:

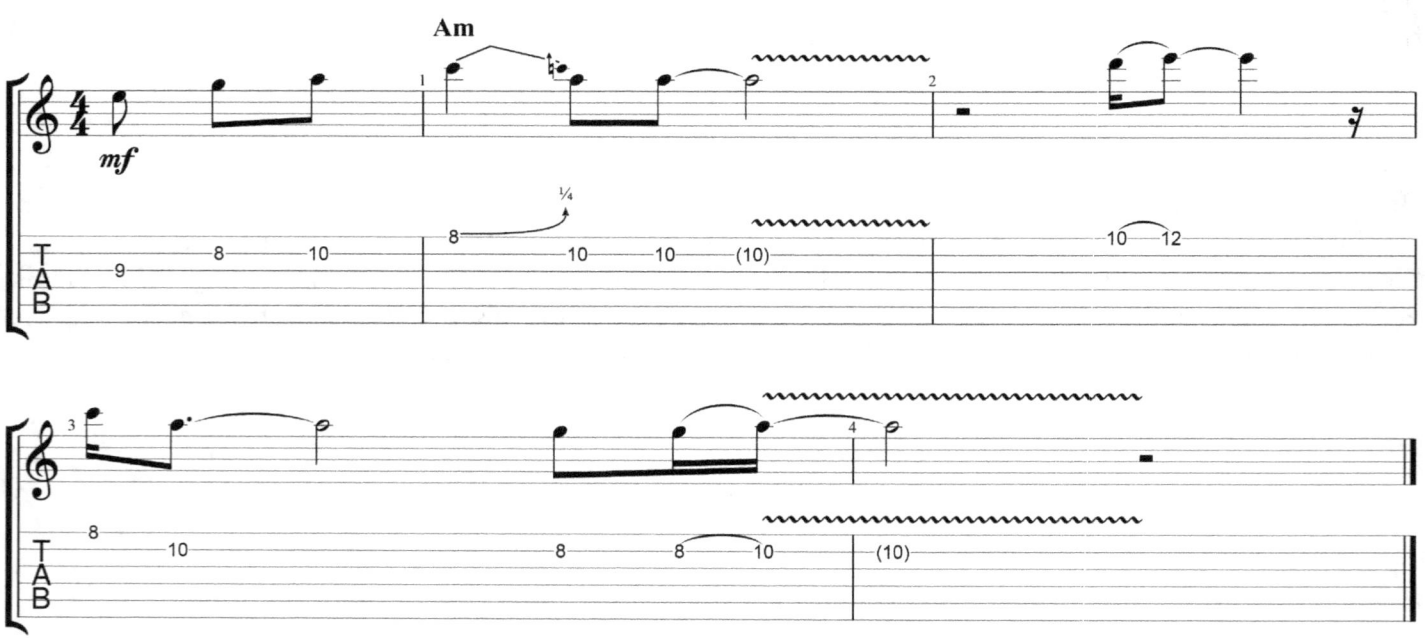

Die Positionsverschiebung zwischen den Takten Eins und Zwei in Beispiel 4d ist bewusst und so konzipiert, dass sie einen kontrastreichen Ton zwischen den Bends in jedem Takt erzeugt. Die hohen Root-Noten im letzten Takt sind ein Markenzeichen von B.B. King; vergiss nicht, nach dem letzten über den Hals zu gleiten.

Beispiel 4d:

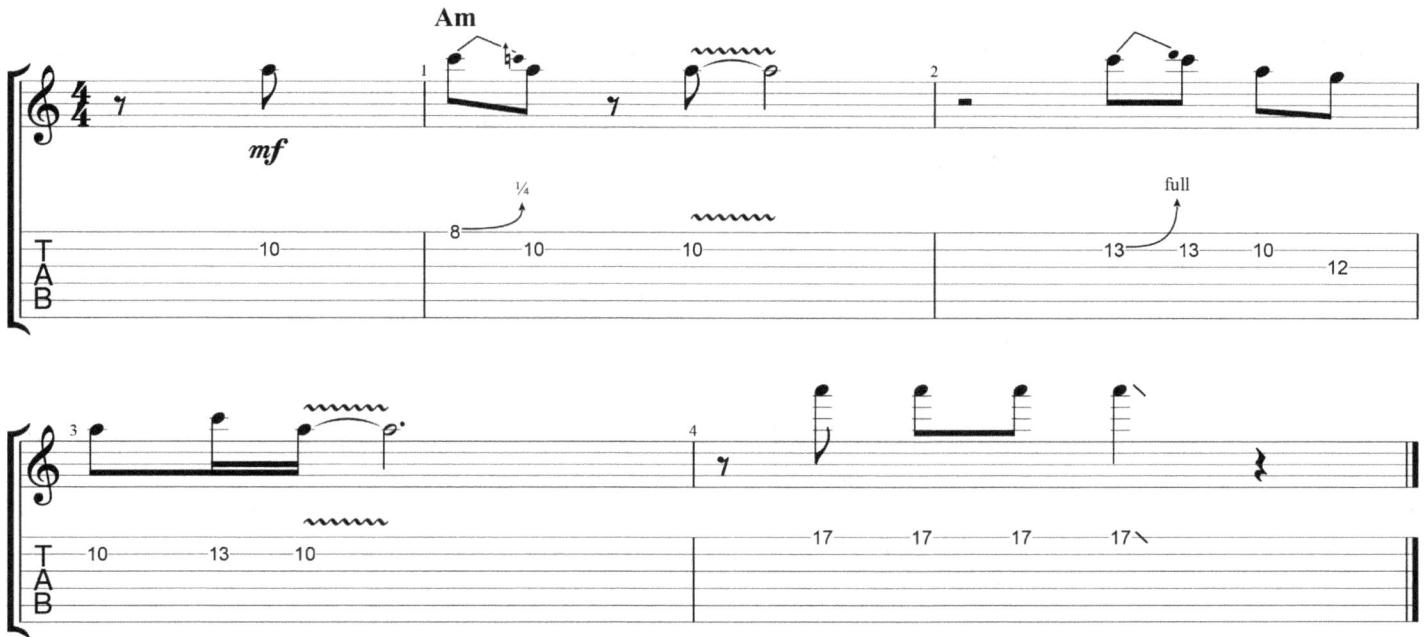

Bei Beispiel 4e geht es darum, die Linien kurz und distanziert zu halten. Siehst du, wie das anfängliche Bending im dritten Takt eine Oktave höher wiederholt wird? Das ist eine großartige Möglichkeit, das Beste aus einer kurzen, kraftvollen Aussage herauszuholen. B.B. lehrt uns, dass wir nicht ständig nach neuen Ideen suchen müssen; mit der richtigen Art der Sparsamkeit ist es möglich, aus ähnlichen Phrasen, die in verschiedenen Oktaven gespielt werden, einen großen Nutzen zu ziehen.

Beispiel 4e:

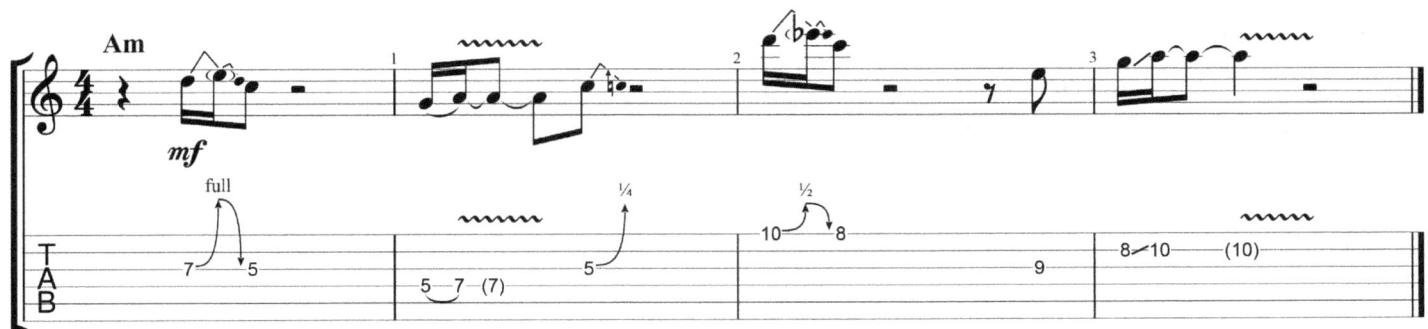

Albert Collins

Albert Collins wurde 1932 in Leona, Texas, geboren und war der Cousin des Blues-Kollegen Lightnin' Hopkins. Durch dessen Einfluss interessierte sich Collins zunächst für die Bluesgitarre, obwohl er eine Weile Klavierunterricht nahm, bevor er auf die Gitarre als sein Hauptinstrument wechselte. Im Alter von 18 Jahren gründete Collins seine eigene Band, The Rhythm Rockers, wo er begann, seine charakteristische Gitarrentechnik und seinen Sound zu entwickeln. Er arbeitete auch als gewerblicher LKW-Fahrer und Rancharbeiter.

Collins' frühe musikalische Karriere fand hauptsächlich in der Gegend von Houston, Texas, statt, bis sich die Nachricht von seinen spielerischen Fähigkeiten verbreitete, und Mitte der 1950er Jahre galt er als bedeutender aufstrebender Bluesgitarrist. Schließlich wurde er eingeladen, für Kangaroo Records aufzunehmen, die seine erste Single „The Freeze" produzierten.

Ende der 1960er Jahre war Collins auf die Gruppe Canned Heat aufmerksam geworden, die es für ihn arrangierte, bei Imperial Records in Kalifornien zu unterschreiben. Mittlerweile wuchs Collins' Ruf schnell und er arbeitete stetig an der Westküste und spielte an berühmten Veranstaltungsorten wie dem Fillmore West und dem Whisky a Go Go Go. Im Dezember 1970 wurde sein Debütalbum „The Cool Sounds of Albert Collins" als „Truckin' with Albert Collins" von Blue Thumb Records neu herausgebracht.

In den 1970er Jahren setzte Collins seine regelmäßigen Aufnahmen und Tourneen fort und produzierte Platten für Alligator Records und Munich Records. 1978 trat er bei seinem ersten Live-Auftritt außerhalb der Vereinigten Staaten mit der niederländischen Band Barrelhouse auf, was ihn einem neuen europäischen Publikum präsentierte. Ein Auftritt 1985 im US-Teil von Live Aid trug auch dazu bei, Collins' Profil auf internationaler Ebene zu schärfen, und er verbrachte einen Großteil der 80er Jahre damit, diesen Erfolg zu nutzen.

1993 wurde Collins während einer Tournee in der Schweiz krank und es wurde Krebs diagnostiziert, und er verstarb leider im November desselben Jahres im Alter von 61 Jahren. Collins hat viele Blues-Gitarristen stark beeinflusst und war besonders beliebt bei Stevie Ray Vaughan.

Collins' Spielstil war geprägt von einem schnellen Vibrato und präzisen pentatonischen Melodien, die seine einzigartige Singstimme oft ergänzten. Er spielte hauptsächlich mit dem Daumen und nicht mit einem Plektrum und schlug damit die Gitarrensaiten gegen das Griffbrett. Er benutzte eine eher unorthodoxe offene f-Moll-Stimmung (F C F F Ab C F) auf seiner Gitarre und platzierte einen Kapodaster je nach Tonart, in der er spielte, entweder auf dem 5., 6. oder 7. Bund.

Albert Collins' bevorzugtes Instrument war eine Fender Telecaster, auf der er nur den Steg-Pickup benutzte, um seinen charakteristischen, ultrahellen Gitarrenklang zu erzeugen. Dies führte dazu, dass er als der Iceman bekannt wurde. Viele seiner Songs spielten mit diesem Spitznamen, darunter Ice Pick, Frosty, Thaw Out, Frostbite, Defrost und Don't Lose Your Cool.

Als Verstärker bevorzugte Collins im Allgemeinen Fender Quad Reverb Röhrenkombinationen, wobei der Höhenregler sehr hoch eingestellt war.

Hörempfehlung

Albert Collins – Cold Snap

Albert Collins – Iceman

Albert Collins – Frozen Alive

Albert Collins – The Complete Imperial Recording

Albert Collins Style Blues Licks

Diese Licks sind in der Tonart A geschrieben.

Beispiel 5a beginnt mit einigen klassischen Moll-Pentatonik-Bends, bevor es mit schnellen Pull-Offs die Tonleiter hinuntergeht. Achte auf die stakkatoartige (kurze) Endnote in der Phrase. Takt Zwei schließt mit dem hüpfenden Gefühl des Tracks ein, bevor eine weitere Reihe von Bends in einem großen Ton-und-einhalber-Bend am 10. Bund endet.

Große Bends wie diese können anfangs schwierig umzusetzen sein. Benutze deinen dritten Finger und unterstütze ihn, indem du den zweiten und ersten Finger auf die Saite dahinter legst. Das Vibrato wird durch leichtes Absenken des Bends erzeugt, bevor es wiederholt in die Tonhöhe gebracht wird.

Beispiel 5a:

Die folgende Idee hat eine fast ‚Kinderreim'-Qualität in Bezug auf Melodie und Phrasierung. Beachte, dass es in den ersten paar Bends kein Release gibt, sondern du bendest nach oben und springst sofort zur unteren Note. Das mag sich zunächst seltsam anfühlen, aber arbeite daran, weil es ein großer Teil der Blues-Gitarrensprache ist.

Die Melodie in Takt Drei umfasst viele der gleichen Tonhöhen wie in Takt Eins und Zwei, wird aber auf den höheren Saiten gespielt, um eine interessante Veränderung in Ton und Textur zu erreichen.

Beachte die leicht schwungvolle Formulierung des letzten Bends und Release in Takt Vier.

Beispiel 5b:

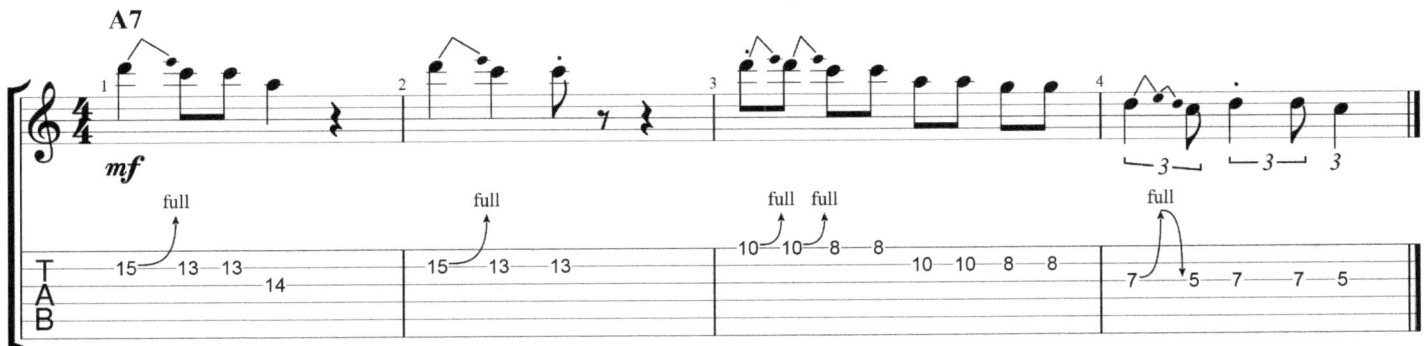

Nuancierte Phrasierung tritt in allen Beispielen von 5c auf, also hören dir den Ton an und spiele mit, um ihn festzunageln. Abgesehen von der Phrasierung ist die Linie ziemlich einfach und verwendet eine gemeinsame Blues-Idee, die aus einem *unisono* Doppelstopp besteht. Die Note auf der dritten Saite wird so gebendet, dass sie identisch klingt mit der gehaltenen Note auf der zweiten Saite (die Root, A). Du wirst schnell hören, ob deine Bends verstimmt sind!

Beispiel 5c:

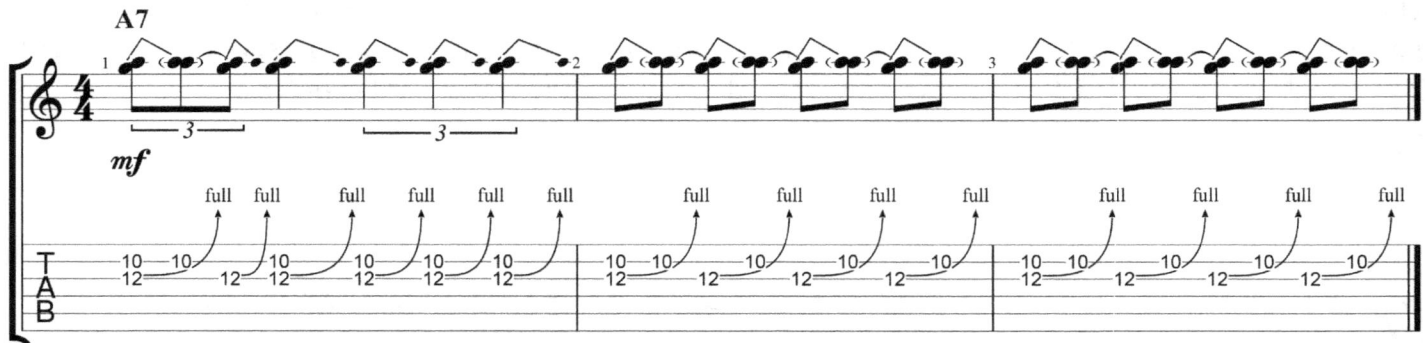

Der Anfang von Beispiel 5d ist aus einer absteigenden Tonleiterfolge in a-Moll-Pentatonik gebildet, die bei einem Van-Halen-Solo nicht fehl am Platz wäre. In Takt Zwei steigt die Linie über die etwas ungewöhnlichen natürlichen 7. Tonstufe von A; G# wieder an. Das G# fügt eine schöne, unerwartete Farbe hinzu, also nimm sie an und benutze sie in deinem eigenen Spiel.

Der technisch anspruchsvollste Teil der Linie ist der plötzliche Sprung in den Bend am Ende von Takt Zwei. Ich würde dazu neigen, meinen vierten Finger hier zu benutzen, aber viele andere Spieler würden ihren dritten benutzen. Mach das, was für dich bequem ist, und vergiss nicht das Vibrato auf den längeren Noten.

Beispiel 5d:

Ein weiterer sequentieller Lick rundet den Albert Collins-Abschnitt ab, wiederum gehört diese Art von Idee zum Vokabular von Jimmy Page bis Paul Gilbert. Die Sequenz wird durch den langsamen Bend in Takt Zwei wunderschön unterbrochen. Der Schlüssel zu allen Blues-Linien ist Vertrauen. Zupfe diesen hier hart und habe keine Angst, darüber zu schlagen.

Beispiel 5e:

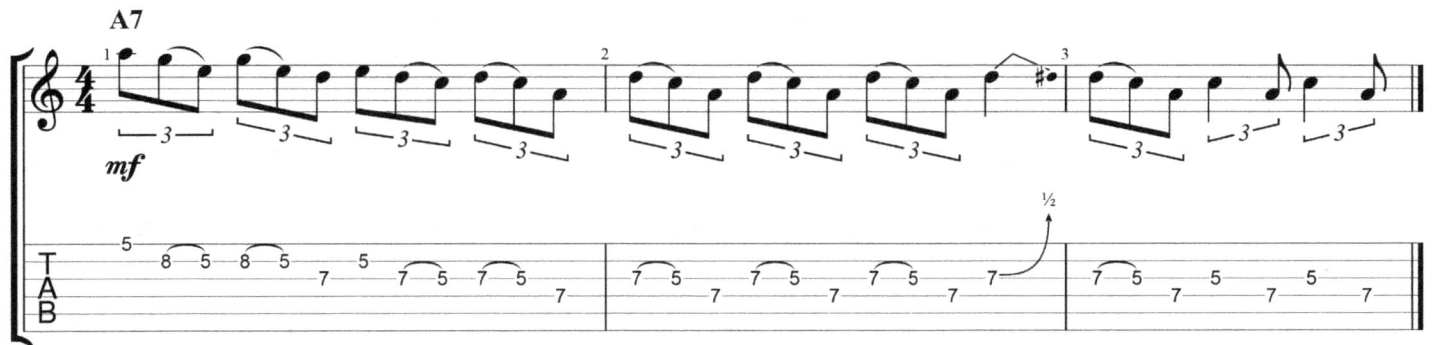

Freddie King

Freddie King wurde im September 1934 geboren und wuchs in Gilmer, Texas, auf, wo er von seiner Mutter und seinem Onkel als 6-jähriger das Gitarrenspiel erlernte. King spielte zunächst akustischen Blues, viel im Stil von Gitarristen wie Lightin' Hopkins, aber als er ein Teenager war, fühlte er sich zu den rohen elektrischen Klängen des Chicagoer Blues-Stils hingezogen.

Im Alter von 16 Jahren zog seine Familie nach Chicago, wo er örtliche Musikclubs besuchte und populäre Bluesmusiker wie Muddy Waters, Jimmy Rogers, Robert Jr. Lockwood, Little Walter und Eddie Taylor hörte. Inspiriert von diesen Künstlern gründete King seine eigene Band, die The Every Hour Blues Boys und begann live zu spielen.

Mitte der 1950er Jahre spielte King auf Platten für Parrott und Chess Records und spielte mit Earle Payton's Blues Cats und der Little Sonny Cooper Band. Kings erste Solo-Aufnahme entstand 1957, als er „Country Boy" für das kleine Independent-Label El-Bee aufnahm. Die Single war jedoch kein kommerzieller Erfolg und erregte wenig öffentliche Aufmerksamkeit.

1960 unterschrieb King bei Federal Records und nahm für das Label seine erste Single „You've Got to Love Her with a Feeling" auf. Die Single erschien im September 1960 und wurde Anfang 1961 zu einem kleinen Hit. Es folgte das Instrumental „Hide Away", die Komposition, die seine einflussreichste Aufnahme werden sollte. King and Magic Sam adaptierten es aus einem originalen Hound Dog Taylor Instrumental und wurde nach einer der beliebtesten Bars in Chicago benannt. Die Single wurde im Herbst 1961 als B-Seite von „I Love the Woman" veröffentlicht und wurde zu einem großen Hit, der Platz fünf in den R&B-Charts erreichte. „Hide Away" wurde später von Eric Clapton (mit John Mayall) und Stevie Ray Vaughan gecovert.

Kings erstes Full-Length-Soloalbum, „Freddy King Sings", erschien 1961, gefolgt von „Let's Hide Away and Dance Away with Freddy King: Strictly Instrumental". 1961 nahm er eine weitere Reihe von Blues-Instrumentals auf, darunter „San-Ho-Zay", „The Stumble" und „I'm Tore Down", die Blues-Klassiker sind und von Künstlern wie Magic Sam, Stevie Ray Vaughan, Dave Edmunds und Peter Green gecovert wurden.

Kings Einfluss war während des Blues- und Rockbooms der späten 1960er Jahre zu hören, vor allem, als 1965 Eric Clapton Kings „Hide Away" mit John Mayall zu seinem Vorzeigeinstrumental machte.

King unterschrieb 1968 beim Atlantic/Cotillion Label und veröffentlichte im folgenden Jahr „Freddy King is a Blues Master" und „My Feeling for the Blues" 1970.

1974 unterschrieb er einen Vertrag mit der Robert Stigwood Organisation (RSO) Records (damals Eric Claptons Plattenlabel) und veröffentlichte „Burglar", das mit Clapton produziert und aufgenommen wurde. King tourte durch Amerika, Europa und Australien und veröffentlichte 1975 sein zweites RSO-Album „Larger Than Life".

Trotz des schlechten Gesundheitszustandes aufgrund der Ernährung und einem ununterbrochenen Zeitplan mit 300 Terminen im Jahr, bereiste Freddie King 1976 Amerika, starb aber leider am 29. Dezember 1976 im Alter von 42 Jahren an Pankreatitis.

Bekannt als einer der „Three Kings" des Blues, galt Freddie neben B.B. King und Albert King als einer der einflussreichsten Gitarristen seiner Generation. „The Texas Cannonball" war nicht nur für sein Gitarrenspiel bekannt, sondern auch für seine kraftvolle Stimme und sein kompositorisches Talent. King war auch einer der ersten Blues-Performer, der eine multirassische Band einsetzte.

Kings Gitarrenstil war eine Mischung aus Texas-beeinflussten Open-String-Blues-Patterns und Chicago-ähnlichen pentatonischen Runs und String-Bendings. Er spielte sowohl mit einem Plektrum als auch mit seinen Fingern und benutzte diese oft, um die Dynamik seines Spiels zu variieren. Er benutzte auch Finger- und Daumenpicks, um eine aggressivere Attack auf das Instrument zu erreichen.

Kings Spiel beeinflusste in den 1960er und 1970er Jahren viele Rock- und Bluesmusiker, darunter Künstler wie Eric Clapton und Peter Green, und seine Kompositionen werden immer noch von zeitgenössischen Bluesmusikern wie Joe Bonamassa und Walter Trout gespielt.

Kings bevorzugtes Instrument zu Beginn seiner Karriere war eine Gibson Les Paul Gold Top Gitarre mit P-90 Single-Coil Pickups, obwohl er später auf eine Gibson ES-335 mit Humbucker wechselte. Er verwendete Gibson-Verstärker, wie den GA-40, und spätere Fender-Röhrenkombinationen, wie den Quad Reverb und Dual Showman, wobei die Lautstärke und die Höheneinstellungen voll eingestellt waren.

Hörempfehlung

Freddie King – Burglar

Freddie King – Let's Hide Away and Dance Away with Freddie King

Freddie King – Gives You a Bonanza of Instrumentals

Freddie King – Just Pickin'

Freddie King Style Blues Licks

Diese Licks sind in der Tonart C geschrieben.

Mit deinem gerade brechenden Ton, zupfe diese Freddie King Licks durchweg hart, um deinen Verstärker in den Overdrive zu treiben.

Die erste Linie ist aggressiv und durchweg Moll-Pentatonik. Das Hauptmerkmal ist der Doppelstopp-Hammer-on im Takt Eins, den du mit deinem ersten, dann mit dem dritten Finger als Barré spielen solltest. In Takt Zwei kannst du mit dem ersten Finger den Doppelstopp als Curl spielen.

Beispiel 6a:

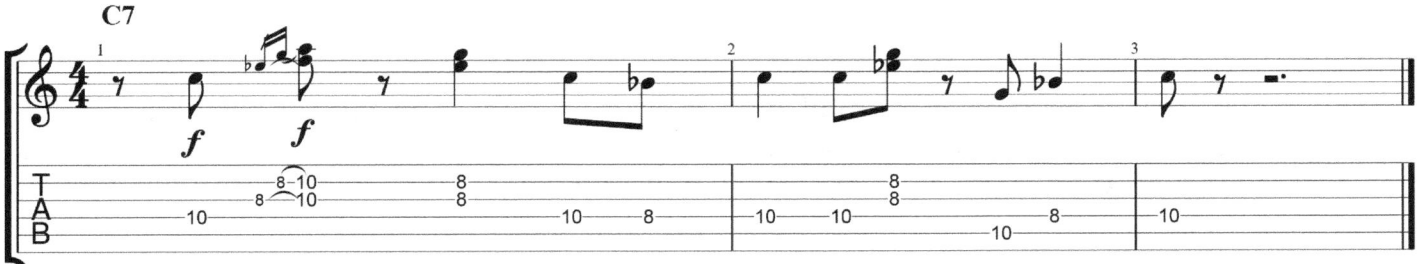

Die Platzierung der Bends ist das interessante Merkmal in einer ansonsten einfachen, absteigenden Moll-Pentatonik-Phrase. Jeder Bend wird auf einem Off-Beat gespielt, also sei vorsichtig mit deiner Phrasierung.

Beispiel 6b:

Im Beispiel 6c ist ziemlich viel los und die 1/8-Töne pflügen mit beträchtlichem Schwung durch die Phrase.

Wieder beginnt diese Linie auf einem Off-Beat und beginnt mit einem kleinen bis großen dritten Bend, den du inzwischen kennen solltest. Der Bend auf 10 ist vom 2. bis zum 3. der Tonleiter, die du zuerst in Beispiel 2d gesehen hast, und wird von einer absteigenden Idee gefolgt, die sich in den mollpentatonischen Bereich bewegt. Scheue dich nicht, der letzten Note in Takt Drei einen leichten Curl (winziger Bend) hinzuzufügen, um sie leicht nach hinten in Richtung Durbereich zu schieben.

Beispiel 6c:

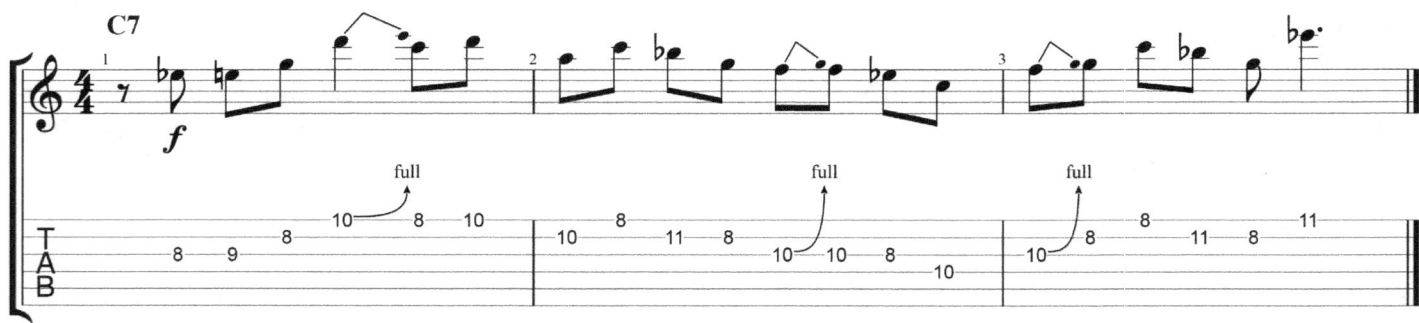

Die nächste Phrase kombiniert nahtlos die Moll- und Dur-Pentatonik-Tonleitern und sollte dir viele Ideen für deine eigene Erkundung geben. Auch hier sind die treibenden 1/8-Töne sehr stilistisch für Freddie King und ziehen dich kraftvoll bis zum Ende des Taktes, ohne Zeit zum Atmen.

Beispiel 6d:

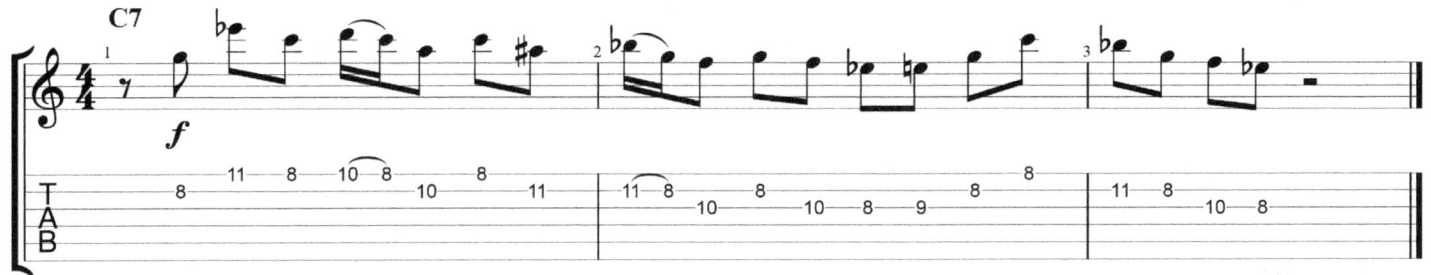

Der schwierigste Teil von Beispiel 6e ist der Saiten-Sprung zwischen dem Bend auf der dritten Saite und der *Pedalnote* auf der ersten. Lass die Spitze deines ersten Fingers die zweite Saite sanft berühren, um sie beim Spielen dieser Phrase ruhig zu halten.

Beachte, dass der erste Bend ein Bend und Release ist und anders gespielt wird als alle anderen in diesem Lick.

Beispiel 6e:

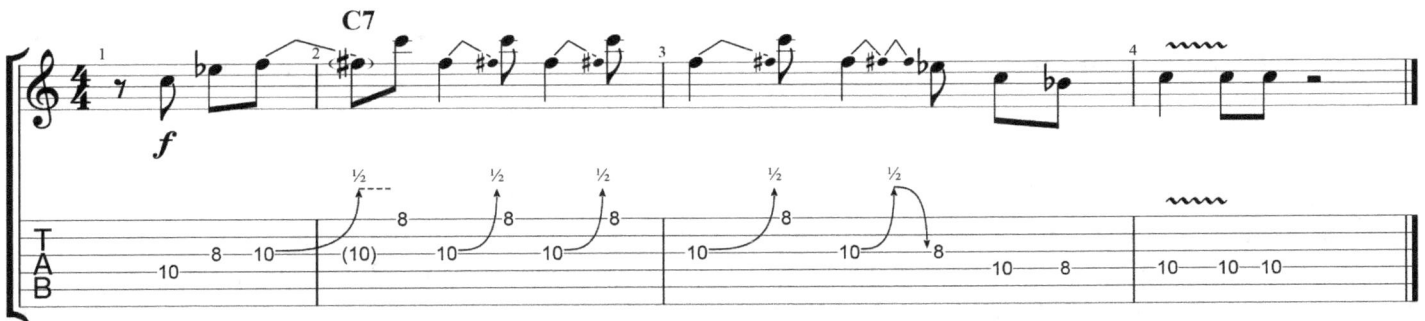

Otis Rush

Otis Rush wurde im April 1934 in Philadelphia, Mississippi, als Sohn von Julia Campbell Boyd und O.C. Rush geboren, die insgesamt sieben Kinder hatten. Rush arbeitete auf den nahegelegenen Feldern, um seiner Mutter zu helfen, und das erste Instrument, das er spielte, war die Mundharmonika. Später wechselte er zur Gitarre und spielte das Instrument sowohl linkshändig als auch auf dem Kopf.

Rush zog 1948 nach Chicago, wo er inspiriert wurde, sein eigenes Material zu spielen und zu schreiben, und 1954 hatte er begonnen, ernsthaft Gitarre zu spielen, inspiriert vom Delta-Blues von Muddy Waters und Howlin' Wolf, später von den Aufnahmen von B.B. und Albert King.

Rush erregte schnell die Aufmerksamkeit der anderen Gitarristen der Chicagoer Bluesszene und der Bassist Willie Dixon half ihm, 1956 einen Plattenvertrag mit Cobra Records zu bekommen. Er nahm bis 1958 für das Label auf und veröffentlichte insgesamt acht Singles, darunter Ike Turner oder Jody Williams an der Gitarre. Seine erste Single „I Can't Quit You Baby" wurde 1956 veröffentlicht und erreichte Platz 6 der Billboard R&B Charts. Während seiner Zeit bei Cobra nahm er einige seiner bekanntesten Songs auf, wie „Double Trouble" und „All Your Love".

Nach dem Zusammenbruch von Cobra Records unterzeichnete Rush 1960 einen neuen Plattenvertrag mit Chess und nahm acht Tracks für das Label auf. Sechs davon wurden später 1969 auf dem Album" Door to Door" veröffentlicht, einer Zusammenstellung, die auch Aufnahmen von Albert King enthielt. 1965 nahm er für Vanguard auf, und diese Aufnahmen sind auf dem Compilation-Album „Chicago/The Blues/Today Vol. 2" des Labels enthalten.

Rush begann in den 1960er Jahren in den USA und Europa zu spielen, vor allem beim American Folk Blues Festival. 1969 wurde sein Album „Mourning in the Morning" in den FAME Studios aufgenommen und bei Cotillion Records veröffentlicht. Es beinhaltete Soulmusik und Rock, eine neue musikalische Richtung für Rush.

1971 nahm Otis Rush „Right Place, Wrong Time" für Capitol Records auf, aber unerklärlicherweise veröffentlichten sie es nicht. Es wurde schließlich 1976 herausgegeben, als Rush den Master von Capitol kaufte, und hat sich seitdem einen Ruf als eines seiner besten Werke erworben. In den 1970er Jahren veröffentlichte er auch Alben für Delmark und Sonet Records in Europa, aber gegen Ende des Jahrzehnts hatte er fast aufgehört zu spielen und aufzunehmen.

Rush feierte 1985 ein Comeback mit einer US-Tournee und der Veröffentlichung eines Live-Albums „Tops", das beim San Francisco Blues Festival aufgenommen wurde. Er veröffentlichte 1994 „Ain't Enough Comin'", sein erstes Studioalbum seit 16 Jahren. „Any Place I'm Goin'" folgte 1998 und brachte ihm seinen ersten Grammy für das Best Traditional Blues Album ein.

Rush tourte weiter und trat bis 2004 auf, als er einen Schlaganfall erlitt. Jetzt in seinen frühen 80ern ist er fast im Ruhestand, wird aber weithin als einer der großen Chicagoer Blues-Gitarristen verehrt.

Otis Rushs Gitarrenstil ist weit verbreitet und sein Einfluss ist bei Spielern wie Eric Clapton und Peter Green zu hören. Sein ungewöhnliches Linkshänder-Gitarren-Setup (mit umgekehrten Saiten) ermöglicht es ihm, sehr markante Saiten-Bends in Verbindung mit einem singenden Vibrato zu spielen. Normalerweise verwendet er traditionelle Blues- und Pentatonische Tonleitern in seinem Solo, um eine große Dynamik und Vielfalt zu erreichen.

Rush hat in seiner Karriere mit einer Reihe verschiedener Gitarrenmodelle experimentiert und spielt am häufigsten eine Gibson ES-355, hat aber auch Fender Stratocasters und eine Epiphone Riviera verwendet. Als Verstärker bevorzugt er im Allgemeinen Fender-Kombinationen wie den Twin Reverb und den Super Reverb.

Hörempfehlung

Otis Rush – Right Place, Wrong Time

Otis Rush – Cold Day in Hell

Otis Rush – Lost in the Blues

Otis Rush – Live at Montreux 1986

Otis Rush Style Blues Licks

Diese Licks sind in der Tonart fis-Moll geschrieben.

Beispiel 7a besteht vollständig aus einer fis-Moll-Dreiklangidee, die sich um die vierte Form der Moll-Pentatonik anpasst. Sei vorsichtig mit deiner Picking-Genauigkeit auf dem String-Skip und experimentiere, indem du in verschiedene Noten gleitest. Das Shuffle-Feeling könnte für dich zunächst neu sein, stelle also sicher, dass du dich mit der Audiospur verbinden kannst.

Beispiel 7a:

Die nächste Linie bildet sich aus getrennten und stakkatoartigen Trillern hoch oben am Hals. Das formt eine Moll-Pentatonik, aber der geringere Bundabstand kann dir einige Herausforderungen bieten. Lass den letzten Bend klingen.

Beispiel 7b:

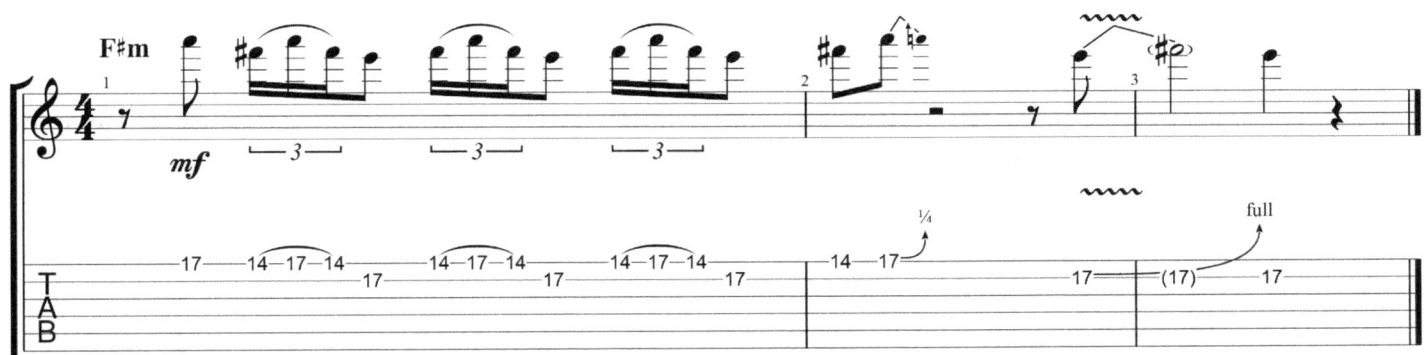

Die schnellere Phrase in Takt Zwei muss aufgeteilt werden, um sie richtig zu beherrschen; sie überschneidet den Beat und ist etwas unberechenbar. Ich schlage vor, die ersten beiden Beats zu meistern, bevor man sich an den nächsten macht. Überlege, welche Noten gezupft und welche legato gespielt werden, da diese einen großen Einfluss auf den Klang der Linie haben. Otis Rush hatte eine ungewöhnliche Phrasierung und es wird Geduld erfordern, sie nachzuahmen.

Beispiel 7c:

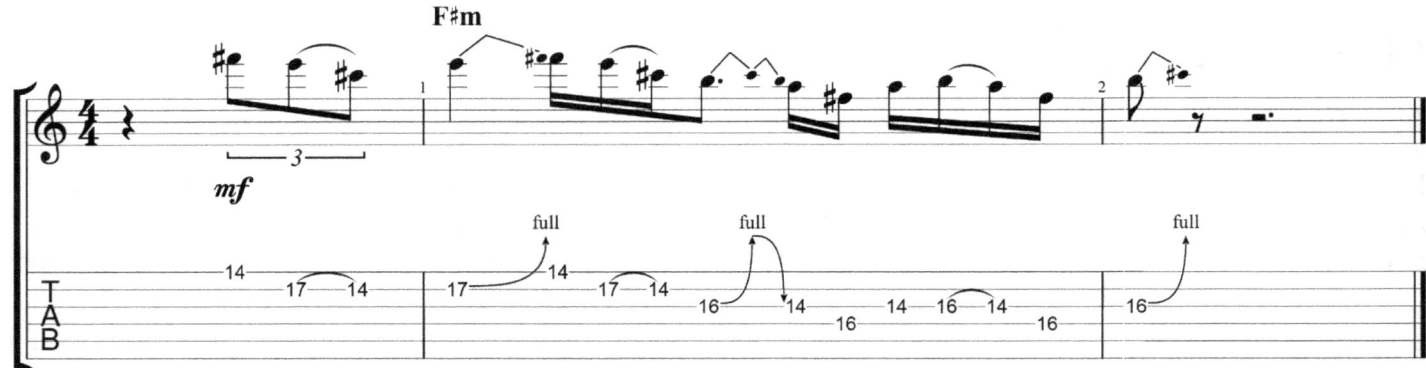

Nichts allzu Komplexes in Beispiel 7d, aber es ist interessant anzumerken, wie man mit dem kleinen zu großen dritten Satz den Hals von Position Eins zu Position Zwei in der Moll-Pentatonik-Tonleiter klettern kann. Konzentriere dich auf die rhythmische Genauigkeit mit den 1/16tel Noten und Triolen in Takt Zwei.

Beispiel 7d:

Beispiel 7e zeigt, wie eine markante Moll-Pentatonik leicht in ein Riff umgewandelt werden kann. Stelle dir diese viertaktige Linie vor, die den Gesangsabschnitt einer Melodie unterstreicht.

Das Überspringen der Saite (Saiten-Skip) hebt diese Phrase wirklich hervor und der schnelle Bend am 4. Bund hilft auch, Bewegung und Interesse hinzuzufügen. Während ich meinen Schülern normalerweise empfehle, die Saite in einem Bend immer nach oben zu schieben, ziehe ich die dritte Saite nach unten zur zweiten Saite, damit ich diese Saite schnell genug spielen kann.

Beispiel 7e:

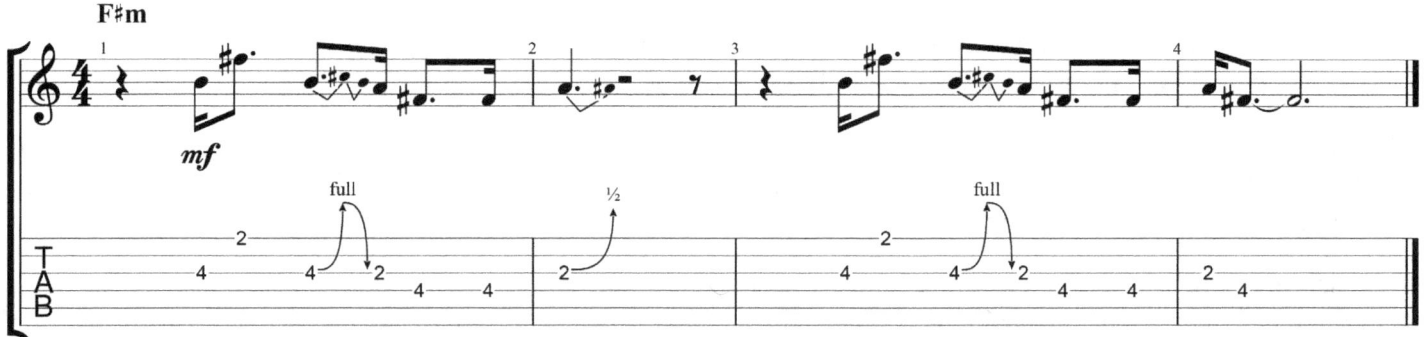

Buddy Guy

George „Buddy" Guy wurde am 30. Juli 1936 in Lettsworth, Louisiana, geboren und lernte Gitarre auf einem selbstgebauten Zwei-Saiter-Instrument aus dünnen Draht- und Blechdosen zu spielen. Guy machte dann an einer regulären Akustikgitarre den Abschluss und begann, die Einflüsse zeitgenössischer Bluesgitarristen wie T-Bone Walker, B.B. King und Lightnin' Hopkins aufzunehmen.

Als seine Familie nach Baton Rouge umzog, hatte Guy die Gelegenheit, Auftritte von Lightnin' Slim und Guitar Slim zu sehen, deren Showkunst und Sound ihn nachhaltig beeindruckten. Er begann als Sideman für John ‚Big Poppa' Tilley professionell zu spielen.

1957 nahm Guy eine Demo bei einem lokalen Radiosender auf und schickte eine Kopie an Chess Records, das Label, auf dem Riesen wie Muddy Waters, Howlin' Wolf und Etta James zu Hause waren, bevor er nach Chicago zog, um eine musikalische Karriere zu verfolgen.

Guy fand in Chicago keinen sofortigen Erfolg und kämpfte zunächst darum, Arbeit zu finden, bis sein dynamisches Spiel und seine Showkunst (zu der oft auch das Spielen auf Theken und Tischen gehörte) ihn zu einem regelmäßigen Gewinner bei Talentwettbewerben in den von ihm besuchten Clubs machten. Guy freundete sich mit vielen etablierten Blues-Künstlern an, darunter Muddy Waters, Otis Rush, Freddie King und Magic Sam, und sicherte sich schließlich einen regelmäßigen Auftritt im 708 Club, wo er zu einer beliebten Attraktion wurde.

1958 arrangierte Magic Sam für Buddy ein Treffen mit Harold Burrage, dem Besitzer des lokalen Blues-Labels Cobra Records, und Guy wurde bald bei Cobras Schwesterlabel Artistic Records unter Vertrag genommen, wo Willie Dixon Guys Debüt-Single „Sit and Cry" produzierte. 1959 schlossen Artistic Records und Guy unterschrieb einen Vertrag bei Chess. Seine erste Single für Chess 1960 „First Time I Met the Blues" war ein Erfolg und es wurde eine seiner bekanntesten Aufnahmen. Während Guy kleine Erfolge bei Chess mit Singles wie „Stone Crazy" und „When My Left Eye Jumps" feierte, war ein Großteil seiner Arbeit als Sideman und leistete seine Gitarrenkenntnisse in Sessions mit Muddy Waters, Koko Taylor, Howlin' Wolf, Little Walter und vielen anderen.

Chess veröffentlichte bis 1967 keine Alben mit Guy, und als sein Vertrag mit dem Label auslief, unterschrieb er umgehend bei Vanguard, der 1968 „A Man and the Blues" veröffentlichte.

Zu dieser Zeit wuchs Guys Popularität bei traditionellen Blues-Enthusiasten und jüngeren weißen Zuschauern. Seine Aufnahmen für Vanguard ließen mehr Raum für den härteren, aggressiveren Sound, der das Markenzeichen seiner Live-Shows war. Allerdings hatte er den zurückhaltenderen Ansatz, den er mit Junior Wells verfolgt hatte, nicht ganz aufgegeben, und sie nahmen gemeinsam ein Album auf, auf dem Junior Mance am Klavier namens Buddy and the Juniors zu hören war. 1972 half Eric Clapton Guy, das Album „Buddy Guy and Junior Wells Play the Blues" zu produzieren.

Ende der 70er Jahre war Guy ohne amerikanischen Plattenvertrag, und er unterstützte sich in den 80er Jahren mit umfangreichen Tourneen und Live-Arbeiten, oft in Europa. 1989 eröffnete Guy seinen eigenen Nachtclub in Chicago, Buddy Guy's Legends, wo er häufig auftrat und Gastgeber für andere Top-Blues-Acts war.

1991 erhielt er schließlich einen internationalen Plattenvertrag mit dem Label Silvertone und seine erste Veröffentlichung „Damn Right, I've Got the Blues" wurde mit Gold ausgezeichnet und erhielt einen Grammy für das beste Contemporary Blues Album. „Feels Like Rain" von 1993 und „Slippin'" von 1994 erhielten weitere Grammy Awards.

Im Jahr 2004 gewann Guy zum 23. Mal den W.C. Handy Award der American Blues Foundation und 2010 seinen sechsten Grammy für das Album „Living Proof". Guy erhielt auch die National Medal of the Arts 2003 und erhielt 2012 die Kennedy Center Honors. Er wurde 2005 in die Rock and Roll Hall of Fame aufgenommen.

Buddy Guy ist einer der berühmtesten und unverwechselbarsten Blues-Gitarristen seiner Generation und verfügt über einen Sound und Stil, der die Traditionen des klassischen Chicago-Blues verkörpert und gleichzeitig die Energie des Rock & Roll einfängt. Er verwendet die gleichen Pentatonik- und Blues-Tonleitern wie viele andere Spieler, spielt sie aber mit einem ausgeprägten Attack und Vibrato, das nur wenige erreicht haben. Seine Saiten-Bends sind oft breit und mit schnellem Vibrato verbunden.

Guy wurde im Laufe seiner Karriere mit einer Vielzahl von verschiedenen Gitarren in Verbindung gebracht, spielt aber heute hauptsächlich ein Fender Buddy Guy Signature Modell. Als Verstärker verwendet er in der Regel einen Chicago Blues Box BG Signature Verstärker, hat aber auch Fender und Marshall Verstärker verwendet.

Hörempfehlung

Buddy Guy – Damn Right I've Got the Blues

Buddy Guy – Stone Crazy

Buddy Guy – Living Proof

Buddy Guy – The Best of Buddy Guy

Buddy Guy Style Blues Licks

Diese Licks sind in der Tonart C geschrieben.

Der erste Buddy Guy Lick mag sich unter den Fingern etwas unangenehm anfühlen, aber es lohnt sich, durchzuhalten, da es viel zu lernen gibt. Die Idee dabei ist, dass sie sowohl die Dur-Pentatonik als auch die Blues-Tonleiter in einer absteigenden Triolen-Phrase kombiniert. Beat 2 ist Dur, Beats 2 und 4 sind Blues-Tonleiter und der zweite Takt ist Dur. Es gibt nichts technisch Schwieriges, aber es ist ein kleiner Fingerverdreher.

Beispiel 8a:

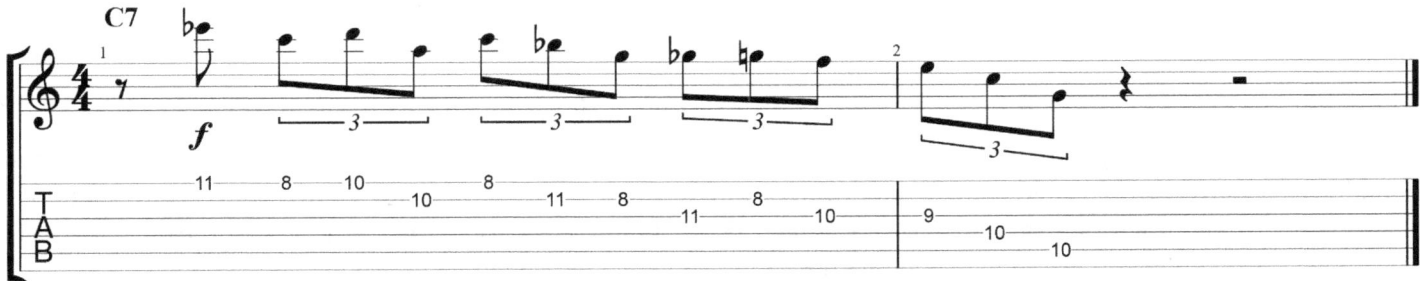

Beispiel 8b beginnt in der zweiten Position der c-Moll-Pentatonik und ist ziemlich einfach, aber du musst auf die Intonation der Bends achten. Nach dem Bend im zweiten Takt wird die Position auf die erste Position heruntergefahren und auf den Rhythmus fokussiert. Die 13. Bund-Bend ist *vor dem* Beat und der Release im Beat. Wenn du das falsch verstehst, wird die Linie nicht funktionieren. Auch hier ist die Intonation alles, also stelle sicher, dass du dich in der richtigen Stimmung befinde

Beispiel 8b:

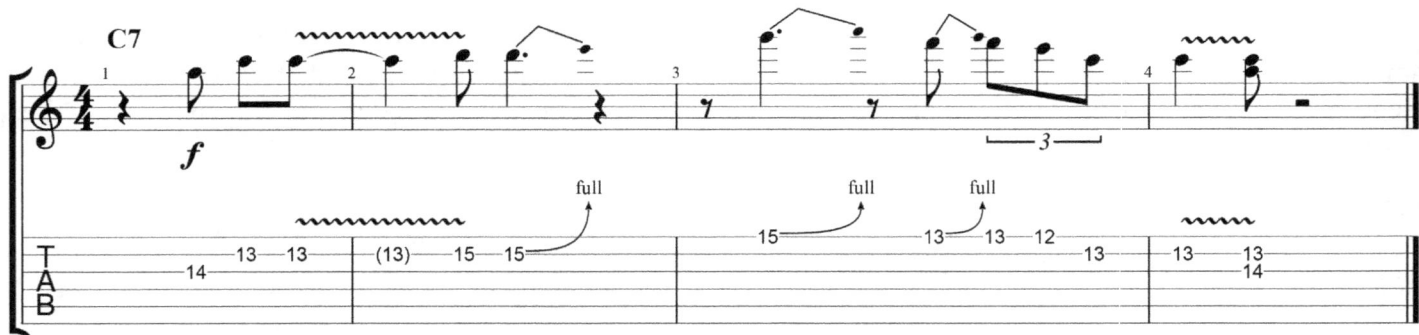

Eine weitere Bend-Linie ist in Beispiel 8c dargestellt. Halte den Rhythmus punktgenau und die Bends kurz. Alles wird auf den ersten beiden Saiten der c-Moll-Pentatonik-Tonleiter gespielt, so dass du dich auf vertrautem Terrain befinden solltest. Vergiss das Vibrato nicht.

Beispiel 8c:

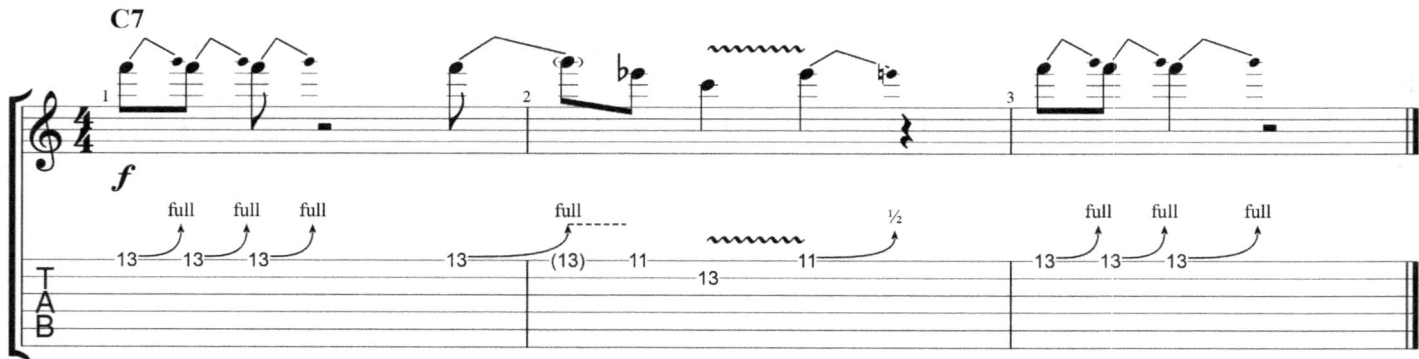

Dieser aufregende Lick wäre in einem Steve Vai Solo nicht fehl am Platz! Die repetitive Phrase wird in Beat 4 geändert, also pass auf. Der letzte 11. Bund fällt vielleicht nicht allzu leicht unter die Finger. Zögere nicht, es auf eine ‚8' zu ändern, wenn es das Spielen erleichtert. Ich benutze durchweg die Finger Zwei, Eins und Drei, aber viele Leute würden Drei und Vier benutzen.

Beispiel 8d:

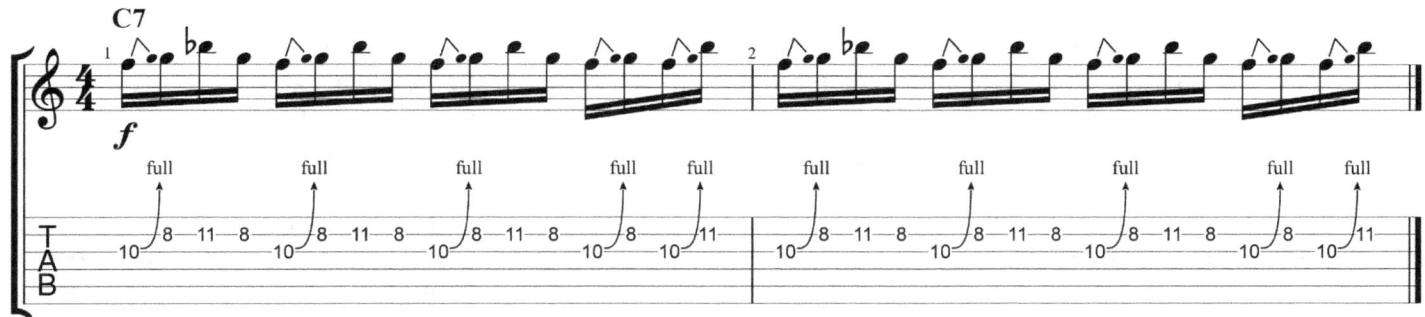

Manchmal kann ein einfacher Doppelstopp einer ansonsten gewöhnlichen Phrase neues Leben einhauchen. Beispiel 8e verwendet kleine zur großen Terz Satz, folgt ihm aber mit zwei Doppelstopps, die einen C-Dur-Dreiklang umreißt. Dies verleiht der Linie eine helle, unerwartete Wendung. Vibrato und genaue Phrasierungen werden diese Phrase in eine Aussage verwandeln, die die Menschen dazu bringen kann, aufzuhorchen und ihr Beachtung zu schenken.

Beispiel 8e:

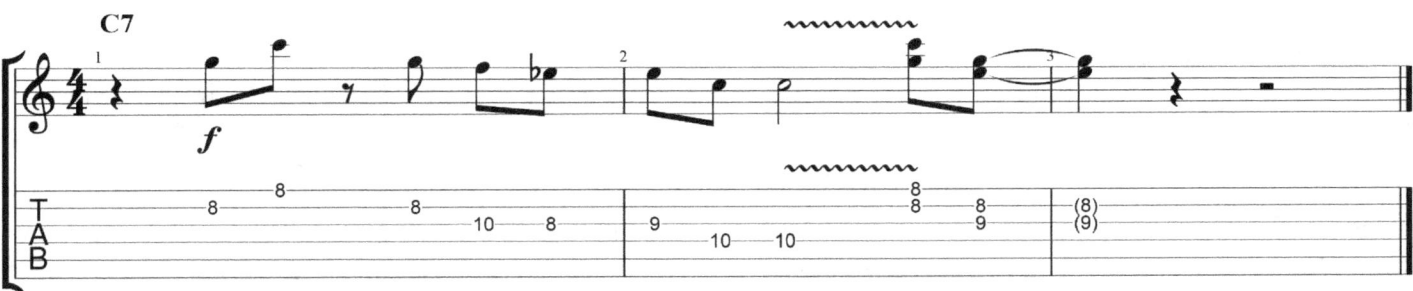

43

Roy Buchananan

Leroy Buchanan wurde am 23. September 1939 in Ozark, Arkansas, geboren und wuchs in der kalifornischen Stadt Pixley auf. Sein Vater war Pfingstprediger und Landwirt, und der junge Buchanan kam zum ersten Mal mit Gospelmusik in Berührung, als seine Familie an Erweckungsversammlungen teilnahm. Als Buchanan auf R&B-Radiosendungen stieß, wurde er von der Bluesmusik in den Bann gezogen und nahm im Alter von sieben Jahren die Gitarre in die Hand. Zuerst lernte er Steel-Gitarre, bevor er im Alter von 13 Jahren auf E-Gitarre umstieg, und fand bald das Instrument, das sein Markenzeichen werden sollte, die Fender Telecaster.

Im Alter von 15 Jahren wollte sich Buchanan auf die Musik konzentrieren und zog nach Los Angeles, um der florierenden Blues-/R&B-Szene nahe zu sein. Nach seiner Ankunft wurde er von Johnny Otis betreut, bevor er den Blues mit Spielern wie Jimmy Nolen (der später mit James Brown arbeitete), Pete Lewis und Johnny ‚Guitar' Watson studierte. Mitte bis Ende der 1950er Jahre leitete Buchanan seine eigene Rockband, die Heartbeats, die bald den Rockabilly-Künstler Dale „Suzy Q" Hawkins zu unterstützen begann.

In den 60er Jahren zog Buchanan nach Kanada, wo er mit der Sängerin Ronnie Hawkins arbeitete. Buchanan verbrachte einen Großteil des Jahrzehnts als Sideman mit obskuren Acts und arbeitete als Sessiongitarrist für Freddy Cannon, Merle Kilgore und Drummer Bobby Gregg. Ende der 1960er Jahre ließ er sich schließlich in Washington, D.C. nieder und gründete seine eigene Gruppe, die Snakestretchers.

Obwohl er bis zu diesem Zeitpunkt keine Soloalben aufgenommen hatte, verbreitete sich die Nachricht über Buchanans außergewöhnliches Spiel, und er erhielt Lob von John Lennon, Eric Clapton und Merle Haggard und wurde eingeladen, bei den Rolling Stones mitzumachen (ein Angebot, das er ablehnte).

Buchanans wachsender Ruf führte 1971 schließlich zu einer einstündigen Fernsehdokumentation mit dem Titel „The Best Unknown Guitarist in the World", und kurz darauf folgte ein Plattenvertrag mit Polydor Records. Buchanan verbrachte den Rest des Jahrzehnts damit, Soloalben zu veröffentlichen, darunter Klassiker wie sein gleichnamiges Debüt von 1972, das einen von Buchanans bekanntesten Tracks enthielt „The Messiah Will Come Again". „That's what I'm here for" wurde 1974 veröffentlicht, und „Live Stock" wurde 1975 veröffentlicht, bevor Buchanan zu Atlantic Records wechselte und mehrere Platten veröffentlichte.

In den 1980er Jahren war Buchanan desillusioniert vom Musikgeschäft, insbesondere vom Wunsch seiner Plattenfirma, ihn zu einem Mainstream- und kommerziell lebensfähigen Künstler zu machen. Dies führte dazu, dass er zwischen 1981 und 1985 eine vierjährige Pause vom Musizieren einlegte.

Das Label Alligator überzeugte Buchanan Mitte der 80er Jahre, erneut aufzunehmen und veröffentlichte einige ausgezeichnete Aufnahmen wie „When a Guitar Plays the Blues", „Dancing on the Edge" und „Hot Wires". Gerade als seine Karriere im Aufschwung zu sein schien, ereilte Buchanan eine Tragödie. Er wurde von der Polizei in Fairfax, Virginia, wegen Trinken in der Öffentlichkeit verhaftet, aber am 14. August 1988 entdeckte ein Polizist, dass Buchanan sich in seiner Zelle erhängt hatte.

Buchanans Ruf als einer der Größten des Blues-Rock wuchs nach seinem tragischen Tod, was zu posthumen Sammlungen wie „Sweet Dreams" führte: The Anthology, Guitar on Fire: The Atlantic Sessions, 20th Century Masters und das Live-Album When a Telecaster Plays the Blues.

Roy Buchanan gilt seit langem als einer der besten, aber oft übersehenen Gitarristen des Blues-Rock-Genres. Seine lyrischen Soli und der Einsatz von Harmonik würde später Größen wie Jeff Beck, Robbie Robertson (sein ehemaliger Schüler) und Billy Gibbons von ZZ Top beeinflussen.

Buchanan wird fast ausschließlich mit der Fender Telecaster in Verbindung gebracht und er kreierte den größten Teil seines charakteristischen Sounds, indem er die Ton- und Lautstärkeregler der Gitarre manipulierte.

Er benutzte oft Lautstärke „Schwellungen" in seinem Spiel - eine Technik, die später von vielen anderen Gitarristen kopiert wurde. Für Verstärker verwendete er im Allgemeinen einen Fender Vibrolux oder Super Reverb, der laut aufgedreht war.

Hörempfehlung

Roy Buchanan – Second Album

Roy Buchanan – Roy Buchanan

Roy Buchanan – Loading Zone

Roy Buchanan – Live in Japan

Roy Buchanan Style Blues Licks

Diese Licks sind in der Tonart E geschrieben.

Die erste Linie ist eine leichte Wendung zu einer gemeinsamen Blues-Idee. Anstatt den 14. Bund einen Ton auf Beat eins zu benden, bendet Buchanan den 15. Bund Blues Note einen Halbton. Es ist ein subtiler Unterschied, aber es lohnt sich, dein Vokabular zu erweitern.

Beispiel 9a:

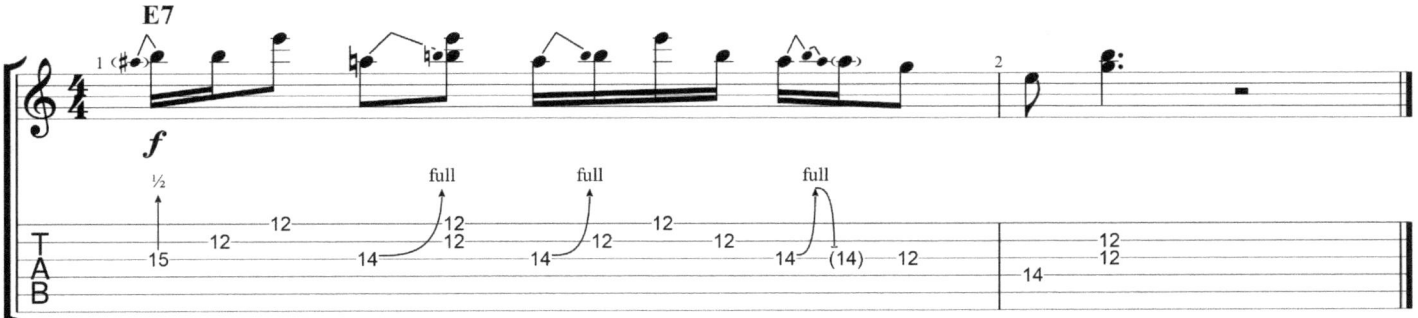

Beachte, wie jeder Bend in der folgenden melodischen Phrase unterschiedlich behandelt wird. Der lange Bend in Takt Eins, der kurze Bend bei Beat 1 von Takt 2, der schnelle Bend und Release bei Beat 3 und der 1/4-Noten-Curl bei Beat 4 ergeben zusammen eine nuancierte Vielfalt in einer ansonsten üblichen melodischen Phrase.

Beispiel 9b:

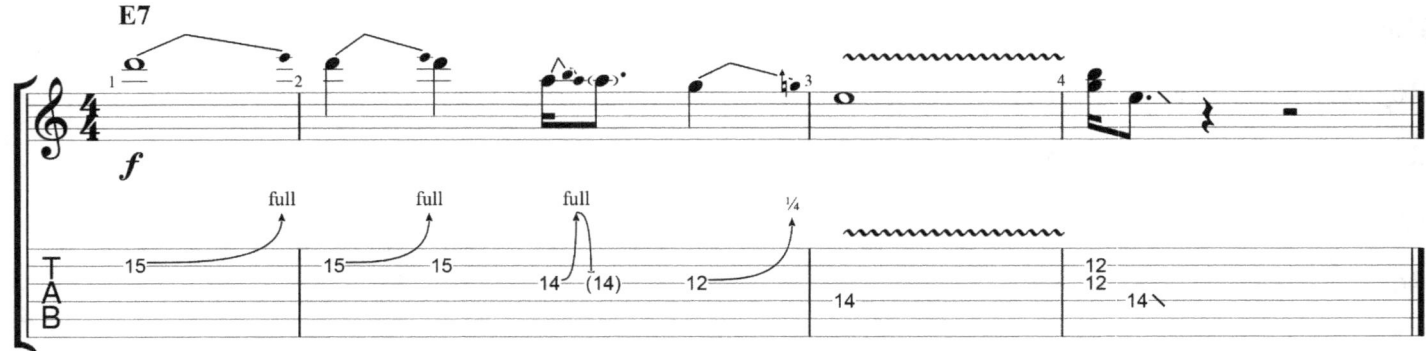

Die offenen Saiten können die Kontrolle des Beispiels 9c etwas schwieriger gestalten, aber allein die Textur ist es wert. Lass die Saiten klingen und stelle sicher, dass die schnelle Triole im Takt ist.

Beispiel 9c:

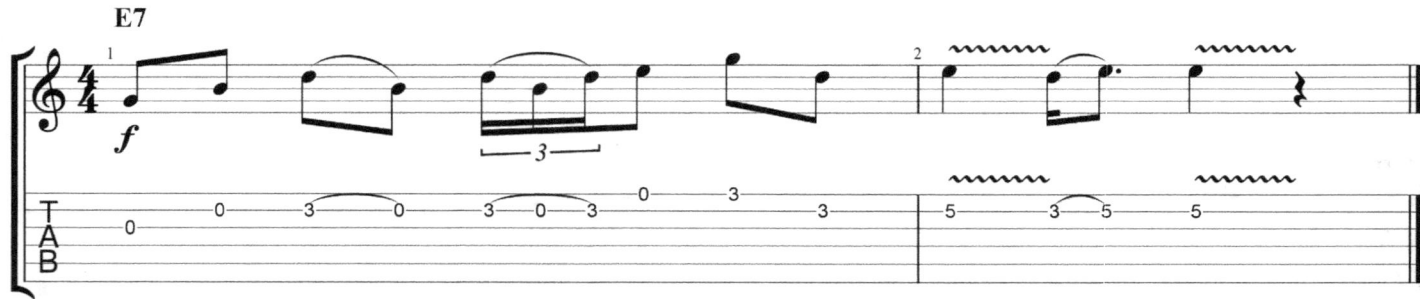

Beispiel 9d wird definitiv deine Fingerkraft herausfordern und nur ein einziger Pick-Schlag sollte alle Noten in Takt Eins abdecken. Ziele darauf ab, die 4er im Beat zu treffen, und du wirst nicht wirklich daneben liegen. Diese Linie geht vom Blues in steinigere Gebiete über.

Beispiel 9d:

Das letzte Beispiel ist wieder ganz im Blues-Bereich und beinhaltet eine Verschiebung von der offenen Position in der Mitte des Halses für einige Doppelstopp-Bends. Die Idee ist, die Note auf der zweiten Saite zu benden, während die Note auf der ersten Saite nicht bewegt wird. Dies ist allgemein bekannt als „Train Whistle Lick" und taucht die ganze Zeit auf. Meistere diese Bewegung, bevor du das Vibrato zum E auf der dritten Saite zwischen den einzelnen „Whistles" hinzufügst.

Beispiel 9e:

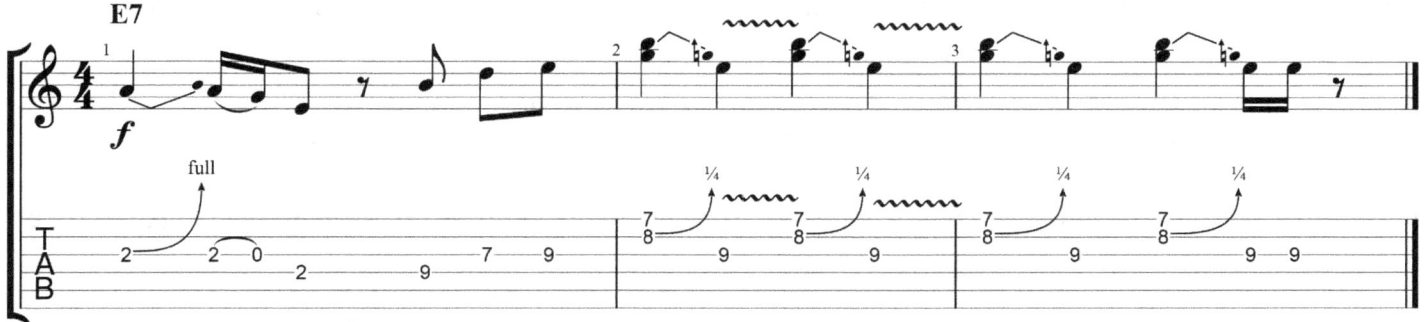

Jimi Hendrix

Jimi Hendrix, einer der bekanntesten Musiker in der Geschichte der populären Musik, hat sowohl den Sound als auch den Spielstil der E-Gitarre verändert. Jimi Hendrix, 1942 in Seattle, USA, als Johnny Allen Hendrix geboren, wurde später in James Marshall Hendrix umbenannt, um seinen Vater James Allen und seinen verstorbenen Bruder Leon Marshall zu ehren.

Hendrix begann im Alter von 15 Jahren mit dem Spielen von Akustikgitarre, bevor er später eine E-Gitarre erwarb und die Spielstile berühmter Blues-Künstler wie Muddy Waters, B.B. King und Howling Wolf studierte. Hendrix verliebte sich schnell in das Instrument und übte täglich mehrere Stunden lang. Bald darauf gründete er seine erste Band namens The Velvetones.

Bevor Hendrix 19 Jahre alt wurde, wurde er zweimal in einem gestohlenen Auto erwischt und war gezwungen, entweder im Gefängnis zu sitzen oder der Armee beizutreten. Er meldete sich kurz darauf und bat seinen Vater, während er in Kentucky stationiert war, ihm seine Gitarre zu schicken. Seine Obsession mit dem Instrument führte dazu, dass er seine militärischen Pflichten oft vernachlässigte, und 1962 wurde er wegen Untauglichkeit ehrenhaft entlassen.

Hendrix begann seine Musikkarriere nach seiner Entlassung ernsthaft und begann in verschiedenen lokalen Bands zu spielen, arbeitete schließlich als Sideman mit zahlreichen Soul- und Bluesmusikern und spielte auf einer bekannten Veranstaltungsreihe im Süden. 1964 zog er nach Harlem, New York und sicherte sich eine Stelle bei der Back-up-Band der Isley Brothers. Nach einer kurzen Zeit in dieser Gruppe trat er der Band bei, die Little Richard und später Curtis Knight unterstützte. Zu dieser Zeit sah der ehemalige Animals-Manager Chas Chandler Hendrix in Greenwich Village spielen und brachte ihn nach London, wo er dem Schlagzeuger Mitch Mitchell und dem Bassisten Noel Redding vorgestellt wurde. Gemeinsam gründeten sie The Jimi Hendrix Experience.

The Jimi Hendrix Experience zog schnell die Aufmerksamkeit der Musikpresse und auch anderer Rockmusiker auf sich, die von Hendrix' Können und seiner Showkunst verblüfft waren, zu der auch das Gitarrespielen hinter seinem Kopf und mit den Zähnen gehörte.

In den folgenden Jahren veröffentlichte Hendrix mit großem Erfolg drei Studioalben, wobei das letzte Album „Electric Ladyland" von vielen als eines der größten Rockalben angesehen wird, die je aufgenommen wurden. Zu diesem Zeitpunkt war Hendrix' Songwriting höchst einzigartig und verschmolz perfekt mit seinen legendären Gitarrenfähigkeiten.

1969 war Hendrix angeblich der höchstbezahlte Rockmusiker der Welt und sein Auftritt beim Woodstock Festival war einer der entscheidenden Momente seiner Karriere, vor allem wegen seiner atemberaubenden Interpretation der US-Nationalhymne.

Das ursprüngliche Experience-Trio wurde im Juni 1969 aufgelöst und Hendrix begann mit dem Bassisten Billy Cox und dem ursprünglichen Schlagzeuger Mitch Mitchell zu arbeiten, bevor er mit dem Schlagzeuger Buddy Miles die kurzlebige Band of Gypsys gründete. Sein Erfolg setzte sich bis 1970 fort, wurde aber leider zunehmend durch Drogenmissbrauch und alkoholbedingter Probleme behindert.

Am 18. September 1970 starb Jimi Hendrix im Schlaf an Asphyxie, während er mit Barbituraten berauscht war. Er war gerade 27 Jahre alt.

Hendrix war Linkshänder und ist bekannt dafür, eine rechtshändige Fender Stratocaster zu spielen, die auf den Kopf gestellt und neu bespannt wurde. Er wird mit der Stratocaster in Verbindung gebracht, spielte aber auch gelegentlich andere E-Gitarren, wie die Gibson Flying V und Les Paul. Live benutzte er hauptsächlich

Marshall-Verstärker, aber im Studio benutzte er andere Fabrikate für andere Töne. Er leistete Pionierarbeit bei der Verwendung vieler Effektgeräte, darunter Wah-Wah-Pedale, Univibes und Fuzz-Einheiten sowie Bandflansche und Echogeräte, insbesondere bei seinen Studioaufnahmen.

Hörempfehlung

Jimi Hendrix – Electric Ladyland

Jimi Hendrix – Axis: Bold as Love

Jimi Hendrix - Blues

Jimi Hendrix – Are You Experienced

Jimi Hendrix Style Blues Licks

Diese Licks sind in der Tonart A geschrieben.

Der erste Jimi Hendrix-Style Lick ist entspannt und kraftvoll. Spiele den ersten 10. Bund Bend als kontrollierten, langsamen Aufstieg, bevor du den *de dah*-Lick in Beat 3 ausführst. De dah-Lick ist ein wichtiger Bestandteil des Blues-Vokabulars und steht in engem Zusammenhang mit B.B. und Albert King.

Der zweite Takt umreißt einen D7-Akkord, so dass er im A7-Blues gut über den IV-Akkord passen würde. Wenn du den 8. Bund (C) mit dem ersten Finger benden kannst, dann mach weiter, aber vielleicht ist es einfacher, auf deinen dritten zu wechseln und die Position für das F# auf der dritten Saite zu ändern.

Beispiel 10a:

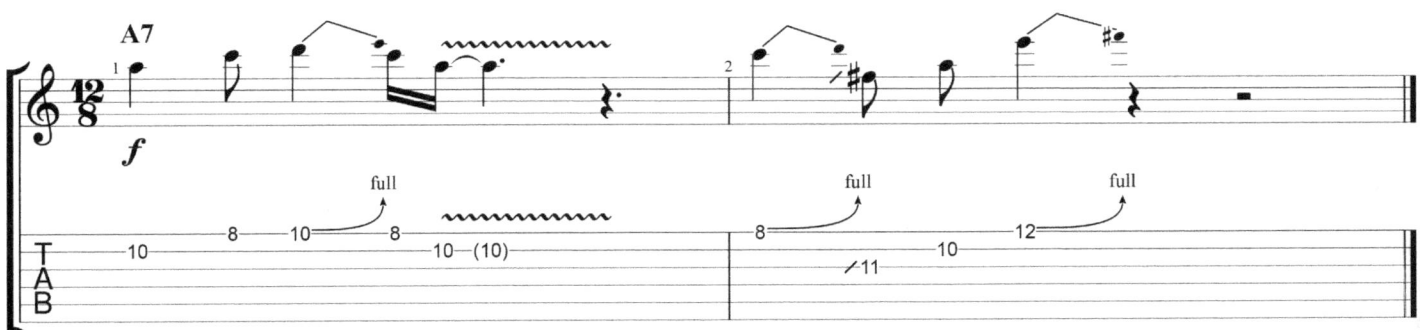

Beispiel 10b enthält tatsächlich zwei wesentliche Hendrix-ismen. Das erste geschieht in Beat 2, wo er 1/16tel Noten in der 12/8 Taktart spielt. Beginnend mit einem Blues-Klischee, steigt er die Skala wieder an, bis sie auf der Root endet. Du kannst ein Blues-Curl zum 8. Bund auf der ersten Saite hinzufügen.

Die zweite Hälfte der Idee ist eine wichtige Auflösungsphase (versuchen, sie ohne die letzte Note zu spielen, um einen ‚Punkt' auf der Root zu erzeugen. Indem du an der Root vorbei bis zum Ende der 5. Tonleiter vorbeigehst, kannst du ein wenig Vorwärtsdynamik beibehalten. Auch hier ist es immer in Ordnung, der Moll-Tonleiter ein Blues-Curl hinzuzufügen, in diesem Fall ist das die letzte Note des Taktes.

Beispiel 10b:

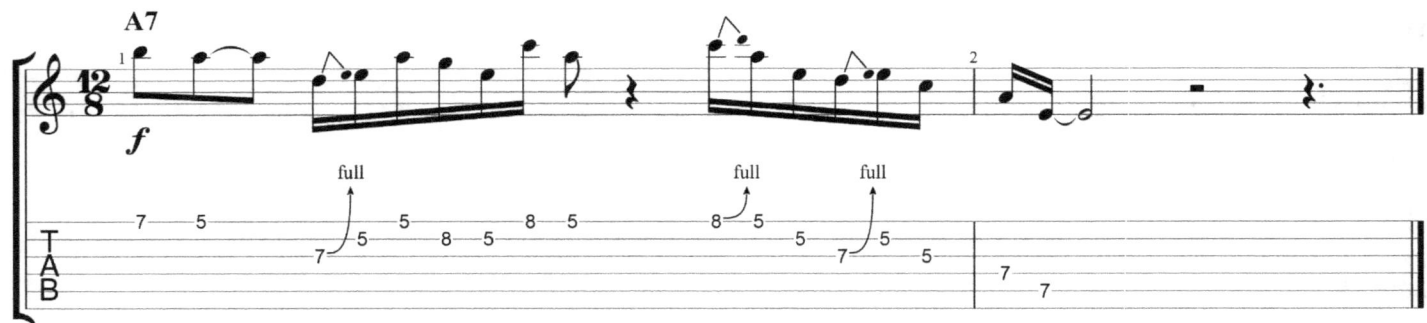

Das nächste Beispiel enthält einige anspruchsvolle Phrasierungen und ein paar unangenehme Bewegungen. Es basiert auf der A-Dur-Pentatonik und erzeugt im Vergleich zu seinem kleinen Gegenstück einen hellen Auftrieb.

Die Griffweise der ersten drei Töne ist etwas knifflig. Bende mit dem dritten Finger, verwende den vierten Finger auf der zweiten Saite und greife mit dem ersten Finger nach dem F# auf der ersten Saite. Diesen Bend rein spielen, wird deine Intonationsfähigkeiten auf die Probe stellen!

Als nächstes spiele den 4. Bund Bend als Pre-Bend, wenn du möchtest, aber es sollte gerade genug Zeit sein, die Auf- und Ab-Töne in eine 1/8-Note zu drücken. Achte für den Rest des Taktes genau auf den Rhythmus, es ist nicht offensichtlich, also spiele mit der Audiospur, um es richtig zu machen.

Akzentuiere den Doppelstopp-Slide auf Schlag 1 von Takt Zwei und füge der Schlussnote ein Vibrato hinzu.

Beispiel 10c:

Bei Beispiel 10d geht es um Bend-Genauigkeit und rhythmische Platzierung. Der erste Bend ist ein unisono Doppelstopp und du hast viel Zeit, um sicherzustellen, dass du sie vollständig bis zur Tonhöhe bendest. Sobald du den richtigen Sound in deinem Kopf hast, ist es eine einfachere Aufgabe, die Note im Rhythmus loszulassen und wieder zu benden.

Der Übergang vom letzten Bend zur ersten Note in Takt Zwei kann zunächst Kopfschmerzen bereiten, wenn man versucht, den Rest der Saiten vom Klingen abzuhalten. Verwende die Unterseite deiner Finger, um die zweite Saite ruhig zu halten, während du den String-Skip machst.

Beispiel 10d:

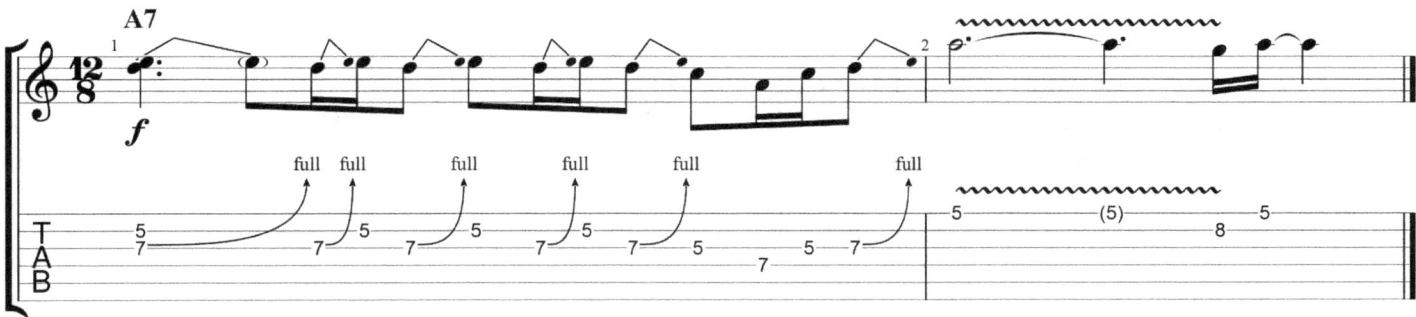

Die letzte Idee ist ein Hendrix-Klassiker. Theoretisch ist nichts zu kompliziert, nur ein kleines Nicken in Richtung A-Dur-Pentatonik mit der ‚7' (B) am Ende von Beat Eins.

Beginne mit dem Blues-Klischees-Lick und höre dir das Audio an, um das richtige Timing zu erhalten. Genauigkeit ist im letzten Bend unerlässlich, und du solltest nach Belieben ein Vibrato hinzufügen.

Beispiel 10e:

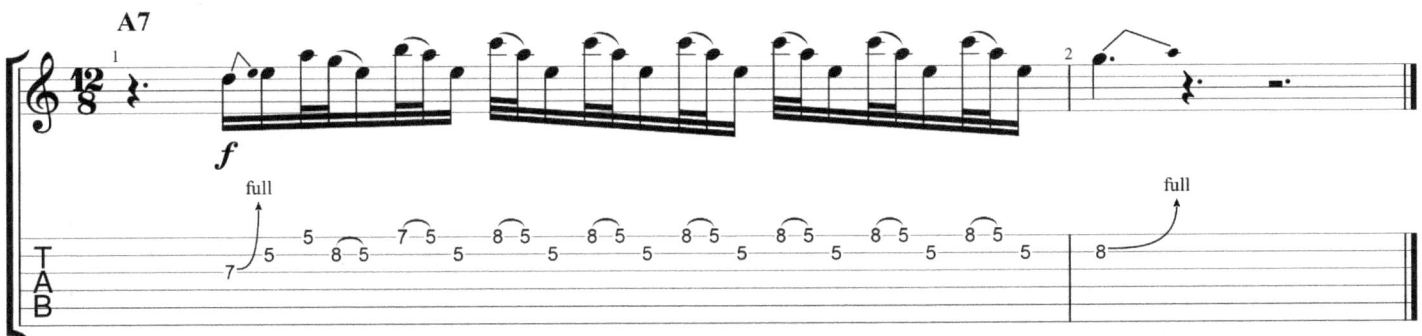

Mike Bloomfield

Michael Bernard Bloomfield wurde im Juli 1943 in einer wohlhabenden Familie in Chicago geboren. Als schüchternes und zurückgezogenes Kind interessierte er sich zunächst für Musik, indem er nachts Südstaatenradiosender hörte. Diese führten ihn in den Rockabilly, R&B und Blues ein. Er erhielt seine erste Gitarre in seinen frühen Teenagerjahren und begann Clubs zu besuchen, um elektrische Blues-Künstler in der lokalen Szene zu hören. Manchmal jammte er mit den ansässigen Musikern und machte sich bald einen Namen als vielversprechender junger Bluesgitarrist.

Besorgt über seinen Bildungsfortschritt schickten ihn seine Eltern 1958 auf ein privates Internat an der Ostküste und er absolvierte anschließend eine Chicagoer Schule für verhaltensauffällige Jugendliche. Trotz seiner Schulprobleme hatte Bloomfield zu diesem Zeitpunkt die wachsende Beatnik-Kultur angenommen und einen Job als Manager eines Folk-Clubs bekommen, der akustische Blues-Künstler bucht. Er spielte auch einige Session-Gitarren und trat mit verschiedenen Gruppen in der Chicagoer Musikszene auf.

1964 wurde Bloomfield von John Hammond entdeckt, der ihn beim CBS-Label unter Vertrag nahm. Allerdings war sich das Label nicht sicher, wie man einen weißen amerikanischen Bluesgitarristen vermarktet, und seine Aufnahmen wurden für eine Weile zurückgehalten.

1965 trat Bloomfield der Paul Butterfield Blues Band bei und spielte auf dem Debütalbum der Gruppe für das Label Elektra. Das Album war sehr erfolgreich und half dem weißen Publikum, eine rauere Form des Blues kennenzulernen, als sie es gewohnt waren. Bloomfields Gitarrenspiel wurde als Brücke zwischen traditionellem Chicago-Blues und zeitgenössischem Rock gefeiert. Später in diesem Jahr wurde Bloomfield für Bob Dylans Backing Band rekrutiert und war prominent auf Highway 61 Revisited vertreten. Er spielte auch mit Dylan beim Newport Folk Festival 1965.

Während dieser Zeit entwickelte Bloomfield ein großes Interesse an östlicher Musik, insbesondere an der indischen Raga-Form, was einen großen Einfluss auf seine nächste Butterfield-Aufnahme 1966 in Ost-West hatte. Das Album verschmolz Blues, Jazz, Weltmusik und psychedelischen Rock zu einer neuen und lebendigen Form. Die Gruppe wurde zu einer dynamischen Live-Attraktion in der Musikszene von San Francisco, obwohl Bloomfield die Band 1967 verließ, um neue Projekte in der Stadt zu verfolgen.

Bloomfield gründete The Electric Flag mit seinem langjährigen Chicagoer Mitarbeiter und Sänger Nick Gravenites. The Electric Flag baute auf der musikalischen Ausrichtung des Ost-West-Albums auf und enthielt eine Horn-Section, die einen Soul-Einfluss hinzufügte. Die Gruppe debütierte beim Monterey Pop Festival 1967, worauf 1968 das Album namens „A Long Time Comin'" folgte. Die Band fiel jedoch bereits aufgrund von schlechtem Management, persönlichen Rivalitäten und Drogenkonsum auseinander. Bloomfield verließ die Band sogar, bevor ihr Debütalbum überhaupt veröffentlicht wurde.

Als nächstes schloss sich Bloomfield dem Organisten Al Kooper an und nahm „Super Session" auf, ein mit Jams gefülltes Album, das seine Gitarrenkünste mit großer Wirkung zeigte. Es wurde 1968 veröffentlicht, erhielt hervorragende Kritiken und wurde zum meistverkauften Album von Bloomfields Karriere. Der Erfolg von „Super Session" führte zu einer weiteren Aufnahme, „The Live Adventures of Mike Bloomfield and Al Kooper", die 1968 im Fillmore West aufgenommen und im folgenden Jahr veröffentlicht wurde.

Bloomfield wurde schließlich misstrauisch gegenüber dem kommerziellen Erfolg und müde vom Touren. Er zog sich für eine Weile von hochkarätigen Auftritten und Aufnahmen zurück, obwohl er weiterhin als Session-Gitarrist und Produzent arbeitete. Er begann auch, Filmsoundtracks zu schreiben. Bloomfield kehrte 1973 schließlich für eine Session mit John Hammond und dem New Orleanser Pianisten Dr. John ins Studio zurück, um „Triumvirate" aufzunehmen. In den späten 1970er Jahren nahm Bloomfield für mehrere kleinere Labels auf, meist in akustischen Umgebungen.

Bloomfield war für einen Großteil der 1970er Jahre von Alkoholismus und Heroinabhängigkeit geplagt, was ihn unzuverlässig machte, obwohl er sich bis 1980 ausreichend erholt hatte, um wieder in Europa zu touren. Er trat auch kurz in San Francisco bei einem Bob Dylan Konzert für eine Interpretation von „Like a Rolling Stone" auf. Leider wurde Bloomfield am 15. Februar 1981 tot in seinem Auto mit einer Überdosis Drogen vorgefunden. Er wurde gerade mal 37 Jahre alt.

Bloomfield war einer der ersten weißen Blues-Gitarristen Amerikas und erwarb sich seinen Ruf durch seine Arbeit in der Paul Butterfield Blues Band. Seine expressiven, flüssigen Solo-Phrasen Linien und Blues-Gitarrentechnik zierten viele weitere Projekte, vor allem Bob Dylans erste elektrische Aufnahmen und er verfolgte auch eine Solokarriere mit wechselhaften kommerziellen Ergebnissen.

Bloomfield wird am häufigsten mit der Gibson Les Paul Standard Gitarre in Verbindung gebracht, obwohl er auch ab und an eine Telecaster spielte. Seine Verstärker der Wahl waren in der Regel entweder ein Fender Twin Reverb oder ein Super Reverb Modell, und er verwendete selten Effektgeräte.

Hörempfehlung

Mike Bloomfield – It's Not Killing Me

Mike Bloomfield – Best of Mike Bloomfield

Mike Bloomfield – Super Session

Mike Bloomfield – Cruisin' For A Bruisin'

Mike Bloomfield Style Blues Licks

Diese Licks sind in der Tonart C geschrieben.

Bloomfield kombiniert geschickt das Alte und das Neue im Beispiel 11a, indem er einen kantigen Ansatz für seine Solo-Linie verfolgt. Es beginnt mit einer klassischen Blues-Phrase, aber die 1/16. Note geht einen etwas ungewöhnlichen Weg über die natürliche 6., um eine ansonsten normale Moll-Pentatonik-Idee herabzusteigen.

Die 6. ist der Dur-Pentatonik ‚entlehnt', wird aber normalerweise so nicht isoliert gehört. Dies, kombiniert mit dem synkopierten 1/16-Noten-Rhythmus, macht diese Note wirklich unverwechselbar.

Beispiel 11a:

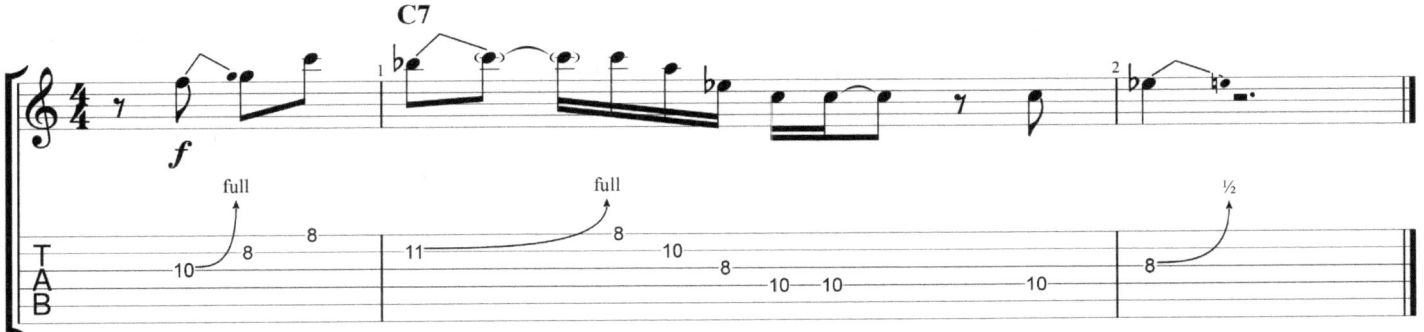

Das nächste Beispiel ist durchweg Dur-Pentatonik. Die tiefen Registertöne führen zu einer Doppelstopp-Phrase, die die Akkorde umreißt, ähnlich wie bei Elmore James in Beispiel 2e. Mit den Fingern Eins und Zwei in den Doppelstopp sliden und flach auflegen, um die 10er zu spielen.

Beispiel 11b:

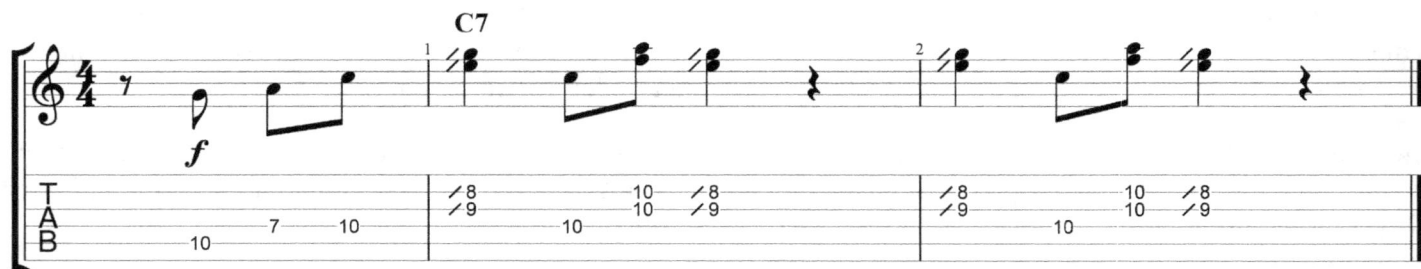

Hier ist eine weitere Möglichkeit, wie Bloomfield die gleiche Idee verwendet, um einen Akkord zu umreißen. Diesmal folgt eine ungewöhnliche Phrase, die um die Dur- und Moll-Pentatonik herum gespielt wird. Beachte, wie die Doppelnoten verwendet werden, um die Erwartung zu verschieben, wohin die starken Töne fallen werden.

Beispiel 11c:

Beispiel 11d lehrt eine großartige Möglichkeit, die Position von Form Eins zu Form Zwei der Moll-Pentatonik zu verschieben. Die Note C wird auf der E-Saite, 8. Bund, gespielt, aber der Slide in die 13. in Takt Zwei platziert sie auf der B-Saite. Dies führt nicht nur zu einem Klangunterschied, sondern sorgt auch für einen sanften Übergang bis zum Hals. Experimentiere, indem du Curls zu den Ebs (11. Bund auf der E-Saite) in den letzten beiden Takten hinzufügst. Ein Vibrato wird diese Linie zum Singen bringen.

Beispiel 11d:

Das letzte Beispiel stammt direkt aus dem Chicago Blues Lehrbuch. Es mischt Triolen, 1/8tel und 1/16tel zu einer Gesangslinie, die du immer wieder verwenden wirst.

Es kann einige Minuten dauern, bis man sich mit dem Timing und der ungewöhnlichen Notenwahl des ersten Schlages vertraut gemacht hat; das Ab (b6) ist nicht üblich, funktioniert aber hier gut als passive Note. Sei jedoch vorsichtig, die ganze Phrase beginnt mit der zweiten Triolen-Teilung.

Der langsame 1/2-Ton-Bend im Beat 3 erfordert Geduld und Subtilität, bevor die schnellen 1/16-Noten im Beat 4 in eine weitere gehaltene Note mit Vibrato übergehen.

Slide in den 13. Bund der B-Saite, um die Position zu wechseln, und füge einen Blues-Curl hinzu, um den Klassiker zu beenden ...

Beispiel 11e:

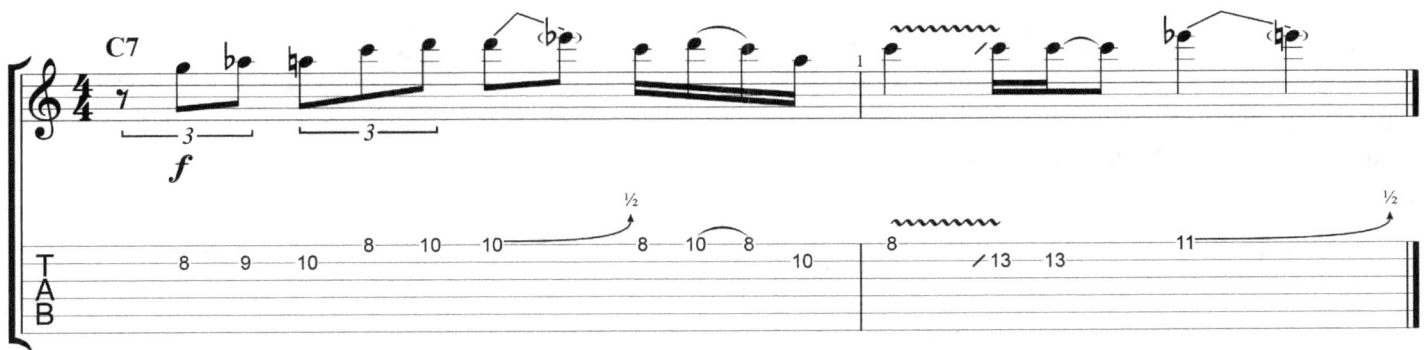

Johnny Winter

Johnny Winter wurde am 23. Februar 1944 in Beaumont, Texas, als John Dawson Winter III geboren und war von klein auf ein natürlich begabter Musiker. Er begann als Klarinettist und wechselte später zur Gitarre. Er und sein jüngerer Bruder Edgar traten in der Jugend oft gemeinsam auf und waren sogar mehrfach in lokalen Fernsehsendungen zu sehen.

Winter gründete seine erste Band, Johnny and the Jammers (mit Edgar an den Keyboards), als er gerade 15 Jahre alt war. Ursprünglich war er von lokalen Bluesgruppen und später von B.B. King nach einem Konzert beeinflusst.

Ende der 1960er Jahre und nach vielen Tourneen und lokalen Straßenarbeiten wurde Winter national als bedeutender aufstrebender Blues-Künstler anerkannt. Er war ein unverwechselbar aussehender Musiker, groß mit weißblonden Haaren und hellen Augen, und er spielte einen besonders feurigen Stil der E-Blues-Gitarre. Seine blassen Gesichtszüge wurden durch einen seltenen Zustand verursacht, der Albinismus genannt wird, den auch sein Bruder Edgar hatte.

1969 spielte Winter beim legendären Woodstock-Musikfestival und veröffentlichte sein Debütalbum für Columbia Records, das ihm großen Beifall einbrachte. Gelegentlich trat er mit Janis Joplin auf, und die beiden wurden für eine Weile ein Paar.

1969 veröffentlichte Winter mehrere Alben, darunter „The Progressive Blues Experiment" und „Johnny Winter". Diese Aufnahmen, zusammen mit seinem beeindruckenden Bühnenauftritt, machten ihn zu einem der beliebtesten Live-Performer der damaligen Zeit. In den 1970er Jahren machte Winter viele gut aufgenommene Blues-Rock-Aufnahmen, darunter „Still Alive and Well" (1973) und „Saints and Sinners" (1974). Seine Live-Auftritte zogen Massen an, die sein bemerkenswertes Gitarrenspiel sahen. 1976 traf sich Winters wieder mit seinem Bruder Edgar und nahm das Live-Album „Together" auf.

Winter kämpfte eine Zeit lang mit einem Drogenproblem, schaffte es aber trotz seiner Sucht, die Auftritte und Aufnahmen fortzusetzen. Er arbeitete in den späten 1970er Jahren auch hinter den Kulissen als Produzent an mehreren Muddy Waters-Alben. 1988 wurde Winter für seine Verdienste um die Musik geehrt und in die Blues Foundation Hall of Fame aufgenommen.

Anfang der 90er Jahre kehrte Winter auf Alben wie „Let Me In" (1991) zu seinen texanischen Blues-Wurzeln zurück. Weitere folgten, darunter der nominierte Grammy Award „I'm a Bluesman" (2004) und „Roots" (2011). Winter zog sich nie offiziell aus der Musikszene zurück und entschied sich stattdessen, bis zu seinem Tod auf Tour zu gehen und Platten zu machen. Seine bemerkenswerte Karriere war Gegenstand des Dokumentarfilms von 2014 „Johnny Winter: Down & Dirty".

Gemäß einem Leben, das hauptsächlich auf der Straße verbracht wurde, verstarb Winter auf einer Tour durch Europa. Er starb am 16. Juli 2014 im Alter von 70 Jahren in seinem Hotelzimmer in Zürich. Winters letztes Album „Step Back" wurde im September 2014 posthum veröffentlicht.

Ungewöhnlich war, dass Johnny Winters Instrument der Wahl eine Gibson Firebird war, obwohl er auch ein maßgeschneidertes Instrument des Geigenbauers Dan Erlewine spielte. Er spielte gelegentlich eine Gibson SG und eine elektrische 12-String von Fender.

Winter verwendete eine Vielzahl von Röhren-Combo-Verstärkern, darunter Fender Twin Reverbs, scheint aber in seinen späteren Jahren eine Music Man-Combo der 70er Jahre wegen ihres unverwechselbaren Klangs bevorzugt zu haben.

Hörempfehlung

Johnny Winter – Johnny Winter

Johnny Winter – Guitar Slinger

Johnny Winter – Still Alive and Well

Johnny Winter - Live Johnny Winter And

Johnny Winter Style Blues Licks

Diese Licks sind in der Tonart C geschrieben.

Der erste Johnny Winter Lick ist trügerisch knifflig und erfordert eine gewisse Aufmerksamkeit für den Rhythmus, besonders im ersten Takt.

Beispiel 12a:

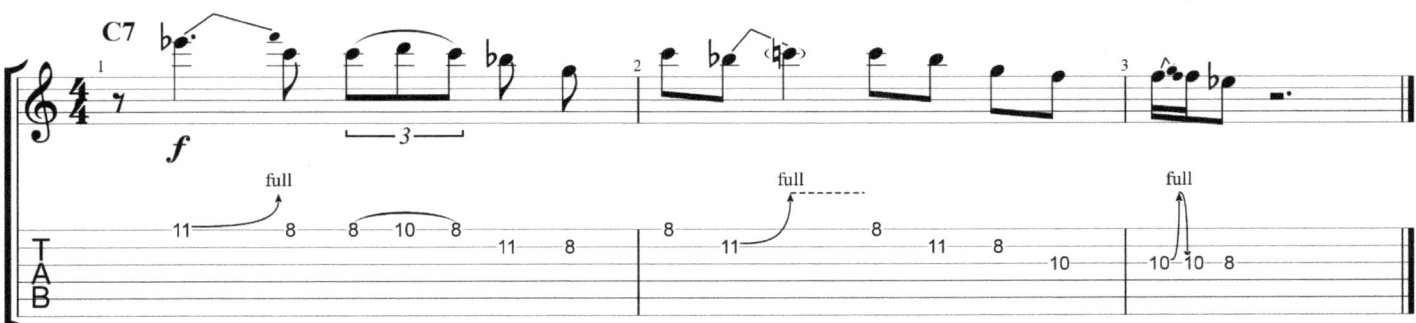

Die nächste Phrase ist viel einfacher rhythmisch zu platzieren und besteht aus einer absteigenden kleinen pentatonischen Idee. Spiel die erste Note mit dem dritten Finger und die Griffweise wird sich ganz logisch gestalten. Der Band auf Beat 1 von Takt Zwei ist schnell und du brauchst etwas Kraft, um den letzten Bend mit dem ersten Finger zu bewältigen.

Beispiel 12b:

Beispiel 12c zeigt einige kreative Möglichkeiten, gebendete Doppelstopps zu verwenden. Zupfe die Note auf dem 11. Bund bei jedem Beat, aber achte auf die verschiedenen Melodien in den Bends auf den 10. Bund Noten (F). Ich empfehle dringend, dir das Audiomaterial für diesen Song anzuhören, da es schwierig sein kann, es aus der Notation herauszulesen.

Akzentuiere in der zweiten Hälfte dieser Idee sowohl die Aufwärts- als auch die Abwärtsbewegung der Note.

Beispiel 12c:

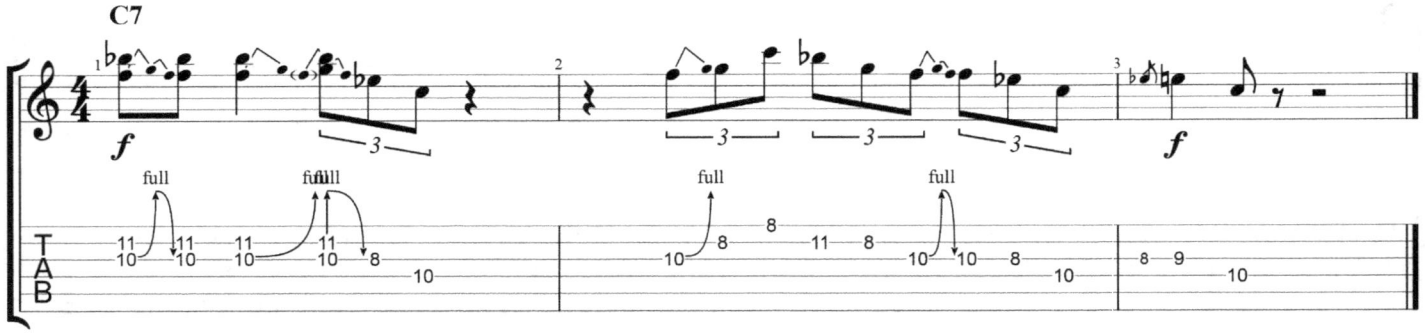

Die folgende Idee ist stark an Chuck Berry angelehnt, fügt aber eine moderne rhythmische Wendung hinzu. Höre dir wieder das Audio an, um zu hören, wo die Rhythmen liegen.

Beispiel 12d:

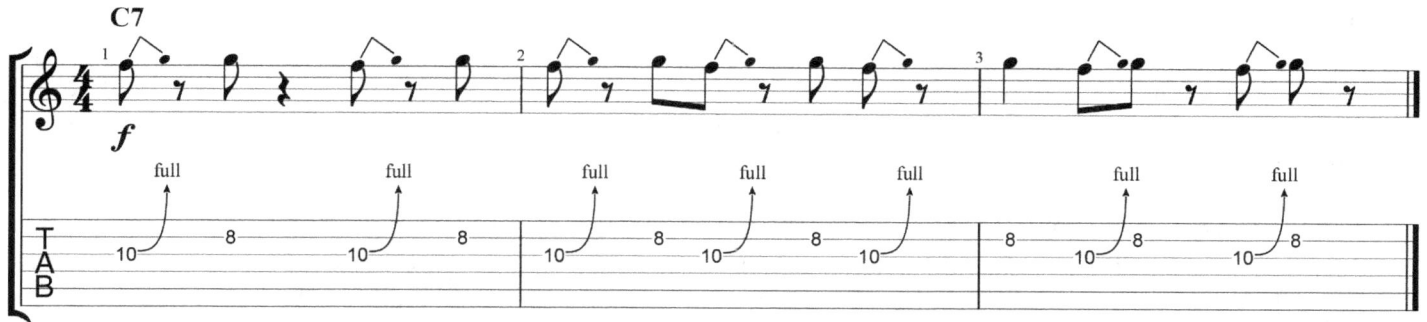

Der letzte Lick ist eine klassische treibende Phrase, die man im Spiel aller modernen Größen hören kann. Konzentriere dich darauf, die ersten Bends in Einklang zu bringen, denn wenn sie flat sind, fallen sie wie ein bunter Hund auf. Füge der anhaltenden Note in Takt Zwei so viel Vibrato wie möglich hinzu, bevor die Linie chromatisch über die große Terz in Form Zwei ansteigt. Achte auf den Positionssprung, um auf die letzten beiden Noten zuzugreifen.

Beispiel 12e:

Eric Clapton

Eric Patrick Clapton wurde 1945 in Surrey, England, geboren und ist einer der bekanntesten E-Blues- und Rockgitarristen der Welt. Er begann im Alter von 13 Jahren mit dem Gitarrespielen, als er zu seinem Geburtstag eine Akustikgitarre erhielt. Er verliebte sich schnell in amerikanische Bluesmusiker und verbrachte oft Stunden damit, an ihren Aufnahmen zu arbeiten, um seine Gitarrenkenntnisse zu verfeinern. Als Clapton 16 Jahre alt war, hatte er sich einen Namen als aufstrebender Bluesgitarrist gemacht und wurde oft gesehen, als er in und um London Straßenmusik machte.

Nachdem er in verschiedenen Bands aufgetreten war, wurde er 1963 zu The Yardbirds eingeladen. Die Gruppe war eine Rock and Roll-Band, die stark vom Blues beeinflusst war, und Clapton blieb bei ihnen, bis er 1965 ging, um Mitglied bei John Mayall's Blues Breakers zu werden. Als er mit Mayall spielte, entwickelte er seine ohnehin schon beeindruckenden Fähigkeiten als Lead-Gitarrist weiter und nahm eines seiner bekanntesten Alben auf, „Blues Breakers" - John Mayall mit Eric Clapton (manchmal auch als The Beano Album bezeichnet).

Im Juli 1966 gründete Clapton zusammen mit dem Bassisten Jack Bruce und dem Schlagzeuger Ginger Baker Cream, eine der ersten Rock-Superbands. Sie stiegen schnell zum Superstar auf, bevor sie sich nur wenige Jahre später auflösten. Nach Cream spielte Clapton mit Blind Faith und Derek and the Dominoes (Produzent des klassischen Layla-Albums), bevor er eine Zeitlang rückgezogen lebte und diese Zeit leider von Drogenabhängigkeit geprägt war. Mitte der 70er Jahre tauchte er mit vielen erfolgreichen Soloalben wieder auf, und in den 80er Jahren produzierte er mehr kommerzielle Aufnahmen als in den 70er Jahren.

Ein langer Kampf mit Alkohol und persönlichen Problemen wurde schließlich überwunden, und in den 90er Jahren war Claptons Karriere konsequenter und erfolgreicher in Bezug auf die musikalische Leistung geworden. Der tragische Tod seines Sohnes Conor im Jahr 1991 inspirierte ihn zu dem Song „Tears in Heaven", der zu einem großen kommerziellen Erfolg wurde. Ebenso wie sein Unplugged-Album, das nach wie vor eines seiner bisher meistverkauften Alben ist.

Claptons kontinuierliche Tourneen und Aufnahmen setzten sich bis in die 2000er Jahre fort, und er ist kürzlich zu seinen Blues-Wurzeln zurückgekehrt und spielt Tribut an seine Influencer wie Robert Johnson. Clapton ist bis heute einer der einflussreichsten Blues- und Rockgitarristen und hat zahlreiche Grammy-Auszeichnungen erhalten. 1998 gründete er das Crossroads Centre in Antigua für Drogenabhängigkeit und erhielt 2004 die CBE für seine Verdienste um die Musik.

Sein Leadgitarrenstil ist deutlich vom Blues beeinflusst und er verwendet in seinen Soli überwiegend Pentatonik- und Bluestonleitern. Beeinflusst von Gitarristen wie Buddy Guy, Freddie King und B.B. King und vielen anderen, wird Claptons Ansatz von modernen Gitarristen stark kopiert. Er verfügt über eine besonders ausdrucksstarke Vibrato-Technik und verwendet in seinen Soli häufig Saiten-Bends mit großer Wirkung.

Eric Clapton wurde im Laufe seiner Karriere mit mehreren verschiedenen Gitarrenmodellen in Verbindung gebracht, vor allem mit der Gibson Les Paul Standard in seinen frühen Werken und der Gibson SG und ES-335 für einen längeren Zeitraum mit Cream. Seit den frühen 1970er Jahren spielt er häufig Stratocasters, und Fender produzierte schließlich ein Signaturmodell von ihm.

Marshall-Verstärker waren ab Mitte der 1960er Jahre Claptons Standbein, vor allem bei Cream, wo er einer der ersten Gitarristen wurde, der gestapelte Verstärker und 4x12-Boxen verwendete. In den 1970er Jahren wechselte er zu kleineren (und generell leistungsschwächeren) Verstärkern von Fender und Music Man und blieb größtenteils bei diesem Setup.

Clapton wird nicht sonderlich mit Effektgeräten in Verbindung gebracht, sondern hat das Wah-Wah-Pedal in einigen seiner Aufnahmen effektiv eingesetzt. Er vermeidet in der Regel starke Effektsounds und zieht es vor, sich an ein einfaches Setup zu halten.

Hörempfehlung

John Mayall – John Mayall's Blues Breakers with Eric Clapton

Eric Clapton – E.C. Was Here

Eric Clapton – Me and Mr Johnson

Eric Clapton – From the Cradle

Eric Clapton Style Blues Licks

Diese Licks sind in der Tonart A geschrieben.

Wir haben wirklich versucht, einige von Claptons Eigenheiten in Beispiel 13a zusammenzufassen, und es gibt mehrere Bends, die eine subtile Manipulation erfordern. Die Anfangsphrase ist eine A-Dur-Pentatonik, aber ab Takt Zwei geht es eher in Moll über. Es gibt hier einige lustige Phrasierungsideen, also höre dir das Audio an und spiele mit, sobald du mit den Noten vertraut bist.

Beispiel 13a:

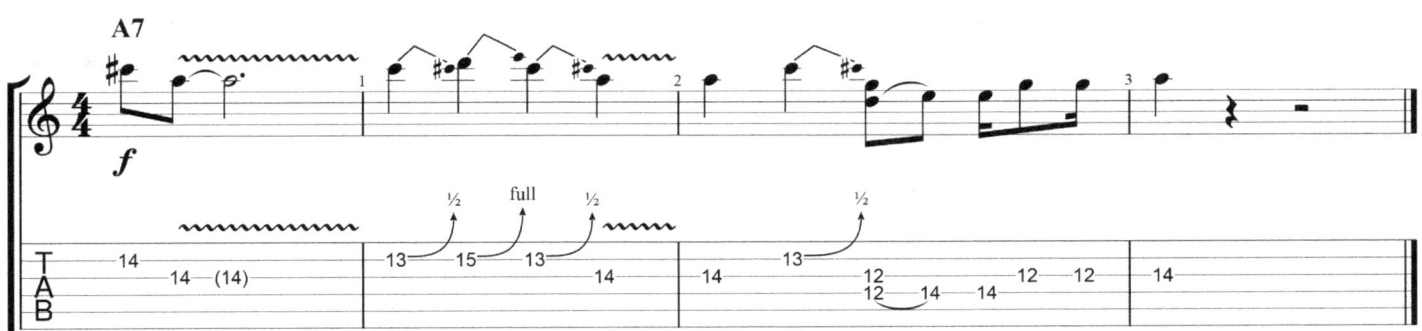

Ungewöhnlicherweise enthält das nächste Beispiel keine Bends. Stattdessen konzentriert es sich auf eine klassische Clapton-Eigenschaft; schnelle Geschwindigikeitsausbrüche bei einigen gut ausgewählten Noten. Achte darauf, welche Noten gezupft werden und welche legato sind.

Beispiel 13b:

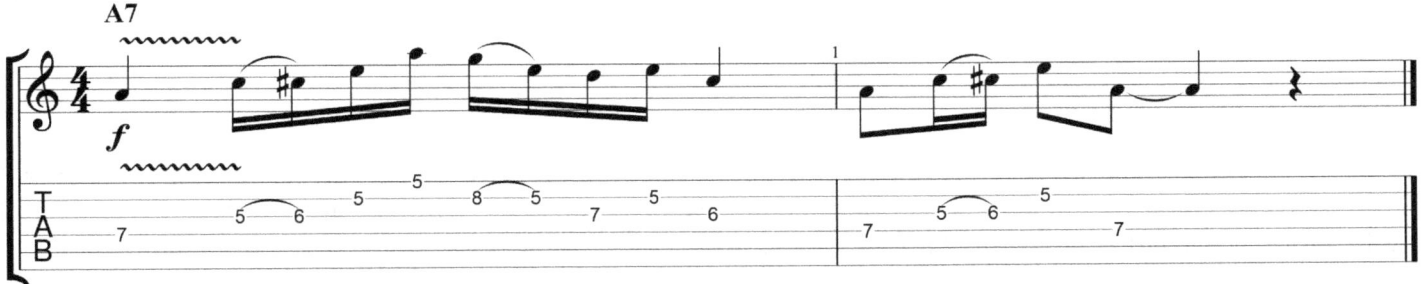

Klassischere Clapton-Phrasierung. Es gibt nichts allzu Kompliziertes hier, stelle einfach sicher, dass deine Bends von der Intonation her stimmen und dass die Rhythmen im Takt sind. Achte darauf, wie Clapton den Blues-Klischee-Lick in Takt Eins angeht; es ist eine interessante Variante. Der Curl in der Schlussnote (C) von Takt Drei ist unerlässlich. Verankere die Seite deines ersten Fingers an der Unterseite des Halses und benutze sie als Drehpunkt, um die Saite in Richtung Boden zu ziehen.

Beispiel 13c:

Der nächste Lick hat eine ähnliche Kontur wie der vorherige, aber er liegt direkt am Hals und beginnt auf der B-Saite. Clapton ist dafür bekannt, die gesamte Bandbreite seiner Gitarre zu nutzen, und das wird hier hervorgehoben. Ich schlage vor, dass du deinen dritten Finger für den ersten Bend benutzt und den nächsten mit deinem zweiten spielst. Das mag sich seltsam anfühlen, aber der Platz ist so hoch am Hals und du kannst ihn einfacher finden.

Rolle den dritten Finger über die beiden 19er vor der kleinen zur großen Terz Satz in Takt Zwei. Achte auf den schnellen Pull-Off am Ende von Takt Zwei.

Beispiel 13d:

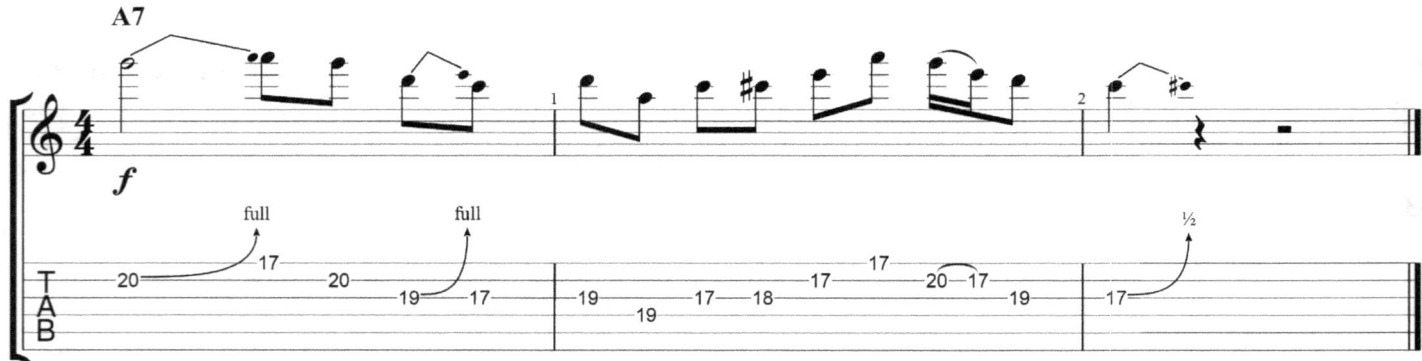

Es gibt verschiedene schrille Bends in diesem letzten Lick und wir wollten zeigen, wie Clapton ein Meister der Gitarrenmanipulation ist. Die Griffweise kann sich ein wenig verkrampft anfühlen, also schlage ich vor, dass du die Finger Eins und Drei während dieser Idee verwendest.

Höre dir das Audio an, bevor du dieses Beispiel versuchst, damit du hörst, wie die Bends angegangen werden. Der erste ist lang und langsam, der zweite ist ein Bend und Release und die letzten beiden müssen genau abgestimmt sein. Der vorletzte Bend bewegt sich von b3. auf die 4. und der letzte Bend bewegt sich von der Sekunde auf die große Terz. Du musst auf vieles achten, deshalb lass dir Zeit. Es kann helfen, alles um 12 Bünde nach unten zu verschieben, um zunächst in einer niedrigeren Oktave zu spielen.

Beispiel 13e:

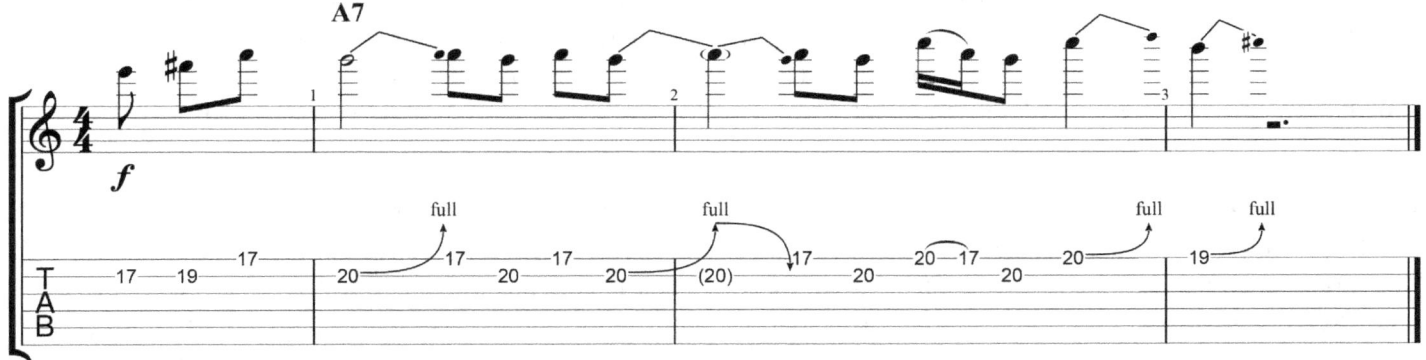

Peter Green

Peter Allen Greenbaum wurde 1946 in Bethnal Green, London, geboren. Beeinflusst von Blues-Gitarristen und auch Hank Marvins Spiel mit The Shadows, ist Green in erster Linie ein autodidaktischer Gitarrist. Er begann mit dem Bass in einer Rock and Roll Coverband und schloss sich bald einer Rhythm and Blues Band namens The Muskrats an.

Sein Gitarrenspiel erregte die Aufmerksamkeit der Öffentlichkeit, als er mit Peter Bardens Band Peter B's Looners arbeitete, und er arbeitete mit ihnen zusammen, bis ihm die Möglichkeit gegeben wurde, Eric Clapton in John Mayall's Blues Breakers zu vertreten, und er gab sein Debüt auf dem 1966er Album „A Hard Road". Greens Spiel auf diesem Album (im Alter von nur 20 Jahren) war überraschend reif und er trug zwei Kompositionen zur Aufnahme bei, darunter „The Supernatural", ein Instrumental, das ein Auftakt zu der Musik war, die er später für Fleetwood Mac kreierte. Um diese Zeit wurde er von anderen Musikern bereits als The Green God bezeichnet.

1967 verließ Green die Mayall-Band und gründete seine eigene Gruppe. Mit dem Schlagzeuger Mick Fleetwood und dem Gitarristen Jeremy Spencer gründete er Fleetwood Mac mit Green als einen der wichtigsten Komponisten. Die Band, die Ende der 1960er Jahre beim Produzenten Mike Vernons Blue Horizon Label unter Vertrag genommen wurde, produzierte eine Reihe von Alben, die Greens schnell wachsende Fähigkeiten als Songwriter zeigten. Greens Kompositionen „Black Magic Woman" (später von Santana gecovert) und „Oh Well" halfen, die Popularität der Gruppe zu festigen und das Instrumental „Albatross" führte 1969 die britischen Charts an. Zu dieser Zeit begann die psychische Gesundheit von Green zu leiden, was dazu führte, dass er die Band im Mai 1970 verließ.

Mitte der 70er Jahre wurde bei Green Schizophrenie diagnostiziert und es dauerte einige Jahre, bis er sich erholte und eine Behandlung erhielt. 1979 tauchte er wieder als Interpret auf und veröffentlichte noch im selben Jahr ein Soloalbum. In the Skies. Es folgte eine sporadische Session-Arbeit, bis er Ende der 90er Jahre die Peter Green Splinter Group gründete, die zwischen 1997 und 2004 neun Alben veröffentlichte.

Green nahm eine weitere Pause von der Bühne bis 2009, als er wieder mit Peter Green and Friends spielte und für weitere zwei Jahre tourte.

Greens Gitarrenspiel und Kompositionen haben viele Musiker beeinflusst, darunter Gitarristen wie Gary Moore, Carlos Santana und Joe Perry. Er favorisiert in seinen Soli generell Pentatonik- und Blues-Tonleitern und verfügt über ein einzigartiges Vibrato und eine große Kunst des Saiten-Bendings. Sein unverwechselbarer Einsatz von Hammer-Ons und Pull-Offs beeinflusste viele andere Spieler, und sein Blues-Spiel war leicht vergleichbar mit Gitarristen wie Eric Clapton, wobei viele Kritiker das Gefühl hatten, dass Green der authentischere Bluesgitarrist war.

Peter Green hat im Laufe der Jahre mehrere Gitarren und Verstärker verwendet, ist aber in den letzten Jahren eng mit der Gibson Les Paul und der Fender Stratocaster in Verbindung gebracht worden. Seine berühmte Gibson Les Paul aus Fleetwood Mac-Zeiten wurde schließlich an den Gitarristen Gary Moore verkauft, der sie für viele seiner berühmtesten Aufnahmen verwendete. Durch eine versehentliche Verkabelung der Tonabnehmer erzeugte diese Gitarre einen unverwechselbaren phasenverschobenen Ton, der bei vielen von Greens Arbeiten zu hören ist. Er kreierte die meisten seiner charakteristischen Klänge von seiner Gitarre, indem er die Lautstärke- und Klangregler manuell einstellte und ein einfaches Geräte-Setup verwendete.

Green hat im Laufe der Jahre mit einer Vielzahl von Verstärkern experimentiert, verwendet aber hauptsächlich Fender- und Orange-Röhrenverstärker. Er benutzte selten moderne Effektgeräte, manipulierte aber Feedback und Reverb erfolgreich, wie man auf „The Supernatural" mit John Mayall hören kann.

Hörempfehlung

Peter Green – The Anthology

Peter Green – In The Skies

John Mayall – A Hard Road

Fleetwood Mac – Blues Jam in Chicago

Peter Green Style Blues Licks

Diese Licks sind in der Tonart E geschrieben.

Der erste Lick im Peter Green-Stil verwendet großartig Doppelstopp-Bends, die gegen das Backing synkopiert sind. Benutze deinen dritten Finger, um den 14. Bund-Bend zu spielen und füge deinen kleinen Finger hinzu, um die Doppelgriffe zu spielen, die am Ende des ersten Taktes beginnen.

Beispiel 14a:

Die nächste Linie nutzt wunderschön die E-Dur-Pentatonik-Tonleiter, obwohl du sie vielleicht zuerst ohne den Slide von 5 auf 11 lernen möchtest, damit du das Timing halten kannst. Es gibt einige ungewöhnliche, aber erhabene Phrasierungen in Beat 3; bende den 12. Bund mit dem kleinen Finger nach oben und mach einen Pull-Off auf 11", ohne ihn loszulassen. Betone das Swing-Gefühl in Beat 4.

Beispiel 14b:

Beispiel 14c beginnt mit dem typischen Blues-Lick, bevor in Takt Zwei ein cleverer Rhythmustrick verwendet wird. Beachte, dass die Phrase ab Beat 2 nur noch zwei Noten enthält, aber sie wird in Dreiergruppen (Triolen) gespielt. Dies schafft ein aufmerksamkeitsstarkes Zwei-gegen-Drei-Gefühl, auf das du dich konzentrieren kannst, um es auszuführen. Beginne, indem du die mittleren beiden Beats isolierst und die erste Note jeder Triole betonst und füge dann den Bend hinzu. Mit der Zeit wirst du anfangen zu spüren, wo der Puls liegt und deine eigenen kreuzrhythmischen Phrasen wie diese improvisieren.

Beispiel 14c:

Der nächste Lick zeigt, wie Peter Green von vielen der zuvor in diesem Buch behandelten Künstler inspiriert wurde und die Phrasierung ist reines Delta.

Auch hier sehen wir den weniger verbreiteten Sekunde zur großen Terz Bend im Takt, gefolgt von einigen Slide-inspirierten Rhythmen. Beachte, wie langsam der Curl auf der letzten Note des Taktes ist.

Beispiel 14d:

Die letzte Linie verwendet 1/4-Note und 1/8-Triolen, um den Eindruck zu erwecken, dass sich die Geschwindigkeit in Takt Eins erhöht, während die synkopierte Phrasierung in Takt Zwei den Eindruck erweckt, dass sie verlangsamt wird. Die Doppelstopp-Bends sind ziemlich herausfordernd und ich schlage vor, dass du deinen ersten und dritten Finger benutzt, um sie zu spielen. Unterstütze die gebendete Note auf der zweiten Saite, indem du deinen zweiten Finger hinter deinen dritten legst.

Beispiel 14e:

Rory Gallagher

Rory Gallagher wurde am 2. März 1948 in Ballyshannon, Irland, geboren. Seine Familie zog kurz nach seiner Geburt nach Cork und er erhielt seine erste Gitarre im Alter von 9 Jahren mit der Unterstützung seiner Eltern. Nachdem Gallagher drei Jahre später einen Talentwettbewerb gewonnen hatte, kaufte er sich eine E-Gitarre und begann, vor Ort zu spielen.

Gallagher hörte amerikanische Blues- und Folksänger im Radio und wurde ein begeisterter Fan von Künstlern wie Leadbelly, Buddy Guy, Freddie King, Albert King und Muddy Waters. Diese Bluesmusiker wurden zu einer lebenslangen Inspiration für Gallagher, sowohl in seinem Spiel als auch in seinem Songwriting. Später interessierte er sich für andere Musikrichtungen wie Jazz und lernte, neben mehreren anderen Instrumenten das Altsaxophon zu spielen.

Schon während der Schulzeit begann Gallagher mit lokalen Showbands zu spielen und schloss sich 1963 Fontana an, mit dem er durch Irland und Großbritannien tourte. Gallaghers Blues-Einflüsse veränderten das Repertoire der Band und 1965 hatte er die Band, die ihren Namen in The Impact änderte, umbenannt. Nach einem Besetzungswechsel spielte die Gruppe R&B-Gigs in Irland und Spanien, bis sie sich in London auflöste. Nachdem er mit einem kurzlebigen Trio in Deutschland gearbeitet hatte, kehrte Gallagher 1966 nach Irland zurück, um seine eigene Band zu gründen.

Gallagher zog von Irland nach London und gründete ein Blues-Rock-Power-Trio namens Taste. Das selbstbetitelte Debütalbum der Gruppe erschien 1969 in Großbritannien und wurde später in den USA vom Label Atco/Atlantic vertrieben. Zwischen 1969 und 1971 nahm Gallagher mit Taste drei Alben auf, bevor sie sich trennten. Er trat auch unter seinem eigenen Namen auf und nahm sein 1970er Solo-Debüt Rory Gallagher auf und veröffentlichte später im selben Jahr Deuce.

Gallaghers Aufnahmeproduktion ging weiter, und er folgte Deuce mit Live in Europe (1972) und Blueprint und Tattoo, die beide 1973 veröffentlicht wurden. Das Irish Tour Album (1974) dokumentierte die Energie seiner Live-Shows, das von Calling Card (1976), Photo Finish (1978) und Jinx (1982) gefolgt wurde.

Zu diesem Zeitpunkt war Gallagher schon seit vielen Jahren fast ununterbrochen unterwegs. Er entschied sich, sich von der Straße zu erholen, kehrte aber mit der Veröffentlichung von Defender 1987 zur Aufnahme und Aufführung zurück. Sein letztes Album, Fresh Evidence, wurde 1991 über das eigene Label Capo veröffentlicht, das er mit der Hoffnung gründete, schließlich andere große Blues-Talente zu präsentieren. Einige von Gallaghers besten Werken sind jedoch nicht unter seinem eigenen Namen aufgenommen worden, sondern das Material, das er mit Muddy Waters auf The London Sessions (Chess, 1972) und mit Albert King auf Live (RCA/Utopia) aufgenommen hat.

Gallagher starb leider an den Folgen einer Lebertransplantation am 14. Juni 1995 im Alter von 47 Jahren.

Gallaghers Stil wurde stark von seinen Blues-Helden beeinflusst, aber auch, etwas ungewöhnlich für seine Zeit, von seinen Fähigkeiten als Saxophonist. Einige seiner langen Bühnenimprovisationen erinnerten eher an Free-Form Jazz als an ein typisches Rock-Power-Trio.

Er bevorzugte die undeutliche Phrasierung und die Art von sich wiederholenden rhythmischen Motiven, die ein Saxophonist spielen konnte, und nutzte den dorischen Modus intensiv in seinem Solo. Auch gequetschte Obertöne waren ein wesentlicher Bestandteil von Gallaghers Sound.

Rory Gallagher wird eng mit einer ramponierten und auf der Straße getragenen 1961 Fender Stratocaster in Verbindung gebracht, die er zu Beginn seiner Karriere kaufte. Er hat die Gitarre im Laufe der Jahre umfassend modifiziert und sie wurde aufgrund ihres intensiven Tournee-Termins und ihres aggressiven Spielstils oft repariert und neu ausgestattet. Gallagher spielte auch andere Instrumente, darunter Fender Telecasters und ein maßgeschneidertes Patrick Eggle Berlin Modell.

Während seiner Karriere verwendete Gallagher eine Vielzahl von Verstärkern, die von einem Vox AC30 bis hin zu Fender-Kombinationen wie Twin Reverb, Concert und Bassman reichten. Für Effekte fügte er üblicherweise einen Höhenverstärker und gelegentliche, sparsame Overdrive- und Flanger-Pedale hinzu.

Hörempfehlung

Rory Gallagher – Irish Tour '74

Rory Gallagher – Deuce

Rory Gallagher – Tattoo

Rory Gallagher - Live in Europe

Rory Gallagher Style Blues Licks

Diese Licks sind in der Tonart d-Moll geschrieben.

Der erste Lick zeigt, wie entspanntes Placement selbst die einfachsten Phrasen sinnvoll machen kann. Es bleibt genügend Zeit, um Dynamik und Phrasierung in den ersten beiden Takten vor dem Pre-Bend und dem Release in Takt Drei zu berücksichtigen.

Beispiel 15a:

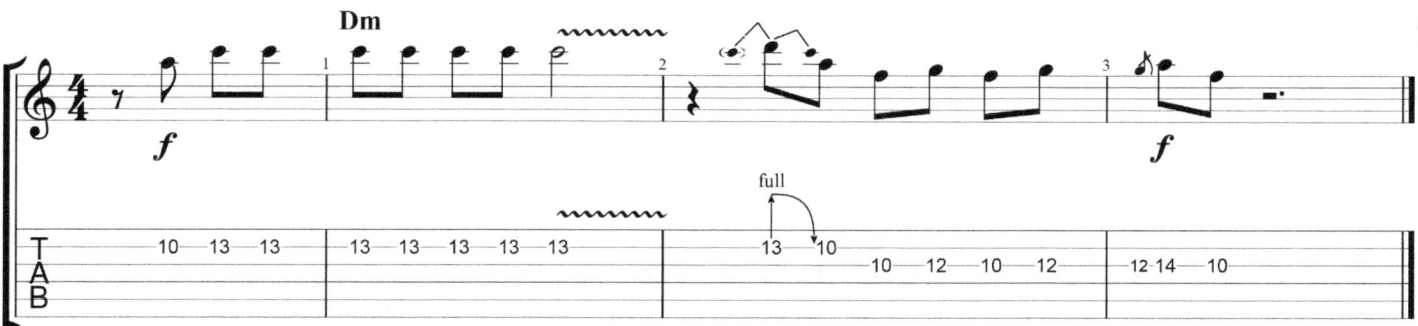

Viel Subtilität wieder in Lick Zwei. Er ist ziemlich langsam, also stell sicher, dass deine Rhythmen nicht überstürzt sind, und wieder bleibt genügend Zeit, um über die Notenplatzierung nachzudenken. Das weiche Vibrato in Takt Zwei ist der Schlüssel dazu, dass diese Linie funktioniert.

Beispiel 15b:

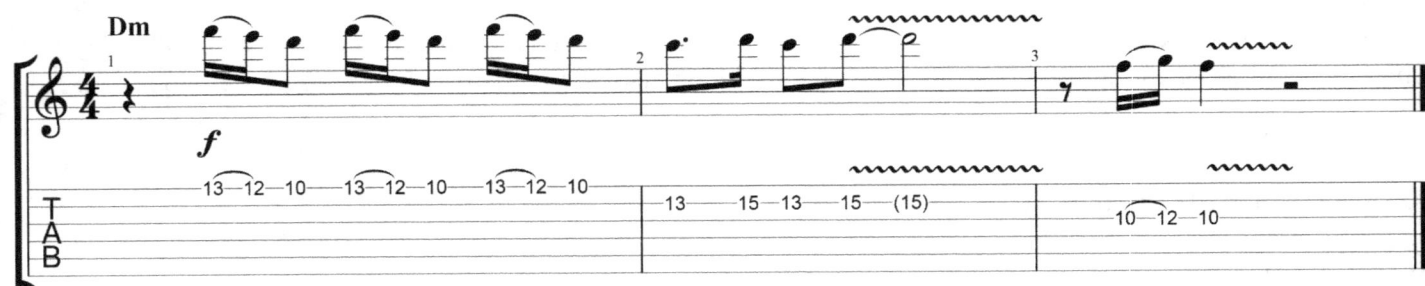

Eine sich wiederholende Figur in Beispiel 15c zeigt, dass die Sparsamkeit an Ideen ein wesentliches Element des modernen Blues ist. Das langsame Timing hier kann die Genauigkeit der Triller zu einem Schwerpunkt machen; du kannst versuchen, jede Note zu zupfen, indem du Legato-Techniken verwendest oder einer Kombination aus beidem. Experimentiere damit, wie du jede Phrase zupfst, da dies einen dynamischen Tonkontrast erzeugt.

Beispiel 15c:

Die nächste Linie hätte in einem zentralen Bereich der Gitarre gespielt werden können, aber Gallagher benutzte oft die tieferen Saiten, um einen dickeren, gedämpfteren Ton zu erzeugen. Es ist alles d-Moll pentatonisch, aber die weichen und subtilen Bends zeigen einen wirklich einzigartigen Ansatz für das Blues-Solo.

Beispiel 15d:

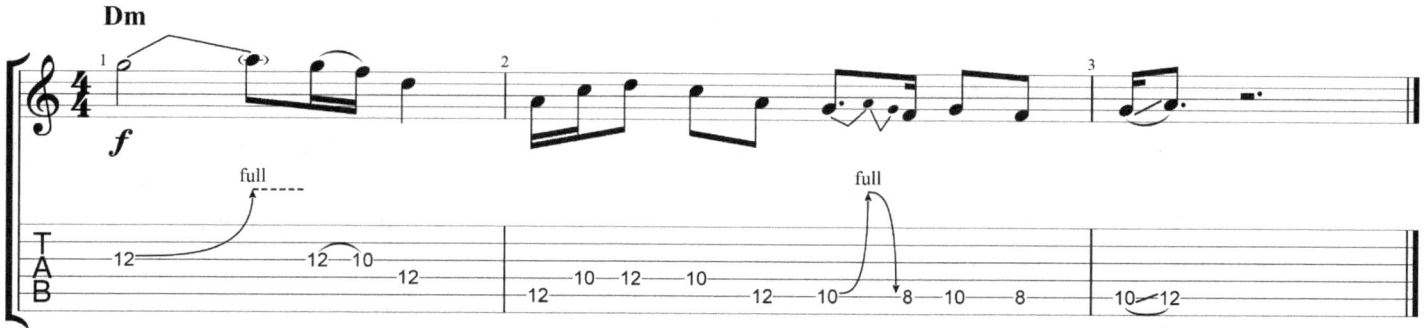

Der letzte Gallagher-Lick hat einen Dorisch-inspirierten Sound und ist eine weitere entspannte Idee, bei der die Notenplatzierung alles ist. Wieder erforschte er die unteren Bereiche der Gitarre, bevor er zu einer weiter verbreiteten Soloposition überging. Hör dir das Audio an und schau, ob du die Phrasierung anpassen kannst.

Beispiel 15e:

Gary Moore

Robert William Gary Moore wurde 1952 in Belfast, Nordirland, geboren und begann im Alter von 8 Jahren mit einem alten akustischen Instrument Gitarre zu lernen. Obwohl er Linkshänder war, lernte er Rechtshänder zu spielen und studierte, indem er sich seine Lieblingsaufnahmen anhörte. Er verließ Belfast und zog nach Dublin, als er gerade 16 Jahre alt war, entschlossen, eine Karriere als professioneller Musiker zu verfolgen.

Stark beeinflusst von Peter Green, Jimi Hendrix, Albert King, Buddy Guy und Eric Clapton, entwickelte Moore schnell einen einzigartigen Blues-Rock-Stil, der ihn während seiner gesamten Karriere begleiten sollte. In Dublin trat er der Gruppe Skid Row bei und begann eine lange Zusammenarbeit mit dem Bassisten und Songwriter Phil Lynott (von Thin Lizzy).

1970 verließ er Irland, um nach London zu ziehen, und begann mit seiner eigenen Band, der Gary Moore Band, zusammenzuarbeiten, die 1973 ihr Debütalbum Grinding Stone veröffentlichte. 1974 arbeitete Moore wieder mit Phil Lynott von Thin Lizzy als Ersatz für Eric Bell zusammen, und so begann für Moore eine lange Zusammenarbeit mit der Band. Von 1975 bis 1978 spielte Moore mit der Band Colosseum II, bevor er wieder mit Thin Lizzy arbeitete, diesmal anstelle von Brain Robertson.

Nachdem er 1979 Thin Lizzy schließlich verlassen hatte, begann Moore eine erfolgreiche Solokarriere und produzierte mit anhaltender Unterstützung von Phil Lynott einen seiner unvergesslichsten Songs in Parisienne Walkways. In den 1980er Jahren produzierte Moore hauptsächlich Hard Rock Alben, bei denen sein feuriger und dynamischer Gitarrenstil stark im Vordergrund stand. 1990 änderte er die musikalische Richtung erheblich, um eine Reihe erfolgreicher Blues-Alben zu produzieren, die mit Still Got The Blues (1990) begannen, und arbeitete mit vielen bekannten Blues-Künstlern zusammen. Später kehrte er zum Mainstream-Rock zurück, wechselte aber 2001 wieder zu mehr Blues-basiertem Material.

Moore nahm noch aktiv auf und tourte, als er 2011 im Alter von 58 Jahren tragischerweise an einem Herzinfarkt starb. Er ist einer der besten Blues/Rock-Gitarristen, die es je gab, und sein Spielstil und seine Musikalität sind Maßstäbe für jeden zeitgenössischen Gitarristen.

Gary Moore besaß eine beeindruckende Technik am Instrument und war in der Lage, Hochgeschwindigkeits-Picking und Legato-Passagen durchzuführen. Ausgehend von Pentatonik, Blues- und modalen Skalen, war er ebenso erfahren in Rock, Blues, Fusion und sogar einigen Jazzgitarren-Stilen. Wie viele Gitarristen mit Blues-Hintergrund hatte Moore ein hochentwickeltes Linksvibrato und war besonders erfahren im Saiten-Bending. Er verwendete viele Techniken, die heute auf der Rockgitarre üblich sind, wie Tapping, Sweep-Picking und schnelle Legato-Sequenzen.

Am häufigsten mit der Gibson Les Paul Gitarre in Verbindung gebracht, spielte Moore auch an mehreren Stellen seiner Karriere eine Fender Stratocaster (und auch einige Ibanez Gitarren), aber es ist die Les Paul, die als sein Hauptinstrument überlebt hat. Er benutzte eine 1959 Les Paul Standard, (gekauft von Peter Green), die für ihre unverwechselbare phasenverschobene Pickup-Konfiguration bekannt ist. Diese Gitarre war auf vielen der bekanntesten Aufnahmen von Moore (und Green) zu hören. Unter Ausnutzung der natürlichen Qualitäten der Gibson konnte er einen reichen, anhaltenden Ton erzeugen, der für ihn zu einem Markenzeichen wurde.

Lange Zeit mit Marshall-Verstärkern assoziiert, war Gary Moores Sound rau und stark übersteuert, behielt aber auch bei hoher Lautstärke große Klarheit. Er spielte sowohl mit Kombiverstärkern als auch Stapelkonfigurationen und zog letztere für die Live-Arbeit vor.

Obwohl Moore kleine Pedalboards benutzte, war sein Sound im Allgemeinen frei von offensichtlichen Effekten, außer für den gelegentlichen Einsatz von Delay und Wah-Wah. Die meisten seiner charakteristischen Klänge wurden aus seinen Gitarren und Verstärkern erzeugt.

Hörempfehlung

Gary Moore – Still Got The Blues

Gary Moore – Blues For Greeny

Gary Moore – Blues Alive

Gary Moore – After Hours

Gary Moore Style Blues Licks

Diese Licks sind in der Tonart C geschrieben.

Beispiel 16a zeigt, wie viel von dem Spiel der frühen Meister man in Gary Moores Bluesmusik hören kann. Diese Linie erinnert an Albert Kings ‚de dah' Lick mit einigen steigenden Bends, die für einen guten Rhythmus eingeworfen wurden. Beginne in Form Zwei der c-Moll-Pentatonischen Tonleiter, bende mit deinem dritten Finger den 13. Bund und füge deinen zweiten Finger zur Unterstützung hinzu. Die Idee hier ist, diese Bends so laut wie möglich zu machen, also trau dich ruhig, jeden einzelnen anders zu attackieren.

Die Curls in Takt Drei werden mit dem ersten Finger gespielt, der erste ist schnell, aber du hast alle Zeit der Welt, um zu sehen, wie langsam du eine einzelne Note um einen 1/4 Ton nach oben benden kannst. Je langsamer, desto besser. Füge allen langen Noten ein breites Vibrato hinzu.

Beispiel 16a:

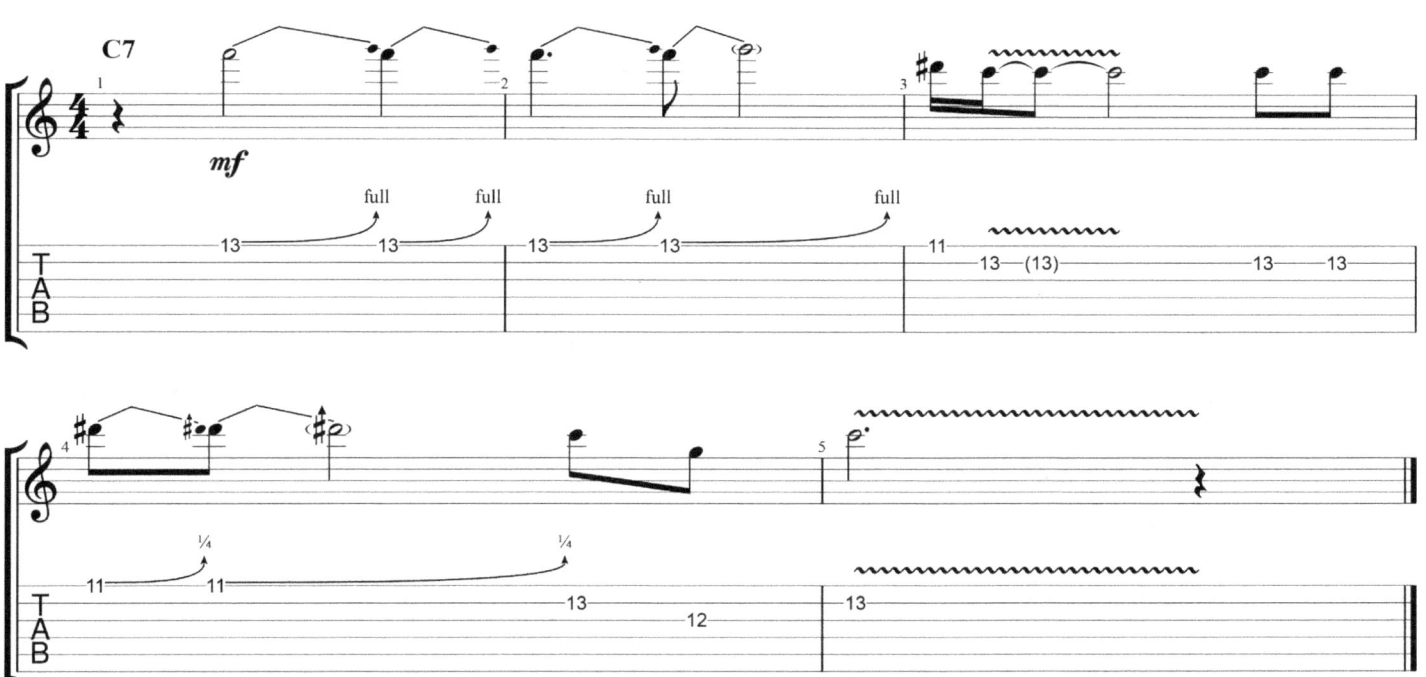

Das nächste Beispiel beginnt mit einem typischen Bluesschema mit einem zusätzlichen Twist, dem Double Pick auf dem 11. Bund-Bend. Zupfe hart und grabe in die Saiten. Du kannst ein Vibrato anwenden, indem du die Note aus dem Bend leicht tiefer spielst und schnell wieder nach oben zur Tonhöhe rast.

Verwende in Takt Zwei einen First-Finger-Barré, um die 8. Bund Noten zu spielen, aber du musst die Position ändern, um den 11. Bund im vorletzten Takt mit dem ersten Finger zu treffen.

Beispiel 16b:

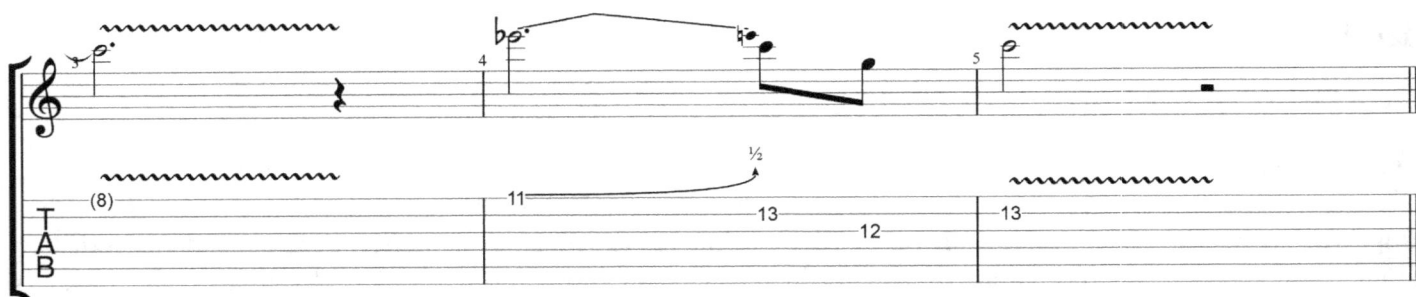

Die folgende Phrase beginnt mit dem typischen Blues-Schema-Lick, wiederum mit einem Twist; diesmal geben die hinzugefügten Noten auf der B-Saite einen einzigartigen Gary Moore Spin. Achte auf das schnelle Benden und Releasen in Takt Zwei, aber der Rest der Linie ist ziemlich einfach und basiert auf der C-Blues-Tonleiter. In Takt Drei haben wir einige gequetschte Obertöne in die absteigende Blues-Tonleiter eindringen lassen. Diese bilden eine völlig neue Textur und bilden eine befriedigende Brücke zwischen traditionellem Blues und Rock.

Um eine Pinched Harmonic zu spielen, lass das Fleisch des Daumens und den Nagel des Zeigefingers die Saite berühren, während du sie zupfst.

Beispiel 16c:

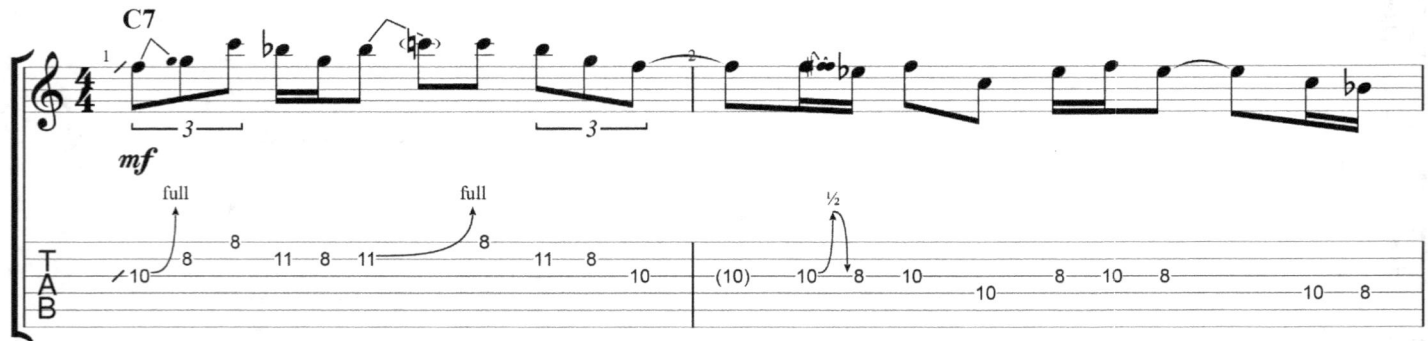

Die folgende Linie verdankt viel den ‚The Three Kings' der Blues-Gitarre.

Spiel die erste Note mit dem zweiten Finger und die zweite Note mit dem ersten, wobei du auf die Abstände der Bends achtest.

Das Timing der 1/4-Noten-Triolen in Takt Vier sieht auf dem Papier hart aus, aber sobald man sie einmal gehört hat, wird man schnell den Rhythmus herausfinden. Benutze deinen ersten Finger, um die Doppelstopps zu spielen und nimm dir Zeit mit dem Abwärts-Slide auf dem letzten … es ist definitiv Zeit, ein etwas aggressives Vibrato hinzuzufügen.

Beispiel 16d:

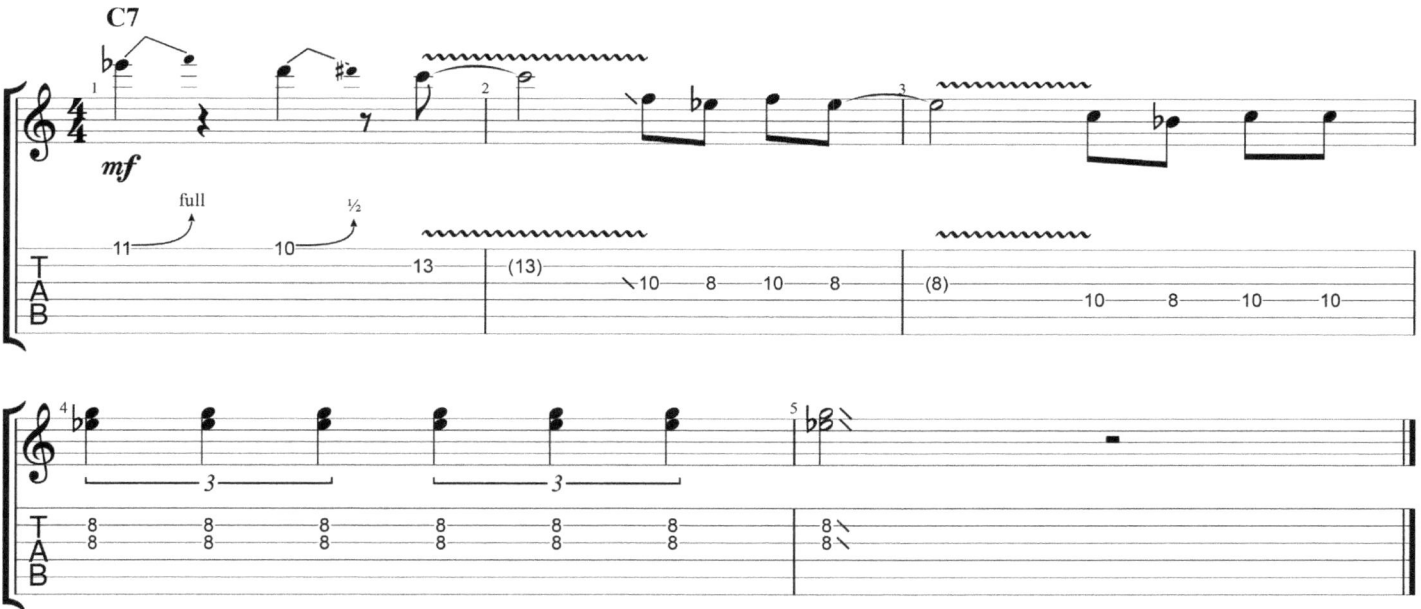

Die ersten Dreiviertel des letzten Licks zeigen, wie viel Musik mit wenigen Noten gemacht werden kann. Es ist nicht notwendig, das gesamte Griffbrett zu durchlaufen, wenn du einen tollen Rhythmus und Klang hast. Beginne in der B.B. Box, verwende deinen dritten und ersten Finger, um die langen, langsamen Bends zu spielen, und verwende dann deinen dritten und zweiten Finger in Takt Zwei. Achte auf die Entfernung und Subtilität der Bends in Takt Drei; es ist eine echte Kunst (und wichtige Fähigkeit), winzige Entfernungen langsam benden zu können.

Beispiel 16e:

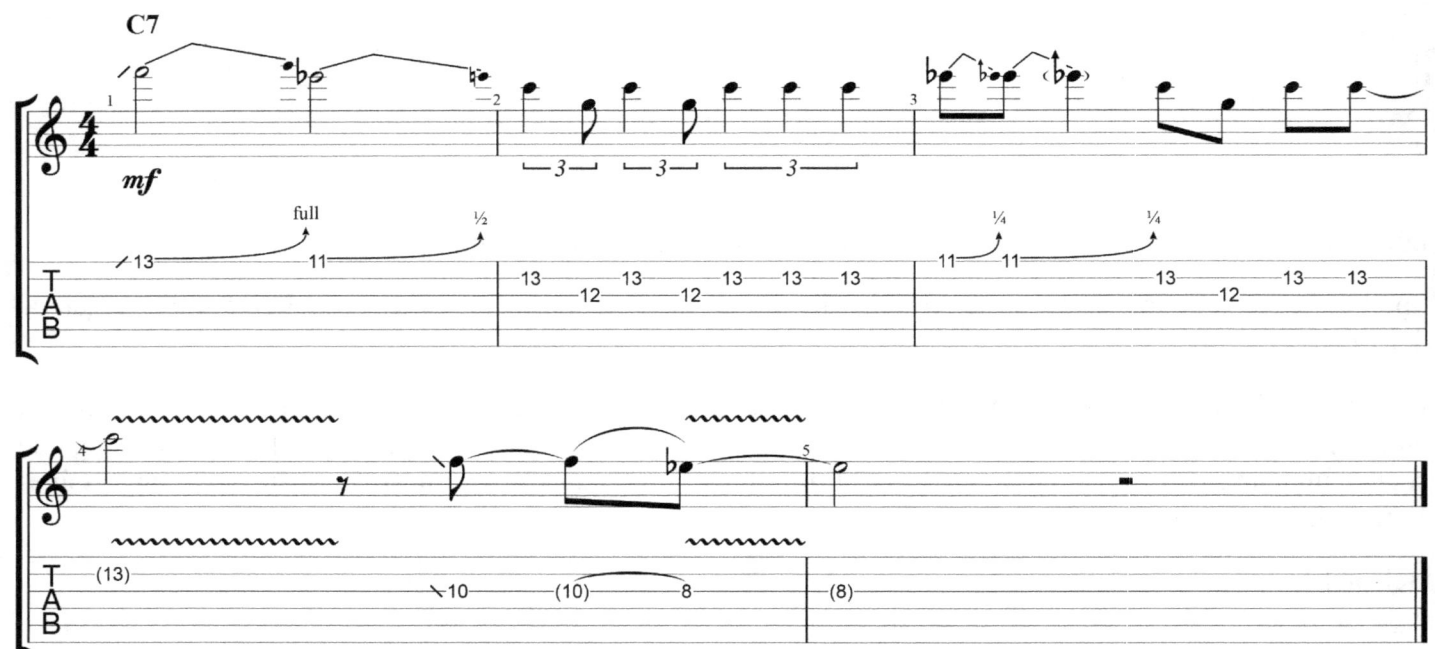

76

Robben Ford

Robben Ford wurde 1951 in Woodlake, Kalifornien, geboren und brachte sich im Alter von etwa 14 Jahren das Gitarrespielen bei, nachdem er zuerst Saxophon gespielt hatte. Sein erster Einfluss auf der Gitarre war der legendäre amerikanische Bluesgitarrist Mike Bloomfield, obwohl er später sein Hörverständnis auf Jazz ausdehnte. Ford ist ein vielseitiger Gitarrist mit starken Blues-Wurzeln, die den Großteil seiner Musik ausmachen.

Im Alter von 18 Jahren zog Ford nach San Francisco, um die Charles Ford Band zu gründen (benannt nach seinem Vater, der auch Gitarrist war), und die Gruppe wurde 1972 angeheuert, um neun Monate lang mit Charlie Musselwhite zu spielen. Sie nahmen zwei Alben auf: The Charles Ford Band und Discovering the Blues. Ford nimmt auch die Alben Live und Spoonful mit Jimmy Witherspoon auf,

Später in den 70er Jahren änderte Ford die musikalische Richtung und wurde Mitglied der Jazz-Fusionsgruppe The L.A. Express mit dem Saxophonisten Tom Scott. Diese Gruppe bestand bis 1976, arbeitete mit Joni Mitchell an zwei Alben zusammen und unterstützte George Harrison auf seiner Amerika-Tournee 1974. Nach dem Verlassen des L.A. Express nahm Ford sein erstes Soloalbum The Inside Story auf. Er nahm es mit Studiomusikern der Westküste auf, die 1977 schließlich die Fusionsgruppe The Yellowjackets gründen sollten. Ford spielte bis 1983 mit ihnen, baute aber auch seine Solokarriere auf und machte Sessions.

1986 tourte Ford mit dem Trompeter Miles Davis und verbrachte zwei verschiedene Zeiträume (1985 und 1987) mit dem japanischen Saxophonisten Sadao Watanabe. Ein Großteil von Fords Arbeit in dieser Zeit lag im Jazz-Fusion-Genre, bis zur Veröffentlichung von Talk To Your Daughter 1988. Das Album war eine spürbare Rückkehr zu Fords Blues-Wurzeln und enthielt ein mitreißendes Cover von Born Under A Bad Sign.

In den frühen 90er Jahren gründete Ford The Blue Line und nahm zwei der besten Blues-Rock-Alben seiner Karriere auf: Robben Ford and the Blue Line und Tiger Walk.

1999 veröffentlichte er das Album Sunrise auf Rhino und später Supernatural auf dem Label Blue Thumb. 2002 unterschrieb Ford beim Concord Jazz Label und veröffentlichte Blue Moon, gefolgt von Keep on Running (2003) und Truth (2007).

Er war ein besonderer Gast auf Larry Carltons Live in Tokyo Album, dem er 2009 mit dem Soul on Ten Live Album folgte. 2013 begann Ford seine Labelassoziation mit Provogue und veröffentlichte das Studioalbum Bringing It Back Home, das hauptsächlich aus Blues- und R&B-Covers einer All-Star-Band bestand. Später nahm er an einem einzigen Tag im Sound Kitchen Studio in Nashville ein Album mit einer Gruppe von A-Listen-Session-Musikern auf. A Day in Nashville wurde im Februar 2014 veröffentlicht.

Robben Ford hat fünf Grammy Award-Nominierungen erhalten und wurde vom Musician Magazine als einer der 100 größten Gitarristen des 20. Jahrhunderts ausgezeichnet.

Robben Ford ist ein vielseitiger Musiker, der in seinem Spiel aus vielen verschiedenen Genres schöpft. Seine erhabene Blues-Phrasierung ist wahrscheinlich das prominenteste Merkmal seines Spiels, aber er greift auch auf ein umfangreiches Wissen über Jazz-Harmonie und verschiedene Akkordskalen zurück. Er verwendet regelmäßig symmetrische Skalen und erweiterte Arpeggien sowie typischere pentatonische und Blues-Skalenlinien.

Sein Equipment ist normalerweise eine Gibson Les Paul oder Fender Telecaster, die über einen Röhrenverstärker (normalerweise Fender, Marshall oder seinen bevorzugten Dumble) gespielt wird. Ford verwendet auch einige digitale Delays und Reverbs, aber selten bis ins Übermaß, sondern bevorzugt einen ziemlich reinen, sauberen oder übersteuerten Gitarrensound.

Hörempfehlung

Robben Ford – Robben Ford and the Blue Line

Robben Ford – Handful of Blues

Robben Ford – Talk To Your Daughter

Robben Ford – A Day in Nashville

Robben Ford Style Blues Licks

Diese Licks sind in der Tonart G geschrieben.

Beispiel 17a zeigt, wie Robben Fords kreativer Ansatz beim Spielen von Blues darin besteht, die regulären Moll-Pentatonik-Tonleitern anzupassen, um neue farbenfrohe Töne aufzunehmen. In diesem Beispiel ersetzt er das b7 der Moll-Pentatonik durch der 6. Tonstufe. Greife die erste Note mit dem dritten Finger und der Rest sollte logisch folgen. Wenn du das zweite Mal den zweiten Bund spielst, benutze deinen zweiten Finger und gehe mit deinem dritten den Doppelstopp-Slide in den 5. Bund.

Beispiel 17a:

Das nächste Beispiel zeigt, wie Ford G-Dur und Moll-Pentatonik meisterhaft kombiniert. Jeder Bend auf dem 10. Bund drückt die große Sekunde in Richtung kleiner Terz für ein optimistisches, aber bluesiges Schlaggefühl.

Beispiel 17b:

Es gibt einige etwas unangenehme Fingersätze in dem folgenden Country-gefärbten Lick. Beginne mit dem dritten Finger auf der fünften Saite und spiele den Train Whistle Lick mit dem ersten und zweiten Finger. Rolle mit dem dritten Finger über die 12. Bundnote, bevor du mit dem ersten und dritten Finger einen Mini-Kraftakkord für den nächsten Doppelstopp bilden. Dann rolle deinen ersten Finger auf die fünfte Saite, um den 10. Bund zu treffen, bevor du den Hals hinunter springst, um den 8. Bund mit deinem ersten Finger zu spielen.

Beispiel 17c:

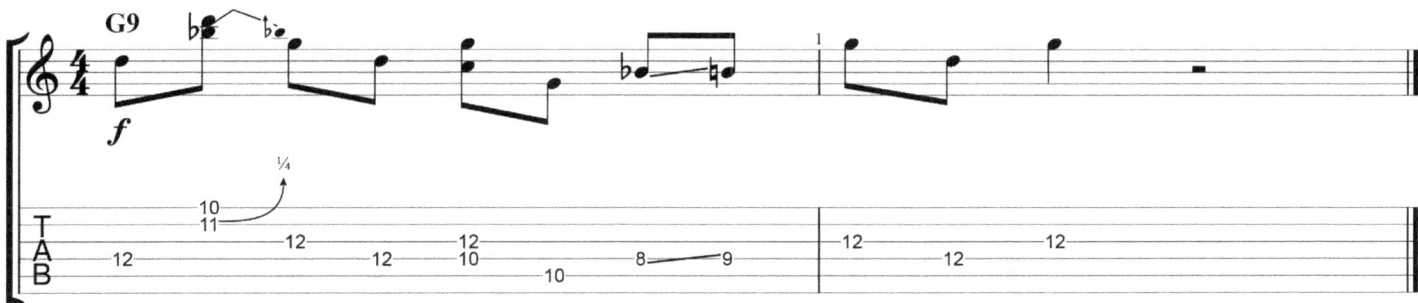

In der nächsten Zeile geht es darum, den Groove richtig zu machen. Wieder einmal befinden wir uns in der G-Dur-Pentatonik-Tonleiter mit ein paar kleinen Neigungen in Richtung Moll-Pentatonik. In der ersten Hälfte der Linie wird die große pentatonische Sexte schnell zum verminderten pentatonischen b7 gebendet. In Takt Zwei wird die Moll-Pentatonik-Tonleiter vor einer Dur-Pentatonik-Auflösung in Takt Drei verwendet.

Beispiel 17d:

Die letzte Robben-Ford-Linie kombiniert Akkordfragmente mit einer tiefen Registerphrase, die typisch für sein Spiel ist. Die erste Phrase verwendet Doppelgriffe, um einen G7-Akkord zu umreißen; achte auf die Vorschlagsnote Hammer-on von der kleinen zur großen Terz.

Gleite den Hals nach oben, um die Linie in Takt Zwei zu spielen, beginnend mit dem dritten Finger auf dem 7. Bund. Verwende deinen vierten Finger für den letzten Bend und scheue dich nicht, mit dem Pick durchzuarbeiten, besonders bei der ersten Note des Trillers.

Beispiel 17e:

Stevie Ray Vaughan

Stevie Ray Vaughan wurde im Oktober 1954 in Dallas, Texas, geboren. Inspiriert vom Gitarrenspiel seines älteren Bruders Jimmie, erhielt Vaughan im Alter von 10 Jahren sein erstes Instrument, ein plastisches Sears-Modell. Mit einem natürlichen Ohr für Musik und einer Leidenschaft für Blues-Gitarre brachte sich Vaughan schnell das Spielen bei. Als er die High School besuchte, trat er bereits auf dem Dallas Club Circuit auf.

Mit wenigen akademischen Ambitionen kämpfte Vaughan in der Schule und nach einer kurzen Einschreibung in ein Programm für alternative Künste brach er bald die Ausbildung ab. Anschließend zog er nach Austin in Texas, um sich darauf zu konzentrieren, als Musiker seinen Lebensunterhalt zu bestreiten. Ursprünglich war es ein Problem, ein konstantes Einkommen zu erzielen, und Vaughan überlebte, indem er Soda- und Bierflaschen gegen Bargeld sammelte, während er bei Freunden wohnte. Er verbrachte seine ganze Freizeit damit, Musik zu spielen, seine Gitarrenkenntnisse zu verbessern und mit den zahlreichen Bands zusammenzuarbeiten, die im Raum Austin spielten.

1975 gründeten Vaughan und andere lokale Musiker die Gruppe Triple Threat. Nach einigen Besetzungswechseln wurde die Band in Double Trouble umbenannt, inspiriert vom Otis Rush Song. Mit Vaughan, der Gitarre spielte und jetzt sang, entwickelte die Gruppe eine starke Anhängerschaft in ganz Texas. Zu diesem Zeitpunkt war Vaughans dynamisches Blues-Gitarrenspiel eine große Attraktion für sein Publikum.

1982 erregte Double Trouble die Aufmerksamkeit von Mick Jagger, der sie zu einer Party in New York einlud. Im selben Jahr trat Double Trouble beim Montreux Blues & Jazz Festival auf und reagierte gemischt.

Während seines Aufenthalts in der Schweiz erregte Vaughans Gitarrenkunst die Aufmerksamkeit von David Bowie, der ihn bat, auf seinem kommenden Album Let's Dance zu spielen. Die Kombination von Vaughans Blues-Gitarre und Bowies Stimme erwies sich als kommerzieller Erfolg, obwohl Vaughan trotz eines lukrativen Tourangebots mit Bowie beschloss, bei Double Trouble zu bleiben. Vaughan und seine Bandkollegen wurden schnell bei Epic Records unter Vertrag genommen, wo sie von dem legendären Musiker und Produzenten John Hammond Senior, betreut wurden.

Texas Flood, das Debütalbum von Double Trouble, war überraschend erfolgreich für ein Blues-Album und erreichte Platz 38 in den Album-Charts, was die Aufmerksamkeit der Rock-Radiosender in den USA auf sich zog. Vaughan wurde auch bei der Leserwahl 1983 vom Guitar Player Magazine zum besten Nachwuchstalent und zum besten E-Blues-Gitarristen gewählt. Double Trouble begab sich auf eine erfolgreiche Tour und nahm ein zweites Album auf, Couldn't Stand the Weather, das auf Platz 31 der Charts kletterte und 1985 schließlich Gold gewann.

Weitere kommerzielle Erfolge folgten mit Aufnahmen und Tourneen, die zu mehreren Grammy-Nominierungen führten, und Vaughan wurde 1985 von der National Blues Foundation zum Entertainer of the Year und Blues Instrumentalist of the Year gewählt. Er war der erste weiße Musiker, der beide Ehrungen erhielt.

Trotz der musikalischen Erfolge litt Vaughans Privatleben unter seinem unerbittlichen Tournee- und Aufnahmeplan. Seine Ehe fiel auseinander und er kämpfte gegen ernsthafte Drogen- und Alkoholprobleme. Nach einem Zusammenbruch auf Tournee in Europa 1986 begab sich Vaughan in ein Rehabilitationszentrum. Er hielt sich etwa ein Jahr lang vom musikalischen Rampenlicht fern, um sich zu erholen, und 1988 begannen er und Double Trouble wieder aufzutreten. Im Juni 1989 veröffentlichte das Trio sein viertes Studioalbum, In Step.

Im Frühjahr 1990 begannen Vaughan und sein Bruder Jimmie mit der Arbeit an einem Album, das für diesen Herbst geplant war. Family Style war für Oktober geplant, aber leider erlebte Vaughan es nicht mehr.

Am 26. August 1990, nach einer Show in Wisconsin, verließ Vaughan den Veranstaltungsort mit einem Hubschrauber in Richtung Chicago. Aufgrund des starken Nebels prallte der Hubschrauber kurz nach dem Start gegen einen Skihang und tötete alle an Bord. Vaughan wurde im Laurel Land Memorial Park in Süd-Dallas begraben und mehr als 1.500 Menschen nahmen an seiner Gedenkfeier teil.

Stevie Ray Vaughans Gitarrenstil wurde stark von vielen der Blues- und Rockgrößen beeinflusst, allen voran Albert King und Jimi Hendrix. Vaughan hatte ein starkes Links-Vibrato und viel Geschicklichkeit beim Saiten-Bending. Er bevorzugte vor allem die Moll- und Dur-Pentatonik und die Blues-Tonleitern, zeigte aber auch ein ausgefeiltes Wissen über Jazz-Akkordvoicings.

Vaughan wurde eng mit der Fender Stratocaster Gitarre in Verbindung gebracht und er besaß viele von ihnen während seiner Karriere, sein Favorit war ein Modell von 1959, das er Nummer eins nannte. Er besaitete seine Gitarren mit extrem schweren Saiten und stimmte sie einen Halbton tiefer, um ein leichteres Benden der Saiten zu ermöglichen.

Er bevorzugte im Allgemeinen Röhrenverstärker wie den Fender Super Reverb und Vibrolux, obwohl er manchmal auch mit Marshall und Dumble Verstärkern aufgenommen hat. Für die Effekte verwendete er ein frühes Modell Ibanez Tube Screamer und ein Wah Wah Wah Pedal, experimentierte aber auch mit anderen Effekten wie Leslie Speakers.

Hörempfehlung

Stevie Ray Vaughan – Texas Flood

Stevie Ray Vaughan – Couldn't Stand the Weather

Stevie Ray Vaughan – The Sky Is Crying

Stevie Ray Vaughan – SRV

Stevie Ray Vaughan Style Blues Licks

Diese Licks sind in der Tonart E geschrieben.

Der erste SRV-Lick beginnt mit dem typischen Blues-Schema, das in der typischen Stevie-Art endet. Der Trick besteht darin, sich wirklich auf das Triolen-Feeling der Backing-Spur einzulassen. Die Bends, die sich in Takt Zwei bewegen, sind unterschiedliche Entfernungen; der erste ein Vollton, der zweite ein Blues-Curl auf der kleinen Terz.

Stevie kombinierte oft große langsame Bends mit schnelleren Hammer-On- und Pull-Off-Phrasen, um Bewegung in seinem Solo zu erzeugen, und das ist es, was wir in Takt Zwei gezeigt haben. Benutze deinen ersten und dritten Finger in den letzten beiden Takten und bewege dich bis zur zweiten Position der Moll-Pentatonik-Tonleiter in Takt Drei.

Das Vibrato ist ein großer Teil des SRV-Sounds, also füge so viel hinzu, wie du bei jeder angehaltenen Note kannst.

Beispiel 18a:

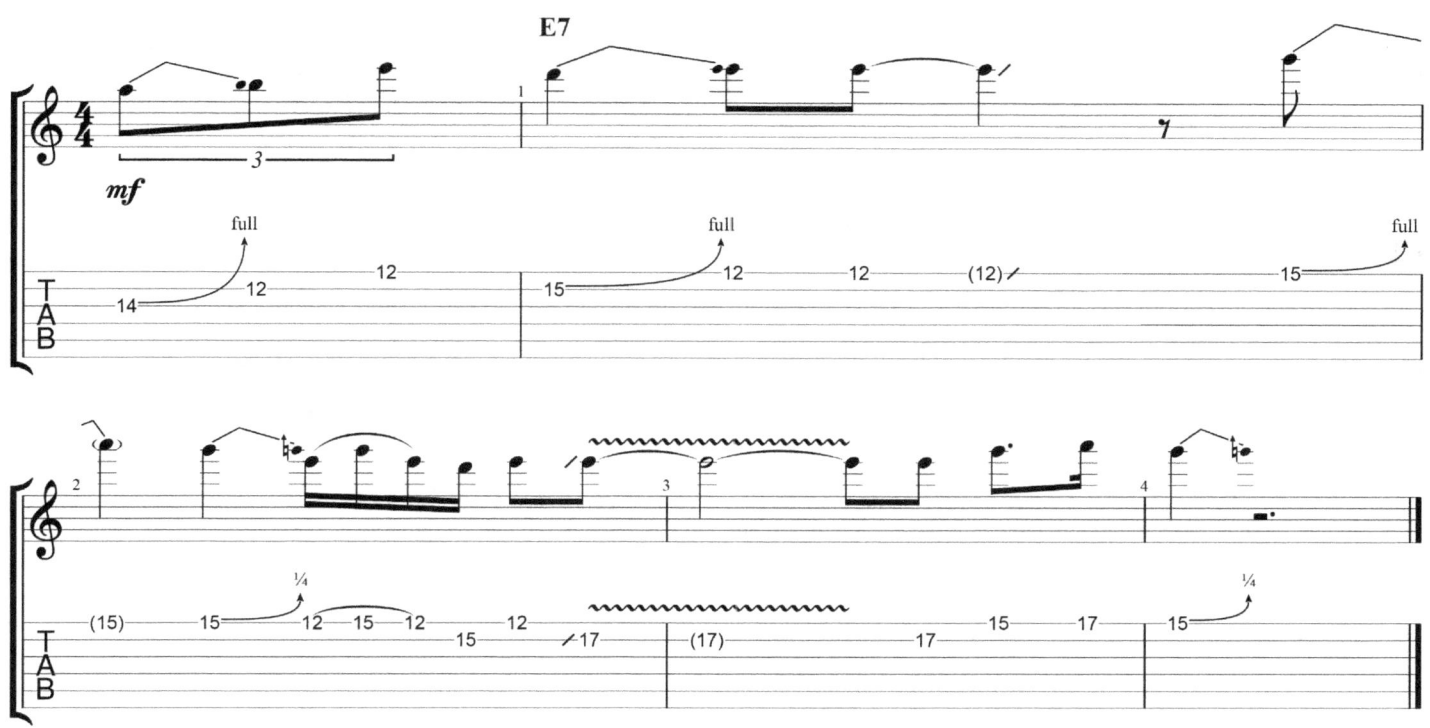

Stevie stimmte normalerweise seine ganze Gitarre einen Halbton auf Eb runter und spielte viele offene Licks. Die Kombination aus schweren, offenen Saiten und der tieferen Es-Stimmung trug wesentlich zu seinem dicken, sonoren Ton bei.

Beispiel 18b kombiniert eine Slide-Figur, die auf einem E7-Akkordfragment basiert, mit offenen Saiten und Pull-Offs. Slide mit dem zweiten Finger hart in die erste Note eines jeden Taktes und achte darauf, dass die Noten und Triolenrhythmen akzentuiert werden. Solche Linien können leicht zu Brei werden, wenn man nicht aufpasst. Hör dir den Track an, um das Timing der letzten paar Noten von Takt Zwei zu erhalten.

In Takt Drei ist der Curl auf dem niedrigen G ein klassischer SRV-Zug, ebenso wie die E7#9-Akkordfragmente am Ende der Phrase.

Beispiel 18b:

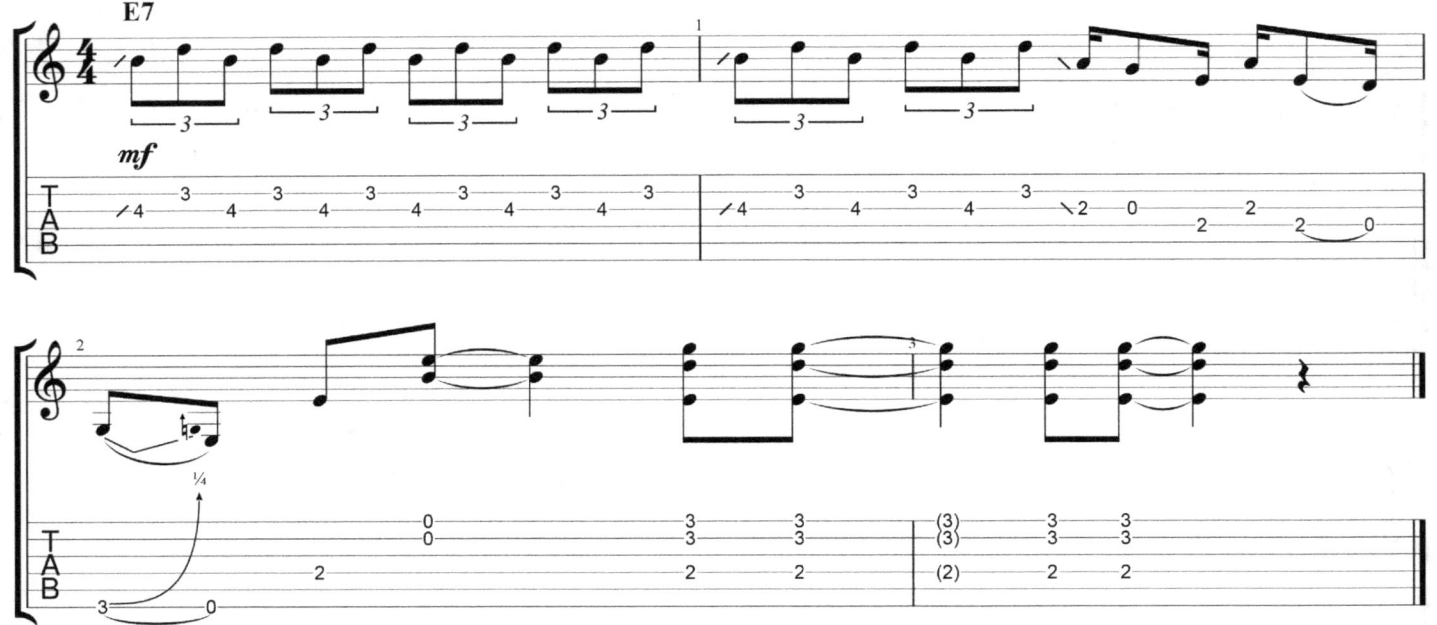

Beispiel 18c untersucht offene Saitenideen und fügt einige schnelle Blues-Tonleiter-Noten hinzu.

Beginne im Pickup-Takt, indem du mit dem zweiten Finger hineinslidest. Beachten, dass die E-Note zweimal gespielt wird, zuerst auf einer gebundenen Note und dann auf der offenen Saite. Texas Bluesspieler nutzen diese Technik oft, um klangliche Variationen zu erzeugen.

Spiel die 1/16. Note in Takt Zwei mit dem ersten und zweiten Finger. Nimm die erste Note hart, bevor du den dritten Bund hämmerst und einen Pull-Off der aufeinanderfolgende Noten bis zur offenen Saite machst. Akzentuiere die Note auf der vierten Saite, bevor du den Curl auf der sechsten Saite spielst, und lass den Rest der Phrase klingen.

Beispiel 18c:

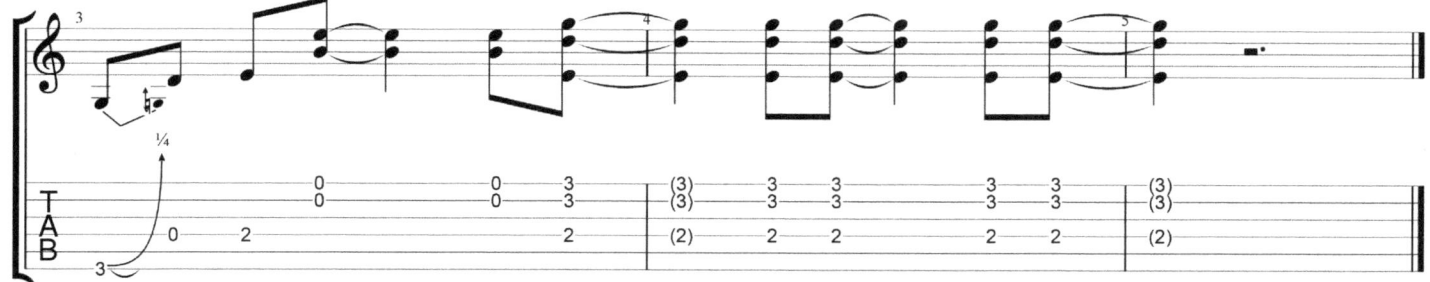

Wir springen jetzt das Griffbrett hoch, um in der höheren Oktave der e-Moll-Pentatonischen Form Eins zu spielen. Ausgehend vom SRV-Lieblings-Blues-Klischee kombiniert dieser Lick Bends unterschiedlicher Geschwindigkeit und Distanz. Es gibt schnellere Legato-Phrasen, die von aggressiv ausgewählten Tonleiter-Noten unterbrochen werden.

Die Herausforderungen in dieser Linie sind die langsamen Bends in Takt Zwei. Benutze deinen dritten Finger und denke daran, dem zweiten Bend ein Vibrato hinzuzufügen, sobald du die gewünschte Tonhöhe erreicht hast.

Beachte, wie sich der Klang der Gitarre massiv ändert, wenn du zu den tiefen Saiten wechselst. Um zusätzliche Punkte zu erhalten, versuche, die ganze Phrase eine Oktave nach unten zu verschieben und sie in der offenen Position der Gitarre zu spielen.

Beispiel 18d:

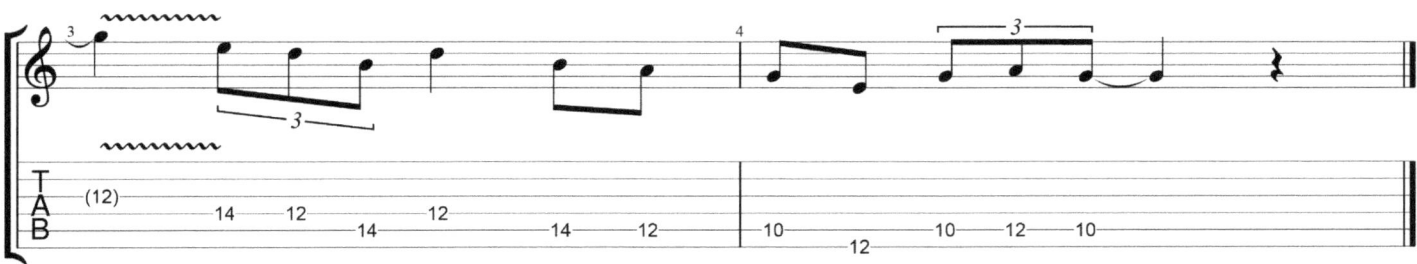

Der letzte Stevie Ray Lick wird wieder in der offenen Position gespielt und kombiniert typischere SRV-ismen.

Es kann schwierig sein, den ersten Bend tonal sauber zu spielen (besonders bei dicken Saiten), da er nahe am Sattel der Gitarre liegt und die Saite unter höherer Spannung steht.

Beachte, wie die Note E sowohl in der bundierten als auch in der offenen Position zur Tonvariation gespielt wird. Dieser Ansatz öffnet die Tür für viele Tricks, insbesondere mit der e-Moll-Pentatonik.

Die Akkorde in Takt Vier sind E7#9 Voicings und der Triolen-Rhythmus, der gegen den Groove des Backing-Tracks schneidet, ist ein weiterer SRV-Favorit.

Wie bei all den Stevie Ray Vaughan Licks, grabe mit deinem Plektrum ein ... Mach es hart oder geh nach Hause!

Beispiel 18e:

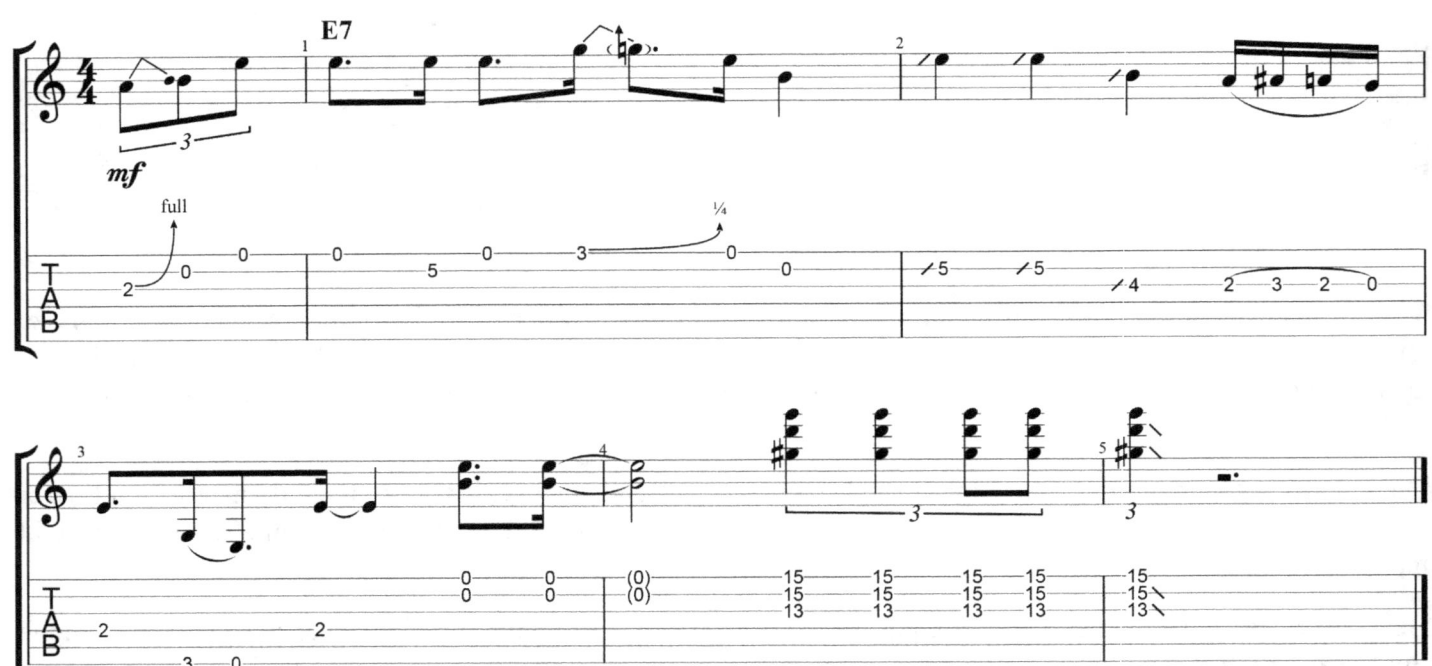

Joe Bonamassa

Joseph Leonard Bonamassa wurde am 8. Mai 1977 in New Hartford, New York, geboren und sein musikalisches Talent wurde bereits in jungen Jahren erkannt. Nachdem er seine Gitarrenreise im Alter von nur vier Jahren begonnen hatte, spielte er im Alter von sieben Jahren Stevie Ray Vaughan Songs. Er wurde von Gitarrist Danny Gatton im Alter von 11 Jahren betreut, und als er 12 Jahre alt war, gründete er seine eigene Band namens Smokin' Joe Bonamassa, die im westlichen New York und Pennsylvania auftrat. Im selben Alter wurde Bonamassa auch eingeladen, mit B. B. King zu spielen.

Bonamassa begann seine eigene Plattenkarriere Anfang der 90er Jahre mit einer Band namens Bloodlines, in der mehrere hochkarätige Rock-Nachkommen auftraten (darunter Berry Oakley Jr., Sohn der Allman Brothers Band, Bassist Robby Kriegers Sohn Waylon und Miles Davis' Sohn Erin). Ihr Debütalbum Bloodline im Jahr 1994 war eine Fusion aus Blues, Funk, Boogie und Rock. Hochkarätige Vorprogramm-Slots folgten auf Tourneen mit Buddy Guy, Foreigner, George Thorogood, Robert Cray, Stephen Stills, Joe Cocker und Gregg Allman, unter anderen.

Bonamassas Debüt-Soloalbum A New Day Yesterday war eine überraschend ausgereifte und abgerundete Aufnahme für einen 23-Jährigen und fand großen Anklang bei der Kritik. Das Album erreichte auch Platz 9 in der Billboard Blues Charts. Seine Talente blieben für eine Weile weitgehend auf die USA beschränkt, aber mit einer wachsenden Basis von Bewunderern aus der Blues- und Rockwelt wuchs sein kommerzieller Erfolg schnell an und er begann, Tourneen schnell auszulasten. Im Jahr 2007 brachte ihm Sloe Gin (sein siebtes Studioalbum) endlich internationalen Erfolg.

Sloe Gin erhielt 2007 viel Airplay auf Planet Rock und das Album stieg in die britischen Album-Charts auf, dank der positiven Kritiken von Leuten, die ihn auf seiner UK-Tournee gesehen haben. Im Jahr 2008 war das Album Live from Nowhere in Particular ein weiterer Erfolg für Bonamassa (vor allem in Großbritannien) und erreichte Platz 45 in den Albumcharts – eine seltene Leistung für einen Bluesgitarristen.

Im Jahr 2010, mit seinem neuen Studioalbum The Ballad of John Henry und einem hochgelobten Auftritt in der Royal Albert Hall, gelang Bonamassa ein dauerhafter kommerzieller Erfolg. Seine nächste Studio-Veröffentlichung, Black Rock, war sein höchstdotiertes Solo-Studioalbum. 2010 spielte Bonamassa auch mehr als 200 Gigs und bildete die Gruppe Black Country Communion mit Glenn Hughes, Jason Bonham und Derek Sherinian.

Im Jahr 2011 veröffentlichte Bonamassa Dust Bowl, gefolgt von einem zweiten Album mit BCC und einem Album mit dem Titel Don't Explain mit der Bluessängerin Beth Hart, die alle mit einem langen Tourneeplan fortgesetzt wurden.

Bonamassa hat einen ausgeprägten, modernen Gitarrenklang und spielt in der Regel eine charakteristische Gibson Les Paul. Er hat mit verschiedenen anderen Instrumenten gespielt und ist ein bekannter Sammler von Vintage-Gitarren. Er bevorzugt generell Röhrenverstärker wie Marshall, Suhr und Friedman.

Bonamassa verfügt über eine ausgefeilte Gitarrentechnik und gehört wohl zu den besten Technikern im modernen Bluesdiom. Er kann sowohl klassische als auch moderne Spielstile replizieren und verwendet im Gegensatz zu Bluesspielern der älteren Generation dramatische, abwechselnd ausgewählte Rock-Linien und Arpeggios.

Hörempfehlung

Joe Bonamassa – Blues Deluxe

Joe Bonamassa – Live from the Royal Albert Hall

Joe Bonamassa – Blues of Desperation

Joe Bonamassa – A New Day Yesterday

Joe Bonamassa Style Blues Licks

Diese Licks sind in der Tonart A geschrieben.

Beispiel 19a zeigt Bonamassas frühe Einflüsse der Blues-Ära und würdigt Spieler wie B.B. King und Elmore James. Es beginnt in der B.B. Box und fügt einen ‚de dah' Lick am Ende von Takt Eins hinzu. Sieh, wie langsam du die Noten bis zur gewünschten Tonhöhe benden kannst.

Beispiel 19a:

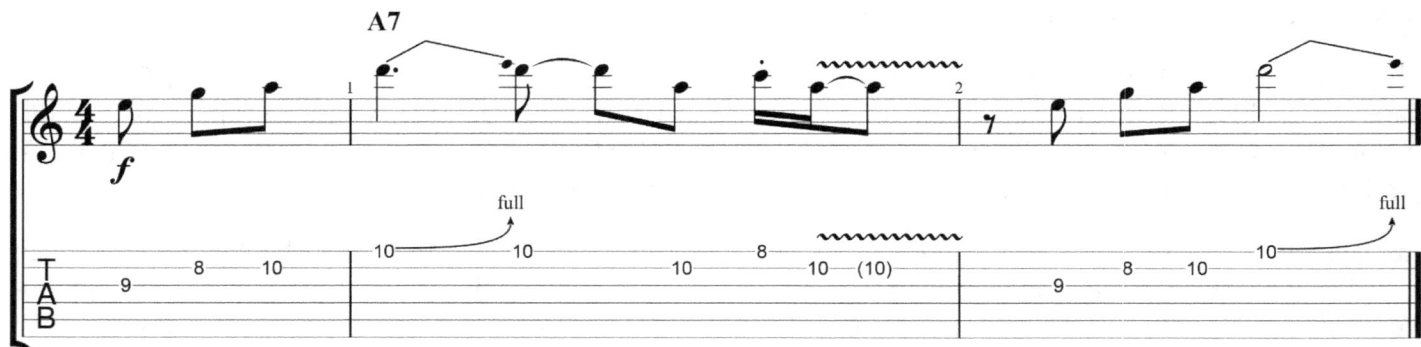

Das nächste Beispiel ist die Form einer Moll-Pentatonik und zeigt eine hervorragende Platzierung und Reife bei der Notenwahl. Der erste Bend auf dem 8. Bund ist extrem langsam, also konzentriere dich auf einen sanften, allmählichen Bend. Achte auf die gestrichelten Rhythmen in Takt Zwei, die Energie und Kontrast zur ersten Phrase hinzufügen.

Beispiel 19b:

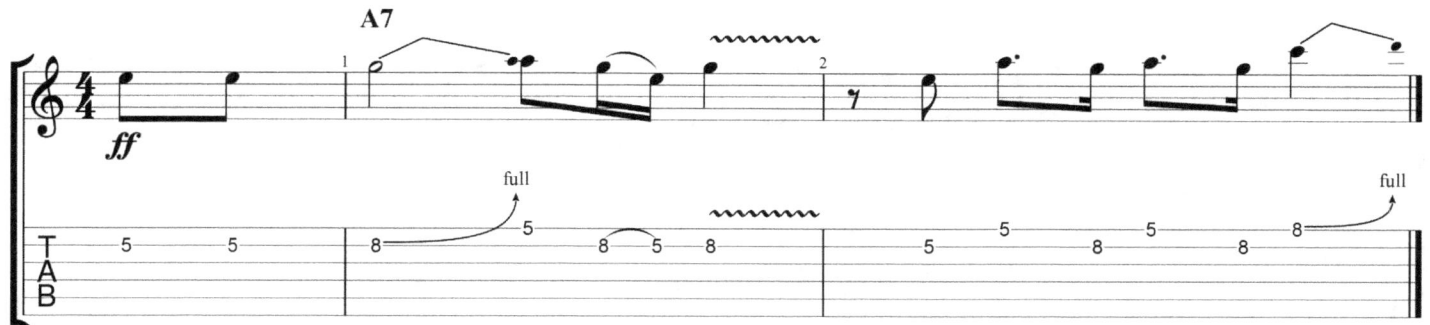

Der schwierigste Teil des nächsten Beispiels ist es, den Blues-Curl auf der ersten Note jeder Triole hinzuzufügen. Übe diese Idee langsam und benutze deinen dritten Finger für die Noten auf dem 8. Bund. Bonamassas Stil ist es oft, diese schnelleren Linien mit viel langsameren Phrasen nebeneinanderzusetzen, was wir in Takt Zwei getan haben.

Beispiel 19c:

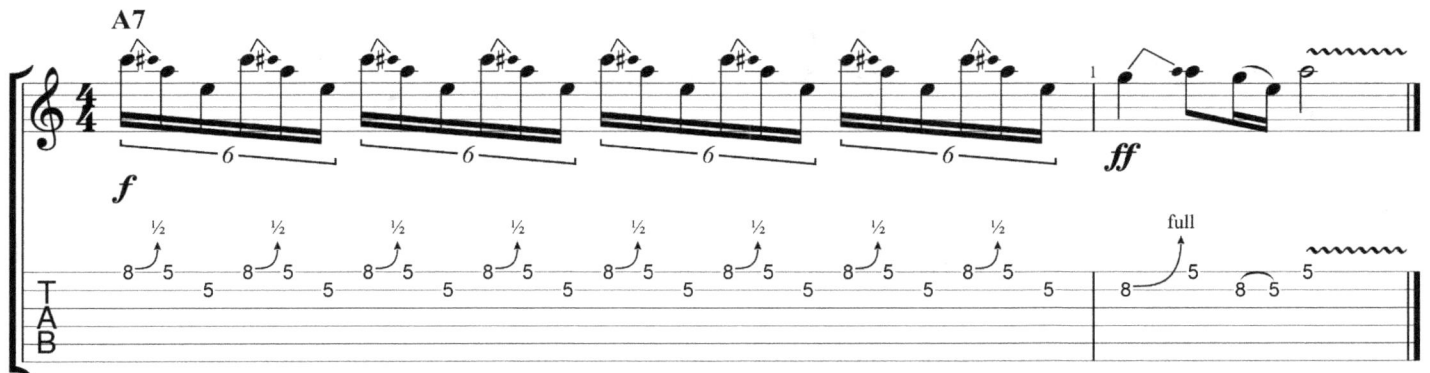

Bonamassa ist offensichtlich von einigen der großen Rockgitarristen der 70er und 80er Jahre geprägt. Die nächste Linie wurde von allen gespielt, von Jimmy Page bis Paul Gilbert.

Die schnell absteigende pentatonische Sequenz bewegt sich von Form Eins nach unten in Form Fünf. Es sieht auf dem Papier beängstigend aus, aber lass dir diese Phase nicht entgehen, sobald du die Idee der ‚absteigenden Vierer'-Sequenz verstanden hast, ist die Idee ziemlich einfach. Das Schwierigste ist eigentlich, für den letzten Bend zum 7. Bund zu gelangen.

Beispiel 19d:

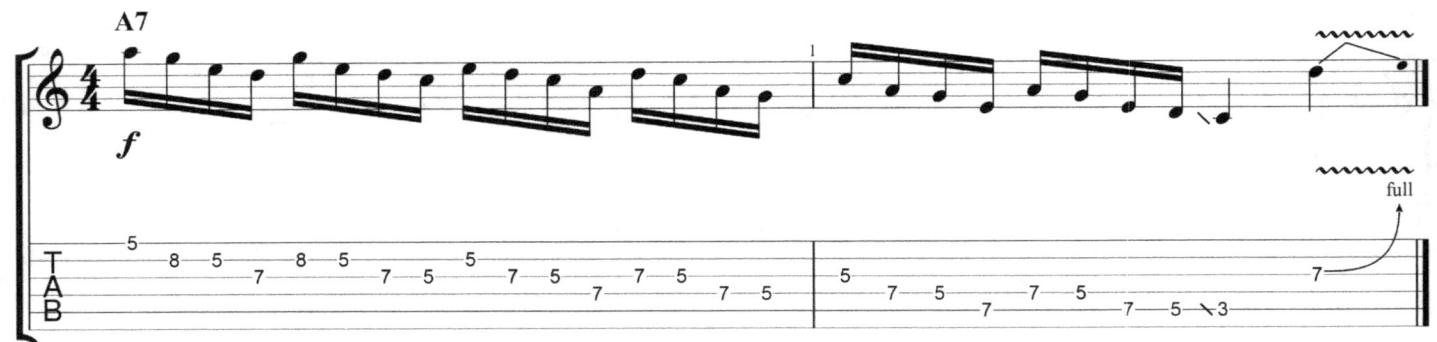

Beispiel 19e ist eine weitere 1/16. Notenlinie mit moderner Tendenz. Das Muster hat eine gewisse Logik, aber Bonamassa gelingt es oft, die Erwartungen des Hörers erfolgreich zu untergraben. Er ist ein Meister der Kombination von moderner Rock-Sprache mit der Leidenschaft und Phrasierung des Blues.

Beispiel 19e:

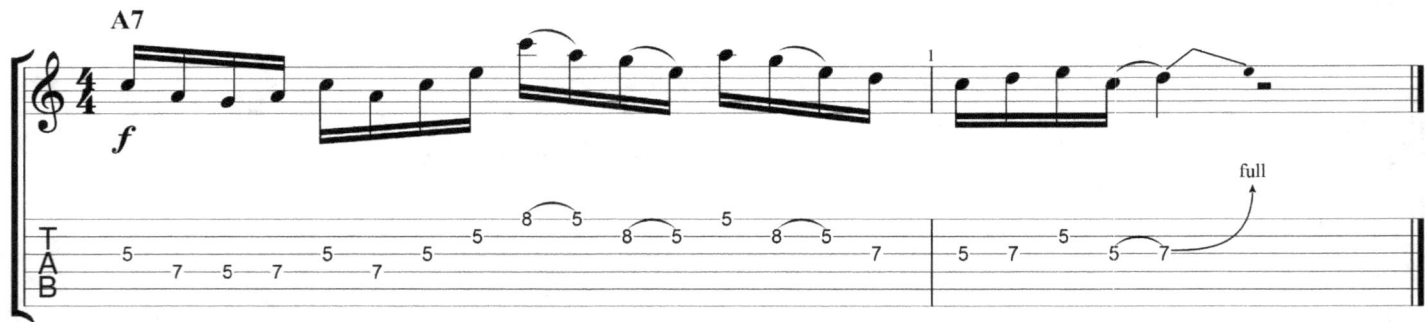

Derek Trucks

Derek Trucks wurde im Juni 1978 in Jacksonville, Florida, geboren und ist der Neffe des langjährigen Allman Brothers Schlagzeugers Butch Trucks. Trucks kaufte seine erste Gitarre im Alter von 9 Jahren bei einem Garagenverkauf für 5 $ und spielte seine erste professionelle Performance, als er 11 Jahre alt war. Angeblich begann Trucks, die Gitarre mit einem Slide zu spielen, weil es ihm erlaubte, mit seinen (damals) sehr kleinen Händen zu spielen. Zu seinem 13. Geburtstag hatte Trucks zusammen mit Buddy Guy, The Allman Brothers, gespielt und war mit der Gruppe Thunderhawk unterwegs.

Noch vor seinem 20. Lebensjahr hatt Trucks bereits Bühnen geteilt und mit legendären Künstlern wie Bob Dylan, Joe Walsh und Stephen Stills gejammt. Die Derek Trucks Band, bestehend aus Mitgliedern im Alter von 20 bis Mitte 40, veröffentlichte 1997 ihr selbstbetiteltes Debütalbum auf Landslide Records. „Out of the Madness" folgte Ende 1998. Nach der Jahrtausendwende veröffentlichten sie auch Joyful Noise (2002), Soul Serenade (2003), Live at Georgia Theatre (2004) und Songlines (2006).

Im Juni 2010 veröffentlichte die Trucks Band „Roadsongs", die während ihrer 2009 Already Free World Tour in Chicago live aufgenommen wurden. Zusätzlich zum Album gründeten Trucks und seine Frau Susan Tedeschi eine Tourneeband und traten gemeinsam auf Herbie Hancocks „The Imagine Project" Album auf, wo sie den Matthew Moore Klassiker „Space Captain" sangen.

Die Band des Paares, The Tedeschi-Trucks Band, war ein 11-köpfiges Soul-Blues-Ensemble, zu dem Oteil und Kofi Burbridge an Bass und Keyboard sowie die Drummer J.J. Johnson und Tyler Greenwell gehörten. Die Gruppe wurde bei Sony unter Vertrag genommen und veröffentlichte im Juni 2011 ihr Debütalbum Revelator on Masterworks.

Trucks tourte und spielte mit einer Vielzahl anderer Gitarristen, von B.B. King bis John Mayer, die alle seinen einzigartigen Stil bewundern. Er hat drei Grammy-Auszeichnungen mit der Tedeschi Trucks Band für das beste Blues-Album und Lifetime Achievement erhalten. Es besteht kein Zweifel daran, dass Trucks noch viel zu bieten hat, wenn es um die kreative Musikproduktion geht.

Trucks' charakteristische Gitarre ist eine Gibson SG, die normalerweise auf Open E (E, B, E, E, G#, B, E) gestimmt ist, und er spielt normalerweise mit einem Slide. Sein Klang ist normalerweise warum und übersteuert, der entweder über einen Fender oder in jüngster Zeit über einen PRS-Verstärker übertragen wird. Obwohl der Gain bei seinen Verstärkern im Allgemeinen relativ niedrig eingestellt ist, fügt er oft zusätzlichen Drive hinzu, um seinen Slide-Soli einen Höhepunkt zu verleihen.

Derek Trucks ist im Vergleich zu einem typischen Bluesspieler sehr anders. Das Bemerkenswerteste an seinem Spiel ist, dass seine Slide-Technik völlig unkontrolliert klingt; er kann mit hohen Geschwindigkeiten sowohl mit Einzelnoten als auch mit Akkorden spielen, was technisch sehr anspruchsvoll ist. Er benutzt seine Finger, um Töne zu zupfen, was es ihm ermöglicht, unnötige Saiten stumm zu schalten, wenn er seinen Slide anwendet.

Trucks geht weit über die pentatonischen und Blues-Skalen hinaus, wenn er Soli spielt, indem er Tonhöhen aus anderen Modi, wie Dorisch und Mixolydisch, verwendet und verschiedene indische Tonleitern erkundet.

Hörempfehlung

Derek Trucks – Joyful Noise

Derek Trucks – The Derek Trucks Band

Derek Trucks – Live at Georgia Theatre

Derek Trucks – Songlines

Derek Trucks Style Blues Licks

Diese Licks sind in der Tonart D geschrieben.

Die folgenden Beispiele verwenden alle ein Slide und die Gitarre ist in Offener E-Stimmung. Von tief bis hoch ist das E B E G# B E. Wenn du es nicht gewohnt bist, mit einem Slide zu spielen, versuche, ihn auf deinen dritten Finger zu legen und dem zweiten Finger zu erlauben, die Saiten hinter dem Slide leicht zu streifen, um unerwünschte Geräusche zu stoppen.

Wenn du einen Slide benutzt, musst du ihn direkt über dem Griffbrett platzieren (nicht nur hinter der Stelle, an der du deinen Finger platzieren würdest, wenn du normal greifst), sonst klingt jede Note flat. Du kannst ein Vibrato erzeugen, indem du den Slide schnell vorwärts und rückwärts bewegest.

Derek Trucks' Slide-Technik könnte ein ganzes Buch füllen, also haben wir versucht, einige der zugänglicheren Ideen hier zu extrahieren.

Das erste Beispiel basiert auf einem D7-Arpeggio und der Dur-Pentatonik-Tonleiter. Die ersten drei Töne können aufgrund ihrer diagonalen Anordnung und der Ungewohntheit des Slides zunächst eine Herausforderung darstellen. Die zweite Hälfte des Licks ist eine viel freundlichere Linie, die auf die mittleren Saiten hinabsteigt.

Beispiel 20a:

Trucks ist ein Meister der Phrasierung und die nächste Linie emuliert seine Verwendung von nur zwei Noten, um einen interessanten Cross-Rhythmus zu erzeugen. Die zweistimmige Phrase wird in Triolen gespielt, um einen bewegenden Akzent zu erzeugen, der sich im gesamten Takt bewegt. Der harte Teil ist, den Abwärts-Slide nach jeder Note auf der zweiten Saite zu nageln. Lerne die Linie ohne die Slides und füge sie hinzu, wenn du den Drei-gegen-Zwei-Rhythmus in der Melodie spüren können.

Der zweite Takt setzt sich mit einem weniger offensichtlichen Drei-gegen-Zwei-Gefühl fort, das durch den Saitenwechsel und die Melodielinie erzeugt wird.

Beispiel 20b:

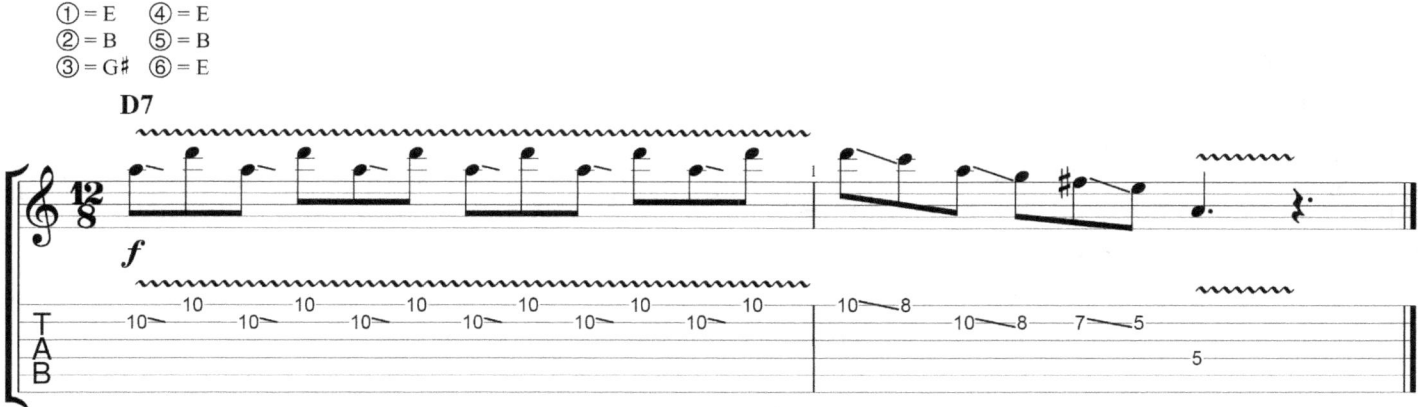

Beispiel 20c ist eher eine „normale" Blues-Phrase um die D-Dur-Pentatonische Tonleiter herum. Der Schlüssel dazu ist, dass sich der Slide immer in Bewegung hält und in jede Note hinein und heraus gleitet.

Beispiel 20c:

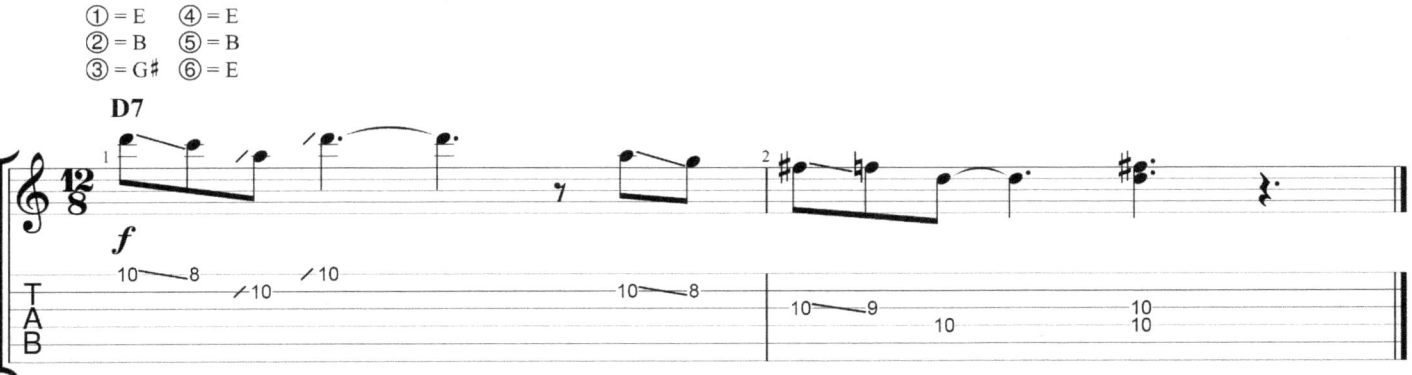

Die folgende Idee ist eine Dur / Mixolydische Tonleiterphrase, die den D7-Akkord schön umreißt. Der Sprung zum hohen G ist unerwartet und springt dir sofort ins Auge. Die Phrasierung ist durch die wiederholte Note in den Beats 1 und 2 interessant gestaltet.

Beispiel 20d:

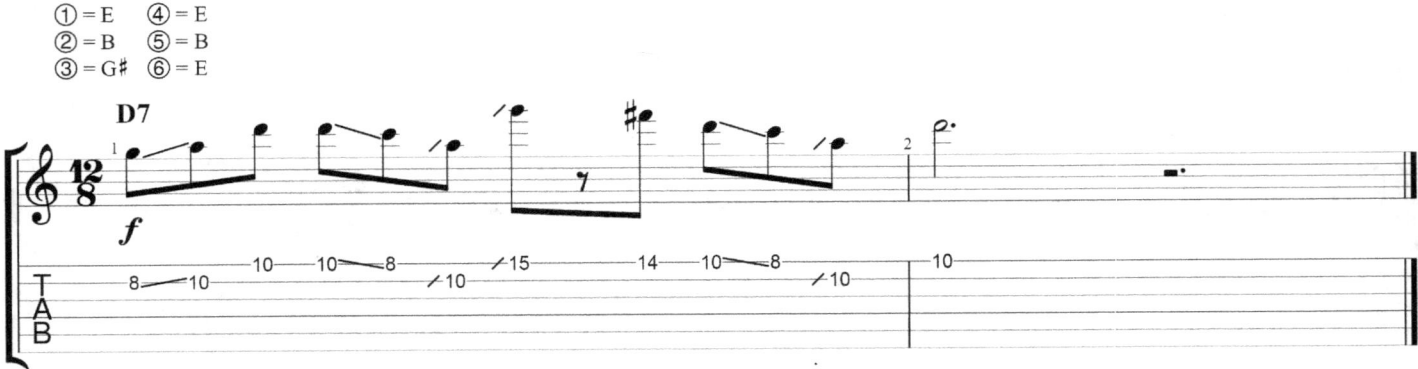

Die letzten Derek Truck Licks sind eine ungewöhnliche, chromatisch aufsteigende Idee, die einen Teil der Symmetrie in der offenen E-Stimmung nutzt. Das Dämpfen hinter dem Slide mit einem Ersatzfinger ist hier wichtig, sonst wird alles zu Brei. Vibrato entsteht durch schnelles Bewegen des Slides auf beiden Seiten des Bunds.

Der zweite Teil der Linie nutzt wiederum die Symmetrie der Stimmung, um zwischen den Root-Noten (D) über den größten Teil der Dur-Tonleiter abzusteigen.

Beispiel 20e:

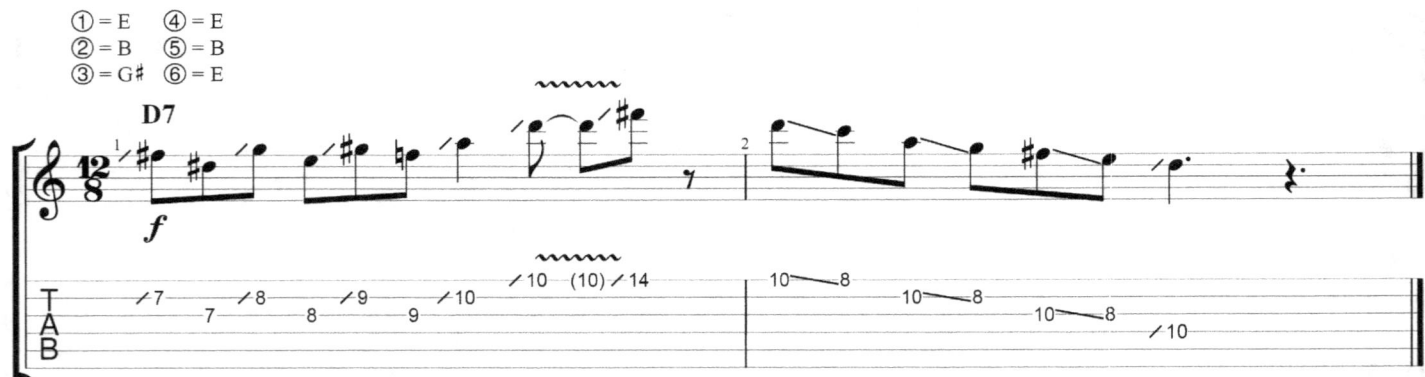

Beispiel Blues Solo Eins

Das erste Blues-Gitarrensolo zeigt, wie man durch die Kombination verschiedener Licks aus diesem Buch leicht ein authentisches Blues-Vokabular entwickeln kann. Die meisten Blues-Gitarristen haben ihren Spielstil entwickelt, indem sie die Licks anderer Spieler imitiert und sie dann nach ihrem eigenen musikalischen Geschmack geformt haben. Das Solo wird über eine typische I IV V Blues Progression in A gespielt und verwendet Licks von Albert King, Joe Bonamassa und Albert Collins.

Das Solo beginnt mit einem Albert King Lick (Beispiel 3a), der für die ersten vier Takte gespielt wird. Achte auf den leichten Blues-Curl in Takt 2, um den authentischen King-Touch zu erhalten. Dieser Lick wird vollständig in der Standard-Blues-Box-Form um den 5. Bund gespielt und du kannst mit deinem 4. Finger den Doppelstopp auf Beat Zwei spielen. Dieser Lick wird unmittelbar von einem weiteren Albert King Lick (Beispiel 3c) in den Takten 5 - 7 gefolgt. Achte darauf, dass du die kleinen Bends in Takt 6 nicht überbendest. In Takt 7, benutze deinen ersten Finger, um über die beiden oberen Saiten zu greifen, um den schnellen Pull-Off zu erleichtern.

Ein Joe Bonamassa Lick (Beispiel 19d) folgt in den Takten 8 - 9, wo du sorgfältig und genau zupfen musst, um den erforderlichen wiederholten 1/16-Noten-Rhythmus zu erreichen. Dieser Lick wird vollständig in der typischen Blues-Box-Form am 5. Bund gespielt und endet mit einem Ganzton-Bend auf der dritten Saite am 7. Bund.

Die letzten drei Takte (10 -12) verwenden einen Albert Collins-Lick (Beispiel 5d), der hauptsächlich in 1/8-Triolen gespielt wird. Achte auf die chromatische Durchgangsnote in Takt 11 auf dem dritten Beat. Dies ist ein melodisches Mittel, mit dem viele Spieler ihre Phrasen mit Noten außerhalb der normalen pentatonischen Tonleiter ergänzen, und sie können deinem Bluesspiel echte Würze verleihen.

Das Solo endet mit einem Ganzton-Bend im letzten Takt, gefolgt von einem Pull-Off, bevor man viel Blues-Vibrato auf die letzte Note aufträgt.

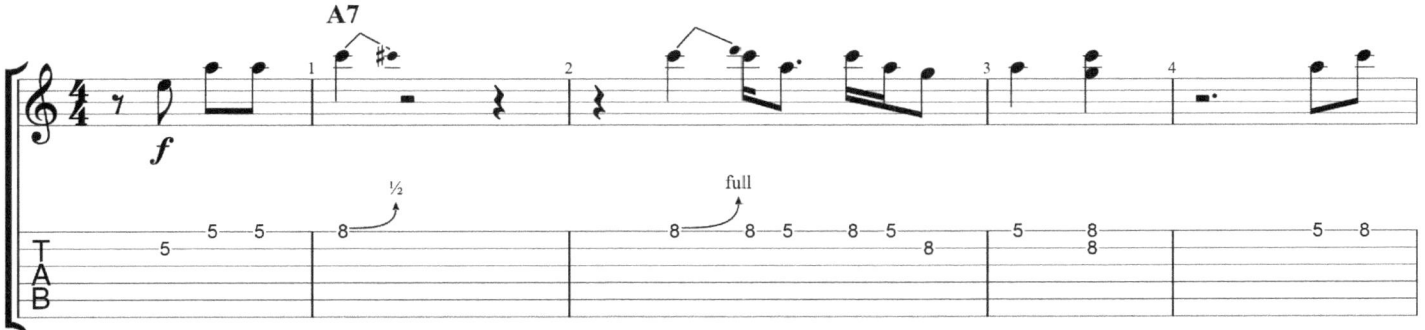

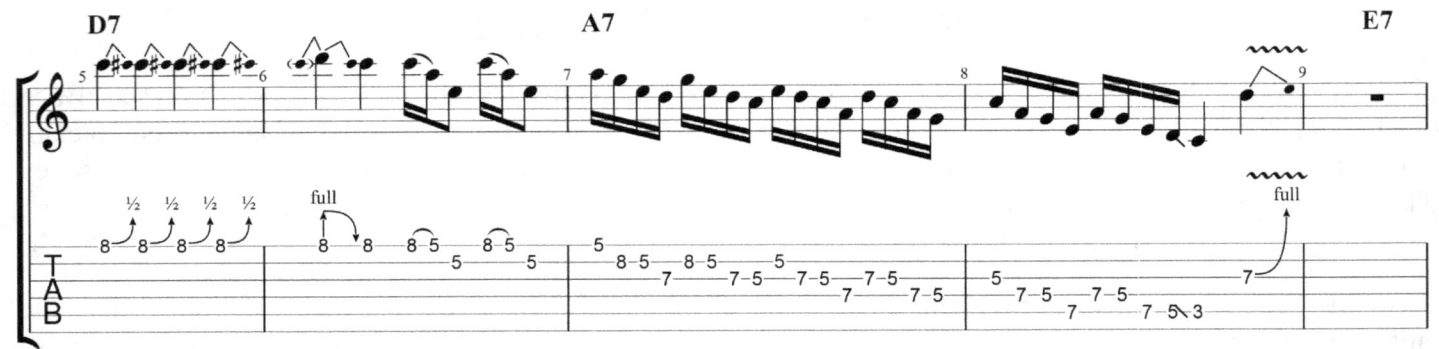
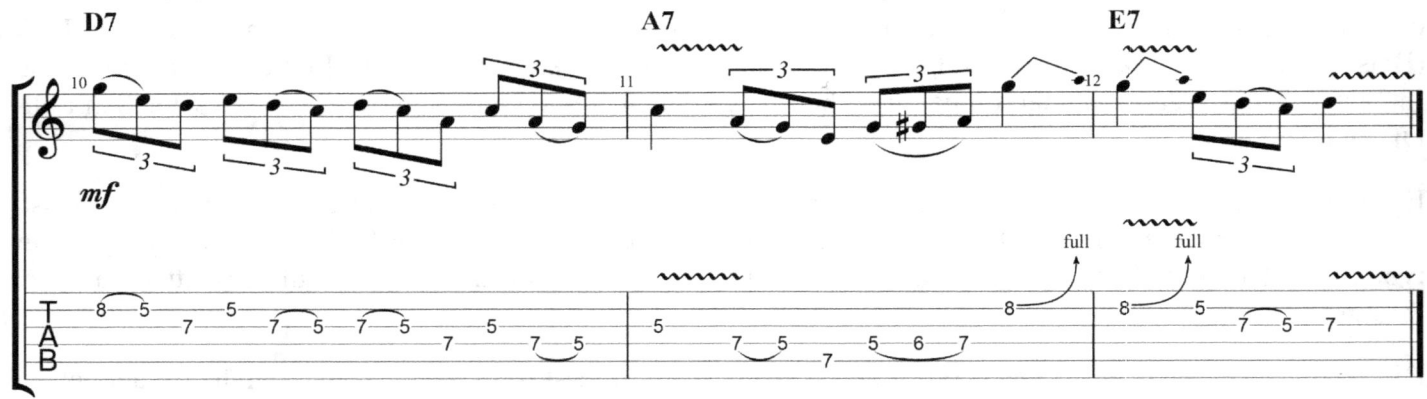

Beispiel Blues Solo Zwei

Dieses zweite Gitarrensolo folgt der gleichen Blues-Akkordfolge in A, aber mit unterschiedlichen Licks. Einige davon wurden von ihren Originaltonarten transponiert. Blues-Gitarristen lernen ständig Phrasen in einer Tonart und verschieben sie dann bei Bedarf auf andere Tonarten. Zum Beispiel war der erste Gary Moore Lick, der das Solo eröffnet (Beispiel 16b), ursprünglich in der Tonart C.

Du kannst die gleiche Griffweise wie das Original verwenden; alles, was geändert wurde, ist, dass es an einer anderen Stelle am Hals gespielt wird. Füge den angezeigten Slide in Takt 3 (Beat Eins) hinzu und stelle sicher, dass jeder Bend seine Zielhöhe erreicht.

Ein gut kontrolliertes Vibrato ist entscheidend, um diese Blues-Licks zum Leben zu erwecken, also folge der Musik sorgfältig, um zu sehen, wo die Technik eingesetzt wird.

Der zweite Lick, der in diesem Solo verwendet wird, stammt vom großen Johnny Winter (Beispiel 12e) und wird von der Originaltonart C auf A transponiert. Eine chromatische Note wird innerhalb der Triolenfigur im letzten Takt von Takt 9 hinzugefügt, um etwas Spannung zu erzeugen.

Der letzte Lick kommt von Eric Clapton (Beispiel 13b) und gibt einen fantastischen Abschluss des Solos. Die Rhythmen der 1/16. Note in Takt 11 müssen präzise gespielt werden, um mit dem Backing-Track Schritt zu halten.

Achte darauf, wo Hammer-Ons und Pull-Offs verwendet werden, da sie dir helfen, einen authentischen Blues-Sound zu erzielen.

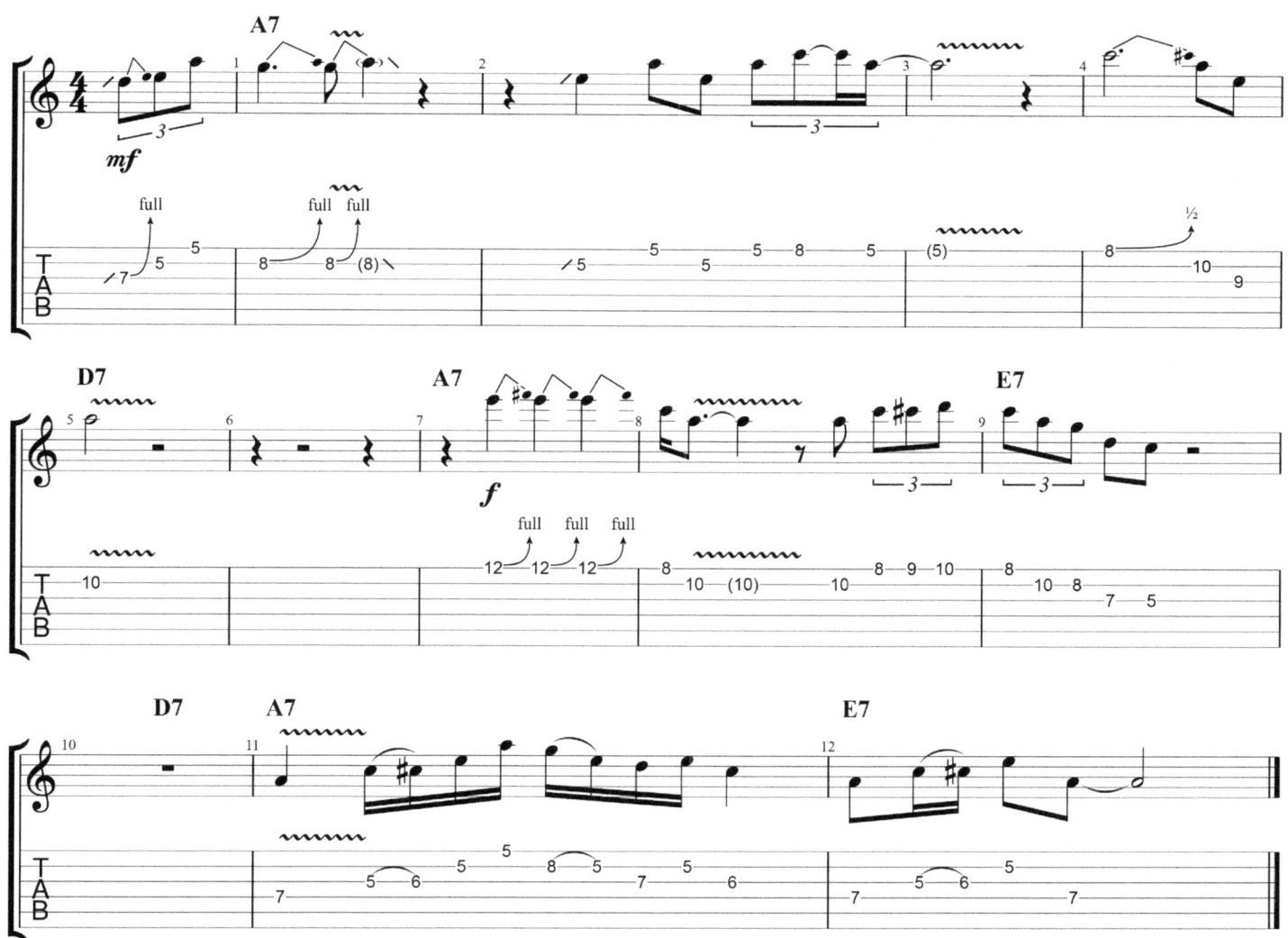

Schluss und weitere Buchempfehlung

Nun, da haben wir es! 100 wunderschöne Gitarrenlicks im Stil der größten Bluesgitarristen der Welt. Wir hoffen, dass dir die Reise gefallen hat und du für die nächsten Jahre in dieses Buch eintauchen werden.

Wie wir in der Einleitung erwähnt haben, wirst du das Beste aus diesem Buch herausholen, indem du jeden Lick zu deinem eigenen machst. Es ist zwar wertvoll, den Stil der Musiker zu kopieren, die du liebst, aber du wirst wirklich davon profitieren, wenn du jeden Lick nach deiner eigenen Stimme formst.

Experimentiere, indem due den Rhythmus, die Phrasierung, die Artikulation und die Geschwindigkeit jeder Phrase änderst und sie an deine eigene Persönlichkeit anpasst. So entwickelt sich die Sprache und so erschaffst du deine eigene, einzigartige Stimme auf dem Instrument. Ein einziger Lick kann dir stundenlang kreatives Vergnügen im Übungsraum bereiten.

Die beste Vorgehensweise ist es, diese Licks mit einer Jam-Band live oder in einem Proberaum aufzuführen. Die Gitarre fühlt sich ganz anders an, wenn man sich vom Komfort seiner Backing-Tracks entfernt.

Eine Anmerkung von Joseph:

Ich bin stolz darauf, dass Fundamental Changes inzwischen 70 Gitarrenmethoden veröffentlicht hat, und einige dieser Titel werden dir helfen, deine eigene Sprache zu entwickeln und zu personalisieren.

Mein Buch **Blues Guitar Melodic Phrasing** wirft einen detaillierten Blick darauf, wie man das musikalische Gefühl erlernen kann. Ich fragte einmal einen Lehrer, wie ein berühmter Gitarrist so spielte, wie er es tat. Er sagte mir: „Er fühlt es einfach". Nun, vielleicht war das wahr, aber es war eine nutzlose Antwort von einem Lehrer. Ich machte mich daran, das musikalische Gefühl in eine präzise Reihe von Ideen und Fähigkeiten zu zerlegen, und diese Studie führte zu Blues Guitar Melodic Phrasing. Alles darin ist auch auf die Rockgitarre anwendbar.

Einige der theoretischen Ideen in diesem Buch können für dich neu sein. Ich versuche, die Theorie auf ein Minimum zu reduzieren und mich auf die Musik zu konzentrieren. Zwei Bücher, die ich geschrieben habe, um die praktische Anwendung der Theorie zu zeigen, sind **Guitar Scales in Context** und **The Practical Guide to Modern Theory for Guitarists**.

Beide Bücher sind äußerst praxisorientiert und helfen wirklich bei der täglichen, musikalischen Anwendung der Theorie.

Wenn du auf eine solide technische Entwicklung aus bist, ist Simon Pratts Buch **Guitar Finger Gym** ein großartiger Leitfaden für die meisten Aspekte der Gitarrentechnik, und mein Buch **Complete Technique for Modern Guitar** ist auch eine gute Begleitung.

Vor allem aber viel Spaß beim Lernen der Musik, die du liebst. Wenn du nicht lächelst, machst du es falsch!

100 Klassische Rock Licks für Gitarre

100 Licks für Rockgitarre im Stil der besten Gitarristen der Welt

Veröffentlicht von **www.fundamental-changes.com**

Copyright © 2019 Joseph Alexander

Das moralische Recht dieses Autors wurde geltend gemacht.

Alle Rechte vorbehalten. Kein Teil dieser Publikation darf ohne vorherige schriftliche Genehmigung des Herausgebers vervielfältigt, in einem Abrufsystem gespeichert oder in irgendeiner Form und mit irgendwelchen Mitteln übertragen werden.

Der Herausgeber ist nicht verantwortlich für Websites (oder deren Inhalte), die nicht dem Herausgeber gehören.

www.fundamental-changes.com

Über 10,000 Fans auf Facebook: **FundamentalChangesInGuitar**

Instagram: **FundamentalChanges**

Für über 350 kostenlose Gitarrenstunden mit Videos unter

www.fundamental-changes.com

Wie man dieses Buch benutzt

Mein Tipp ist, sich deinen Lieblingsgitarristen auszusuchen und direkt in seine Licks zu tauchen. Achte auf die Akkorde, über die jeder Lick gespielt wird, da sie einen tiefgreifenden Einfluss auf das Gefühl der Melodie haben. Sobald du einen grundlegenden Überblick über den Lick hast, spielst du ihn zusammen mit de zugehörigen Backing-Track, um ein Gefühl für die Idee zu bekommen (auch wenn du ihn mit 1/4 Geschwindigkeit spielen musst), bevor du ihn noch einmal isolierst, um ihn mit einem Metronom auf den neuesten Stand zu bringen.

Wenn du selbstbewusst bist, versuche, die Linie auf verschiedene Weise zu spielen. du kannst den Lick an verschiedenen Stellen im Takt beginnen und mit verschiedenen Phrasierungen experimentieren. Wie wäre es mit Gleiten statt Benden?... Oder Hammer-ons spielen statt zupfen? Wie kannst du jeden Lick zu deinem eigenen machen?

Schließlich kannst du jeden Lick als Grundlage für deine eigenen Soli verwenden. Lerne, den Lick zu entwickeln, indem du Noten änderst, platzierst, formulierst, erweiterst, kontrahierst … Es gibt Hunderte von Möglichkeiten, eine musikalische Phrase zu ändern, also vertraue deinen Ohren und habe Spaß – es ist unmöglich, einen Fehler zu machen! Behandle jeden Lick wie einen Samen eines Rock-Solos und sehe, wohin er dich führt.

Mein Buch **Blues Guitar Melodic Phrasing** geht sehr ausführlich auf all diese Konzepte und noch viel mehr ein. Es lehrt dich, wie du eine persönliche musikalische Sprache mit Seele und großartiger Phrasierung entwickeln kannst. du wirst alles über die Platzierung und Verschiebung erfahren und ich empfehle sie als idealen Begleiter zu diesem Buch.

Viele frühere Rock-Licks werden mit Noten aus der Moll-Pentatonik-Tonleiter gebildet, während viele spätere Rock-Licks auf bestimmten Modi der Dur-Tonleiter basieren, wie Äolisch, Dorisch und Mixolydisch. Wenn diese Ideen neu für dich sind, mach dir keine Sorgen, es gibt keinen Grund, die Theorie zu verstehen, um Musik zu machen, aber für einige Hintergrundinformationen möchtest du vielleicht meine Bücher **Gitarrenskalen im Kontext, Der praktische Leitfaden zur modernen Musiktheorie für Gitarristen** und **Gitarrengriffbrett fließend** lesen.

Einige der Licks von schnelleren Spielern wie Richie Blackmore, Michael Schenker und Tom Scholz sind technisch anspruchsvoll, da sie schnell gespielt werden und viele schnelle Notenunterteilungen beinhalten. Wenn diese Licks zu schnell für dich sind, mach dir keine Sorgen, denn es ist ein langfristiges Ziel, sie in Tempo zu spielen.

Es gibt immer viel zu lernen, auch wenn man nur einen kleinen Teil davon nimmt und es mit langsamerer Geschwindigkeit spielt. Du wirst feststellen, dass die verwendeten Formen und die allgemeine Stimmung der Linie für dich viel nützlicher sein werden, als monatelang daran zu arbeiten, einen Lick in vollem Tempo zu perfektionieren.

Wenn du deine Geschwindigkeit oder einen anderen Aspekt deiner Gitarrentechnik erhöhen möchtest, empfehle ich dir dringend unsere meistverkauften Bücher **Komplette Technik für moderne Gitarre** und **Gitarren-Fingergymnastik**.

Jimmy Page

Jimmy Page wurde 1944 als James Patrick Page geboren und ist ein englischer Musiker, der vor allem als Leadgitarrist und Hauptsongschreiber der legendären Rockband Led Zeppelin bekannt ist. Von 1968 bis 1980 kreierte Page einige der großartigsten Hardrock-Songs, wie Whole Lotta Love, Stairway to Heaven, Kashmir und Black Dog.

Ein Großteil von Zeppelins enormer Anziehungskraft basierte auf Pages unglaublicher Fähigkeit, Elemente aus vielen verschiedenen Musikrichtungen in den bluesbasierten Hardrock-Sound einzubinden, für den die Gruppe berühmt wurde. Es ist keine Übertreibung zu sagen, dass er Generationen von Rockgitarristen beeinflusst hat, sowohl in Bezug auf seinen Spielstil als auch auf sein hochkreatives Songwriting/Arrangement. Sogar seine Bühnenpräsenz und Manierismen sind vielfach kopiert worden. Jeder zeitgenössische Gitarrist, der eine tiefe Gibson Les Paul-Gitarre schwingt und vor einem Stapel Marshall-Verstärker spielt, beschwört sofort ein Bild von Page in Zeppelins Blütezeit der 1970er Jahre.

Page begann bereits in jungen Jahren mit dem Gitarrenspielen, und nach einer kurzen Zeit am College, wo er Kunst studierte, widmete er sich schließlich ganz der Musik. Anfang der 1960er Jahre wurde er ein angesehener Londoner Session-Gitarrist, und diese intensive Zeit der Studioarbeit half Page, viele der Spiel- und Arrangementfähigkeiten zu entwickeln, die er später bei Led Zeppelin einsetzte.

Noch während der Sessions wurde Page Mitglied der renommierten englischen Rockband The Yardbirds, wo er zunächst Bass spielte, bevor er zusammen mit seinem Gitarristenkollegen Jeff Beck zur zweiten Leadgitarre wechselte. Eine der letzten Inkarnationen dieser Gruppe (genannt The New Yardbirds) umfasste den Sänger Robert Plant und den Schlagzeuger John Bonham und wurde zum jungen Led Zeppelin.

Led Zeppelin erfüllte Pages Vision einer improvisationsbasierten Gruppe, die Einflüsse aus Blues, Rock und traditioneller Volksmusik übernahm. Sie wurden sehr erfolgreich mit mehreren rekordverdächtigen Tourneen und Albumverkäufen, die in den 1970er Jahren viele andere Gruppen in den Schatten stellten. Ihr kometenhafter Erfolg wurde mit dem plötzlichen Tod des Schlagzeugers John Bonham im Jahr 1980 tragisch verkürzt. Page blieb jedoch in den folgenden Jahrzehnten musikalisch aktiv und arbeitete in seinen Jahren nach Led Zeppelin mit vielen namhaften Musikern zusammen. Led Zeppelin kam auch wieder für ein Benefizkonzert im Jahr 2007 zusammen, bei dem Jason Bonham für seinen verstorbenen Vater am Schlagzeug einsprang. Außerhalb der Musik erhielt Jimmy Page 2005 eine OBE für seine Verdienste um wohltätige Zwecke in Brasilien.

Pages unverwechselbarer E-Gitarrenstil basiert auf vielen musikalischen Einflüssen, obwohl sein Lead-Gitarrenspiel am stärksten von frühen E-Blues-Gitarristen und Rock and Roll-Spielern beeinflusst wird. Er bevorzugt vor allem Pentatonik- und Blues-Tonleitern, verwebt sie aber gelegentlich mit exotischeren modalen Tonleitern und veränderten Stimmungen. Er verwendet regelmäßig schnelle pentatonische Skalensequenzen für dramatische Effekte und verfügt neben seinem markanten schnellen Vibrato über eine eigene Technik der Saitenbiegung.

Jimmy Page wird am häufigsten mit der Gibson Les Paul Standard Gitarre in Verbindung gebracht, die nach wie vor seine erste Wahl für Live-Auftritte ist, obwohl einige seiner frühen Aufnahmen mit Led Zeppelin ihn dabei unterstützten, eine Vintage Fender Telecaster (von Jeff Beck gekauft) über einen Supro-Verstärker zu spielen. Überraschenderweise wurde sein berühmtes Solo auf Zeppelins Stairway to Heaven tatsächlich mit dieser Gitarre gespielt.

In den 1970er Jahren benutzte er oft einen Geigenbogen im Konzert, um ätherische Effekte auf der Gitarre zu erzeugen. Im Studio verwendet er oft kleine, niederspannungsfähige Verstärker, um seine unverwechselbaren Gitarrentöne zu erzeugen, aber im Allgemeinen verwendet er Marshall-Verstärker mit höherer Leistung für

Live-Arbeit. Sein Einsatz von Gitarreneffekten ist ebenfalls erwähnenswert und hat bei mehreren Zeppelin-Alben den innovativen Einsatz von Band-Delays und Phasenschiebern ermöglicht.

Hörempfehlung:

Led Zeppelin – Led Zeppelin I

Led Zeppelin – Led Zeppelin II

Led Zeppelin – Led Zeppelin IV

Led Zeppelin – Presence

Der erste Jimmy Page Lick besteht aus einer sich wiederholenden Triolen-Phrase, die auf der a-Moll-Pentatonik basiert. Dieses häufige Muster tritt im Spiel vieler Rockgitarristen auf und du solltest unbedingt Zeit damit verbringen, ihn unter die Finger zu bekommen. Wenn möglich, spiele mit dem dritten Finger jede G-Note (8. Bund) auf der B-Saite und benutze den ersten Finger als Mini-Barré über die beiden oberen Saiten.

Beachte, dass die Noten auf der zweiten Saite als Pull-offs gespielt werden, um Geschwindigkeit und Fließeigenschaften zu verbessern. Die Linie endet mit mehr Pull-offs, bevor ein letzter Bend mit viel Vibrato gespielt wird.

Beispiel 1a:

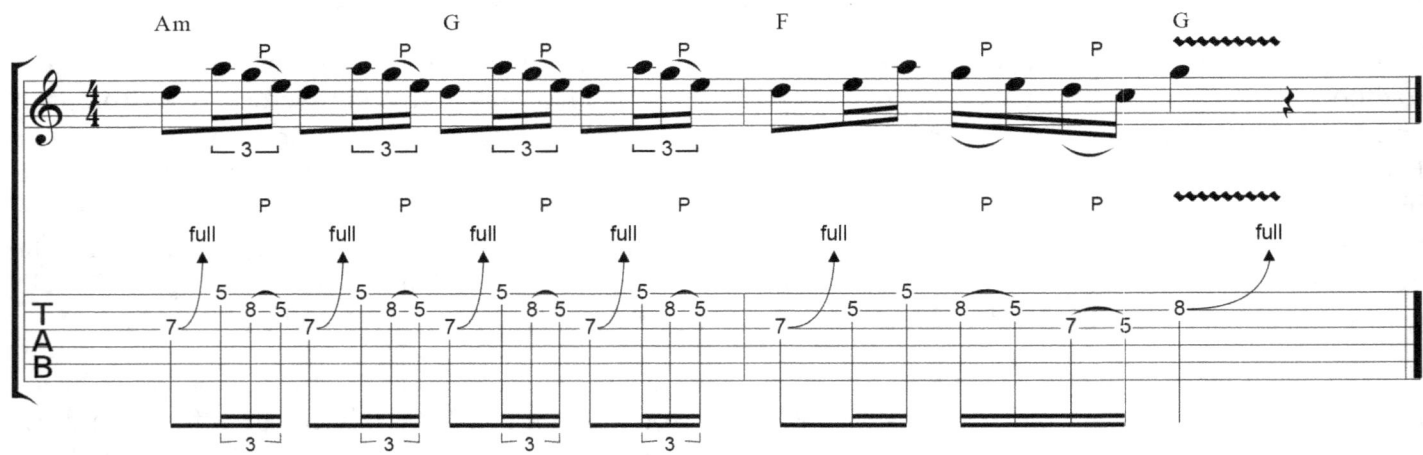

In Beispiel 1b führt einen langsamen bluesigen Bend zu einer absteigenden 1/16-Noten-Phrase, die sich schnell auf der a-Moll-Pentatonik-Tonleiter bewegt. Jimmy Page würde es vorziehen, wenn sein dritter und erster Finger alle Noten in Takt Eins spielen würde.

Die erste Hälfte des Licks endet tatsächlich auf F (8. Bund, A-Saite), einer Note außerhalb der pentatonischen Tonleiter und ist der Grundton des F-Dur-Akkords. Dies hilft dem Lick, den zugrunde liegenden Akkordänderungen zu folgen. Denke daran, auch den angegebenen Noten Vibrato hinzuzufügen.

Beispiel 1b:

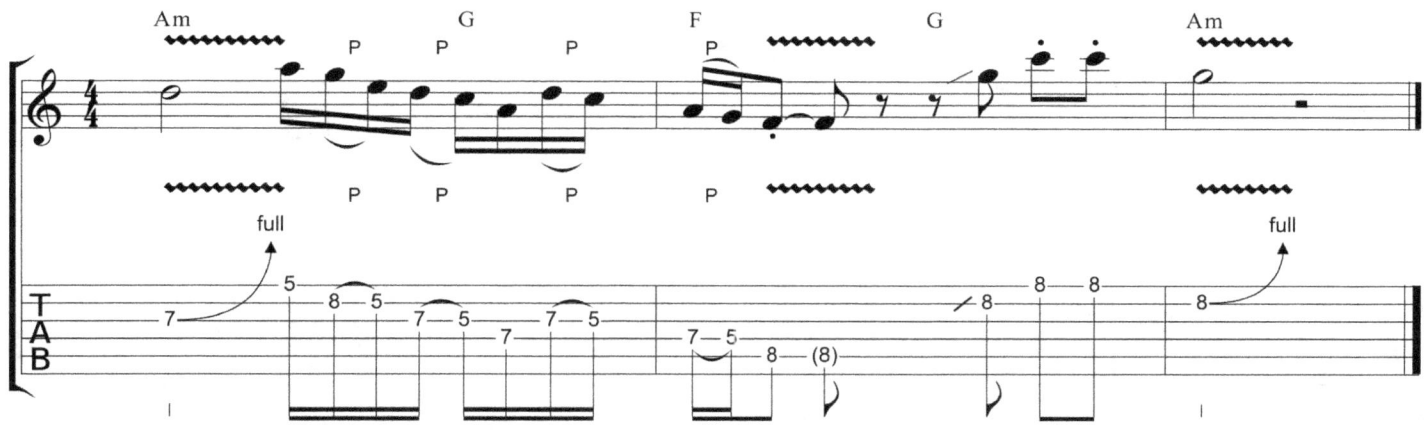

Der nächste Lick zeigt eine schnelle, repetitive Pull-off-Phrase in Takt Zwei, die *sich* über den Schlag *verschiebt*. Ignoriert man die erste Note (E) auf dem 5. Bund, beginnt die Linie auf Schlag 2 mit einem C (8. Bund). Die dreinotige Pull-off-Idee wird als 1/16tel Note (Vierergruppen) gespielt, wodurch sich die erste Note jeder Sequenz bei jeder Wiederholung um eine 1/16tel Note vorwärts bewegt.

Definitiv eine, die man langsam mit einem Metronom übt, bietet diese Linie einen großartigen Einblick in die Art und Weise, wie Jimmy Page schnellere Licks weniger vorhersehbar und aufregend macht.

Beispiel 1c:

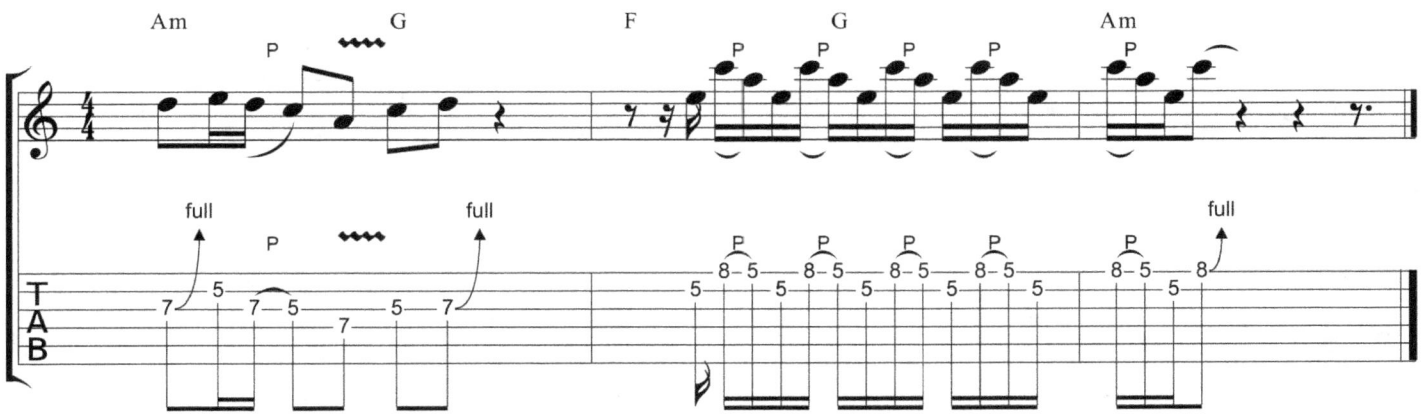

Beispiel 1d ist eine unangenehm aussehende, aber sehr effektive Linie, die auf einem 1/16tel Notenmuster basiert, das typisch für die Phrasierung von Page ist. Sie basiert wiederum auf der a-Moll-Pentatonik (diesmal auf der 12. Position) und wird hauptsächlich mit dem ersten und dritten Finger gespielt.

Achte besonders auf das Vibrato auf den längeren Noten.

Beispiel 1d:

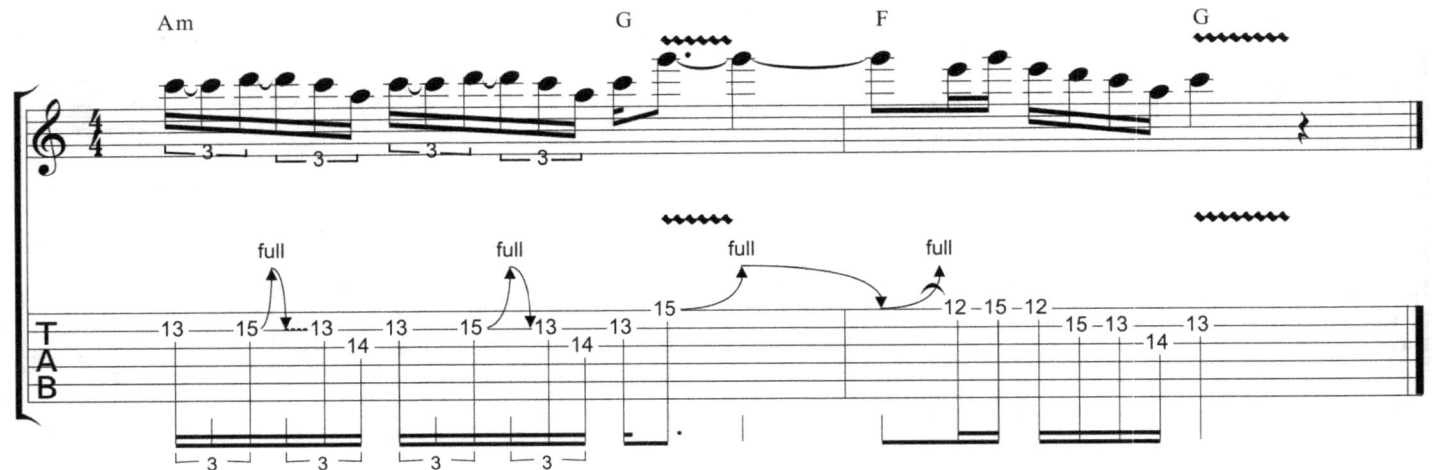

Der letzte Jimmy Page Lick beansprucht dich ein bisschen mehr mit seiner kombinierten 1/16. Note und 1/8. Note Phrasierung und Positionsverschiebung. Lerne ihn, indem du den Lick in zwei Phrasen zerlegst und zu einem Metronom spielst.

Um die Positionsverschiebung auf halbem Weg durch den ersten Takt zu steuern, schiebe mit dem zweiten Finger in den 9. Bund der dritten Saite. Achte auch auf den letzten Teil des Licks in Takt Zwei, wo du einen schnellen Saiten-Sprung vom 7. Bund auf der D-Saite bis zum Bend auf dem 8. Bund benötigst, um die Linie kurz vor Schlag 3 zu beenden.

Beispiel 1e:

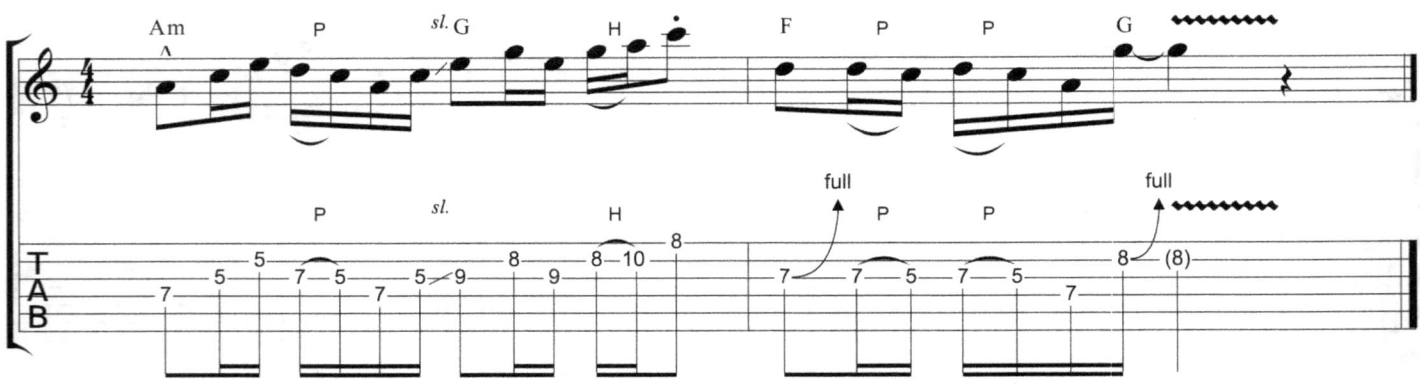

Angus Young

Angus McKinnon Young wurde 1955 in Glasgow, Schottland, geboren und wanderte 1963 mit einem Großteil seiner Familie (einschließlich seiner älteren Brüder Malcolm und George) nach Sydney, Australien, aus. Er begann zu spielen, indem er ein neu bespanntes Banjo und später eine gebrauchte Akustikgitarre benutzte. Nachdem er im Alter von 15 Jahren die High School abgebrochen hatte, begann er seine musikalische Karriere mit der Gründung eigener Bands. Nach begrenztem Erfolg mit diesen Gruppen gründeten Young mit seinem Bruder Malcolm an der Rhythmusgitarre die Rockgruppe AC/DC. Der Name AC/DC wurde offenbar von einem Etikett auf der Rückseite der Nähmaschine seiner Schwester übernommen.

AC/DC veröffentlichten 1975 ihr erstes Album High Voltage und wurden in den nächsten Jahren vor allem in Australien immer beliebter. Young begann auch, sich auf Vorschlag seiner Schwester in seine charakteristische Schuljungenuniform zu kleiden.

Das 1979 erschienene Album Highway to Hell der Gruppe brachte ihnen viel internationalen Erfolg, doch der plötzliche Tod des Sängers Bon Scott an Alkoholvergiftung kurz nach der Veröffentlichung des Albums warf einen langen Schatten auf die Zukunft der Band, bis Brian Johnson als Ersatz für den Sänger gefunden wurde. Nach nur etwa fünf Monaten nahmen AC/DC Back in Black als Hommage an Bon Scott auf und es wurde schnell zu einer der meistverkauften Aufnahmen.

Trotz des Erfolgs von Back in Black erlebte die Band mit späteren Alben eine Phase des kommerziellen Niedergangs, und erst mit The Razor's Edge 1990 kehrten sie zu dem Niveau zurück, das sie mit den früheren Alben erreicht hatten. Die Gruppe nahm zwei weitere Alben auf, bevor sie eine achtjährige Pause von der Aufnahme machte. Ihr letztendliches Comeback-Album Black Ice war sehr erfolgreich und brachte sie wieder ins internationale Rampenlicht.

In den letzten Jahren war die Band von Mitgliedern betroffen, die aufgrund von gesundheitlichen Problemen ausschieden. Während Angus Young bei der Gruppe blieb, zogen sich sowohl Malcolm Young als auch Brian Johnson wegen gesundheitlicher Probleme zurück. Der ehemalige Guns'n'Roses-Sänger Axl Rose ersetzte Johnson für die Tour 2017.

Angus Youngs Gitarrenspiel war schon immer die zentrale musikalische Attraktion bei AC/DC, und außerhalb seiner energiegeladenen Live-Auftritte feiern Hard Rock-Fans allgemein seinen rohen Blues-Rock-Gitarrenansatz. Er bevorzugt vor allem Blues und Pentatonik und verwendet häufig Einzel- und Unisono-Saitenbögen und ein schnelles, weitreichendes Vibrato sowie viele Doppelgriffe.

Young ist vor allem für seinen langfristigen Einsatz von Gibson SG-Gitarren und Marshall-Verstärkern bekannt, die am häufigsten durch 4x12-Boxen mit Celestion-Lautsprechern gespielt werden. Sein Sound ist im Vergleich zu anderen Hardrock-Gitarristen nicht besonders übersteuert und er behält eine beträchtliche Klarheit, klingt aber aggressiv und aufregend. Sein Ton wird selten durch offensichtliche Effekte ergänzt, obwohl er auf der Bühne ein drahtloses System verwendet, das es ihm ermöglicht, sich ohne die Behinderung eines Gitarrenkabels zu bewegen.

Hörempfehlung

AC/DC – Back in Black

AC/DC – Highway to Hell

AC/DC – The Razor's Edge

AC/DC – Black Ice

Ich kann nicht genug betonen, dass die Art und Weise, wie ein Lick auf dem Papier aussieht, nicht der Art und Weise gerecht wird, wie er gespielt werden soll. Wenn du das Audio noch nicht heruntergeladen hast, dann tu es jetzt, da dieser Lick ein typisches Beispiel ist, und man muss sich alles von Angus Young angehört haben, bevor man es spielt.

Diese Linie, die leicht hinter dem Schlag formuliert ist, verwendet die e-Moll-Pentatonik-Tonleiter und eine Reihe von Bends, um ein aggressives, bluesbasiertes Statement zu erzeugen.

Achte auf die *eingeklemmte Harmonik* (P.H.) in Takt Eins in der zweiten Bend - versuche, mit etwas Fleisch vom Daumen die Saite gleichzeitig mit dem Plektrum zu treffen, um diesen Effekt zu erzeugen. Das Benden und Halten im Takt Zwei kann auch ein wenig Übung erfordern. Bende vom 15. Bund auf der zweiten Saite mit dem dritten Finger und greife mit dem Finger nach außen, um den 15. Bund auf dem hohen E zu treffen. Füge so viel Vibrato wie möglich hinzu.

Beispiel 2a:

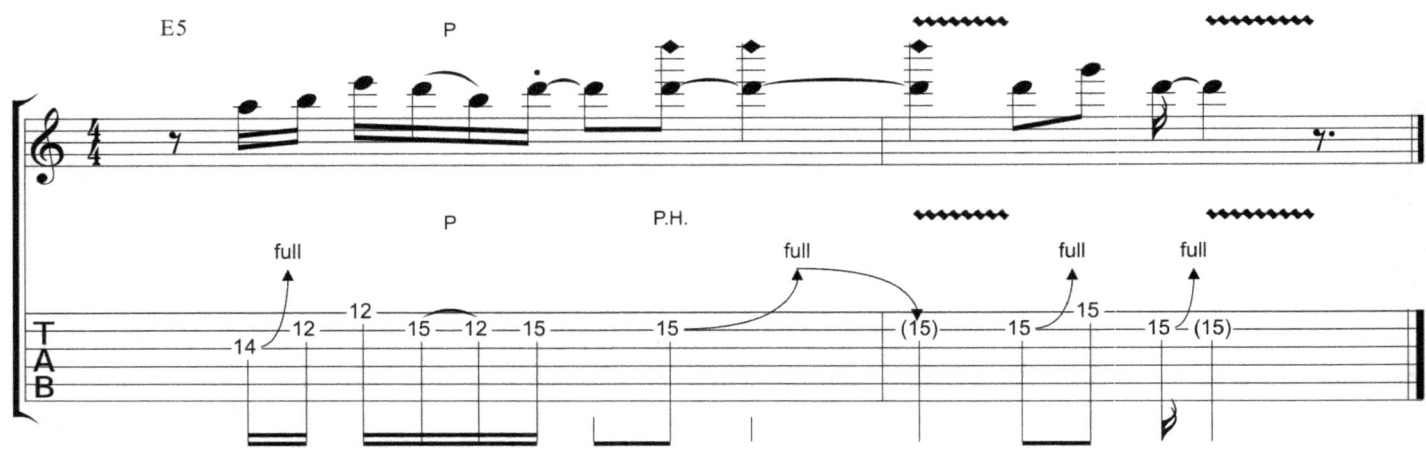

Beispiel 2b zeigt, wie Angus oft kurze, schnelle Notenfluten verwendet, die mit länger gehaltenen Noten (plus viel Vibrato) durchsetzt sind, um interessante Phrasierung und Dynamik zu erzeugen. Beachte, wie die erste Phrase durch einen Schlag verzögert wird … sie lässt dich inne halten und zieht dich in seinen Bann. Es gibt hier nichts technisch Anspruchsvolles, aber Vorsicht vor der subtilen Blues-Curl (1/4-Ton-Bend) in Takt Zwei, die für einen authentischen Angus Young-Sound unerlässlich ist.

Beispiel 2b:

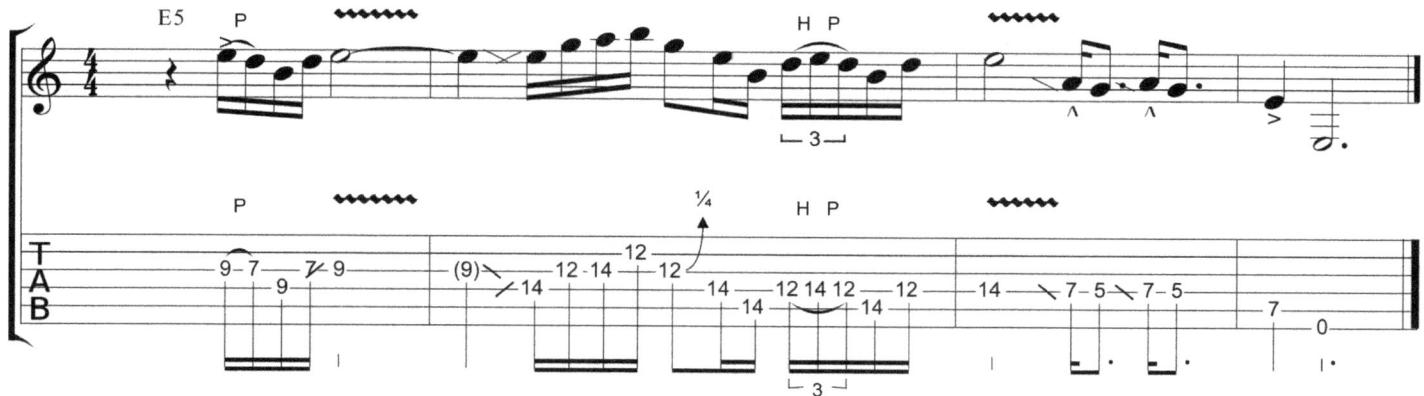

Es ist nicht nötig, bei jedem Lick alles zu geben; manchmal ist die Wahl der Raum- und Melodienoten genau das, was das Publikum hören muss. In diesem Beispiel ist das C# (Takt Zwei, Takt 1) vielleicht ungewöhnlich, aber nicht unerwartet in der absteigenden Tonleiter (E-Dorisch) Linie. Die gezwickten Obertöne mit breitem Vibrato (spürst du hier ein Thema?!) erzeugen ein Hard Rock Edge, ebenso wie die E-Moll-Pentatonik in Takt Drei.

Beachte, wie die Rhythmen in den Takten Zwei und Drei unvorhersehbar sind, um sie in Bewegung zu halten.

Beispiel 2c:

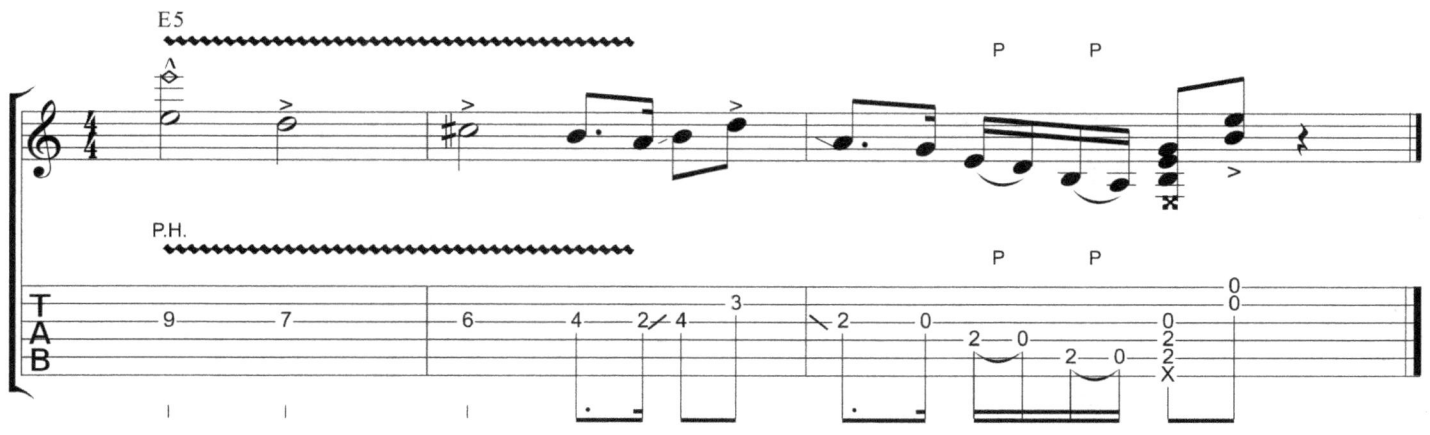

Die Einleitung zu diesem nächsten Lick hilft wirklich, dich durch die ganze Linie zu ziehen. Auch hier erzeugt viel präzises Bending eine stimmlich klingende Phrase. Achte auf die schnelle Auf- und Abbewegung beim ersten Bend in Takt Zwei; verwende deinen dritten Finger, um deinen vierten Finger für die hohen E-Saitennoten frei zu halten.

Die ungewöhnlichen Doppelgriffe in Takt Zwei (zweiter voller Takt) verleihen den hochfliegenden Blues-Bends und dem Vibrato Textur und rhythmischen Kontrast.

Beispiel 2d:

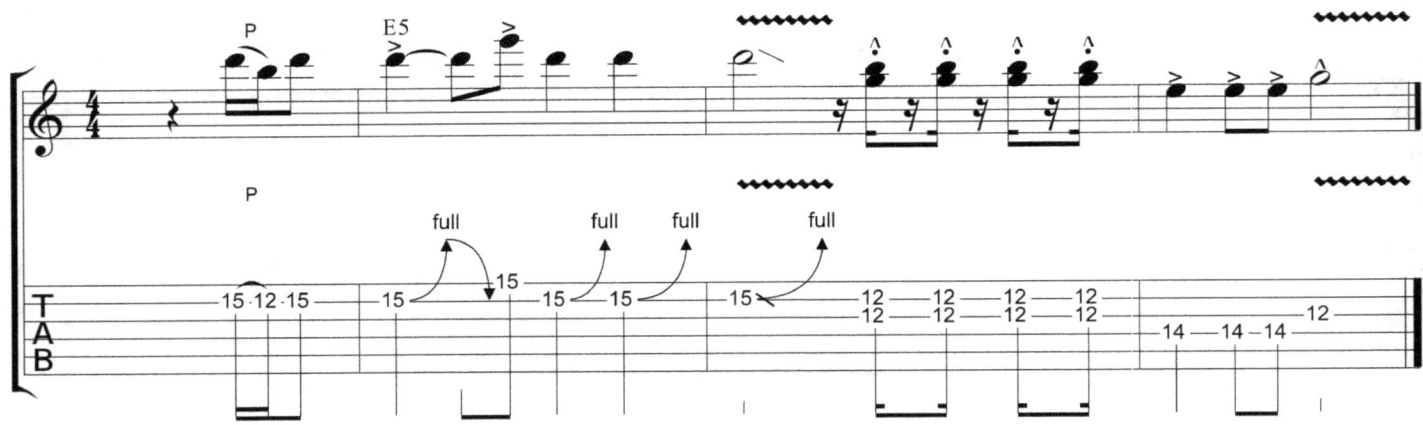

Der letzte Angus Young Lick mischt verschiedene Rhythmen, um den Eindruck zu erwecken, dass er sich auf der gesamten Linie beschleunigt und verlangsamt. Beachte, dass der Schlag 4 des Taktes Eins einfach durch einen e-Moll-Akkord nach unten greift, aber lass die Noten nicht ineinander übergehen.

Das Timing von Schlag 2 in Takt Eins kann ein wenig separate Arbeit erfordern, bevor er wieder in den Rest der Phrase eingefügt wird. Nachdem du die Finger Eins und Drei für Takt Zwei verwendet hast, spielst du die vorletzte Note im 7. Bund (A-Saite) in Takt Drei mit dem ersten Finger, damit du die letzte Note auf dem 9. Bund treffen kannst. Denke daran, Vibrato hinzuzufügen und die angezeigten Fingerslides zu spielen.

Beispiel 2e:

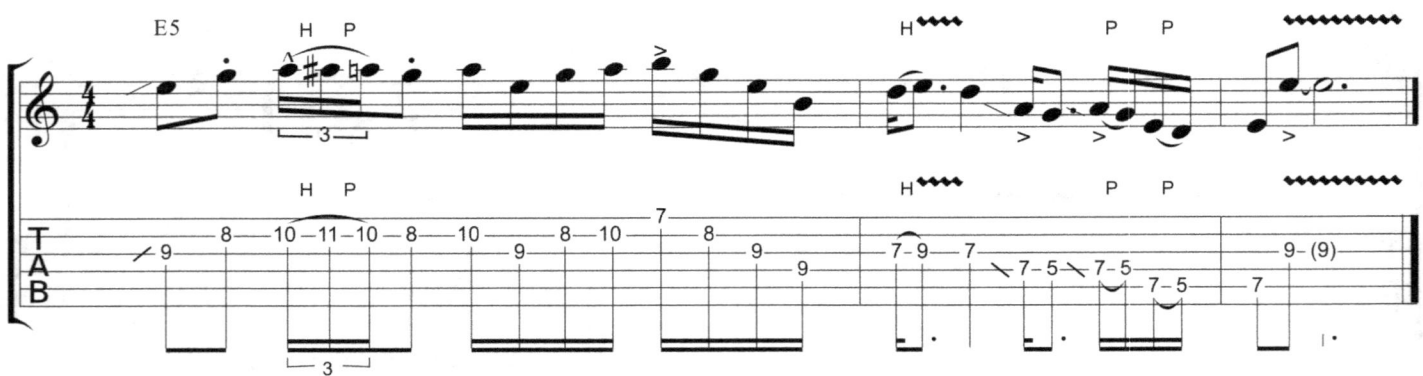

David Gilmour

David Jon Gilmour wurde 1946 in Cambridge, England, geboren und interessierte sich mit Unterstützung seiner akademischen Eltern früh für Musik. Er wurde von frühen Rock and Roll-Künstlern wie Elvis Presley und Bill Haley zum Gitarrenspielen inspiriert. Im Alter von 11 Jahren besuchte er die Schule mit zukünftigen Mitgliedern von Pink Floyd, Syd Barrett und Roger Waters. Gilmour verbrachte nach seiner Schulzeit Zeit damit, mit verschiedenen Bands zu arbeiten und in Europa zu reisen (manchmal mit Barrett), bevor er Ende 1969 vom Schlagzeuger Nick Mason gebeten wurde, sich Pink Floyd anzuschließen. Der ursprüngliche Plan war anscheinend, mit Syd Barrett als Mitglied von Pink Floyd fortzufahren, aber seine ständig zunehmenden persönlichen Probleme machten es der Gruppe schwer, und er wurde schließlich durch Gilmour als Leadgitarrist und Sänger ersetzt, der diese letztgenannte Rolle zeitweise mit Waters teilte.

Die Gruppe erzielte in den 1970er Jahren enorme kommerzielle Erfolge, vor allem mit ihren Konzeptalben The Dark Side of the Moon, Wish You Were Here und The Wall. Diese Alben zählen zu den besten und durch ihren Erfolg wurde Pink Floyd zu einer der weltweit größten Konzertattraktionen, die oft mit aufwändigen Bühnenbildern und Produktionen aufwarteten. Ende der 1970er Jahre begann Gilmour, der sich innerhalb von Pink Floyd kreativ frustriert fühlte, Solomaterial zu schreiben, das in seinem Debüt-Soloalbum David Gilmour (1978) gipfelte.

Trotz ihrer großen Erfolge in den 1970er Jahren litten die Mitglieder von Pink Floyd in den 1980er und frühen 1990er Jahren unter kreativen und persönlichen Unterschieden. Dies wirkte sich auf ihre musikalische Leistung aus, obwohl sie immer noch eine Reihe von hochwertigen Alben produzierten. 1995 machten sie eine längere Pause von der Aufnahme und Tournee bis 2005, als sie für Live 8 kurzzeitig wieder zusammenfanden.

Gilmour hat weiterhin Solomaterial aufgenommen, obwohl der tragische Tod des Pink Floyd-Keyboarder Richard Wright im Jahr 2008 wahrscheinlich bedeutet, dass es keine weiteren Pink Floyd-Aufnahmen oder Tourneen geben wird. Gilmour verfolgt weiterhin seine eigene Karriere, arbeitet als gelegentlicher Sideman und produziert andere Musikkünstler.

David Gilmours Spielstil ist ökonomisch und fast kompositorischer Natur mit ausgeprägten und einprägsamen Melodien in seinem Lead-Gitarrenwerk. Er verwendet hauptsächlich Pentatonik- und Blues-Tonleitern, verwendet aber gelegentlich modale Sounds, die von der Stimmung des Songs abhängen. Er bevorzugt dramatische Saitenbends, um seinen Soli Farbe und Dramatik zu verleihen, und verwendet oft große Intervallbends mit großer Wirkung. Sein Vibrato ist unverwechselbar mit einer stimmlichen Qualität.

Gilmour steht seit langem mit der Fender Stratocaster in Verbindung, obwohl er auch andere Modelle wie die Telecaster verwendet hat. Er hat Pedal Steel Gitarren auf einer Reihe von Alben mit großem Erfolg eingesetzt.

Seine ätherischen Töne mit Pink Floyd sind für viele moderne Gitarristen zu einem klanglichen Maßstab geworden, wenn es um den kreativen Einsatz von Effekten geht. Viele seiner berühmtesten Aufnahmen zeigen den Einsatz von Univibes, Phasenschiebern und Fuzz-Einheiten. Besonders bemerkenswert ist sein Einsatz von analogen und digitalen Delay-Einheiten, die er in vielen bekannten Pink Floyd-Kompositionen kreativ eingesetzt hat, die oft rhythmisch dem Tempo des Songs angepasst sind, z.B. Run Like Hell.

Im Gegensatz zu anderen Gitarristen seiner Generation hat Gilmour im Allgemeinen auf Marshall-Verstärker verzichtet und bevorzugt Marken wie Hiwatt und Fender, was ihm einen besonders klaren und durchdringenden Gitarrenklang verleiht, der noch immer stark kopiert wird.

Hörempfehlung

Pink Floyd – Dark Side of the Moon

Pink Floyd – Wish You Were Here

Pink Floyd – Animals

Pink Floyd – The Wall

Der erste Lick sieht auf dem Papier kompliziert aus, macht aber viel Sinn, wenn man ihn hört. Verwende entweder deinen dritten Finger oder den dritten und vierten Finger zusammen für die Doppelgriffe und deinen dritten Finger für die Bends am 15. Bund. Vibratos auf Bends sind nie eine leicht zu beherrschende Fähigkeit: Sobald du den Bend auf die richtige Tonhöhe gebracht hast, ist die Idee, den Bend leicht loszulassen, bevor du die Saite wiederholt auf die Tonhöhe zurückführst. Definitiv etwas, woran du separat arbeiten solltest.

Beispiel 3a:

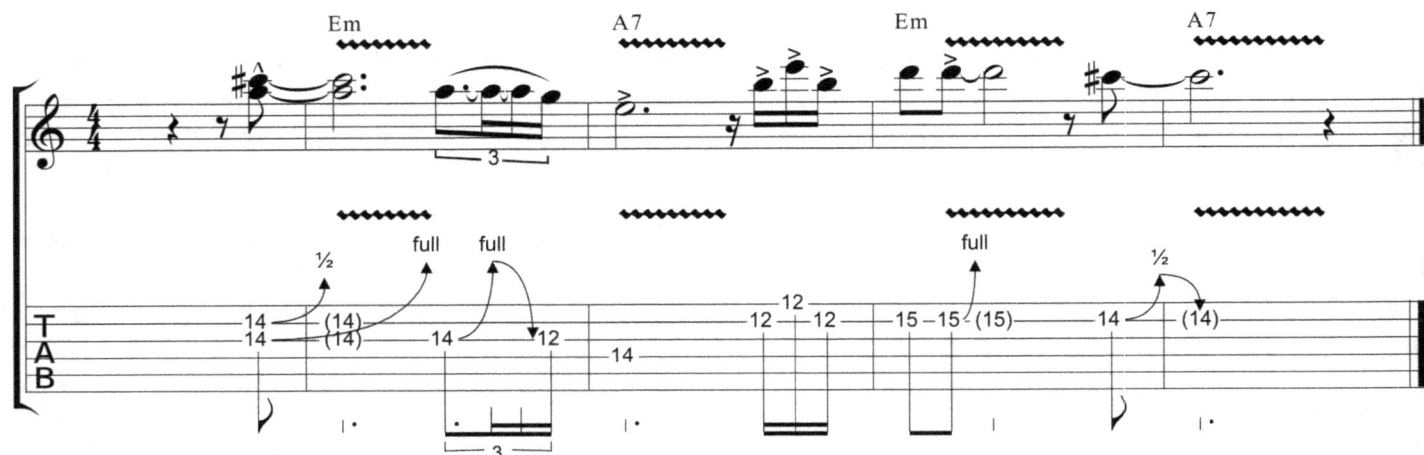

Du wirst wahrscheinlich etwas Sustain an deiner Gitarre brauchen, um es durch den Takt Zwei des nächsten Beispiels zu schaffen. Versuche, deiner Signalkette ein wenig Kompression und auch etwas Reverb hinzuzufügen. Auch hier ist es am besten, diese Art von Linie zuerst anzuhören, bevor du dich mit Hilfe der Notation daran versuchst. Versuche nicht, sie ohne Bezugnahme durchzulesen.

Der Lick ist größtenteils aus der e-Moll-Pentatonik-Tonleiter aufgebaut und verfügt über mehrere Doppelstufen (nicht anders als Angus Youngs Spiel), aber man hört, wie unterschiedlich dieser Lick im Vergleich dazu klingt. Das Vibrato auf dem letzten Doppelstopp ist trügerisch knifflig, ebenso wie die Phrasierung des zweiten vollen Taktes. Du kannst experimentieren, indem du deinen dritten und vierten Finger für einige der Doppelgriffe zusammen verwendest, um maximale Kontrolle zu haben.

Beispiel 3b:

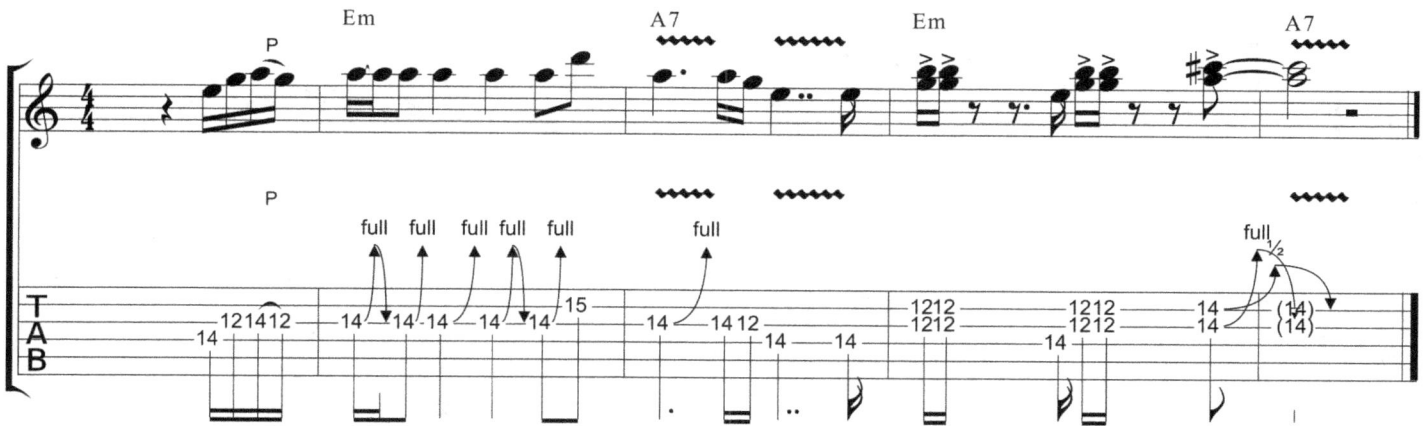

Der Bend von Moll zur Dur-Quinte scheint eine ungewöhnliche Notenwahl in der Molltonart zu sein, aber Gilmour nutzt sie oft effektiv, wie im letzten Takt des nächsten Beispiels zu sehen ist. Du kannst mit der Griffweise der letzten beiden Töne des ersten Taktes experimentieren, da der Sprung vom 12. zum 17. Bund zunächst schwierig zu greifen sein könnte, besonders vor dem eineinhalbfachen Bend im zweiten Takt.

Zerlege jede Mini-Phrase, bevor du sie wieder zusammenfügst.

Beispiel 3c:

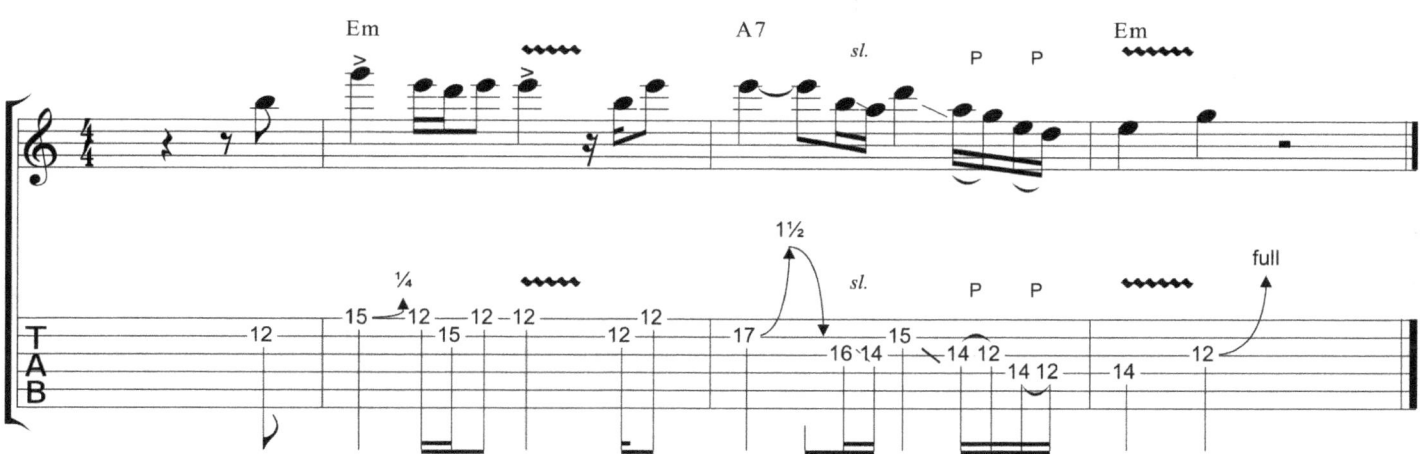

Beispiel 3d ist definitiv eine Phrase mit Wurzeln im Spiel von Jimi Hendrix und Stevie Ray Vaughan. Wenn man sie beschleunigt und mit etwas zusätzlichem Overdrive spielt, wäre sie direkt in Voodoo Child (Slight Return) zu Hause. Es ist einfach e-Moll-Pentatonik mit einer unerwarteten Auflösung in Takt Drei. Überstürze die Phrase nicht und versuche, akkurat mit der Rhythmusgruppe auf dem Backing-Track mitzuspielen.

Beispiel 3d:

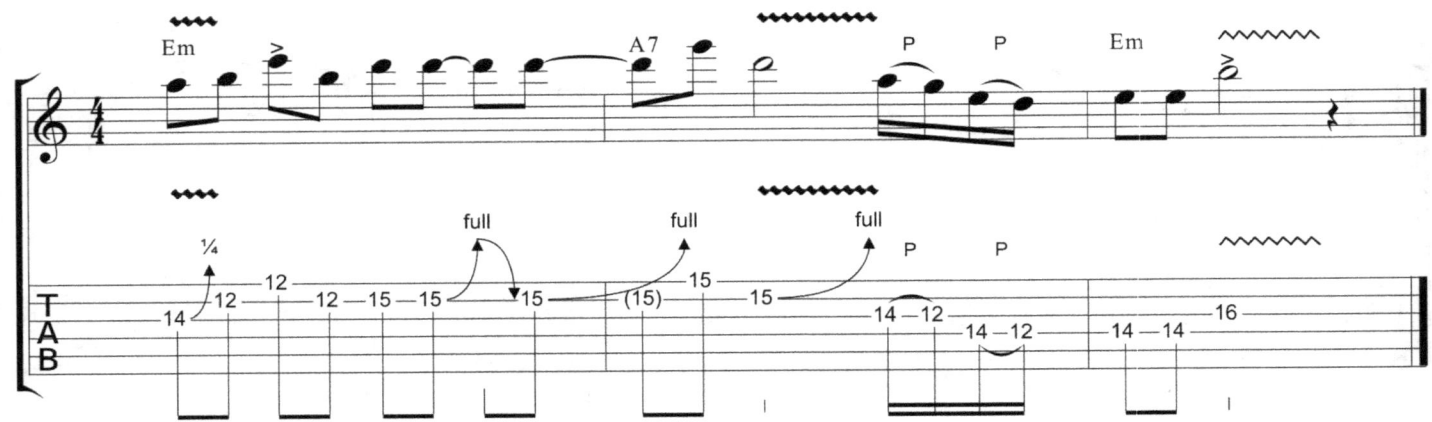

Beispiel 3e: Der letzte Gilmour-Lick sieht auf dem Papier rhythmisch komplex aus, aber durch den verzögerten Start und die clevere Formulierung wird er nie überfüllt. Die Doppelgriffe sind akzentuiert, aber die einreihigen Licks sollten so sanft wie möglich gespielt werden. Höre dir die Phrasierung der Bend- und Pull-off-Phrase am Ende von Takt Zwei an; wähle nur die erste Note auf jeder Saite. Sei auf den plötzlichen Zwei-Saiten-Sprung in Takt Drei vorbereitet und stelle sicher, dass du den letzten Bend genau triffst, da jede schlechte Intonation nicht zu überhören ist.

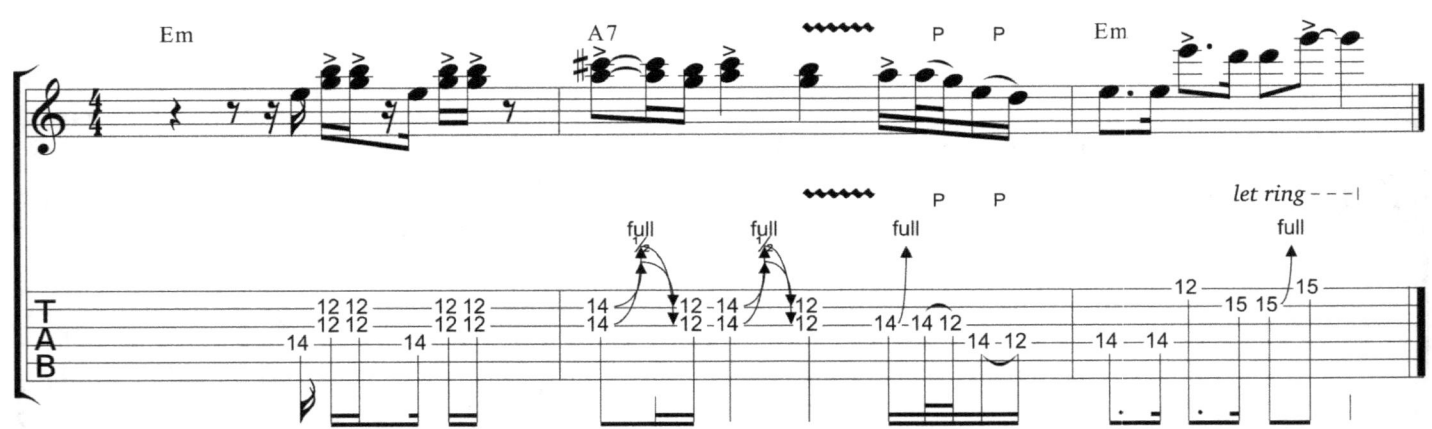

Billy Gibbons

William Frederick Billy Gibbons, 1949 in Houston, Texas, geboren, wuchs durch den Einfluss seines Vaters, eines erfolgreichen Orchesterleiters, Entertainers und Pianisten, in einem musikalischen Umfeld auf. Gibbons wurde ermutigt, Musik zu studieren, und er begann seine musikalische Reise als Perkussionist, wobei er an einem Punkt sogar Unterricht beim beliebten Latin-Perkussionisten Tito Puente in New York erhielt.

In seinen mittleren Teenager-Jahren erhielt Gibbons seine erste E-Gitarre und entwickelte, inspiriert von der Bluesmusik, schnell seine Fähigkeiten auf dem Instrument. Während seines Studiums an der Kunsthochschule in Kalifornien begann er mit lokalen Bands zu arbeiten, bevor er The Moving Sidewalks gründete. Diese Band erzielte einige kommerzielle Erfolge, vor allem dank ihres Support-Slots mit der Jimi Hendrix Experience auf ihrer ersten US-Tournee. Hendrix war Berichten zufolge beeindruckt von Gibbons' Gitarrenspiel und beglückwünschte ihn in zwei beliebten Fernsehsendungen dieser Zeit.

1969 gründete Gibbons ZZ Top mit dem Bassisten Dusty Hill und dem Schlagzeuger Frank Beard. Dies ist das Trio, mit dem er am häufigsten in Verbindung gebracht wird, und sie veröffentlichten ihr erstes Album 1971. Durch die erfolgreiche Verschmelzung von Blues- und Rock-Elementen bauten sie durch intensives Touring und Recording eine begeisterte Fangemeinde auf, bevor sie in den späten 1970er Jahren eine längere Pause einlegten, um teilweise einen Plattenvertrag neu zu verhandeln. Zu diesem Zeitpunkt waren Gibbons' Spiel und Songwriting zu einem unverwechselbaren texanischen Rock/Blues-Stil gereift, der zusammen mit dem Bild der Band von langen Bärten und breitkrempigen Hüten ZZ Top eine beachtliche Fangemeinde bescherte.

Mit der Veröffentlichung ihres Eliminator-Albums Anfang der 1980er Jahre gelang es ZZ Top schließlich, internationale Erfolge zu erzielen. Dies führte zu mehreren erfolgreichen Hit-Singles und ermutigte die Gruppe, das neue Musikvideo-Format und den MTV-Musikkanal zu nutzen. Die Gruppe wechselte auch von ihrem traditionellen Power-Trio-Sound zu einem stärker integrierten Synthesizer. Dies erwies sich als kluger Schritt im kommerziellen Bereich und brachte bemerkenswerten Erfolg für alle ihre Alben der 80er Jahre.

Mitte bis Ende der 90er Jahre kehrten ZZ Top zu ihren Blues-Rock-Wurzeln zurück, ließen die Synthesizer fallen und passten ihren Sound wieder einem organischeren Rock-Stil an. Bis heute hat die Band 15 Alben veröffentlicht und tritt immer noch regelmäßig auf. Gibbons hat im Laufe der Jahre mit vielen Musikern zusammengearbeitet und war auch in der Fox TV-Serie Bones als Schauspieler zu sehen.

Gibbons' Spielstil ist unverwechselbar, häufig mit Blues- und Pentatonischen Tonleitern, gespielt mit markanten Effekten wie gezwickten Harmonien, die er mit seiner zupfenden Hand kreiert. Als Meister der Dramaturgie und Intensität mit nur wenigen Noten sind seine Soli melodisch und verfügen über Doppelgriffe. Er nutzt auch die rhythmische Synkopierung mit großer Wirkung.

Gibbons hat im Laufe der Jahre einige ziemlich extravagante, maßgeschneiderte Instrumente gespielt, ist aber vor allem für seine Beziehung zu Gibson Les Paul Gitarren bekannt. Gibson veröffentlichte ein charakteristisches Pearly Gates-Modell für Gibbons, das er unterstützt und spielt. Er hat auch andere Gitarren wie Fender Telecasters und einige Gretsch-Modelle verwendet.

Er bevorzugt klassische Röhrenverstärker wie Marshalls und verwendet minimale Effekte, wobei er die meisten seiner charakteristischen Töne direkt aus der Gitarre und der Verstärkerkombination erzeugt.

Hörempfehlung

ZZ Top – Tres Hombres

ZZ Top – Eliminator

ZZ Top – Afterburner

ZZ Top – El Loco

Der erste Lick könnte leicht für ein eigenständiges Riff durchgehen, wenn nicht all die eingeklemmten Obertöne den Mix durchziehen würden. Diese sind ein großer Teil des Stils von Billy Gibbons und man wird sie während seines gesamten Spiels hören. Um einen zu erstellen, versuche, den Nagel, das Daumenfleisch zu fangen und gleichzeitig die Saite zu zupfen. Du kannst verschiedene Tonhöhen erzeugen, indem du die Saite an verschiedenen Positionen entlang ihrer Länge zupfst.

Achte auf die gleiche Note, die an verschiedenen Stellen in Takt Zwei gespielt wird. Dies erzeugt eine interessante Dynamik und Textur über die gesamte Linie. Bends so tief am Hals können eine Herausforderung sein, also isoliere alles, was nicht ganz im Einklang klingt, und arbeite daran, bis es perfekt ist.

Beispiel 4a:

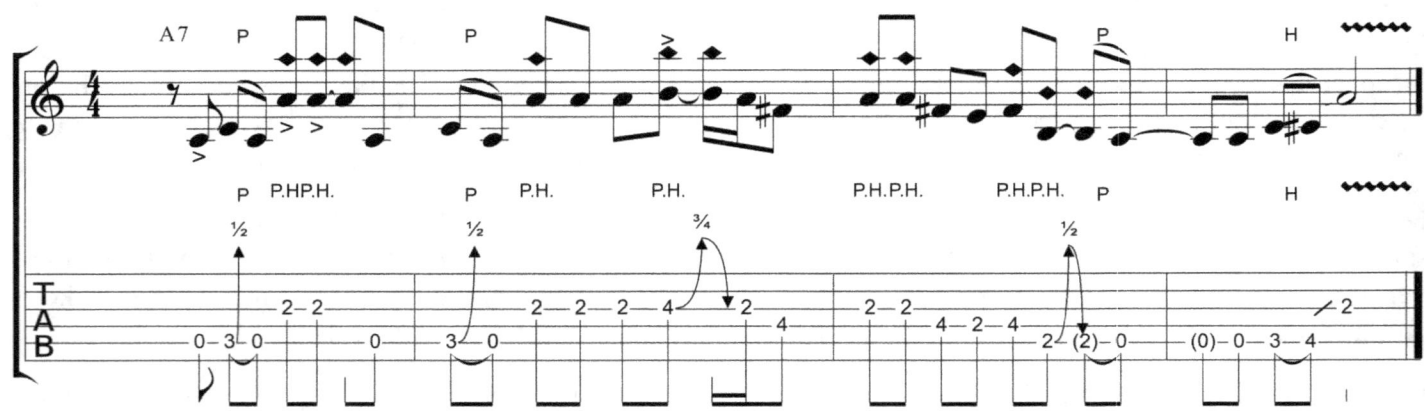

Dieser nächste Lick ist ziemlich repetitiv und wird mit Gibbons' Signatur gespielt, die die Phrasierung der 1/8-Note steuert. Er entsteht, indem man die gleiche Form den Hals hinaufzieht, um eine bluesige Note zu erhalten. Achte besonders auf die Slides und Phrasierungsindikatoren, da solche Linien mit der richtigen Art von Dynamik wirklich lebendig werden.

Bei den Zwei-Noten-Paaren wird ein schweres Vibrato verwendet, so dass es eine Herausforderung sein kann, jede Tonhöhe getrennt zu halten, aber es ist die Mühe wert.

Beispiel 4b:

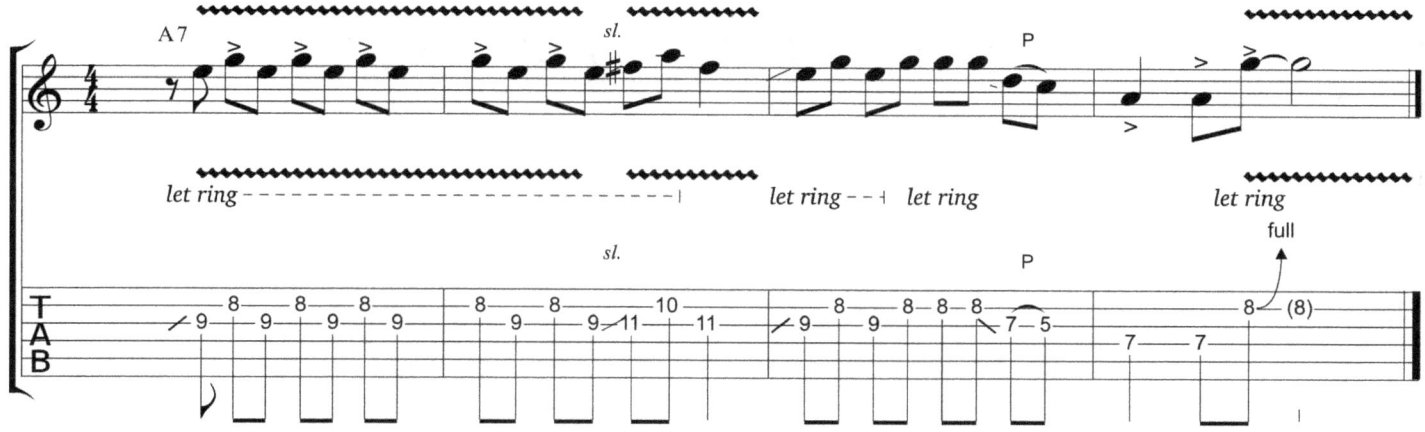

Beispiel 4c beginnt mit einer weiteren gezwickten harmonischen Idee, die auf einer sich wiederholenden Moll-Pentatonik basiert. Achte besonders auf die Tonstufenabstände der einzelnen Bends. Beachte die Verwendung der absteigenden Blues-Tonleiter-Sequenz entlang der A-Saite in Takt Drei, bevor du mit einem weiteren markanten Blues-Curl im letzten Takt beginnst.

Beispiel 4c:

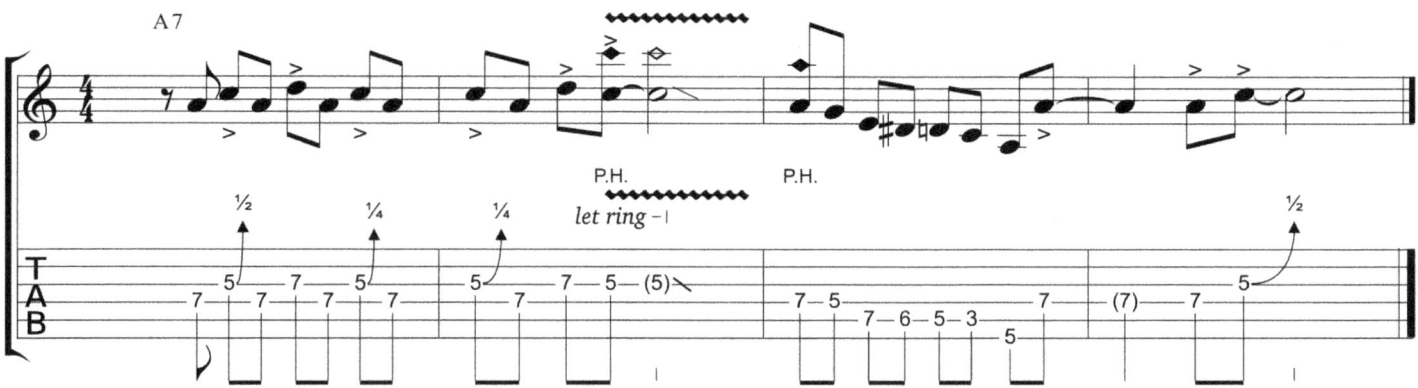

Der folgende Lick ist wieder auf Doppelgriffe aufgebaut und verwendet Noten auf der gleichen Tonhöhe, die an verschiedenen Orten gespielt werden – ein klassischer Blues-Move. Beachte, dass der erste Doppelgriff kurz vor dem Beginn des Taktes für einen bluesigen rhythmischen Schub gespielt wird. Takt Zwei bewegt sich kurz nach oben in die zweite Position der a-Moll-Pentatonik, also bereite dich auf diese Verlagerung der Finger vor, ohne den rhythmischen Antrieb der Phrase zu verlieren.

Beispiel 4d:

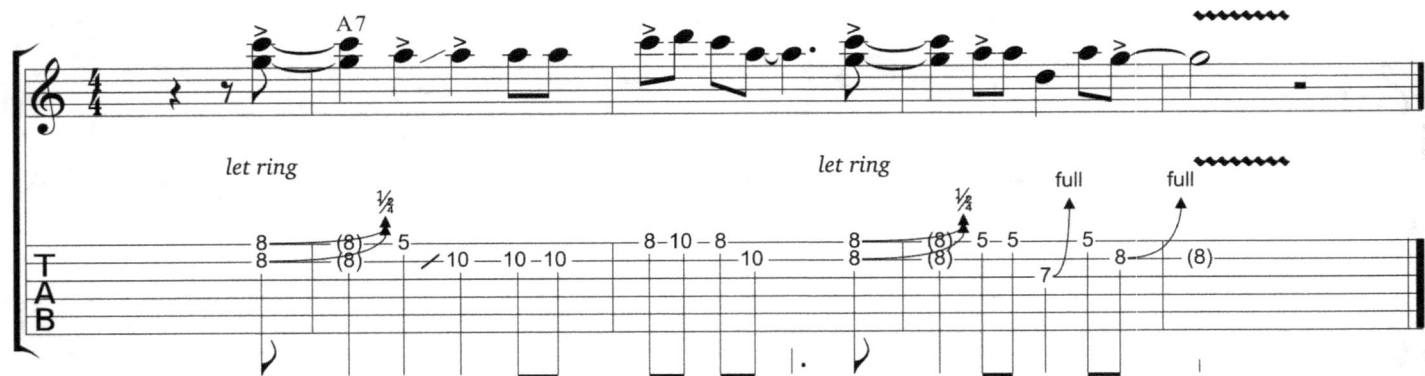

Auch hier werden in Beispiel 4e bluesige Bends und gezwickte Obertöne verwendet, aber diesmal kombiniert mit offenen Saiten für eine absteigende Linie, die nie zu enden scheint. Achte besonders auf die verschiedenen Pull-offs und die faule Phrasierung dieses stilistischen Gibbons-Licks. Achte auch auf die zusätzliche C#-Note in Takt Zwei (Schlag 3), die der Linie einen fast mixolydischen Geschmack verleiht.

Beispiel 4e:

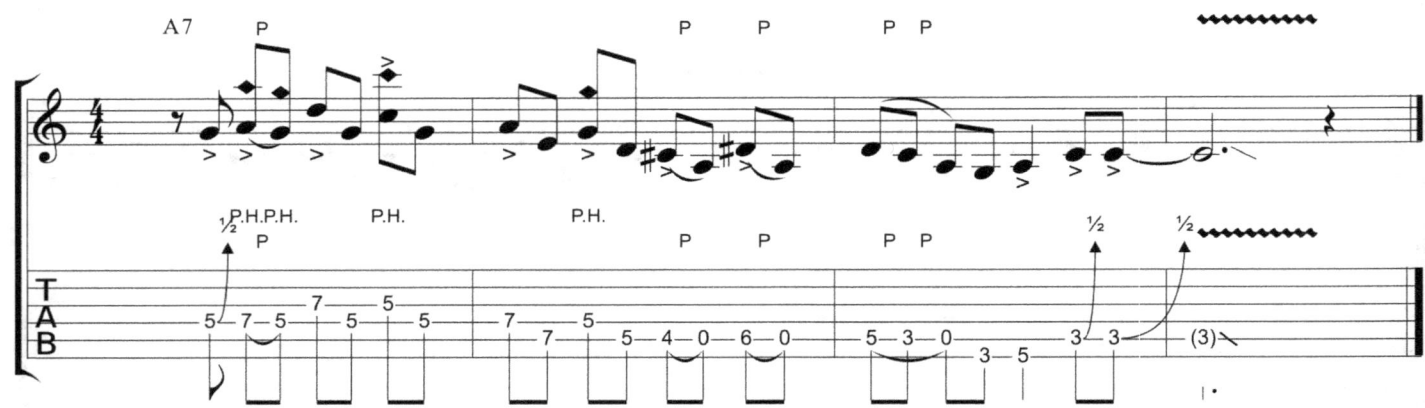

Brian May

Brian Harold May wurde 1947 in London, England, geboren und ist vor allem als Leadgitarrist der Rockgruppe Queen bekannt. Er gründete seine erste Band bereits während der Schulzeit, entschied sich aber dafür, Physik und Mathematik an der Universität zu studieren, anstatt eine Vollzeitmusikkarriere zu verfolgen. May gründete 1968 die Band Smile, wo er mit Roger Taylor (dem Schlagzeuger von Queen) auftrat. Als sich die Gruppe 1970 schließlich auflöste, gründete May mit Taylor die Gruppe Queen und fügte schließlich Sänger Freddie Mercury und Bassisten John Deacon hinzu.

May war ein bedeutender Komponist und Arrangeur innerhalb von Queen, und nachdem ihr Debütalbum 1973 veröffentlicht wurde, erwarb sich die Gruppe einen Ruf für ihren einzigartigen Sound, der progressive Rock-Stile mit komplizierten Arrangements und dramatischen Gesangsharmonien verband. Aufnahmen wie Sheer Heart Attack und A Night at the Opera trugen dazu bei, Queens Ruf als eine der unverwechselbarsten Gruppen zu festigen, die seit Jahren aus Großbritannien auftauchten, und bis Mitte der späten 1970er Jahre waren sie eine große Konzertattraktion. Ihre bahnbrechende Single Bohemian Rhapsody (aus dem Album A Night at the Opera) enthielt aufwändige Produktions- und Opern-Vokalharmonien und wurde von dem ersten Promotion-Musikvideo in voller Länge begleitet.

Anfang der 1980er Jahre war Queen eine der weltweit meistverkauften Rockbands mit einer Reihe von sehr erfolgreichen Alben und Singles hinter ihnen. Sie traten 1985 mit großem Erfolg bei Live Aid auf und tourten und nahmen weiter auf, bis sich herausstellte, dass der Sänger Freddie Mercury (an AIDS erkrankt) zunehmend krank wurde. Mercury starb leider 1991 und hinterließ die Band traurig über den Verlust ihres dynamischen Frontmanns. May gründete kurz darauf die Brian May Band, um seine Aufführungs- und Aufnahmearbeit fortzusetzen.

Mays Arbeit nach Queen umfasst Soloprojekte und Musikproduktion mit vielen zeitgenössischen Künstlern und verschiedene Kooperationen mit den überlebenden Mitgliedern von Queen. Eine solche Zusammenarbeit war mit dem ehemaligen freien Sänger Paul Rodgers, und in den letzten Jahren haben May und Roger Taylor auch erfolgreich mit dem Sänger Adam Lambert zusammengearbeitet.

Der Gitarrenstil von Brian May ist in vielerlei Hinsicht einzigartig. Als exzellenter traditioneller Rockgitarrist zeichnet er sich auch durch die Bearbeitung mehrerer Gitarrenparts aus, die oft über Multi-Tracking harmonisiert werden. Viele seiner berühmtesten Soli sind integraler Bestandteil des Songs und extrem melodisch. Neben den typischen Blues- und Pentatonik-Tonleitern, die von den meisten Rockgitarristen bevorzugt werden, verwendet May auch modale Ideen und exotischere Sounds wie die Harmonic Minor-Tonleiter. Er spielt mit beträchtlicher technischer Kontrolle und Geschwindigkeit (aber nie zum Nachteil des Songs) und ist geschickt in Techniken wie Saiten-Bending und Vibrato. Darüber hinaus ist seine Fähigkeit, den Gitarrenstil zwischen verschiedenen Songs radikal zu wechseln, von anderen Gitarristen selten erreicht worden. Sein Spiel ist unabhängig von der Musiksprache, in der er spielt, sofort erkennbar.

Die Gitarre, mit der May am engsten in Verbindung gebracht wird, ist eine, die er zusammen mit seinem Vater baute und die aus recyceltem Holz und Metallkomponenten aus seinem Elternhaus hergestellt wurde. Der Bau dauerte anscheinend zwei Jahre (zwischen 1963 und 1965) und ist hauptsächlich aus Holz gebaut, das aus einem alten Kaminsims und Tisch stammt. Sie verfügt über drei Single Coil Pickups, obwohl mit umgekehrter Polarität verdrahtet. Dieser unverwechselbare Klang ist auf den meisten seiner Aufnahmen zu hören. Diese Gitarre wurde von verschiedenen Gitarrenbauern nachgebaut und ist nun über Brian May Guitars als exakte Nachbildung erhältlich.

Brian May verwendet fast ausschließlich Vox-Verstärker und bevorzugt das legendäre AC30-Modell, um seinen unverwechselbaren Sound zu erzeugen. Er steuert die meisten tonalen Änderungen direkt von seiner Gitarre aus über die verschiedenen Pickup-Konfigurationen, die verfügbar sind, verwendet aber einen Höhenverstärker, um seinem Sound mehr Verstärkung und Sustain zu verleihen. May gilt mit seinem einzigartigen Einsatz von Delay-Effekten als Innovator, und Tracks wie Brighton Rock zeigen seinen kreativen Umgang mit diesen, um reichhaltige Gitarrenharmonien zu erzeugen.

Hörempfehlung

Queen – A Night at the Opera

Queen – A Day at the Races

Queen – Innuendo

Brian May Band – Live at the Brixton Academy

Das erste Beispiel beginnt mit einigen dramatischen Bends und einem klassischen Vibrato im May-Stil, bevor es in D-Dorisch in einen schnell absteigenden Run übergeht. Achte in den Takten Eins und Zwei auf die Slides aus jeder Note, um einen authentischen Brian May-Ansatz zu finden.

Ziele in Takt Drei darauf ab, die erste Note jedes Schläge auf den Klick zu bekommen und alles andere sollte an seinem Platz sein. Verwende deinen Finger, um den 14. Bund auf der G-Saite in Takt Drei zu spielen, und du wirst es einfacher finden, den Hals hinunterzusteigen.

Beispiel 5a:

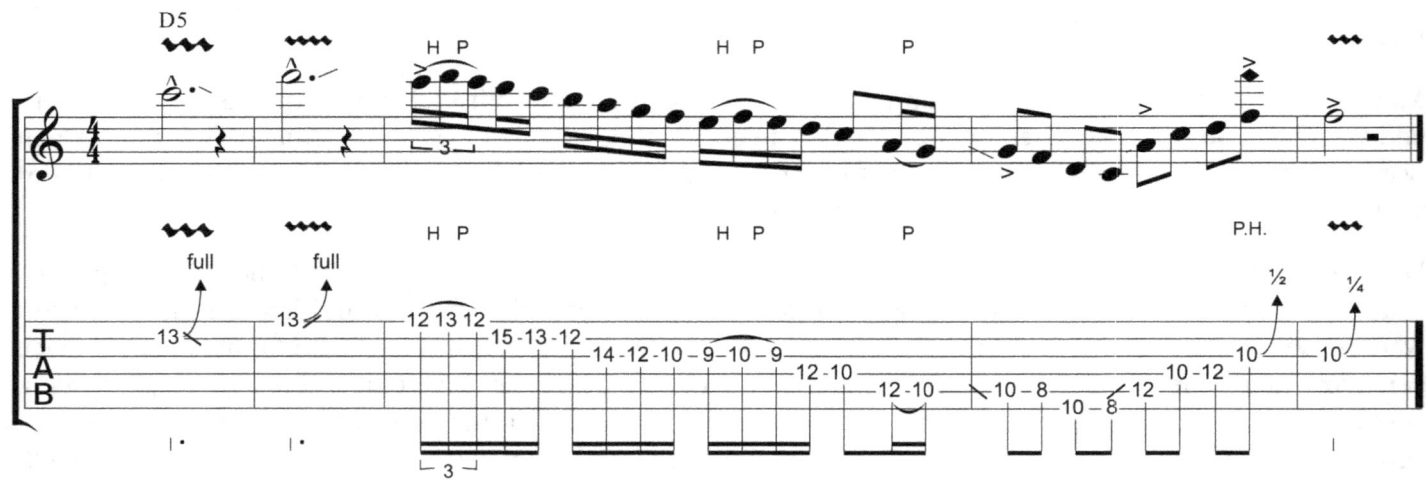

Der nächste Lick beginnt mit einem ähnlich gehaltenen Bend, folgt aber mit einigen einzigartig zeitgesteuerten Hochregister-Bends nach einem Sliden in den 10. Bund von der offenen D-Saite aus … Ein weiterer Brian May-Signatur-Move. Stelle sicher, dass du deine Finger für den Bend am 14. Bund danach in Position bringst.

Die Fokuspunkte in dieser Linie sind leicht synkopiert, also spiele mit der Audiospur, bis du sie genau wiedergeben kannst.

Beispiel 5b:

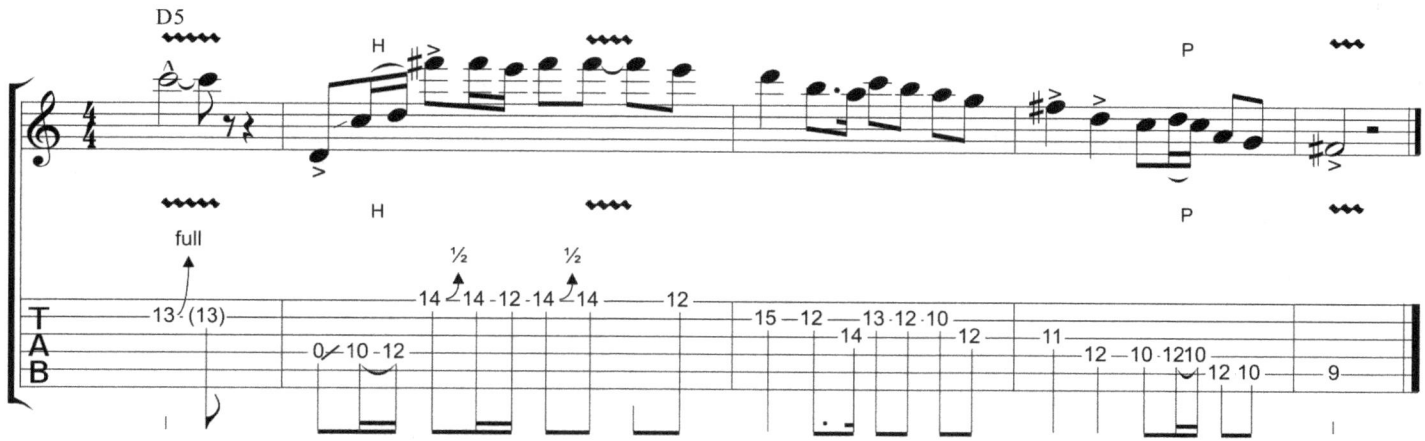

Beispiel 5c beginnt mit einem mit der Handfläche gedämpften aufsteigenden Skalenlauf unter Verwendung der D Mixolydischen Tonleiter. Auch hier ist die rhythmische Phrasierung etwas lose, also versuche, dich mit dem Audiobeispiel vertraut zu machen. Die zweite Hälfte des Licks besteht aus sechs wiederholten Bends auf der 15. Bund hohen E-Saite.

Das bewusste F# kurz vor dem letzten Takt sticht wirklich als helle Notenwahl hervor. Da hast du es; eine aufsteigende Tonleiter, die mit tollem Timing und einigen dramatischen, sich wiederholenden Bends gespielt wird ... Rockgitarre muss nicht komplex sein, manchmal reicht schon der kreative Einsatz einfacher musikalischer Werkzeuge, um Geschichte zu schreiben.

Beispiel 5c:

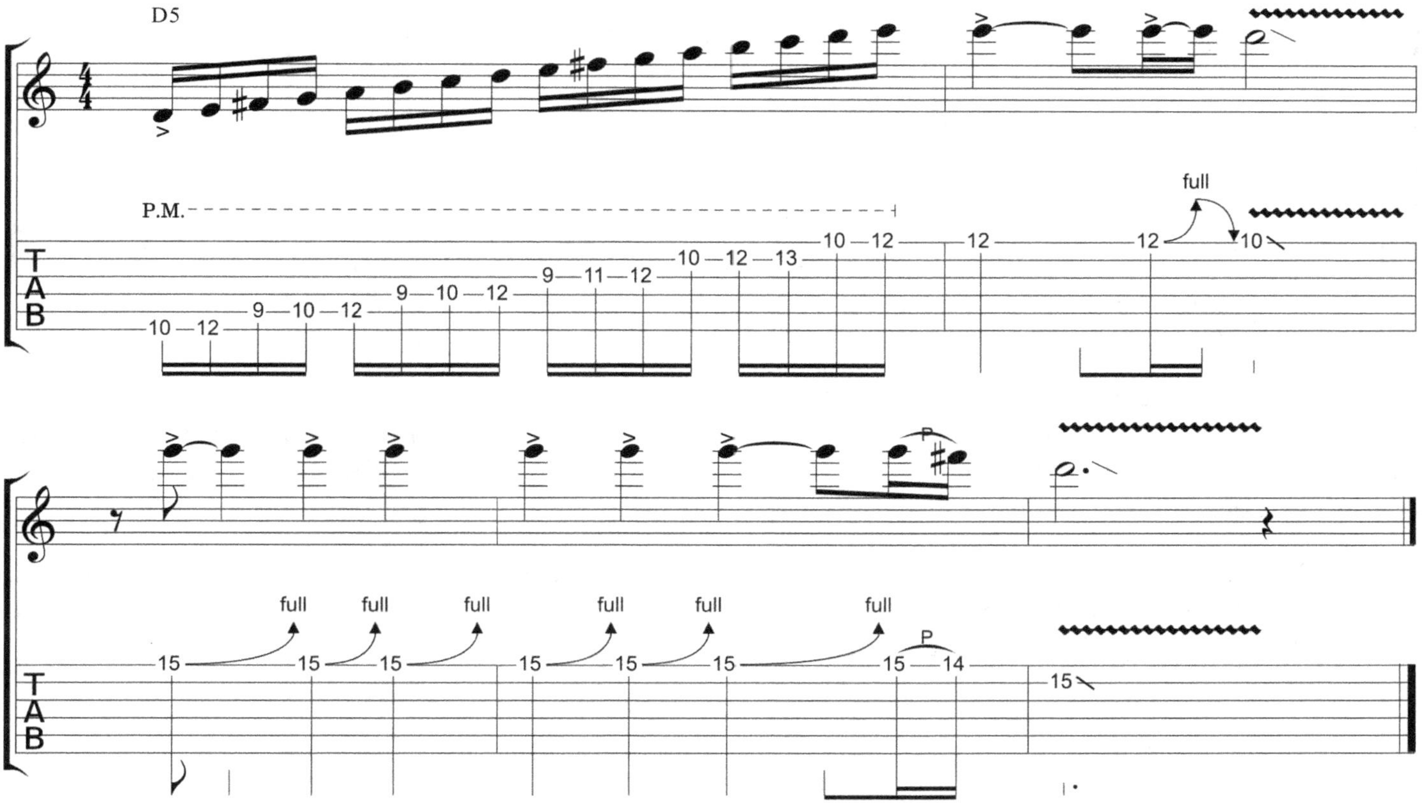

Diese Linie, die ihre Autorität mit einem schwer akzentuierten Powerchord auszeichnet, verwandelt sich schnell in eine flüssige, repetitive Phrase, die an Jimmy Pages Spiel erinnert. Es ist jedoch charakteristisch für May mit seiner ungewöhnlichen Phrasierung und dem sofort erkennbaren Gefühl. Verwende deinen ersten und dritten Finger in diesen Sätzen.

Der zweite Teil der Phrase steigt auf der D-Blues-Tonleiter ab und du musst einen nahtlosen Positionsshift machen, um den 10. Bund auf der tiefen E-Saite mit dem dritten Finger zu spielen. Achte auch auf die Country gefärbte Bewegung am Ende!

Beispiel 5d:

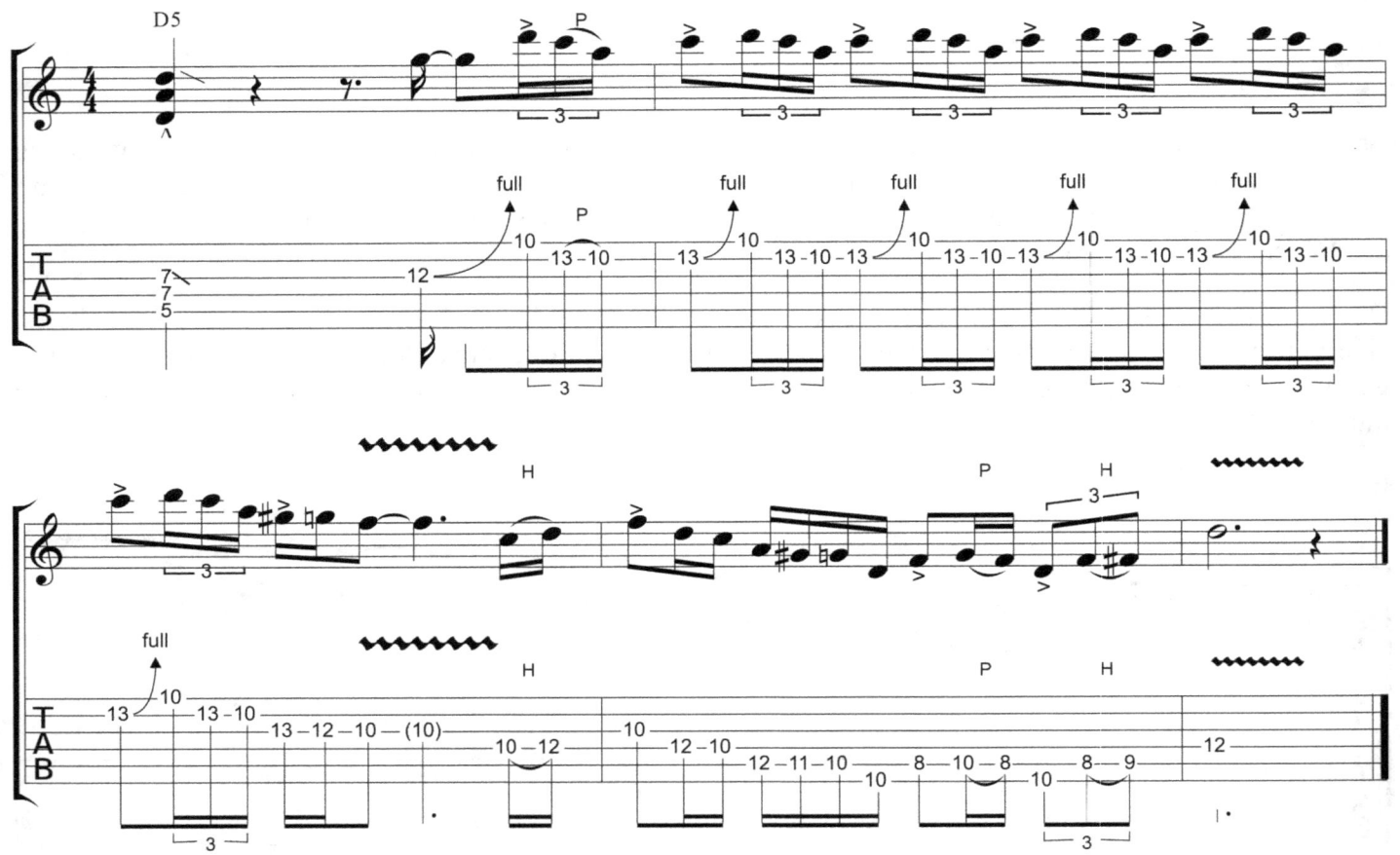

Der letzte Lick verwendet einen Harmonizer auf nur einer Tonhöhe; den Bend in Takt Zwei. Wenn du keinen Harmonizer hast, mach dir keine Sorgen, denn der Lick klingt ohne ihn immer noch toll. Auch hier ist der stampfende Powerchord mit einem nach unten gehenden Slide im Takt Eins ein Brian May Signature Move, der den Rest des Solos einrichtet.

In Takt Drei denk melodisch, da diese Linie die Gesangsmelodie des Queen-Tracks One Vision widerspiegelt. Brian May nutzte oft die Gesangslinien von Freddie Mercury, um seine Soli zu inspirieren und eine unbewusste Verbindung in den Köpfen der Zuschauer herzustellen.

Verwende den Slide im 15. Bund in Takt Vier, um die Position in Form einer d-Moll-Pentatonischen Tonleiter zu verändern.

Beispiel 5e:

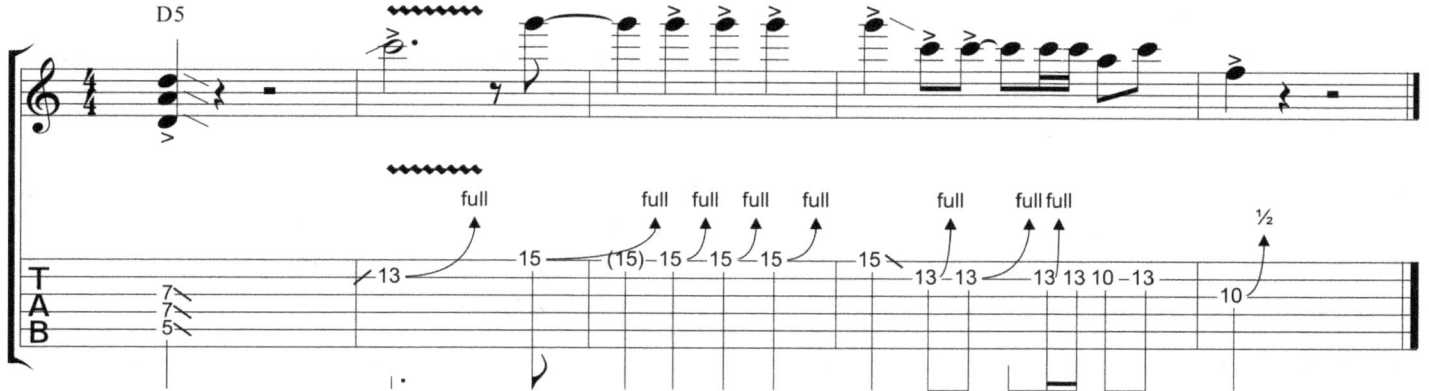

Keith Richards

Keith Richards wurde 1943 in Kent, England, geboren und ist seit mehreren Jahrzehnten für seine Arbeit als Hauptgitarrist und Gründungsmitglied der Rolling Stones bekannt. Obwohl seine Eltern keine Musiker waren, war sein Großvater mütterlicherseits ein Tournee-Gitarrist, und er war es, der Richards' Interesse an der Gitarre weckte und ihm seinen ersten Unterricht gab. Ursprünglich von Jazz-Aufnahmen beeinflusst, entdeckte er bald die frühen Rock and Roll- und Blues-Künstler, die einen großen musikalischen Einfluss auf ihn hatten. Er besuchte die Grundschule mit Mick Jagger (der einige Zeit neben ihm wohnte, bevor er später umzog) und sie erneuerten ihre Freundschaft, als sie sich einige Jahre später wieder trafen und ein gemeinsames Interesse an Rhythm and Bluesmusik entdeckten.

Während seines Studiums am Art College begann Richards in lokalen Bands zu spielen (unter Vernachlässigung seines Kunststudiums) und zog nach London, um eine Wohnung mit Jagger und Brian Jones zu teilen. Nach der Gründung der Rolling Stones unterzeichnete die Gruppe 1963 das Label Decca und gründete damit eine der am längsten laufenden und berühmtesten Gruppen der Rockgeschichte.

Neben den Beatles wurden The Rolling Stones zu einem weltweiten Erfolg, wobei Mick Jagger und Keith Richards die wichtigsten Songwriter der Gruppe wurden, die ihre gemeinsamen musikalischen Einflüsse in einer Mischung aus Rock'n Roll, Rhythm and Blues, Pop, Soul und Country vereinen. Die Band zeigte auch die Gitarren-Talente von Brian Jones, Mick Taylor und schließlich Ronnie Wood.

Die Gruppe erzielte schnell großen kommerziellen Erfolg durch erfolgreiche Single-Veröffentlichungen aus ihren Alben, von denen viele Richards' unverwechselbare Riffs und Akkordfolgen enthielten. Tracks wie Gimme Shelter, I Can't Get No Satisfaction und Start Me Up sind alle klassische Beispiele für Richards' Songwriting und Arrangement.

Hochkarätige Tourneen und Aufnahmen wurden (trotz häufiger interner Reibungen zwischen Richards und Jagger) bis Ende der 1970er Jahre fortgesetzt, als ihre Musikmarke an Popularität verlor. Sie erfanden sich neu, um den sich ändernden musikalischen Zeiten gerecht zu werden, und setzten ihre Aufnahme- und Tourneen in den 1980er Jahren fort, wobei Jagger und Richards auch außerhalb der Gruppe Soloprojekte durchführten.

Die Rolling Stones touren und nehmen weiterhin auf, und Richards behält immer noch die Schreib- und Aufführungsrolle, die er seit Jahrzehnten in der Gruppe inne hat. Richards wurde 1993 in die Songwriters Hall of Fame aufgenommen und veröffentlichte 2010 seine Autobiographie Life.

Richards' Spielstil ist ökonomisch und hauptsächlich bluesbasiert, mit klaren Einflüssen von seinen Helden, wie Chuck Berry. Er spielt selten ausgedehnte Soli mit einzelnen Noten, sondern spielt mit den anderen Musikern der Gruppe. Häufig mit offener G-Stimmung auf seinen Gitarren, seinem cleveren Einsatz von Dreiklängen, pentatonischen Tonleitern und minimalen Akkordstrukturen tritt an die Stelle des offensichtlicheren einsaitigen Rock-Solos. Er setzt auch regelmäßig Doppelgriffe im Chuck Berry-Stil in seinem Spiel ein.

Keith Richards wird am häufigsten mit der Fender Telecaster Gitarre in Verbindung gebracht. Obwohl er auch andere berühmte Gitarren wie Gibson Les Pauls verwendet hat, ist es die Telecaster, die seinen typischen Rolling Stones-Sound verkörpert.

Für Verstärker scheint seine reguläre Wahl Fender-Röhrenkombinationen zu sein, obwohl er im Laufe der Jahre mit verschiedenen Marken experimentiert und mit zwei gleichzeitig gespielten Verstärkern aufgenommen hat. Verschiedene Rolling Stones-Aufnahmen zeigen Richards mit Effektgeräten, aber selten so weit, dass sie den grundlegenden Gitarrensound dominieren. Dazu gehören Fuzz-Einheiten, Phaser und Bandverzögerungseffekte.

Hörempfehlung

Rolling Stones – Beggars Banquet

Rolling Stones – Exile on Main Street

Rolling Stones – Sticky Fingers

Rolling Stones – Tattoo You

Du musst für die ersten beiden Keith Richard Licks auf offene G-Stimmung stimmen. Tief bis hoch ist das D G D G B D. Diese Stimmung wurde von Richards bei vielen Songs verwendet, insbesondere Honky Tonk Woman, Brown Sugar und Start Me Up.

Keith Richards hatte einen extrem rhythmischen Ansatz für seine Leadlines und zog es vor, sich in den Track einzubringen, anstatt im Mittelpunkt zu stehen.

Achte besonders auf das Picking und die Dynamik dieses Licks und halte einen „5-5" Doppelgriff für den gesamten Schlusstakt gedrückt.

Beispiel 6a:

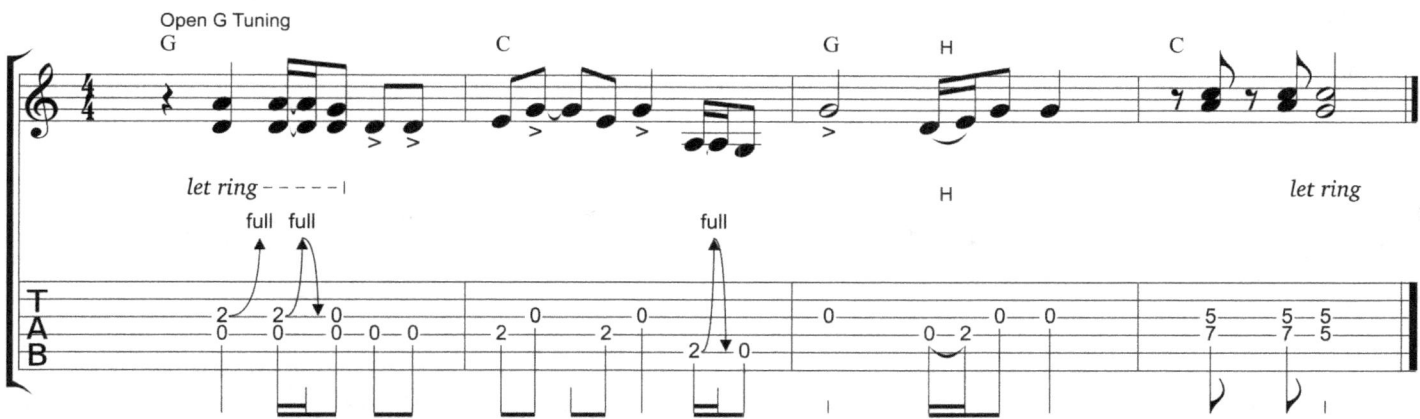

Einfach und doch effektiv. Wieder einmal ist diese Linie in offener G-Stimmung und nutzt den Raum, zusammen mit einer leicht unvorhersehbaren rhythmischen Platzierung, um Interesse zu wecken. Richards ist ein Meister des Hinzufügens von Feinheiten zu einem Track und nicht einer, der als typischer Lead-Gitarrist das Rampenlicht sucht.

Er verleiht dem Ende des Licks ein wenig Helligkeit mit Noten, die sorgfältig aus dem G-Dur-Akkord ausgewählt wurden. Versuche, die Linie so rhythmisch faul wie möglich zu spielen, um den vollen Keef-Effekt zu erzielen!

Beispiel 6b:

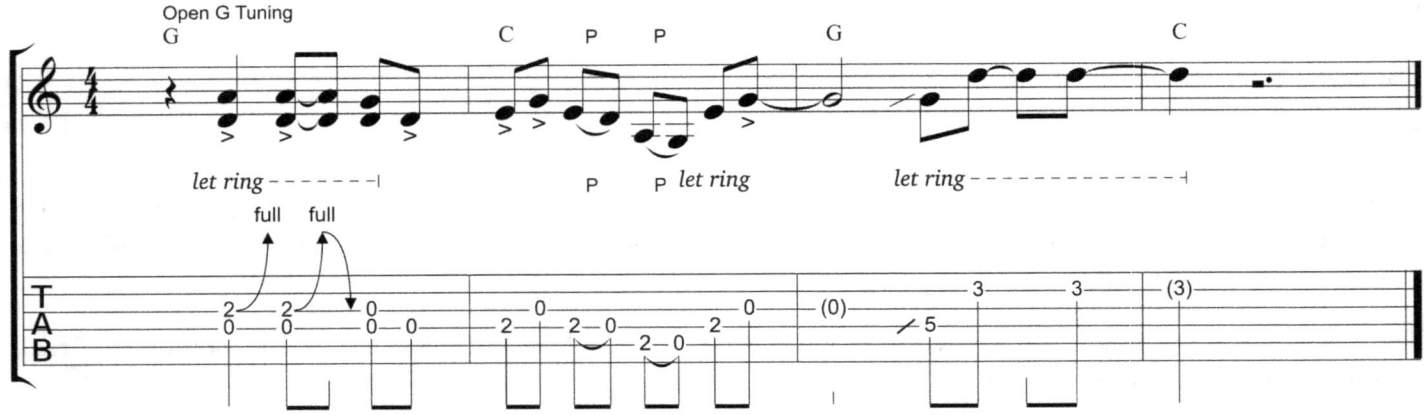

Beispiel 6c führt uns zurück zur Standardabstimmung und zeigt einige typische Chuck Berry-ähnliche Doppelgriffe. Beachte, dass die Doppelgriffe *stakkato* gespielt werden (kurz und distanziert), während jeder Bend klingelt. In Takt Zwei können die Bends mit dem dritten und vierten Finger gespielt werden. Der letzte G-Dur-Akkord in Takt Drei beinhaltet einen bluesigen Hammer-on-Effekt, den du vorsichtig greifen musst.

Beispiel 6c:

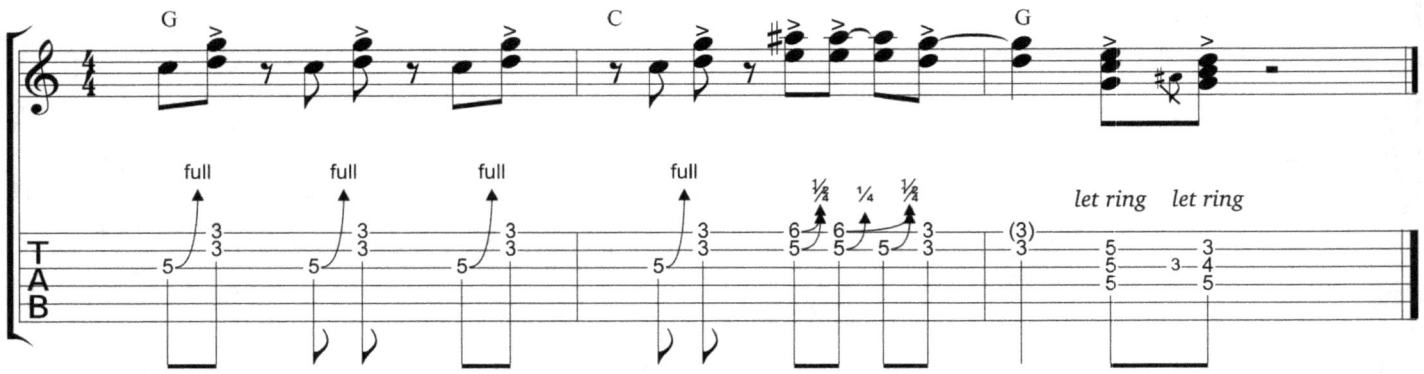

Mehr gebendete Doppelgriffe mit entspannter Phrasierung, die sich perfekt in den Rhythmusteil einfügen, um den Track voranzutreiben. Verwende wieder den dritten und vierten Finger in Takt Eins und den dritten und ersten Finger in Takt Zwei. Achte auch auf die dynamischen Markierungen, um die volle Wirkung der Linie zu erzielen.

Beispiel 6d:

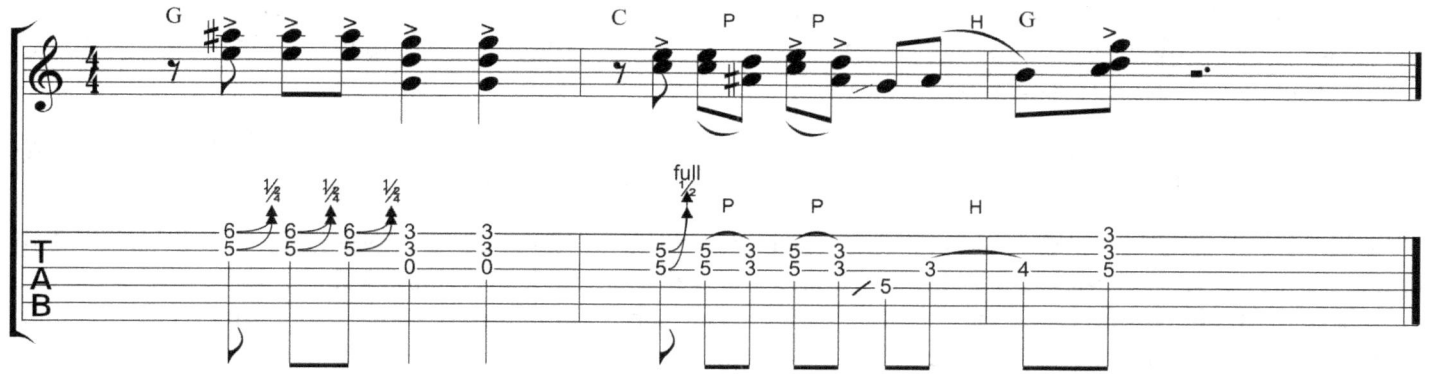

Beispiel 6e ist eher ein traditioneller Solo-Lick. Er erinnert in mancher Hinsicht an eine Lap-Steel-Country-Melodie und bezieht einen Blues-Einfluss des Deep South. Die gesamte Linie basiert auf Intervallen von geslideten Terzen.

Benutze die Finger Zwei und Eins bis zum letzten Schlag von Takt Zwei, dann greife mit Finger Drei und Eins vor dem Hammer-on in Takt Drei.

Beispiel 6e:

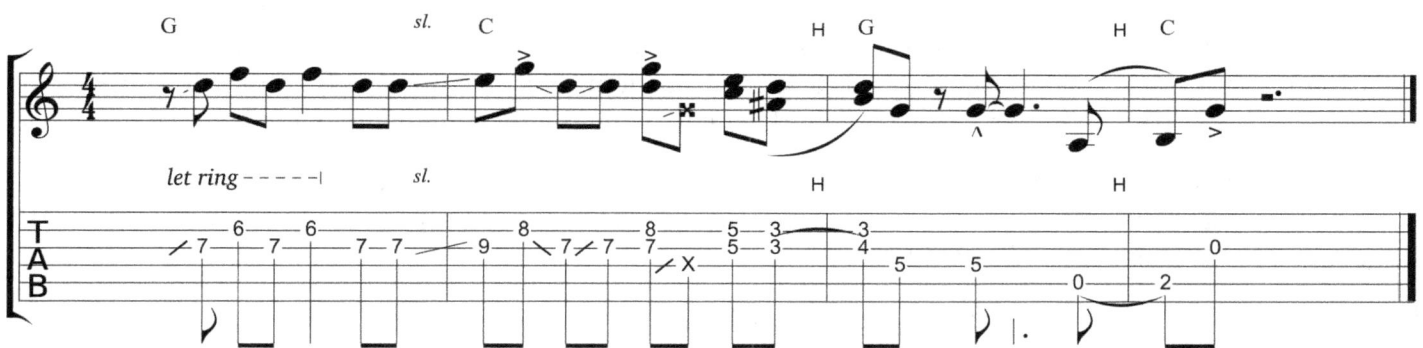

Carlos Santana

Carlos Santana wurde 1947 in Jalisco, Mexiko, geboren, zog aber später mit seiner Familie nach San Francisco. Er begann im überraschend jungen Alter von 5 Jahren mit dem Geigenunterricht und wechselte einige Jahre später unter der Anleitung seines Vaters, der ein Mariachi-Musiker war, zur Gitarre. Sein jüngerer Bruder Jorge wurde ebenfalls professioneller Gitarrist.

Santanas früheste Einflüsse waren populäre Bluesmusiker der 1950er Jahre wie B.B. King, Albert King, T-Bone Walker und John Lee Hooker, und er hörte auch Jazz und Volksmusik.

1966 ergab sich für Santana die Gelegenheit, Fillmore West zu spielen, das vom legendären US-Promotor Bill Graham geleitet wurde. Viele im Publikum bemerkten seine spielerischen Fähigkeiten. So zog seine eigene Gruppe schnell eine große Fangemeinde in der Clubszene von San Francisco an, die 1969 mit einer Einladung zu einem Auftritt in Woodstock endete.

Santanas energischer Auftritt bei Woodstock begann eine lange Karriere für den Gitarristen. Er erregte die Aufmerksamkeit von Columbia Records und seine Gruppe (damals noch Santana Blues Band genannt) unterschrieb anschließend einen Plattenvertrag. Die Band veröffentlichte ihr erstes Album nach dem Woodstock-Auftritt und die Aufmerksamkeit, die sie durch das Spielen auf dem Festival erlangte, trug zu ihrer wachsenden Popularität bei.

Santanas Verschmelzung von lateinamerikanischen Rhythmen und Rockmusik brachte ihm und seiner Gruppe viel Anerkennung, und in den 1970er Jahren veröffentlichte er eine Reihe von Aufnahmen mit einer Vielzahl von verschiedenen Besetzungen. Santana interessierte sich auch für östliche Philosophie und Meditation sowie Jazz-Fusionsmusik, was sich in seinen damaligen Aufnahmen widerspiegelte.

In den 1980er und frühen 1990er Jahren begann Santana, kommerziell verwertbares Material zu produzieren, und trotz eines Rückgangs der Rekordumsätze tourte und nahm die Gruppe weiterhin regelmäßig auf. Ein großer Aufschwung kam 1999, als Santana das erfolgreiche Album Supernatural aufnahm, auf dem neben einer Reihe von Kollaborationsprojekten mit jüngeren Künstlern auch die Hitsingle Smooth mit Rob Thomas zu hören war. Dies war ein großer Erfolg für die Band und Santana kehrte zum kommerziellen Erfolg zurück.

Santana hat seine Formel der musikalischen Zusammenarbeit mit zeitgenössischen Künstlern mit Erfolg fortgesetzt. Er hat auch mit verschiedenen Gründungsmitgliedern seiner Gruppe aufgenommen und bis 2017 insgesamt 24 Studioalben veröffentlicht.

Santanas Spielstil ist hauptsächlich durch lange anhaltende Töne in Verbindung mit schnellen Skaleneffekten gekennzeichnet. In seinen Soli verwendet er hauptsächlich Pentatonik- und Blues-Tonleitern, aber auch exotischere Tonleitern wie die Harmonic Minor. Sein Rhythmuskonzept ist verfeinert und bildet eine perfekte Kombination mit den oft ausgelasteten Drum- und Percussion-Passagen seiner Musik. Er ist ein Meister des Saiten-Bendings und bevorzugt viele der Techniken, die von anderen Rockgitarristen verwendet werden, wie Unisono-Bends, Doppelgriffe und eine singende Vibrato-Technik.

Nachdem er in seiner frühen Karriere eine Vielzahl verschiedener E-Gitarren ausprobiert hatte, darunter die Gibson SG und Gibson Les Paul, blieb er bei der Yamaha SG-Serie, bis er Anfang der 80er Jahre begann, PRS-Gitarren zu verwenden. Das Unternehmen produziert nun ein Santana-Modell nach seinen Vorgaben.

Santana war einer der ersten professionellen Gitarristen, der mit der Mesa Boogie Verstärkerfirma zusammenarbeitete und in den 1970er Jahren erstmals zusammenarbeitete. Mesa Boogies sind satte und komprimiert klingende Verstärker und sind eine tragende Säule seines charakteristischen nachhaltigen Gitarrensounds. Er verwendet einige Effekte wie Wah-Wah und Chorus in seiner Live-Arbeit, aber der Hauptklang, den man von Santana hört, entsteht hauptsächlich durch seine Gitarre und seinen Verstärker.

Hörempfehlung

Santana – Blues for Salvador

Santana – Moonflower

Santana – Abraxas

Santana – Supernatural

Das erste Santana-Beispiel basiert auf der A Natürlich-Moll-Tonleiter für die Takte Eins und Zwei, mit einer kleinen Drehung auf die A Harmonisch-Moll-Tonleiter in Takt Drei, die durch die Ankunft des G# (9. Bund auf der B-Saite) signalisiert wird.

Beginnend in ‚The B.B. Box' (B.B. Kings Lieblingsform der Moll-Pentatonik) benutze deinen ersten Finger für den langsamen Tonhöhen-Bend im zweiten Takt.

Beispiel 7a:

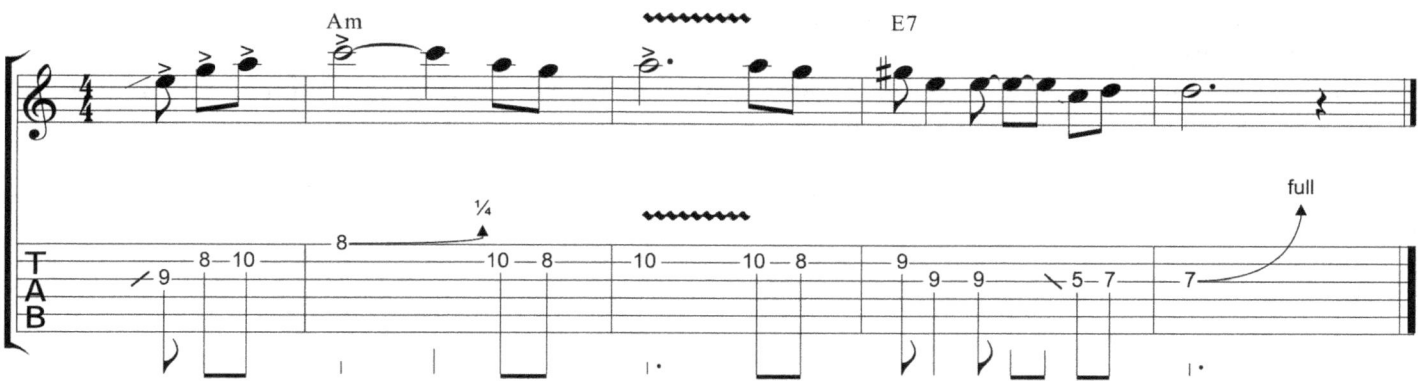

Es gibt ein paar schnelle Positionsverschiebungen in der nächsten Linie, also zögere nicht, sie bei Bedarf neu zu greifen. Verwende im Auftakt-Takt die Finger Eins und Zwei auf den hohen E-Saiten-Noten und tausche schnell deinen zweiten gegen den ersten Finger, um die Hammer-ons in Takt Zwei zu spielen.

Ein weiterer schneller Positionswechsel bringt dich bis zum 12. Bund für eine ungewöhnliche Triolen-Feel-Phrase vor dem Höhepunkt in dem Bend am 13. Bund: typisch für Santanas Spiel. Füge der letzten Note ein reichhaltiges Vibrato hinzu. Achte darauf, dass du viel Kompression und Sustain auf deiner Gitarre hast, um den authentischen Santana-Sound zu erhalten.

Beispiel 7b:

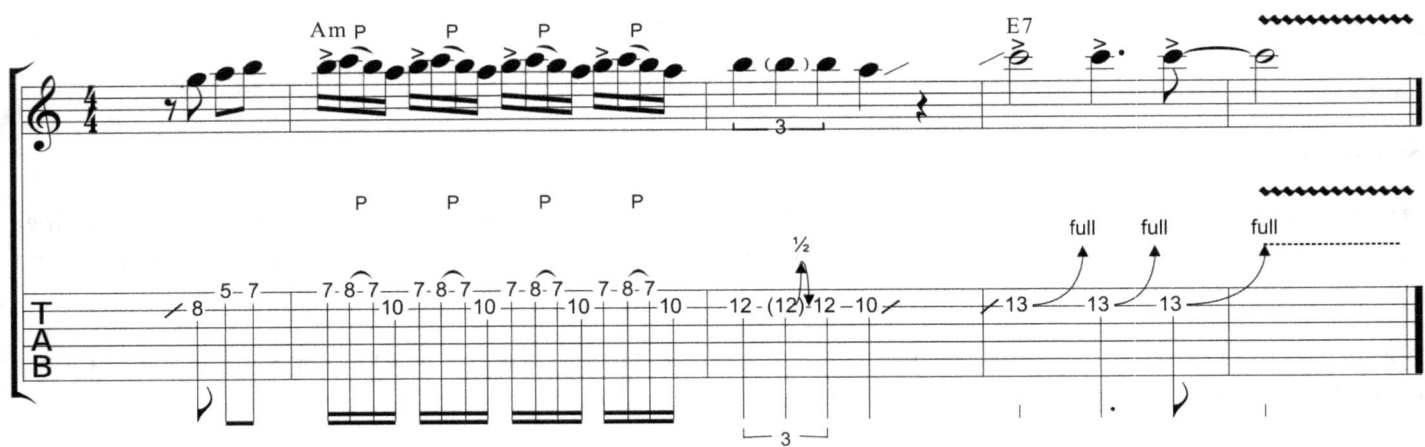

Beispiel 7c dreht sich wieder um den Wechsel von a-Moll-Pentatonik auf den Am-Akkord zu einer Harmonisch-Moll-Tonleiter (E-Phrygischer Dominant) auf dem E7-Akkord. Diesmal ist der Wechsel zu Harmonisch-Moll jedoch etwas subtiler, da die Linie auf die b9 des E7-Akkords (F) abzielt und nicht auf den dritten (G#), wie er zuvor in Beispiel 7a gesehen wurde.

Technisch gesehen gibt es hier nichts allzu Anspruchsvolles … konzentriere dich einfach auf solide Phrasierung und Vibrato.

Beispiel 7c:

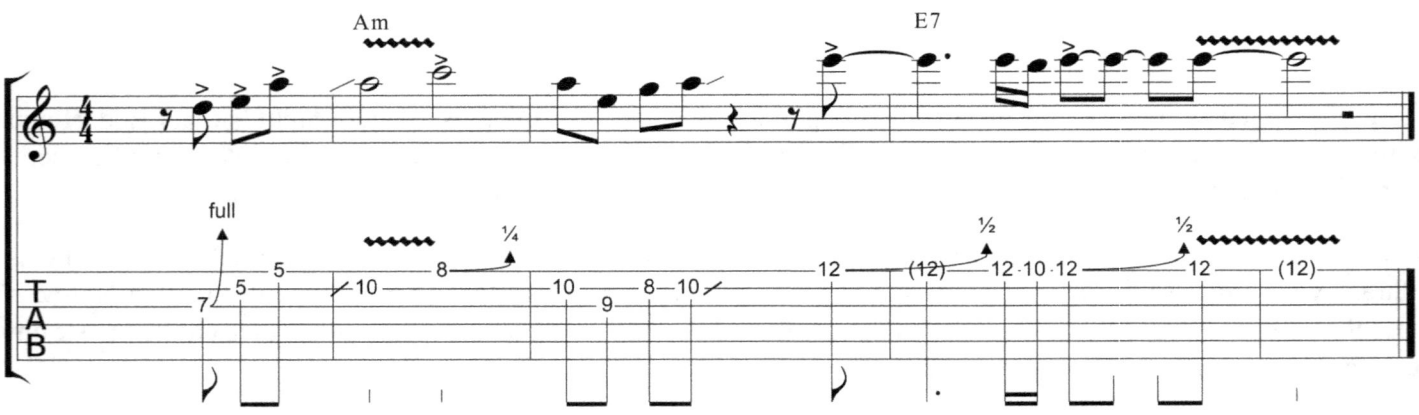

Beispiel 7d enthält eine weitere Santana-Marke; schnelles Tremolo-Picking. Halte die zupfende Hand während des Aufstiegs durch die A Harmonisch-Moll-Tonleiter in Takt Drei entspannt. Der schwierigste Teil ist die Ausrichtung auf die wechselnden Noten, die nicht auf den Schlag fallen. Dies ist ein wichtiges Merkmal der Linie, also sei nicht versucht, sie zu überlisten und die Melodie abzugleichen.

Lerne jeden Übergang langsam mit einem Metronom, bevor du ihn beschleunigst, und verwende deinen Hals Pickup für den wärmsten Ton, den du bekommen kannst.

Beispiel 7d:

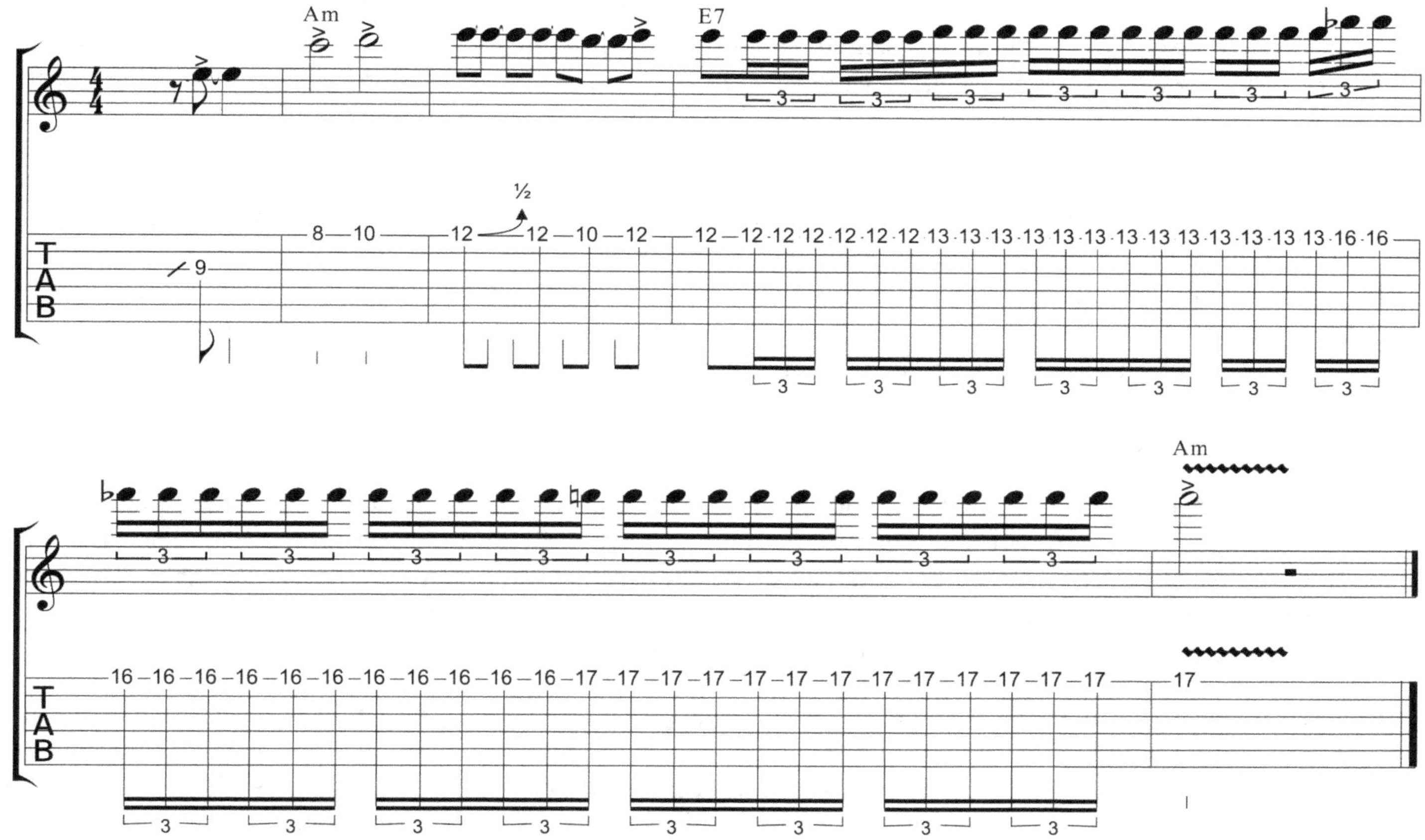

Hier ist ein weiteres Beispiel dafür, wie die Verwendung einiger wiederholter Noten den denkwürdigsten Teil eines Gitarrensolos bilden kann. Santana erzeugt ein Gefühl der Beschleunigung in Takt Zwei, indem sie das Bending auf der B-Saite doppelt greift und gleichzeitig in einem reglementierten, engen Rhythmus bleibt. Ein weiterer Lick, der am besten auf deinem Hals-Pickup gespielt wird, für einen authentischen Santana-Sound.

Beispiel 7e:

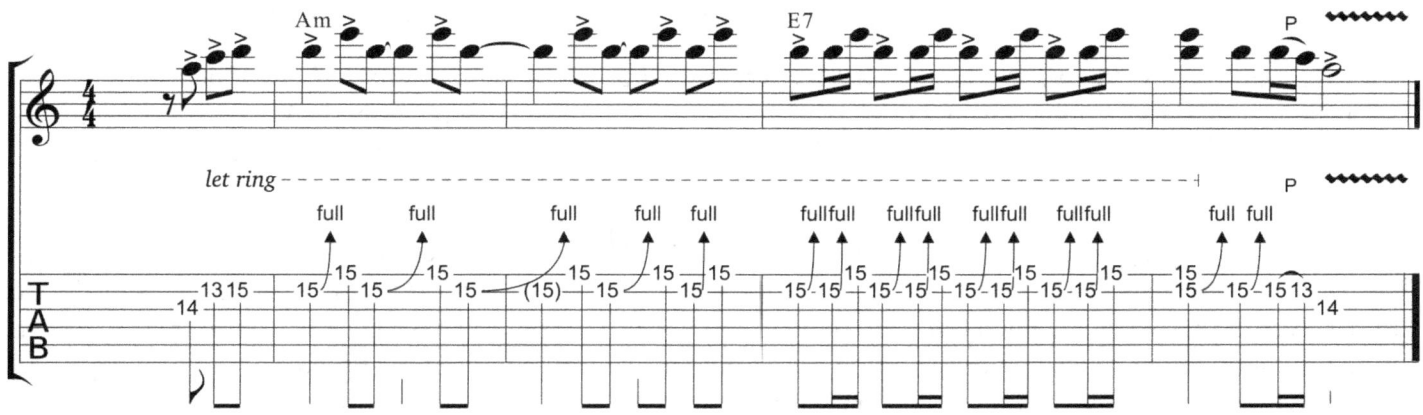

Tony Iommi

Frank Anthony Iommi wurde 1948 in Birmingham, England, geboren und ist vor allem als Leadgitarrist und Gründungsmitglied der bahnbrechenden englischen Heavy Metal Gruppe Black Sabbath bekannt. Iommi besuchte die Grundschule zusammen mit seinem zukünftigen Bandkollegen Ozzy Osbourne, der ein Jahr hinter ihm stand. Aufgewachsen in einer harten (und oft gewalttätigen), von Banden dominierten Nachbarschaft, trainierte Iommi Kampfkünste wie Judo und Karate und später auch Boxen als Mittel zur Verteidigung.

Iommi wollte Türsteher werden, entdeckte aber seine Liebe zur Musik, indem er zuerst Schlagzeug und dann Gitarre spielte. Er war besonders von Hank Marvins Spiel mit den Schatten beeinflusst. Als er im Alter von 17 Jahren in einer Fabrik arbeitete, erlitt er einen schrecklichen Unfall und verlor die Spitzen seiner Mittel- und Ringfinger und erhielt die Nachricht, dass er nie wieder Gitarre spielen würde. Iommi war verzweifelt über die Nachrichten, aber er lernte die Musik des Zigeuner-Jazzgitarristen Django Reinhardt kennen (der bei einem Feuer den Einsatz von zwei Fingern verloren hatte) und war erstaunt über seine Spielbarkeit trotz der Verletzung. Dies inspirierte ihn zum Weiterspielen und er konstruierte Fingerhüte aus eingeschmolzenen, mit Leder überzogenen Kunststoffflaschen, die er an seinen Fingern befestigen konnte.

Iommi arbeitete durch seine Verletzungen und spielte mit lokalen Bands und begann die Zusammenarbeit mit dem Schlagzeuger Bill Ward. Mit der Beantwortung einer lokalen Musikwerbung schloss sich das Paar mit dem Sänger Ozzy Osbourne zusammen, und nach einer Namensänderung von Earth in Black Sabbath begann die Band ihre Karriere ernsthaft. Iommi und Osbourne entwickelten sich zu den wichtigsten Songwritern, wobei Iommi sowohl ihre Shows als auch ihre Proben betreute.

Ihre ersten Alben aus den 1970er Jahren gelten als Heavy Metal-Klassiker und zeigen Iommis Gitarre, die von der Konzerttonhöhe her deutlich gestimmt ist, um seinen Fingern zu helfen und eine dunkle, bedrohliche Qualität ihres Sounds zu schaffen. Das De-Tuning ist bei modernen Heavy Metal Bands bis heute beliebt. Klassische Black Sabbath Lieder aus dieser Zeit sind Children of the Grave, Iron Man und Paranoid.

Ende der 70er Jahre forderten Erschöpfung, Drogenmissbrauch und Managementkonflikte ihren Tribut von der Band und Osbourne wurde 1979 entlassen, um durch den ehemaligen Rainbow-Sänger Ronnie James Dio ersetzt zu werden. Sabbath wurde in den 1980er Jahren von zahlreichen Austritten von Bandmitgliedern heimgesucht, und mehrere bekannte Rocksänger übernahmen in dieser Zeit die Rolle von Osbourne. Erst in den 90er Jahren wurde das ursprüngliche Line-Up wiedervereinigt.

In den 2000er Jahren arbeitete Iommi mit Ronnie James Dio in der Gruppe Heaven and Hell. Es gab auch mehr Wiedervereinigungsarbeit mit Osbourne, obwohl sie auch eine Zeit lang in einen Rechtsstreit verwickelt waren. Ein Jahr nach Beginn einer Abschiedstournee spielte die Band am 4. Februar 2017 ihr letztes Konzert in ihrer Heimatstadt Birmingham. Iommi hat jedoch erklärt, dass er nicht ausgeschlossen hat, dass es in Zukunft neue Materialen oder einmalige Shows unter dem Namen Black Sabbath geben wird.

Tony Iommis Spiel bietet viele Techniken und Ansätze, die anderen Rock- und Heavy Metal-Gitarristen gemeinsam sind, wie z. B. schnelle pentatonische Muster und dramatische Saiten-Bends. Wiederholte Hammer-ons und Pull-offs sind in seinem Solo-Werk ebenso selbstverständlich wie Ostinatopassagen, um Spannung und Dramatik in seiner Musik zu erzeugen.

Tony Iommi wird mit der Gibson SG Modellgitarre und den Instrumenten des Birminghamer Gitarrenbauers John Diggins (Jaydee Guitars) in Verbindung gebracht, die um bis zu drei Halbtöne verstimmt sind. Diese Gitarren werden entweder an einen Marshall oder Laney Verstärker angeschlossen, der 4x12 Cabinets versorgt, um seine charakteristischen verzerrten Töne zu erzeugen. Er verwendet gelegentlich Chorus-, Delay- und Wah-Wah-Pedale, ist aber im Allgemeinen kein Spieler, der stark auf Effekte angewiesen ist.

Hörempfehlung

Black Sabbath – Paranoid

Black Sabbath – Technical Ecstasy

Black Sabbath – Heaven and hell

Black Sabbath – Seventh Star

Iommis Soli sind oft harmonisch einfach und bauen auf wiederholten melodischen Ideen auf. Das erste Beispiel basiert auf der a-Moll-Pentatonik und einer sequenzierten absteigenden Linie. Beachte, wie sich die Form der zweiten Hälfte von Takt Eins in Takt Zwei wiederholt. Grabe dich mit deinem Plektrum ein und denke an Heavy-Metal!

Beispiel 8a:

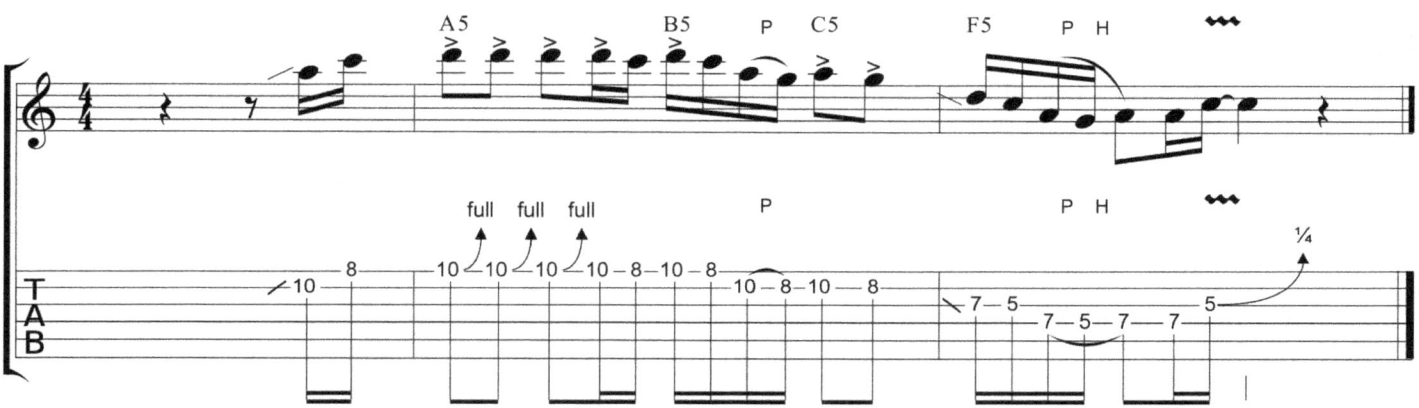

Iommi blieb oft an der Mitte der Moll-Pentatonik-Box hängen und das sieht man an dem Lick unten. Es beginnt mit einem Hendrix-ähnlichen Bend (wenn auch im Vergleich etwas spießiger klingend), wird aber durch das gezogene Triolen-Feeling in der zweiten Hälfte des ersten Taktes wirklich lebendig. Das Treffen der zweiten Division der Triole ist eine Herausforderung im Schlag Drei, also höre dir das Audiomaterial genau an, um das richtige Timing zu erhalten.

Achte darauf, dass du bei jedem Bend die richtige Tonhöhe triffst, denn schlampiges Spielen verdirbt diesen Lick schnell.

Beispiel 8b:

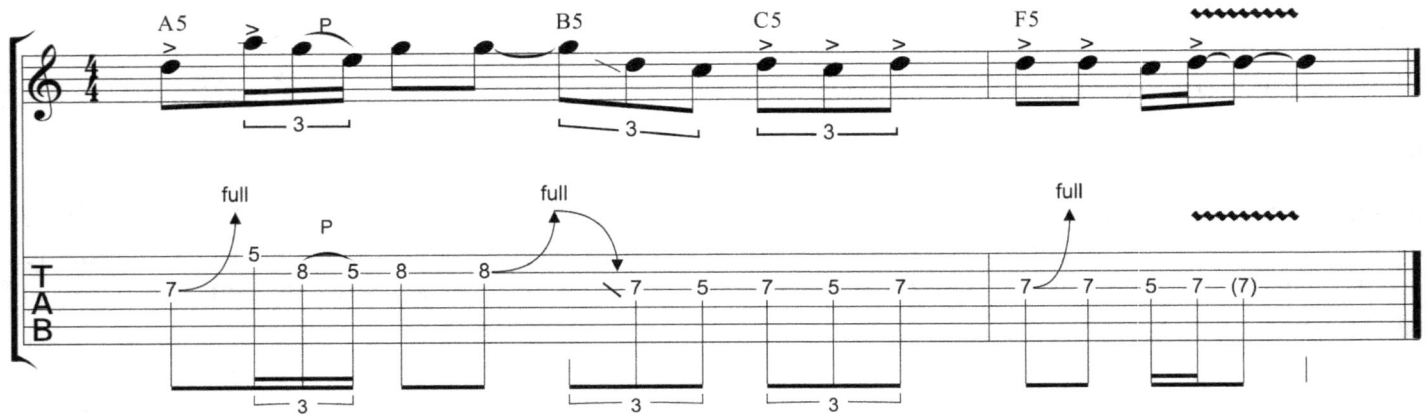

Iommi erzeugt in Beispiel 8c ein Gefühl der Verlangsamung und des Ziehens gegen den Schlag. Dies geschieht, indem er von 1/16tel Noten über den Zeitraum eines Taktes zu Triolen zu 1/18tel Noten übergeht. Trotz seiner körperlichen Einschränkungen war er ein Meister der Kontrolle seines Rhythmus und seines Gefühls.

Es gibt hier nichts allzu technisch Herausforderndes, aber das Gefühl, hinter dem Takt zu sein (besonders in Takt Eins), kann eine sorgfältige Übung erfordern. Achte auch auf den schnellen Positionswechsel in der Mitte des Takts Eins. Beachte, dass der Lick nicht mit dem ersten Schlag beginnt, sondern mit der zweiten 1/16. Note.

Beispiel 8c:

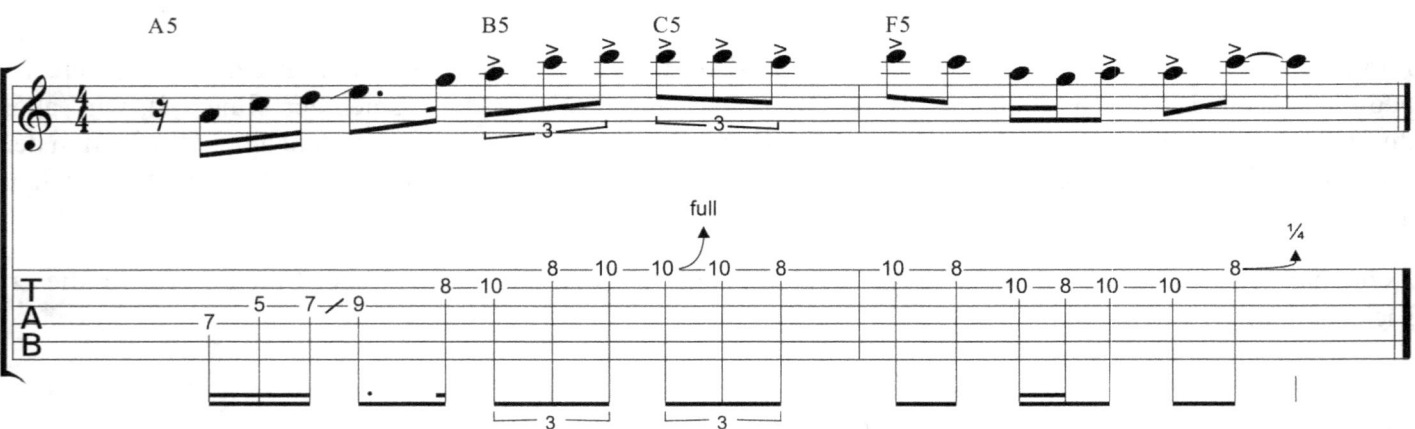

Die folgende Linie verwendet die pentatonische Kastenform auf eine andere Weise; als eine Reihe von fast geometrischen Formen, um den Hals zu steuern. Die Spannung wird im ersten Takt durch die 1/16. Note aufgebaut, die in den eingeklemmten Obertönen am oberen Ende der Melodie ihren Höhepunkt findet. Benutze die Finger Eins und Drei durch, um die Hammer-ons zu spielen. Nimm es hart und konzentriere dich darauf, dass die gehämmerten Noten die gleiche Lautstärke haben wie die gezupften.

Beispiel 8d:

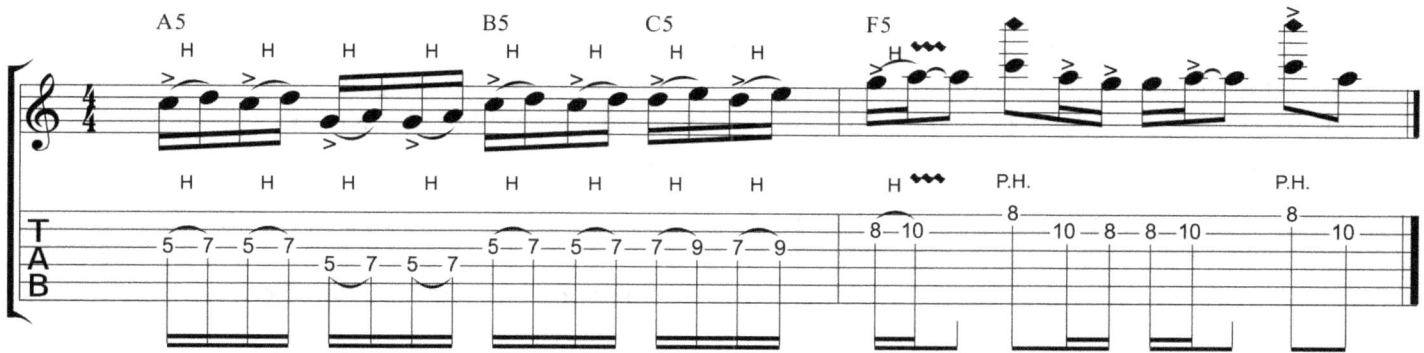

Der letzte Lick ist eine ziemliche Herausforderung. Unter Verwendung der gleichen kastenförmigen Ideen wird Iommi wieder kreativ im Rhythmus, indem er einen zwei-gegen-drei Cross-Rhythmus in den Triolen verwendet. Jeder Schlag wird dreimal betont, aber jedes melodische Fragment ist eine Gruppe von Zweien. Dadurch entsteht ein leicht desorientierender rhythmischer Effekt, der durch die schnellen Noten noch verstärkt wird.

Der Lick verlangsamt sich in Takt Zwei, bevor er durch die Reihe von wiederholten Saiten-Bends wieder an Dynamik gewinnt.

Beispiel 8e:

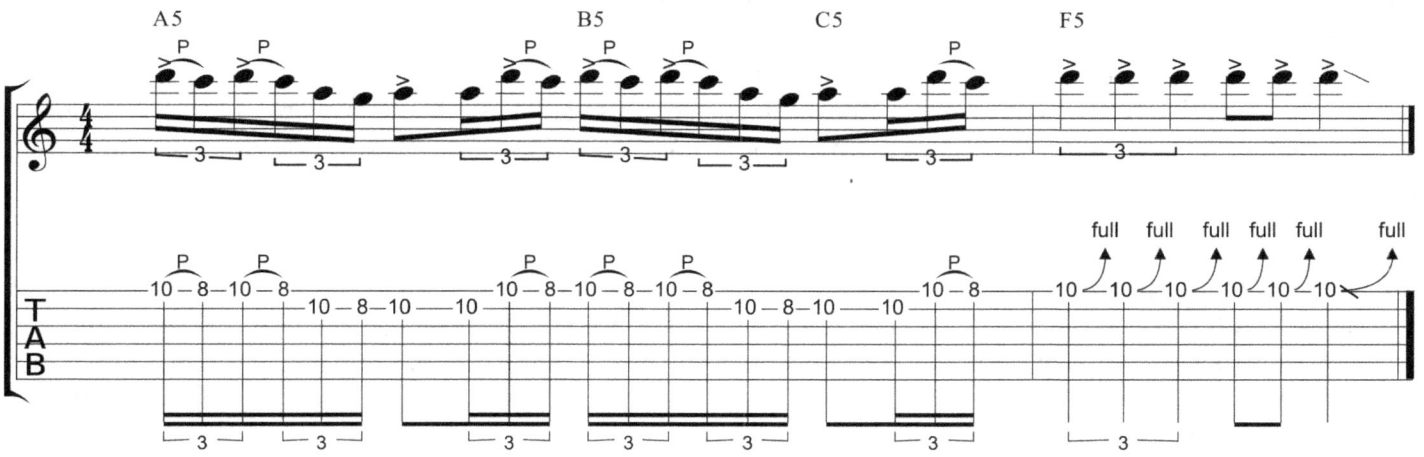

Ritchie Blackmore

Richard Hugh Blackmore wurde 1945 in Somerset, England, geboren und begann mit dem Gitarrenspiel, nachdem ihm sein Vater im Alter von 11 Jahren ein Instrument geschenkt hatte, und wurde ermutigt, als Bedingung für den Erhalt der Gitarre klassischen Gitarrenunterricht zu nehmen, interessierte sich aber schnell mehr für die Interpreten der 1950er und frühen 1960er Jahre. Nach einer eher unglücklichen Schulzeit begann er mit dem hoch angesehenen englischen Session-Gitarristen Big Jim Sullivan weiteren Gitarrenunterricht und sein Spiel zog schnell die Aufmerksamkeit anderer gleichgesinnter junger Musiker auf sich.

Für die Mehrheit der frühen bis mittleren 1960er Jahre verfeinerte Blackmore seine spielerischen Fähigkeiten in einer Vielzahl von Tourneebands, die oft nach Europa reisten und bekannte Künstler wie Jerry Lee Lewis unterstützten. Er nahm auch eine wachsende Anzahl von Sessions wahr, vor allem für den Produzenten Joe Meek.

Mit seinem musikalischen Ruf, der sich schnell entwickelte (vor allem als flüssiger Improvisator und dynamischer Bühnenkünstler), wurde Blackmore 1968 zusammen mit dem Organisten Jon Lord und dem Schlagzeuger Ian Paice an die noch junge Deep Purple herangeführt. Ursprünglich eine Mischung aus Pop-Songs der späten 60er Jahre und experimenteller Instrumentalmusik, schienen die frühen Deep Purple Schwierigkeiten zu haben, ihre musikalische Identität zu finden, und entließen schließlich ihren ursprünglichen Sänger und Bassisten, um ihren Sound zu ändern.

Blackmores wachsendes Interesse an Hard Rock und langwierigen instrumentalen Improvisationen wurde schließlich zur dominierenden musikalischen Kraft innerhalb der Band, und mit einem neuen Sänger und Bassgitarristen begann Deep Purple, eine Reihe von klassischen Hard Rock-Alben aufzunehmen, unterstützt von endlosen Touren, die sie zu internationalen Stars machten und ihnen viel Anerkennung für ihre Live-Shows brachten.

Nach einem zweiten Besetzungswechsel 1973 ging die Band weiter mit mehr Tourneen und Aufnahmen, bis Blackmore, der sich mit der wechselnden musikalischen Ausrichtung der Band nicht mehr wohl fühlte, Ende 1975 schließlich Rainbow gründete, die Gruppe, bei der er durch mehrere Besetzungswechsel blieb, bis er Mitte der 80er Jahre wieder zu Deep Purple kam. 1993 verließ er Deep Purple erneut, woraufhin er Rainbow kurzzeitig reformierte, bevor er eine lange Zusammenarbeit mit seiner neuen musikalischen Partnerin (und seiner Frau) Candice Night in der von der Renaissance beeinflussten akustischen Folkloregruppe Blackmore's Night begann. In jüngster Zeit hat er wieder begonnen, Hard Rock zu spielen, mit einer Reihe von Konzerten, die sowohl Rainbow- als auch Deep Purple-Songs spielen.

Ritchie Blackmore wird häufig mit dem Spielen von Fender Stratocasters in Verbindung gebracht, obwohl er für einen Großteil seiner frühen Karriere eine Gibson ES-335 bevorzugte, bevor er Anfang der 1970er Jahre zu Fender wechselte. Er hat einen Rundhalsausschnitt an seinen Stratocasters benutzt und diese Idee wurde von anderen Hardrock-Gitarristen wie Yngwie Malmsteen kopiert. Blackmore, ein leidenschaftlicher Verfechter der aggressiven Verwendung des Tremoloarms bei Stratocasters, war berühmt dafür, dass er sie in den frühen Deep Purple-Tagen zerschmettert hat.

Nachdem Blackmore seine Spielkarriere mit kleineren Kombiverstärkern mit niedriger Leistung begonnen hatte, verbündete er sich schnell mit der Marshall-Verstärkung und war langjähriger Anwender verschiedener 100- und 200-Watt-Marshall-Köpfe in Verbindung mit 4x12-Schränken. In den letzten Jahren hat er kleinere Signatur-Combo-Verstärker der Firma Engl in Deutschland verwendet. Blackmore wurde in seiner Spielkarriere nicht sehr stark mit Effektgeräten in Verbindung gebracht, aber gelegentlich hat er ein Reel-to-Reel-Band-Deck als Vorverstärker und für einige Verzögerungen verwendet. Blackmores Sound ist voll und klar und im Vergleich zu anderen Hard Rock Spielern nicht allzu verzerrt. Er verwendet hauptsächlich die Hals- und Steg-Pickups seiner Stratocaster, anstatt irgendwelche Pickup-Kombinationen zu verwenden.

Wie bei vielen Rockgitarristen ist Blackmores dramatischer Spielstil durch eine liberale Verwendung von Pentatonik- und Blues-Skalenmustern gekennzeichnet, aber er bevorzugt auch andere weniger verbreitete Tonleitern wie die Harmonisch-Moll. Er verwendet häufig Techniken wie Tremolo-Picking und breite Saiten-Bends, gepaart mit einem sehr markanten linken Vibrato. Viele seiner bekannteren Soli sind Arpeggien mit einem ausgeprägten Barockgeschmack, da er sich für verschiedene Formen der klassischen Musik interessiert.

Hörempfehlung

Deep Purple – In Rock

Deep Purple – Machine Head

Deep Purple – Made in Japan

Rainbow – Rainbow Rising

Der erste Blackmore-Lick ist eine geradlinige d-Moll Pentatonische Linie, die Saiten-Bends verwendet, um eine fast vokale Phrase aufzubauen. Es gibt hier nichts allzu Komplexes, obwohl das Tempo recht optimistisch ist. Achte auf den Lick, der bei Schlag Vier der Zählung beginnt, und stell sicher, dass du den schnelleren Hammer-on in Takt Drei nagelst. Halte dich durchweg an die Finger Eins und Drei, obwohl du die erste Note vielleicht mit dem zweiten Finger spielen möchtest, wenn du dich tapfer fühlst!

Beispiel 9a:

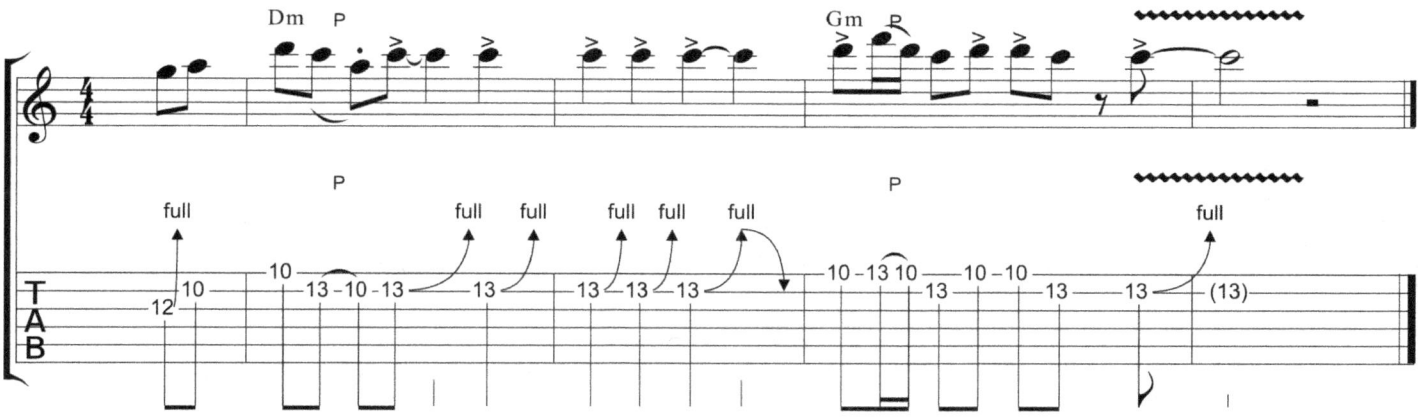

Beispiel 9b ist eine schnelle, sich wiederholende Figur mit anspruchsvollem Timing, die der klassische Blackmore ist. Wenn du so etwas aufgeschrieben siehst, ziele einfach darauf ab, die erste Note jedes Schlages an der richtigen Stelle zu treffen, und der Rest der Noten neigt dazu, sich selbst in Ordnung zu bringen. Höre dir den Ton an und versuche zu spüren, wo auch die etwas längeren Noten liegen. Dies ist eine schnelle Linie, also hab keine Angst, sie zu verlangsamen, um sie genau zu lernen.

Beispiel 9b:

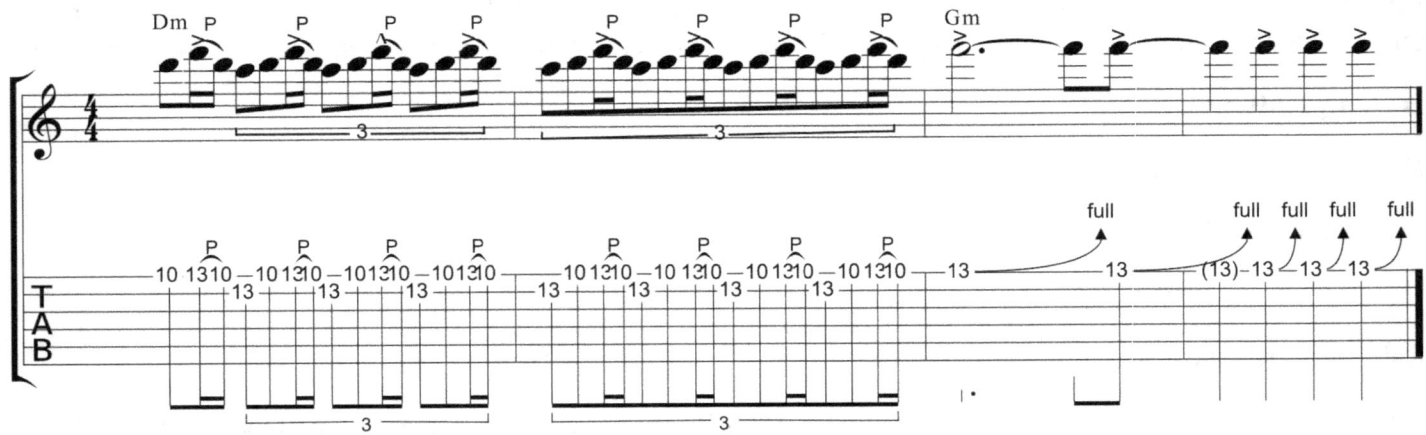

Beispiel 9c ist eine weitere schnelle Linie, aber sie ist eigentlich nicht so kompliziert, wie du vielleicht denkst. Es klingt wegen all der offenen Saiten sicherlich schneller als es ist,. Der Lick basiert auf einer absteigenden D-Äolischen Tonleiter und der einzige knifflige Griff ist in Takt Eins. Spiele die 17., 15. und 13. Bünde mit dem zweiten Finger und ziehe dann zum ersten Finger für die erste 12. Wenn du die zweite 12. Bundnote spielst, verwende deinen zweiten Finger.

Beispiel 9c:

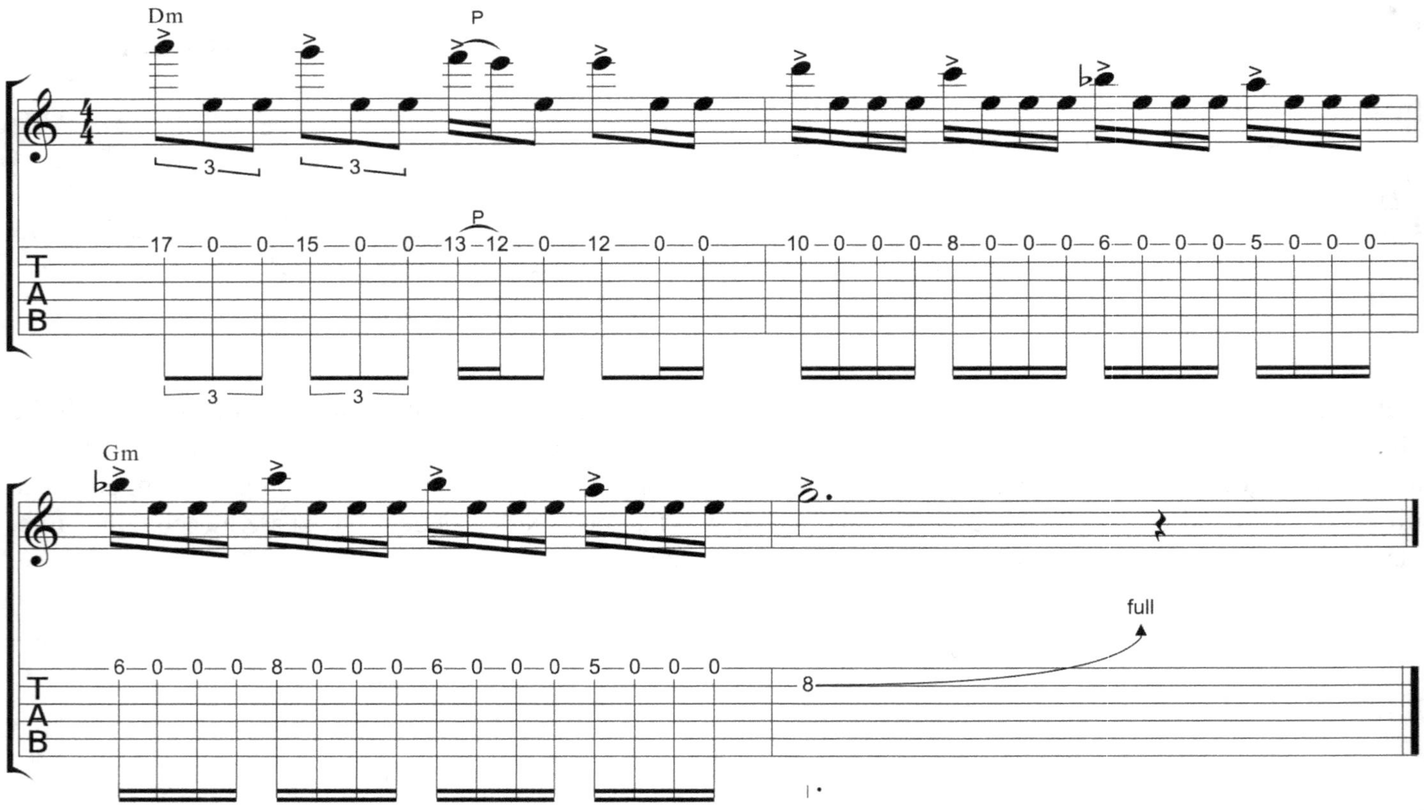

Das nächste Beispiel zeigt Ritchie Blackmores klassischen Einfluss und basiert auf einer aufsteigenden äolischen Tonleiter in engen, ausgesuchten Triolen. Es ist eine kulminierende Idee, die perfekt für das Ende eines Solos ist. Die Griffweise ist bis auf die letzten paar Töne recht einfach. Wechsel zu deinem ersten und zweiten Finger für die letzten drei Noten von Takt Fünf.

Die größte Herausforderung dieser Linie besteht darin, bei dieser Geschwindigkeit einen konstanten Rhythmus in den Triolen zu halten. Versuche, die erste Note jeder Dreiergruppe zu zupfen und die anderen zu schlagen. Alternativ kannst du auch versuchen, jede Note in dieser Phrase für einen Malmsteen-ähnlichen Ansatz zu zupfen.

Beispiel 9d:

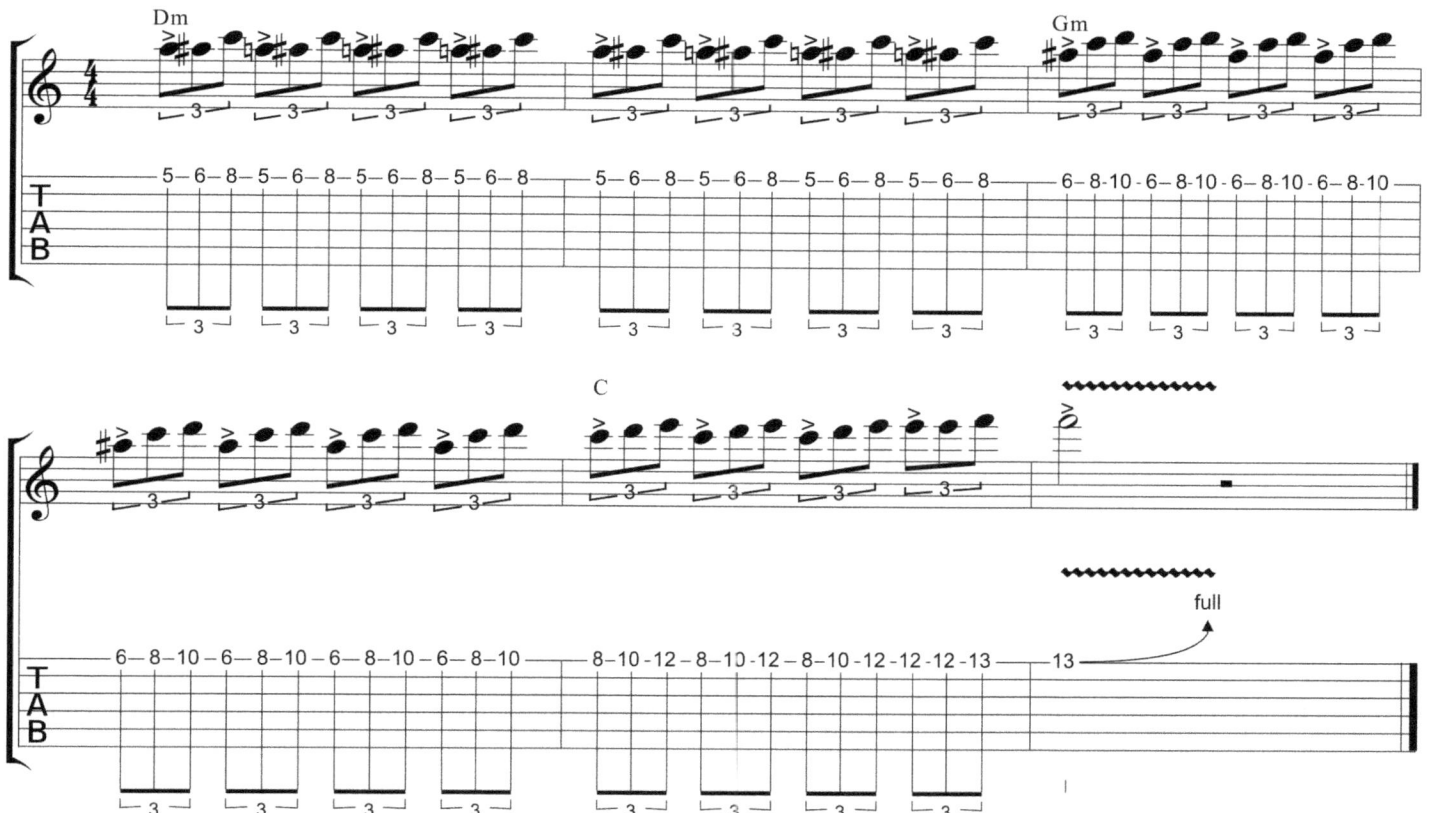

Das letzte Beispiel ist eine absteigende D-Dorische Linie, die nach einem kraftvollen pentatonischen Statement gespielt wird, das an Jimi Hendrix erinnert. Beachte die geschickte Verwendung der B-Note (die erste 12. Bundnote in Takt Zwei), um einen helleren Klang zu erzeugen als die häufigere B-Note (äolisch). Diese zusätzliche Tonhöhe hält die starken Noten im Takt, und der zusätzliche b5 (13. Bund auf der G-Saite) verleiht dieser ansonsten klassischen Hardrock-Linie eine bluesige Qualität. Versuche deinen Tremoloarm für das Vibrato der letzten Note zu verwenden.

Beispiel 9e:

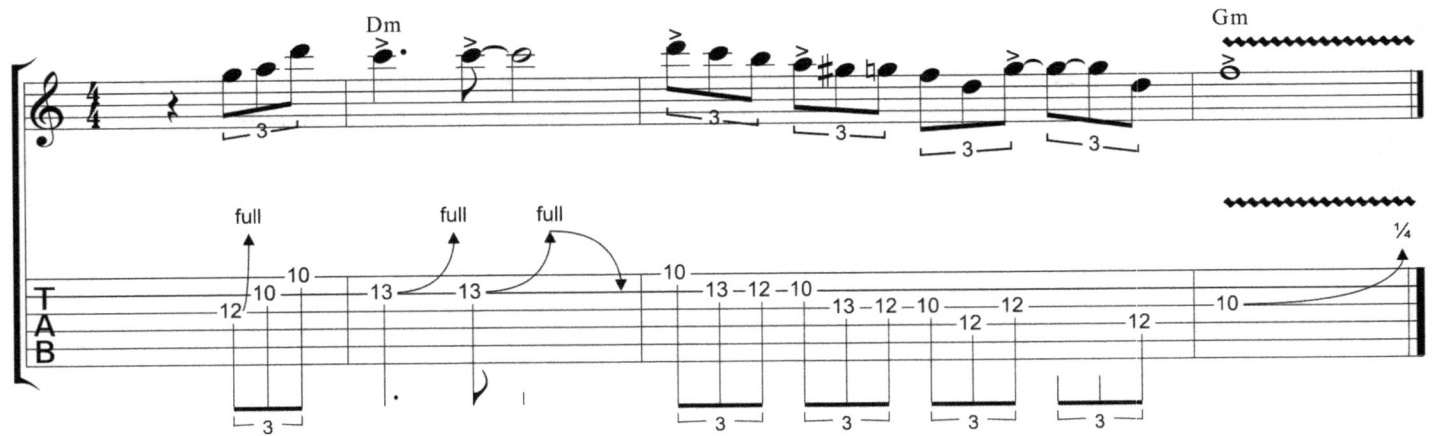

Duane Allman

Howard Duane Allman wurde 1946 in Nashville, Tennessee, geboren. Seine frühe Erziehung war schwierig; nach dem tragischen Mord an seinem Vater wurde er mit seinem Bruder Gregg auf ein Militärinternat geschickt. 1957 zog die Familie schließlich nach Florida, und während ihrer Sommeraufenthalte in Nashville mit seiner Großmutter begann Gregg Allman zunächst Gitarre zu lernen, was bald auch für Duane zur Leidenschaft wurde. Inspiriert von einem B.B. King Konzert, nahmen beide Brüder es ernst, Musik als Karriere zu verfolgen, und Duane erhielt schließlich seine erste Gibson-Gitarre (eine Les Paul Jr.) als Geschenk von seiner Mutter.

Duane und sein Bruder begannen Anfang der 1960er Jahre in einer Vielzahl von lokalen Bands zu spielen und arbeiteten schließlich mit Tourneegruppen wie den Allman Joys (später Hour Glass). Die Brüder nahmen zwei Alben mit Hour Glass auf, und nach einer kurzen Zeit in LA kehrte die Gruppe nach Florida zurück. Nachdem Hour Glass 1968 aufgelöst wurde, wandte sich Duane der Slide-Gitarre zu und wurde schnell zu einem hochqualifizierten Praktiker. Zu dieser Zeit wurde er auch aufgerufen, auf Wilson Picketts Version der Beatles Hey Jude zu spielen, wo er dem Track schwebende Gitarrenlinien hinzufügte. Dies erregte die Aufmerksamkeit von Atlantic Records, die ihn später als Session-Gitarristen einstellte. Allman spielte auf vielen Muscle Shoals Sessions mit einer Vielzahl von Musikern und sein Ruf wuchs.

Das Session-Playing war nicht das ideale musikalische Ventil für Allman, und auf der Suche nach einer Band, die seine musikalischen Ambitionen erfüllen würde, begann er, eine Besetzung zusammenzustellen, die schließlich The Allman Brothers Band werden sollte. Die Gruppe gründete sich offiziell Anfang 1969 und nahm nur wenige Monate später nach vielen Proben und Auftritten ihr erstes Album auf. Die Allman Brothers Band verschmolz bei ihren Live-Auftritten Elemente aus Rock, Blues und Jazz, was auf ihrer 1971er Veröffentlichung Live at the Fillmore East perfekt eingefangen wurde. Allmans Gitarrenspiel war zu diesem Zeitpunkt sowohl auf der Slide- als auch auf der normalen E-Gitarre spektakulär flüssig, und es fiel Eric Clapton auf, der ihn bat, auf dem legendären Layla-Album zu spielen (es ist Allmans aufstrebende Slide-Arbeit, die am Ende des Titeltracks stattfindet).

Leider wurde Allmans Karriere durch seinen Tod bei einem Motorradunfall im November 1971 im Alter von 24 Jahren tragisch verkürzt, und obwohl die Allman Brothers Band nach seinem Tod viele Jahre lang weitermachte, gilt seine frühe Arbeit mit der Band für viele immer noch als ihre beste.

Allmans Spielstil war einzigartig anpassungsfähig und wahrscheinlich einer der Gründe, warum er in seiner frühen Karriere so viel Session-Arbeit geleistet hat. Er war mit Blues-, Rock-, Pop- und Soulmusik gleichermaßen vertraut, und seine Fähigkeit, zwischen Normal- und Slide-Gitarre zu wechseln, steigerte seine Vielseitigkeit nur noch. In seinem Spiel verwendete er Pentatonik, Blues und eine Vielzahl von modalen Tonleitern, die zeitweise an Improvisationen im Jazz-Stil grenzten. Sein Slide-Gitarrenspiel hat viele Spieler in der Southern-Rock-Tradition inspiriert und tut dies auch weiterhin mit Spielern wie Derek Trucks.

Duane Allman wird am häufigsten mit Gibson Les Paul Standards in Verbindung gebracht, verwendete aber auch Fender Stratocasters und Gibson SGs wegen ihrer unterschiedlichen Klangeigenschaften. Für seine Diaprojektionen bevorzugte er die Coricidin-Medizinflaschen (lange eingestellt) wegen des sanften Klangs, den sie erzeugten.

Seine Verstärker reichten von Marshall 50-Watt-Köpfen und 4x12-Gehäusen bis hin zu kleineren (niedrigerer Wattleistung) Fender-Kombinationen, insbesondere für saubere oder leicht übersteuerte Töne. Es wird gemunkelt, dass er eine kleine Fender Champ Combo für die berühmten Layla Sessions mit Eric Clapton benutzte. Seine Effektverwendung war minimal, obwohl er eine Fuzz Face Verzerrungseinheit und gelegentlich ein Maestro Echoplex Tape Delay für die Sessionarbeit verwendete.

Hörempfehlung

Allman Brothers Band – Idlewild South

Allman Brothers Band – At Fillmore East

Retrospective – Anthology

Derek and the Dominoes – Layla and Other Assorted Love Songs

Die erste Linie ist ein wenig irreführend. Auf dem Papier sieht sie ziemlich einfach aus, aber die 6/4-Takt-Signatur macht die Phrasierung nicht ganz so, wie man es erwarten würde. Im Wesentlichen handelt es sich um eine absteigende mixolydische Linie, die durch die Phrasierung und Bends lebendig wird. Spiele diese Linie mit besonderer Aufmerksamkeit auf den Backing-Track und versuche nicht, die Phrasierung zu überstürzen.

Beispiel 10a:

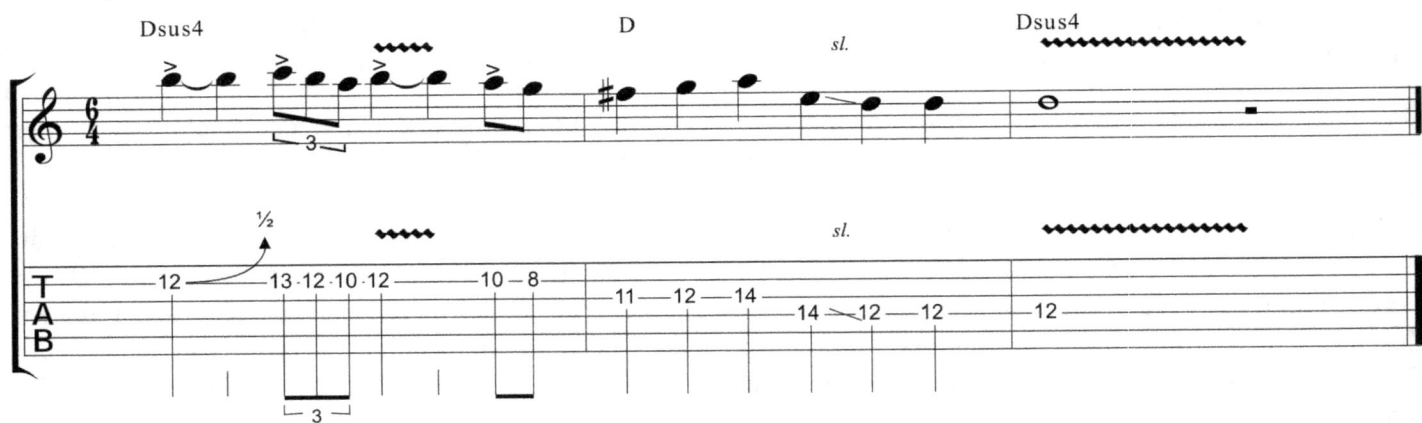

Die folgende mixolydische Linie leistet hervorragende Arbeit, indem sie eine traditionelle Moll-Pentatonik in einen neuen modalen Geschmack verwandelt. Oftmals erwartet man, dass das Bending der hohen E-Saite auf dem 13. Bund (kleine 3.) Bend gespielt wird, aber hier spielt Allman stattdessen den 12. Bund (natürliche 9.) und bendet zur großen 3. für einen helleren Klang. Die letzten Takte kehren zu einer bluesigen Mollquarte auf der hohen E-Saite zurück.

Beispiel 10b:

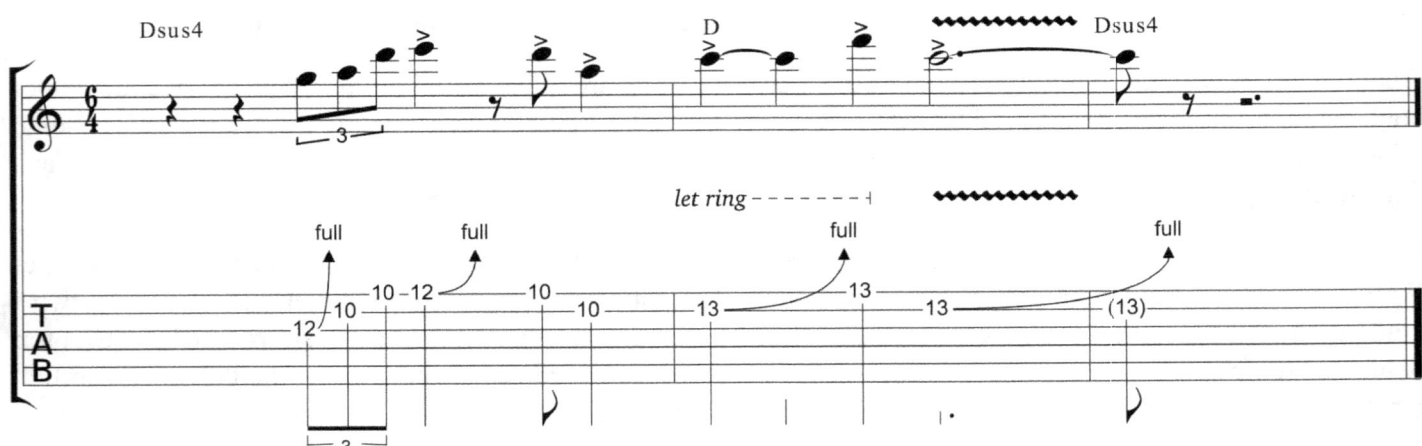

Noch eine spacige Linie hier. Nichts allzu Schwieriges, aber man beachte, wie die mixolydische Linie entlang des Halses gespielt wird, nicht in einer horizontalen Position, wie es viele Gitarristen vielleicht tun. Dieser lineare Ansatz ermöglichte es Allman, aus den traditionellen Skalenfeldern auszubrechen und sich mit der Melodie zu verbinden, anstatt nur auf und ab zu laufen. Beachte, dass das Vibrato nicht zu dramatisch ist, gerade genug, um die Dinge melodisch und soulig zu halten.

Beispiel 10c:

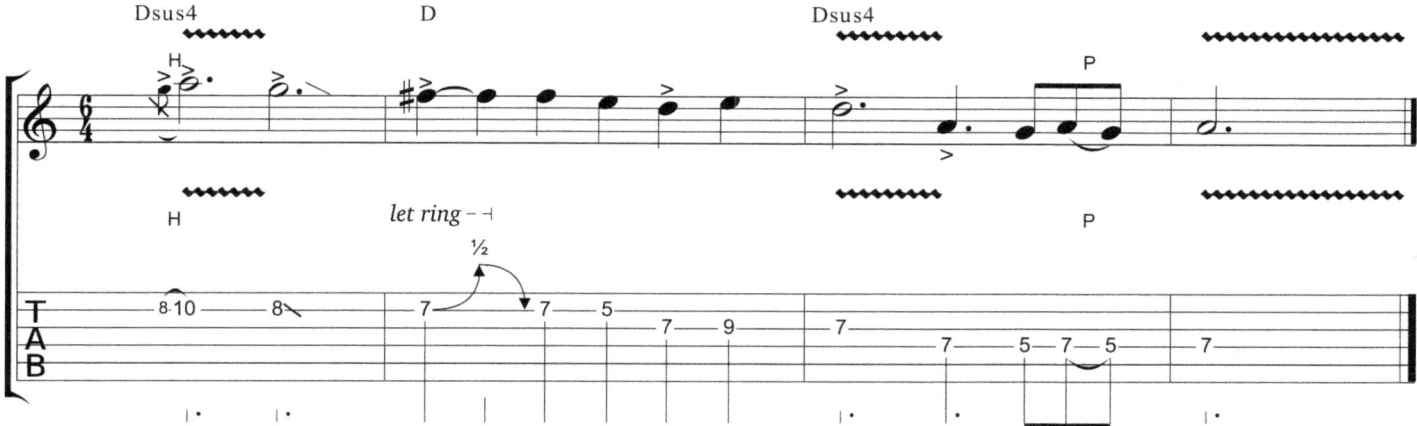

Zeit, nach dem Slide zu greifen und die Gitarre auf ein offenes G umzustimmen, genau wie Keith Richards. Versuche, einen Glas-Slide für den authentischsten Duane Allman-Ton zu verwenden. Wir würden Allman nicht gerecht werden, wenn es nicht zumindest ein paar Slide-Licks gäbe, also schauen wir uns den ersten unten an.

Ich lege den Slide gerne auf meinen dritten Finger und bürste mit dem zweiten Finger die Saiten hinter dem Slide leicht, um unerwünschte Obertöne und Geräusche zu stoppen. Achte darauf, dass die Saiten nicht zu stark nach unten gedrückt werden, sonst werden diese zu scharf gebendet. Beim Sliede-Spiel befindet sich die richtige Position für die Note *direkt* über dem Bunddraht, nicht nur hinter der Stelle, an der du deinen Finger platzieren würdest. Vibrato entsteht, indem der Slide vorwärts und rückwärts bewegt wird. Vieles, woran man beim Spielen denken muss, was wie eine ziemlich einfache Linie auf dem Papier aussieht.

Beispiel 10d:

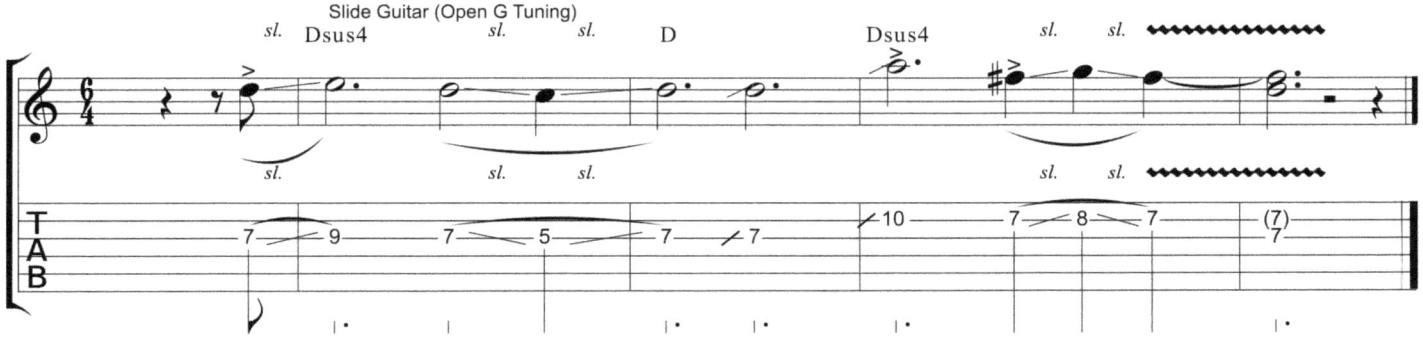

Der zweite Slide-Lick beinhaltet ein wenig mehr Kommissionierung. Achte auf den Akkord in Takt Zwei. Auch hier ist die Intonation alles, also halte den Kontaktpunkt des Slides direkt über dem Bunddraht auf jeder Note. Versuche in deiner zupfenden Hand deine Finger für diese Licks zu verwenden, da sie in Verbindung mit dem Slide einen wärmeren Klang erzeugen.

Beispiel 10e:

Paul Kossoff

Paul Francis Kossoff, 1950 in London, England, geboren, lernte ab etwa 9 Jahren klassische Gitarre, verlor aber das Interesse und beendete den Unterricht kurz darauf. Schon in jungen Jahren erweckte er seine Leidenschaft für die Gitarre durch ein wachsendes Interesse an der Bluesmusik wieder und fühlte sich zum Spielen englischer Bluesmusiker wie Eric Clapton hingezogen. 1965 erwies sich ein Live-Auftritt von Clapton mit John Mayall's Blues Breakers als entscheidend, um Kossoff davon zu überzeugen, die Musik als Karriere zu verfolgen, und er begann mit lokalen Gruppen zu arbeiten, während er E-Gitarrenunterricht nahm. Er arbeitete eine Zeit lang in Selmers Music Store in London, wo er auf den legendären US-Gitarristen Jimi Hendrix stieß, der ihm zu einer großen Inspiration wurde.

Kossoff gründete seine erste Band, Black Cat Bones mit Drummer Simon Kirke und als sie sich trennten, gründeten Kossoff und Kirke Free mit dem Bassisten Andy Fraser und dem Sänger Paul Rodgers. Free veröffentlichte ihre ersten beiden Alben in den Jahren 1968 und 1969 und obwohl Kossoffs reifes Gitarrenspiel einer der unverwechselbarsten Rock/Blues-Spielstile seiner Generation war, erhielten beide Alben nur lauwarmes Feedback von Kritikern. Freies Durchhalten und Non-Stop-Touren bildeten jedoch eine treue Fangemeinde. Trotzdem und vielleicht aus Angst vor einem Mangel an kommerziellem Erfolg mit der Band begann Kossoff, nach anderen musikalischen Möglichkeiten zu suchen. Der plötzliche und massive Erfolg der Single All Right Now von ihrem Fire and Water Album 1970 veränderte alles und katapultierte die Gruppe plötzlich zum Star. Kossoff blieb für ein weiteres Album bei der Gruppe, bevor die Gruppe, erschöpft von ihrem endlosen Arbeitsplan, 1971 aufgelöst wurde.

Kossoff entschied sich, die Zusammenarbeit mit dem Schlagzeuger Simon Kirke fortzusetzen und gründete bald die kurzlebige Kossoff, Kirke, Tetsu & Rabbit-Gruppe, bevor er 1972 für ein weiteres Album zu Free zurückkehrte. Tragischerweise waren Kossoff zu dieser Zeit in den Fängen einer gefährlichen Drogenabhängigkeit und auf ihrem letzten Album steuerten Kossoff aufgrund seiner schlechten Gesundheit nur einen begrenzten Teil bei. Die Band wurde kurz darauf endgültig aufgelöst und Kossoff begann mit der Arbeit an einem Soloprojekt, das in seiner letzten Gruppe, Back Street Crawler, gipfelte. Diese Band nahm zwei Studioalben auf, aber Kossoffs Gesundheitszustand verschlechterte sich rapide. Obwohl er 1975 in einer Londoner Drogenrehabilitationseinheit eine Herzinsuffizienz überlebte, erlag er Anfang 1976 auf einem US-Innenflug von LA nach New York einem drogeninduzierten Herzinfarkt. Kossoff war erst 25 Jahre alt.

Kossoffs Primärgitarren mit Free waren Gibson Les Paul Standards, zweifellos beeinflusst durch Claptons Verwendung des gleichen Modells mit John Mayall. Dies ist das Instrument, das mit ihm am engsten verbunden ist, obwohl er später gelegentlich eine weiße Fender-Stratocaster spielte. Er benutzte selten Effekte, sondern zog es vor, seinen Ton über die Gitarre selbst zu verändern. Seine Verstärker waren hauptsächlich Marshall Super Leads (100 Watt) und Super PA-Köpfe, obwohl er mit anderen Marken wie Orange Verstärkern fotografiert wurde.

Kossoffs Spielstil war einfach, rau und emotional, mit großer technischer Kontrolle. Er bevorzugte vor allem Blues- und Pentatonik-Tonleitern, benutzte aber auch gelegentlich modale Tonleitern und offene Streicherdrohnen. Der identifizierbarste Teil seines Spiels ist wahrscheinlich sein flüssig klingendes Saitenbending und das linke Vibrato, das unheimlich stimmig klang und übrigens die Bewunderung von Eric Clapton erregte.

Trotz der scheinbar simplen Natur seines Spiels war seine gefühlvolle Phrasierung bemerkenswert vielfältig und bot die perfekte Balance zu Paul Rodgers' erdigem, gefühlvollem Gesang in Free.

Hörempfehlung

Free – Tons of Sobs

Free – Highway

Free – Fire and Water

Solo – Back Street Crawler

Man muss hier nicht viel bezüglich der Notenwahl nachdenken, wir benden einfach bei jedem Schlag bis zur Grundnote, bevor wir mit dem Zeigefinger das b3 auf der oberen Saite fretten. Allerdings können solche Licks trügerisch schwierig sein. Wenn deine Bends nicht perfekt aufeinander abgestimmt sind, dann werden sie schrecklich klingen. Wenn du kämpfst, versuche als Übung, den 17. Bund auf der zweiten Saite zu spielen und dann den 15. Bund zu benden, bis er identisch klingt. Ziele auf ein schnelles und breites Vibrato am Schluss ab.

Beispiel 11a:

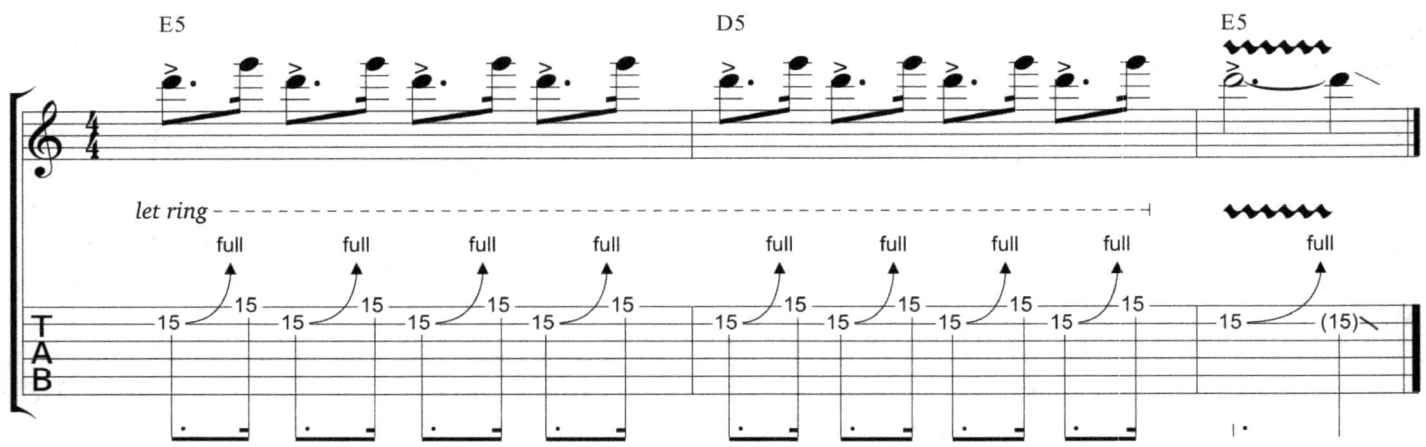

Beispiel 11b ist eine triumphierende Linie, die perfekt für den klassischen Rock im Kossoff-Stil geeignet ist. Es sind die Details wie der Hammer-on in Takt Eins und die sehr schnelle, präemptive Note in Takt Drei, die diese Linie zum Singen bringen. Füge viel Vibrato hinzu und vergiss nicht, mit dem Backing-Track zu spielen. Das Gefühl ist hier weitaus wichtiger als die technische Präzision.

Beispiel 11b:

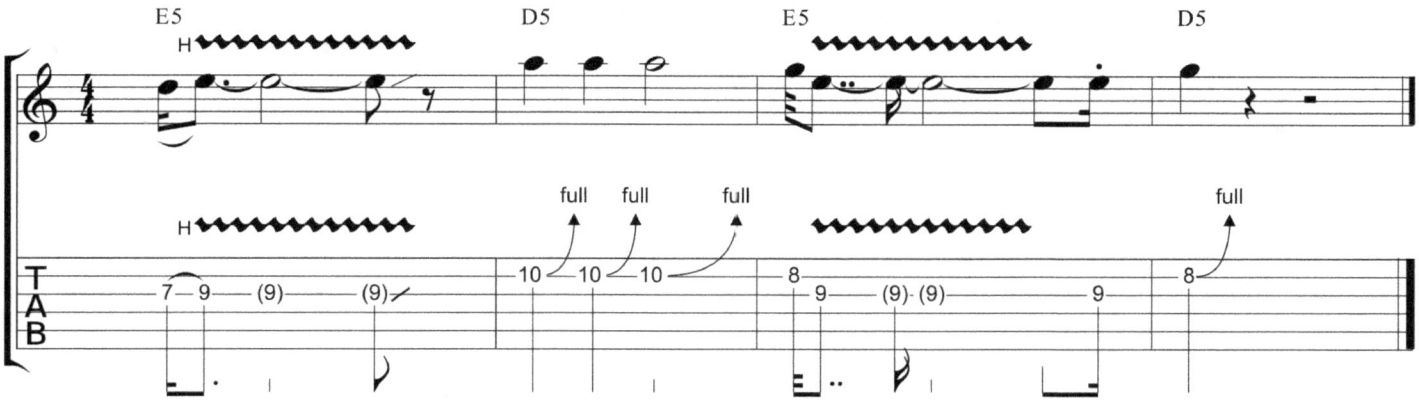

Eine weitere aufsteigende Linie ist in Beispiel 11c dargestellt. Verwende deinen dritten Finger, um die erste 17. Bund Note zu spielen, und wechsel dann schnell auf deinen dritten Finger in den Bend, um die Geschwindigkeit und Genauigkeit zu steuern. Vibrato entsteht durch schnelles Absenken und Anheben der gebogenen Note, sobald sie ihr Ziel erreicht hat. Dies kann zusätzliche Übung erfordern, da Kossoffs Vibrato legendär war.

Beispiel 11c:

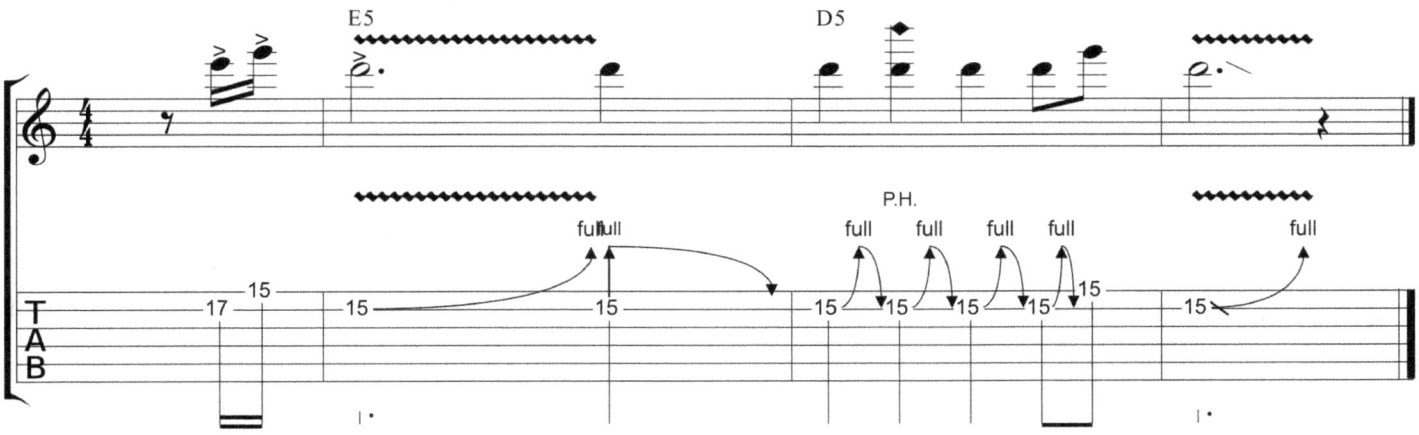

Nur zwei Akkordformen werden verwendet, um dieses raffinierte, verschiebende Riff zu kreieren. Das Spielen von drei sich wiederholenden Noten in geraden 1/16-Sekunden erzeugt den Effekt, dass sich der Akkord im gesamten Takt nach hinten bewegt. Kossoff benutzte oft solche Mittel, um Lead-Breaks zu schaffen, und es zeigt, dass man nicht immer Tonleitern spielen muss, um ein unvergessliches Solo zu schaffen.

In Takt Zwei schiebe einfach die erste Akkordform nach unten und spiele die obere Saite auf.

Beispiel 11d:

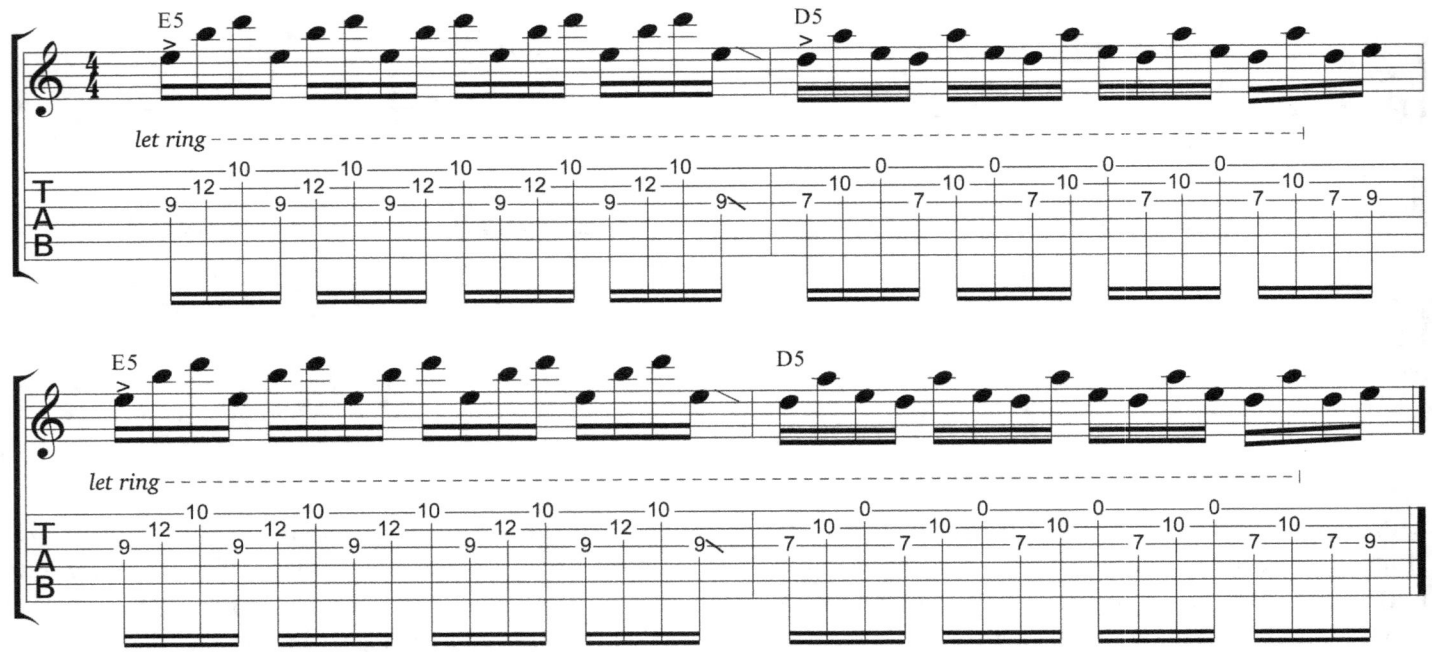

Beispiel 11e beginnt mit einem rückwärts gerichteten E-Powerchord, bevor er sich auf eine weitere typische Sequenz von breiten Kossoff-Bends begibt. Wie immer werden Genauigkeit und ein dynamisches Vibrato diese Linie zum Leben erwecken.

Beispiel 11e:

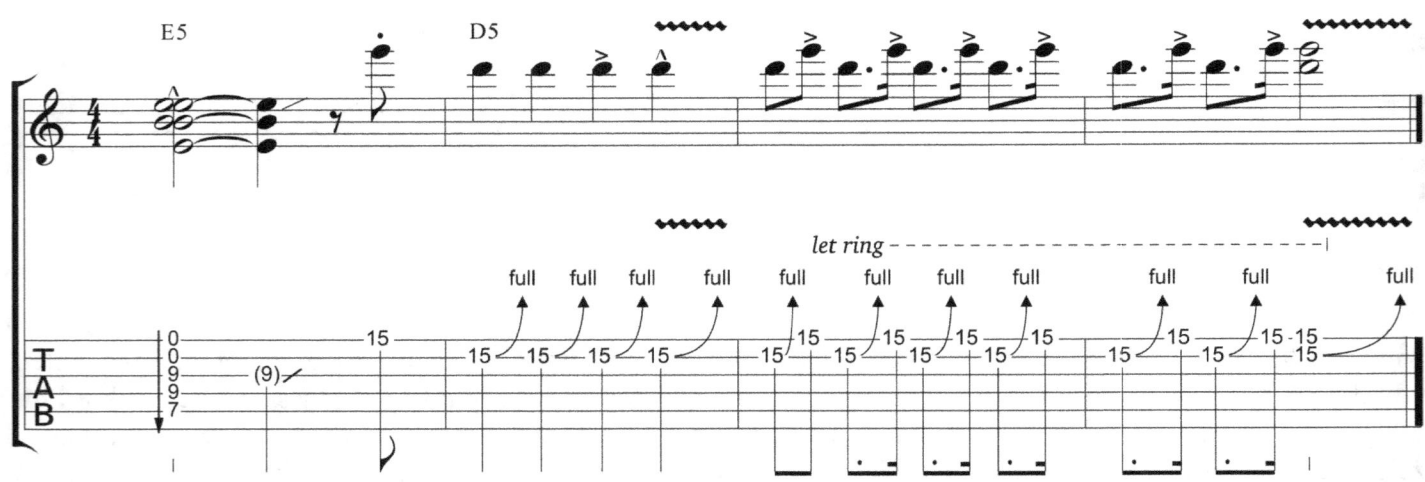

Jeff Beck

Geoffrey Arnold Jeff Beck wurde 1944 in einem Vorort von London, England, geboren und begann bereits als Teenager mit einem geliehenen Instrument Gitarre zu spielen. Wie mehrere andere englische Gitarristen seiner Generation besuchte er ein Art College und engagierte sich aktiv in verschiedenen lokalen Bands. Beeinflusst von Gitarristen wie Les Paul und den Aufnahmen des Gitarristen Cliff Gallup mit Gene Vincent und The Blue Caps, hörte Beck auch Blues-Gitarristen, wie B.B. King, aufmerksam zu. In seinen frühen Jahren wurde er so etwas wie ein Session-Gitarrist, bevor er 1965 zu seiner ersten namhaften Gruppe, The Yardbirds (wo er Eric Clapton auf Empfehlung von Jimmy Page ersetzte), kam.

Beck spielte knapp zwei Jahre lang bei The Yardbirds und nahm 1966 ein Studioalbum mit ihnen auf, wurde aber schließlich während einer US-Tour wegen fehlender Auftritte und einer eher temperamentvollen Einstellung entlassen. Als Beck diese Gruppe verließ, rekrutierte er Jimmy Page und Keith Moon, um Beck's Bolero aufzunehmen, gefolgt von zwei Solo-Singles: Hi Ho Silver Lining und Tallyman. Seine nächste Gruppe war The Jeff Beck Group, zu der auch ein junger Rod Stewart am Gesang gehörte. Sie nahmen zwei Alben Truth (1968) und Beck-Ola (1969) auf, bevor sie sich im Juli 1969 auflösten. Beck gründete dann zusammen mit Drummer Carmine Appice und Bassist Tim Bogart ein Rock-Power-Trio, aber das Projekt wurde unterbrochen, nachdem Beck bei einem Autounfall schwer verletzt wurde. Später kehrte er zur Arbeit mit ihnen zurück, bevor sich die Gruppe 1974 auflöste.

Mitte der 70er Jahre hatte Beck zwei Instrumentalalalben (Blow by Blow und Wired) produziert, die seinen einzigartigen Zugang zur E-Gitarre in einer Reihe von atemberaubenden Instrumentalen präsentierten, die von der damals vorherrschenden Jazz-Rock-Bewegung beeinflusst waren. Diese zählen nach wie vor zu seinen besten Aufnahmen. In den 1980er Jahren veröffentlichte er drei Studioalben und war an zahlreichen verschiedenen Studio-Projekten und Gastauftritten beteiligt.

Seit den 90er Jahren produziert Beck kontinuierlich hochwertige Soloalben mit einer deutlich höheren Rate als in den vergangenen Jahrzehnten. Er tourt immer noch regelmäßig und gilt als einer der größten und individuellsten Gitarristen des Rock.

Jeff Beck hat an verschiedenen Stellen in seiner Karriere sowohl Gibson Les Pauls als auch Fender Telecasters eingesetzt, aber es ist zweifellos seine lange Zusammenarbeit mit der Fender Stratocaster, die ihm seinen unvergleichlichen Ruf eingebracht hat. Fender's Custom Shop produziert nun ein Jeff Beck-Modell, das genau nach seinen Vorgaben gefertigt wird. Seine Stratocasters sind so modifiziert, dass sie einen erheblichen Auftrieb am Tremoloarm ermöglichen, so dass Beck in der Lage ist, Klänge zu erzeugen, von denen andere Gitarristen nur träumen können. Seine Verstärker sind im Allgemeinen Marshalls oder Fender, und obwohl er einige Effekte verwendet, erzeugen seine Hände und Gitarren die meisten seiner Töne und radikalen Klangveränderungen.

Becks Spielstil ist absolut einzigartig und er manipuliert häufig den Tremoloarm, um Töne zu erzeugen, die an einen Slide-Gitarristen oder Pedal-Stahlspieler erinnern. Ein hervorragendes Beispiel für seine Tremoloarmtechnik ist der Track Where Were You vom 1989er Album Guitar Shop. Er setzt auch häufig Obertöne (natürliche und künstliche) mit großer Wirkung innerhalb einer Melodielinie ein und bevorzugt voluminöse Schwellungen und schnelles Tremolo-Picking bzw. Rechtstippen.

Im Gegensatz zu vielen Mainstream-Rockgitarristen manipuliert Beck ständig die Lautstärke- und Klangregler der Gitarre, um den Klang seines Instruments während des Spiels zu verändern. Sein Slide-Spiel und der Einsatz von Tremoloarmen ist erstaunlich genau in Bezug auf die Intonation und nutzt sie, um nicht-westliche Melodien auf der Gitarre nachzubilden, wie den Track Nadia aus seinem 2001er Album You Had It Coming.

Hörempfehlung

Jeff Beck Group – Truth

Solo – Guitar Shop

Solo – Blow by Blow

Solo – Emotion and Commotion

Jeff Beck nutzt den Tremoloarm effektiv, um seine Phrasen zum Leben zu erwecken, und dieser erste Lick ist voll von solchem Spiel. Verwende deinen Tremoloarm, um dem Intervall im ersten Takt Vibrato hinzuzufügen, und folge der Notation vorsichtig, um die Obertöne im zweiten Takt zu erhalten. Es ist ein beliebter Beck-Ansatz, ein Arpeggio zu erstellen, indem man Harmonien entlang bestimmter Saitenpunkte spielt. Etwas Kompression kann hier helfen, und verwende deinen Steg-Pickup für maximalen Twang. Beck verwendet auch *Tremoloarm-Dips* (das heißt, den Tremoloarm vor dem Spielen einer Note gebrochen abzusenken und dann schnell auf die richtige Tonhöhe zu bringen), um dem Klang einer Slide-Gitarre zu entsprechen. Dies ist im letzten Takt zu sehen.

Beispiel 12a:

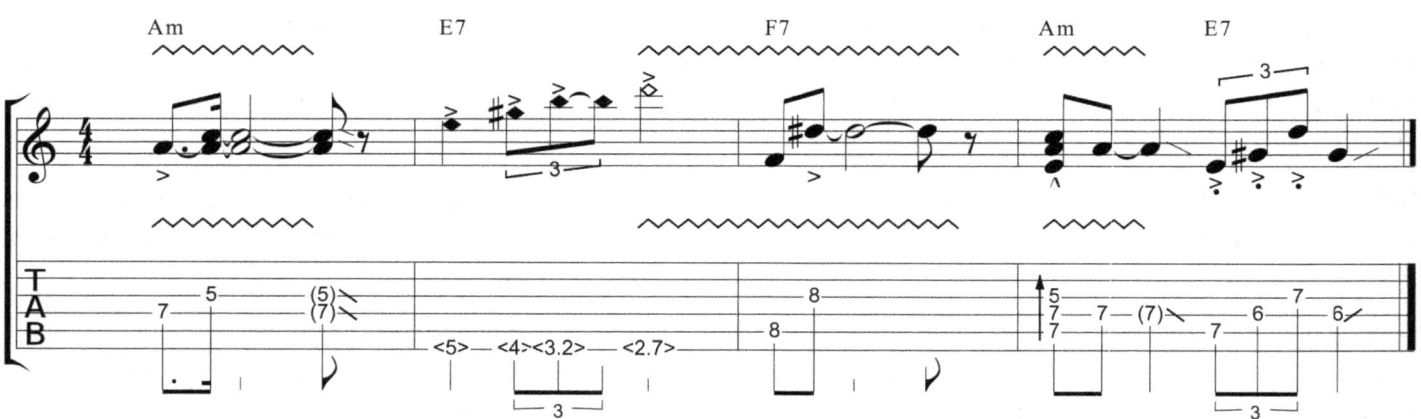

Der nächste Beck-Lick beginnt mit einem radikalen Pull-up des Tremolos, das die natürliche Harmonie am 5. Bund der G-Saite um eine Oktave aufnimmt. Möglicherweise musst du deinen Tremoloarm so einstellen, dass du diesen Intervallanstieg bequem erreichen kannst.

Der E7-Akkord in Takt Zwei wird als Arpeggio umrissen, bevor der klassische Blues die sechste Phrase in Takt Drei auf dem F7-Akkord verschiebt. Verwende den Tremoloarm, um der Linie Vibrato hinzuzufügen, wie in der Partitur angegeben.

Beispiel 12b:

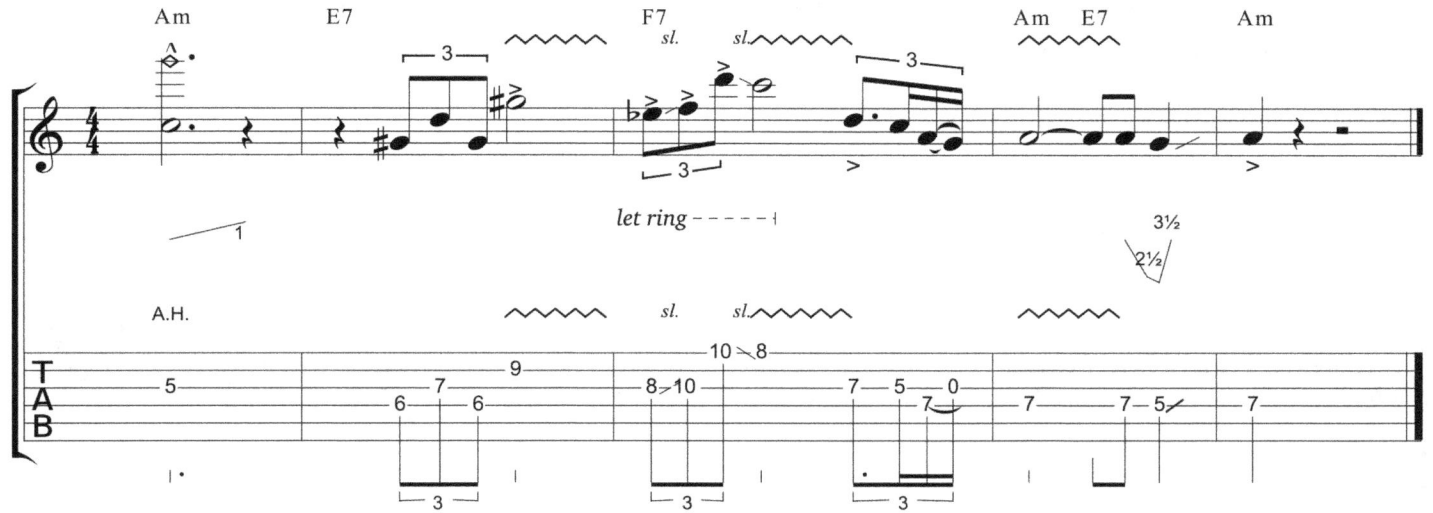

Beispiel 12c verwendet wieder Tremoloarm-Dips im Beck-Stil, um den Klang einer Slide-Gitarre anzudeuten, und auch mehr Arpeggio-Töne, um den Klang jedes Akkords zu umreißen, wie in den Takten Zwei und Drei zu sehen ist. Der Albert King beeinflusste ‚dee-dah' Lick in Takt Vier rundet die Linie im echten Electric Blues Style ab. Überstürze deine Phrasierung nicht, da die gesamte Linie gegen den Backing Track ziemlich faul klingen sollte.

Beispiel 12c:

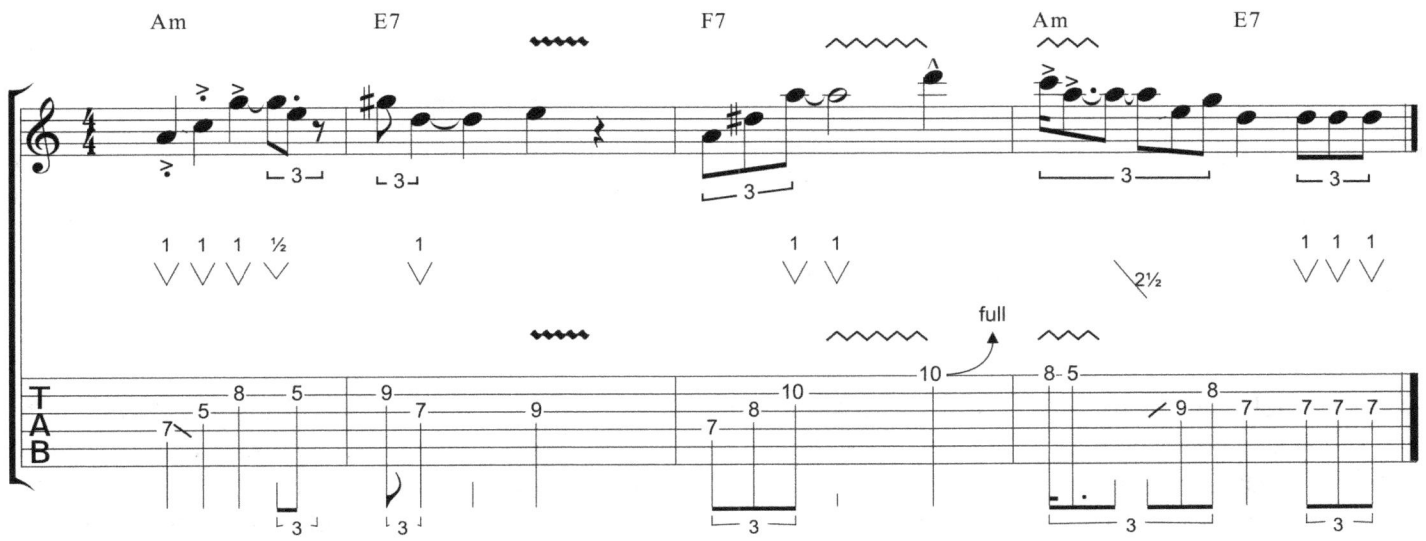

Dieser Beck-Lick wird am besten mit dem Hals-Pickup für einen wärmeren Ton gespielt und sieht wieder einmal eine liberale Verwendung des Tremoloarms. Beachte, dass der Tremoloarm hier verwendet wird, um einige Noten im Tempo mit dem Track einzudecken (wie in Takt Zwei und Takt Vier). Die Verwendung des Arms zum Spielen bestimmter Rhythmen ist ein beliebter Beck-Trick und lässt sich mit etwas Übung leicht in dein Spiel integrieren. Achte darauf, dass du die Dynamik der Phrase dem Audiobeispiel anpasst.

Beispiel 12d:

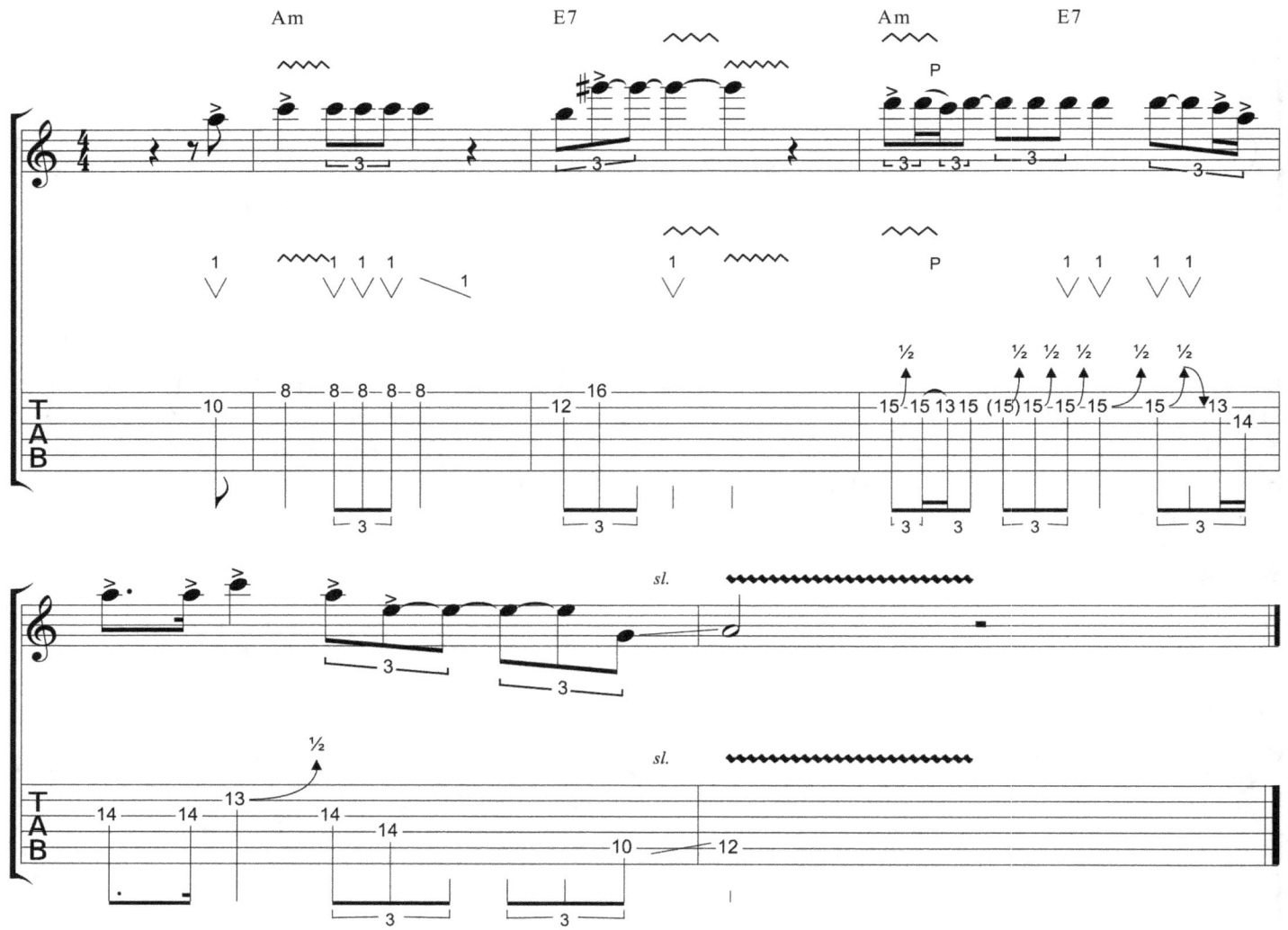

Der letzte Jeff Beck-Lick beginnt mit einem klassischen Blues Move in Triolen in Takt Eins und Zwei. Zupfe hier mit den Fingern die Saiten für einen zusätzlichen Biss und lass die Saiten ineinander übergehen. Verwende den Tremoloarm, um einen breiten und dynamischen Vibrato-Effekt für maximale Wirkung zu erzeugen. Die gesamte Linie ist auf einem Triolen-Feeling aufgebaut, also überprüfe unbedingt mit dem Audio, ob es der Phrasierung entspricht.

Beispiel 12e:

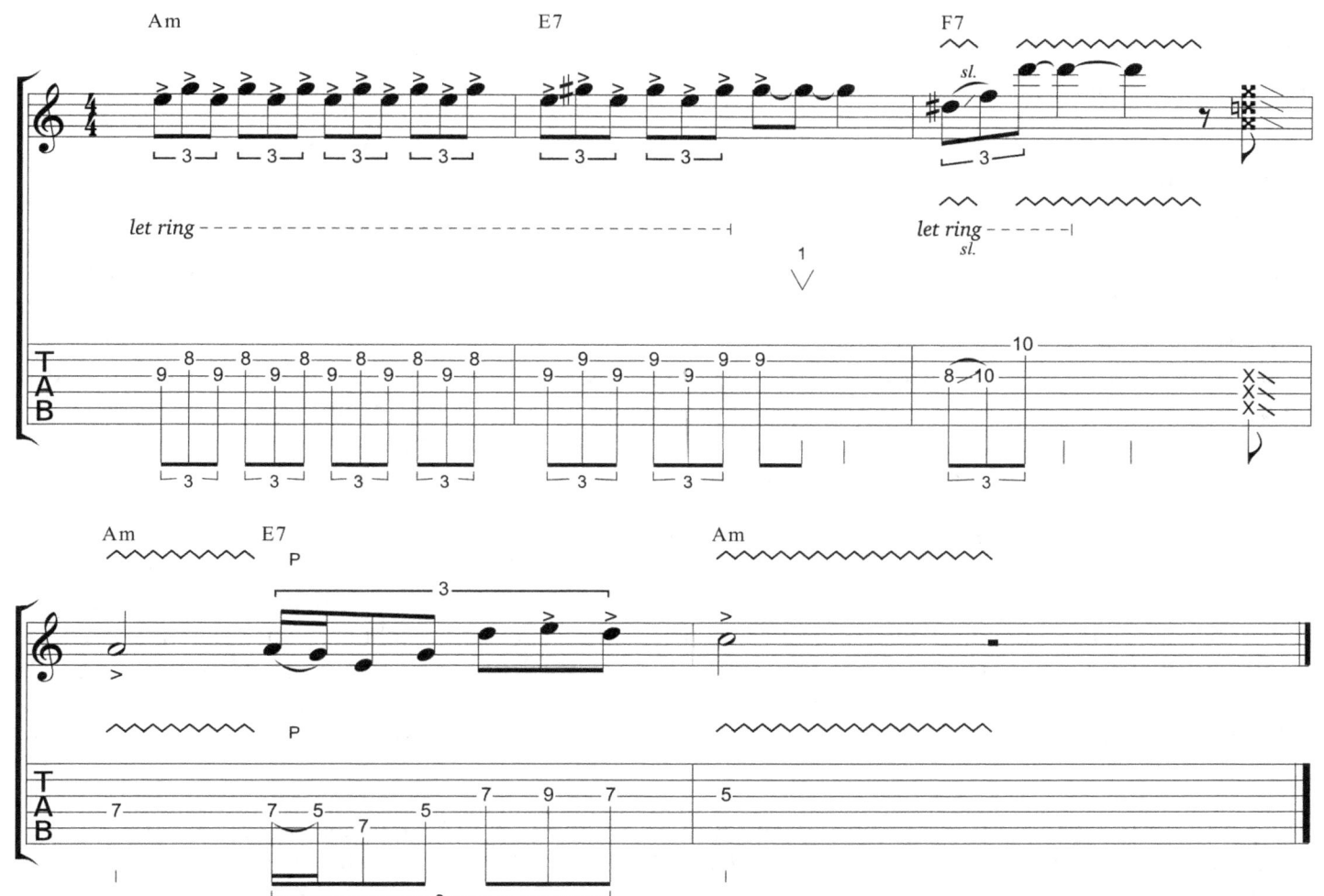

Lindsey Buckingham

Lindsey Adams Buckingham wurde 1949 in Kalifornien, USA, geboren. Er ist der jüngste von drei Brüdern, die alle ermutigt wurden, während ihrer Jugendzeit Wettkampfschwimmer zu sein. Buckingham lernte keine Gitarre und fing an, sich als Teenager das Spielen selbst beizubringen, mit einem Interesse an Folk Music und der großen Plattensammlung seines Bruders.

Einige Jahre später, als die Musik zu seinem bevorzugten Weg wurde, unternahm Buckingham mit der Gruppe Fritz (zwischen 1966 und 1971) Ausflüge in die Rock- und psychedelische Musik, wo er Bass spielte und sang. Diese Gruppe bestand auch aus (der späteren Fleetwood Mac-Sängerin) Stevie Nicks als zweite Sängerin.

Nachdem sie Fritz verlassen hatten, begannen Buckingham und Nicks (jetzt ein Paar) eine Duo-Karriere und wurden kurzzeitig bei Polydor Records unter Vertrag genommen, wo sie 1973 ein Album veröffentlichten. Aufgrund der schlechten Verkaufszahlen und dem damit verbundenen Verlust der Unterstützung ihrer Plattenfirma geriet das Duo in eine schwere Zeit, und erst als Schlagzeuger Mick Fleetwood ein Demo von ihnen hörte, änderte sich ihr Schicksal. Fleetwood war von Buckinghams Gitarrenspiel ausreichend beeindruckt, um ihm eine Vollzeitstelle bei Fleetwood Mac anzubieten (nachdem Bob Welch die Band 1974 verlassen hatte), und Buckingham bestand darauf, dass Nicks sich ihm in der neuen Gruppe anschließt.

Buckingham und Nicks passten perfekt zu der englischen Band, die seit dem Weggang von Peter Green einige Jahre zuvor darum gekämpft hatte, ihren musikalischen Schwerpunkt zu finden. Nach einem mäßig erfolgreichen ersten Album mit Fleetwood Mac im Jahr 1975 wurde das zweite Album mit Buckingham und Nicks (mit dem Titel Rumours) zu einem internationalen Bestseller und machte die Gruppe zum Superstar, was nicht zuletzt auf Buckinghams sehr vielseitiges Gitarrenspiel und Songwriting zurückzuführen ist. Die folgenden Jahre waren für Buckingham mit Fleetwood Mac erfolgreich (obwohl seine Beziehung zu Nicks während des Rumours-Albums endete), und sie erzielten riesige Rekordumsätze, unterstützt durch ausgedehnte Touren.

Mitte der 80er Jahre wurde Buckingham der endlosen Tourneen und Aufnahmen müde und begann, sich außerhalb der Gruppe musikalisch zu betätigen. Dies führte dazu, dass er 1987 ging, um eine Solokarriere zu verfolgen, die er leise begonnen hatte, als er noch bei Fleetwood Mac war. Nach einer Reihe von Projekten traf sich Buckingham 1997 wieder mit seinen ehemaligen Bandkollegen für die erfolgreiche Dance Tournee. Fleetwood Mac spielen und nehmen immer noch zusammen auf, wenn auch weniger regelmäßig als in den 1970er und 1980er Jahren. In jüngster Zeit hat Buckingham zusammen mit der Keyboarderin Christine McVie aufgenommen und ist auf Tournee gegangen. Er hat 10 Alben veröffentlicht, zusätzlich zu denen, die er mit Fleetwood Mac aufgenommen hat.

In erster Linie ein Fingerstyle-Gitarrist, produziert Buckingham einen ausgeprägten Attack auf die Gitarre und mischt in seinen Soli oft Single-Lines und kleine Akkordstrukturen. Er behauptet, mehr aus dem Bauch heraus zu spielen als durch theoretisches Wissen, obwohl sein Spiel immer perfekt zum Song passt, sei es akustisch oder als rockorientierter Track wie Go Your Own Way. Er liebt dramatische Doppelgriffe und Unisono-Bends in seinem Rock-Solo und geht bei der Improvisation melodisch vor. Obwohl es einen Blues-Einfluss in seinem Gitarrenspiel gibt, ist er in der Regel weit weniger offensichtlich als bei anderen Gitarristen seiner Generation. Er ist ein Meister der Schichtung von Gitarrenparts, um einen fast orchestralen Klang zu erzeugen.

Bevor er zu Fleetwood Mac kam, benutzte Buckingham eine Fender Telecaster, wechselte bald zu einer Gibson Les Paul, um der eher Blues-Rock-orientierten englischen Gruppe zu entsprechen, bevor er sich schließlich auf eine maßgeschneiderte Gitarrenmarke von Rick Turner einließ, die er immer noch spielt.

Diese E-Gitarren werden normalerweise über Mesa Boogie- oder Fender-Verstärker mit minimalem Effekteinsatz verstärkt, normalerweise nur mit Delay und einem leichten Overdrive je nach Song. Er benutzt eine Reihe von akustischen Gitarren, während er spielt und aufnimmt. Er hat Taylor, Martin und Turner Gitarren sowohl live als auch im Studio verwendet.

Hörempfehlung

Fleetwood Mac – Rumours

Fleetwood Mac – Fleetwood Mac

Fleetwood Mac – Tusk

Duo – Lindsay Buckingham/Christine McVie

Ein großer Teil von Buckinghams Leadspiel besteht darin, Tiefe und Kontrast zum Rhythmusteil zu schaffen. Der erste Lick hebt nur eine Art hervor, wie er dies tut, indem er auf die 5. und b7 des B-Moll-Akkords abzielt. Slide in die erste Note und lasse jede Tonhöhe in die nächste klingen, wobei du darauf achten musst, dass du auf den 1/16tel Noten im Takt bleibst. Verwende deinen dritten und vierten Finger für die Bend-Idee auf der zweiten Linie. Versuche, die Linie sowohl mit einem Plektrum als auch ohne im echten Buckingham-Stil zu spielen.

Beispiel 13a:

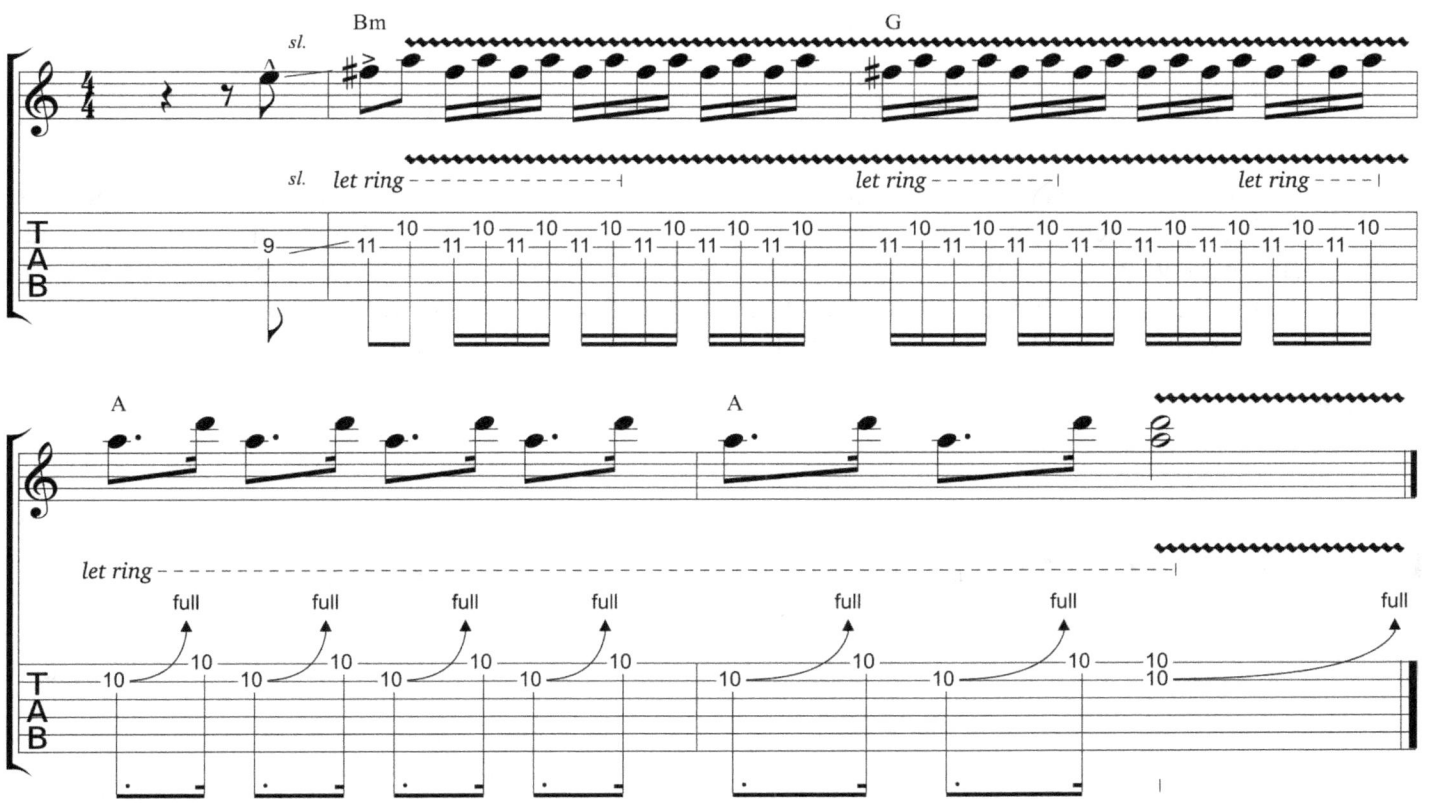

Unison-Doppelgriff-Bends sind schwere kleine Brocken. Das Ziel ist es, die untere Tonhöhe so zu benden, dass sie der oberen entspricht, aber das erfordert Genauigkeit und gute Ohren. Es ist gut, diese Ideen zu isolieren, denn die Bending-Abstände sind unterschiedlich, je nachdem, wo man sich auf dem Griffbrett befindet und man braucht Finger und Ohren, die zusammenarbeiten.

Beachte, dass die Bends in den zweiten beiden Takten bei jedem Attack wiederholt werden, nicht nur benden und halten.

Ich empfehle, die Finger Eins und Drei durchgehend zu verwenden und den ersten beiden Unisono-Bends ein wenig Vibrato hinzuzufügen.

Beispiel 13b:

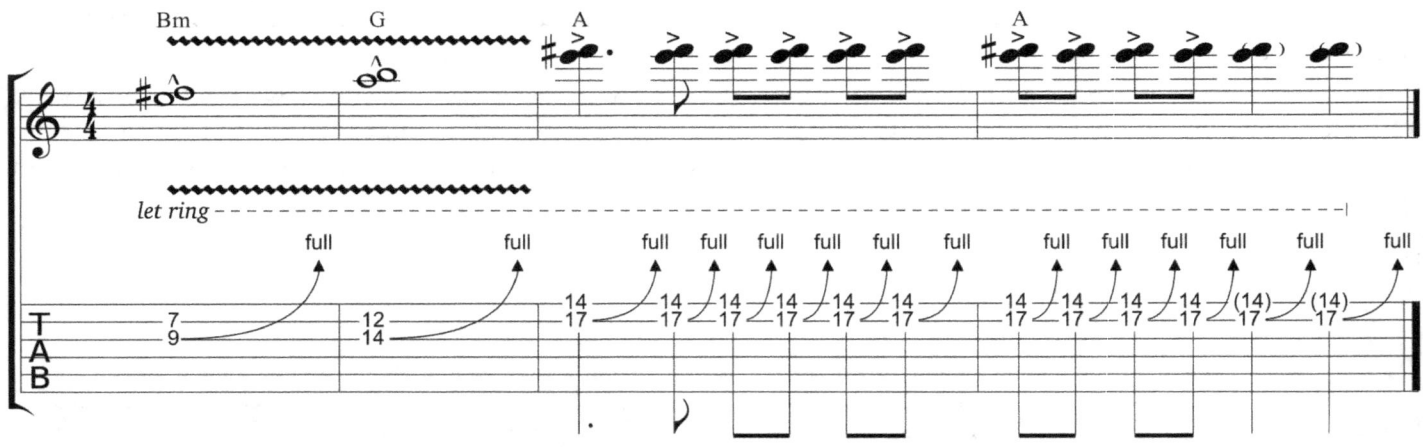

Die folgende Lead-Break ist typisch für Lindsay Buckingham; sie ergänzt den Track und nimmt dich mit auf eine Reise, steht aber nicht im Rampenlicht. Diese Linie ist alles B-Moll-Pentatonik, aber der modale äolische Hintergrund lässt sie interessanter klingen. Sei vorsichtig mit den Unisono-Bends in Takt Vier, da deine Intonation beim Erreichen des Doppelgriffs auf Takt 4 hängen bleiben könnte. 7. Bund Doppelgriff und 9. Bund Bends sollten in der Tonhöhe identisch klingen.

Beispiel 13c:

Mehr Doppelgriff-Bends hier, aber diesmal sind sie nicht unisono. In Takt Eins zielt der Bend auf den Grundton des B-Moll-Akkords, während die höhere Note die b3. hält. Wenn man die gleiche Idee über den A-Akkord den Hals hoch slidet, bedeutet das, dass der Bend nun auf den 13./6. von A (F#) abzielt und die höhere Note den Grundton (A) hält. Diese Idee ist eigentlich ziemlich vom Country beeinflusst. Stelle wie immer sicher, dass du die Zieltonhöhe jedes Mal auf den Bend erreichst und übe sie genau. Lass die Noten an den angegebenen Stellen klingeln.

Beispiel 13d:

Beispiel 13e ist eine einfache kleine pentatonische Idee, aber die Stärke der Melodie und der plötzliche Sprung in der Tonhöhe machen sie zu einem kraftvollen treibenden Statement im Track. Beachte die Verwendung der offenen A-Saite, um eine rhythmische Pause zu erzeugen, bevor der melodische Sprung in Takt Vier erfolgt. Hier lässt die schräge Platzierung die ansonsten einfach klingende Melodie aus dem Hintergrund springen. Trotz der melodischen Einfachheit des Licks zeigt es, wie effektiv diese Linien sein können, wenn sie gut phrasiert sind.

Beispiel 13e:

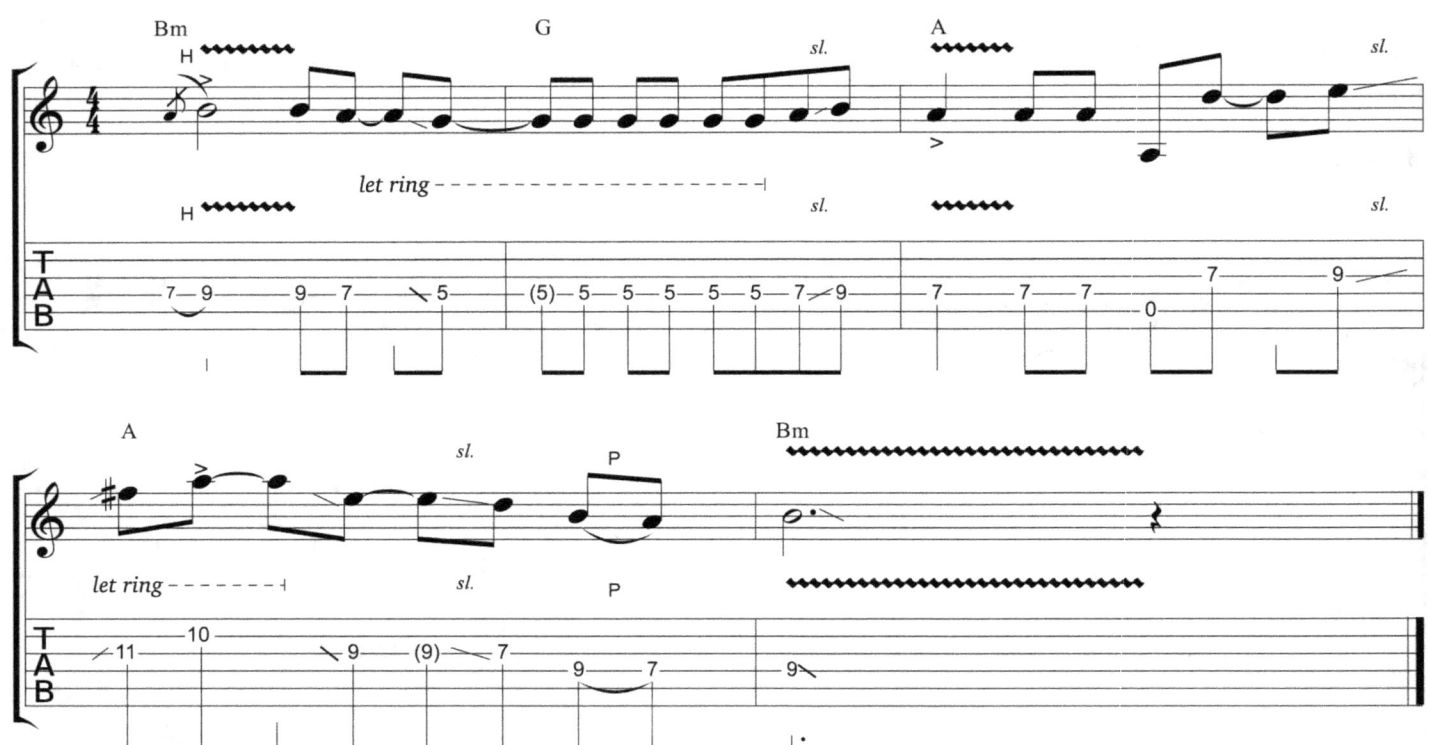

Michael Schenker

Michael Schenker wurde 1955 in Deutschland geboren und begann schon früh, unter dem Einfluss seines Bruders Rudolf, Gitarrist bei The Scorpions, Gitarre zu lernen. Sein erstes Konzert fand im Alter von nur 11 Jahren statt, und im Alter von 17 Jahren nahm er mit seinem Bruder in The Scorpions auf ihrem Debütalbum Lonesome Crow von 1972 auf.

Während seiner Tournee mit dieser Band erregte er die Aufmerksamkeit der aufstrebenden britischen Hardrock-Band UFO und wurde eingeladen, sich ihnen vollzeitig anzuschließen. Obwohl Schenker zum ersten Mal bei UFO kein Englisch sprach, wurde er schnell Co-Autor vieler seiner bekanntesten Songs. Obwohl er eine schwierige Beziehung zur Band hatte, wurde er aufgrund seines explosiven und flüssigen Lead-Gitarrenstils schnell zur Hauptattraktion bei ihren Live-Auftritten. Schenker blieb bis 1978 bei der Band und war auf ihrem klassischen Live-Album Strangers in The Night vertreten, das viele Kritiker als sein bestes Werk betrachten.

Nach dem Verlassen von UFO kehrte Schenker kurzzeitig zu The Scorpions zurück, bevor er eine jahrzehntelange Solokarriere bei The Michael Schenker Group (MSG) begann. Sein Debütalbum 1980 (einfach The Michael Schenker Group genannt) gehört zu seinen besten Werken und wurde mit dem Sänger Gary Barden veröffentlicht. Mehrere Besetzungswechsel (und Bandnamen) folgten, aber jede Inkarnation der Gruppe brachte starke Alben hervor, die alle Schenkers unverwechselbares, flüssiges Leadgitarrenspiel beinhalten. Später gründete er mit dem Sänger Robin McAuley die McAuley Schenker Group, die bis 1993 bestand.

In den 1990er Jahren trat er zweimal kurz wieder bei UFO ein, aber Anfang der 2000er Jahre war Schenker etwas aus der öffentlichen Aufmerksamkeit verschwunden und schien seine musikalische Ausrichtung verloren zu haben. Er kehrte jedoch mit einer Reihe von Tourneen und Aufnahmen in die Musikindustrie zurück, die ihn wieder zu seiner rechtmäßigen Position als einer der charakteristischsten und aufregendsten Interpreten der Rockgitarre zurückführten. Schenker hat in seiner Karriere über 30 Alben aufgenommen und mehrere Auszeichnungen für seine musikalischen Leistungen erhalten.

Schenker stand für einen Großteil seiner Karriere mit der Gibson Flying V-Gitarre in Verbindung, bis er etwa 2007 begann, eine charakteristische Dean-Gitarre zu spielen, die nach dem Vorbild seiner berühmten schwarz-weißen Gibson Flying V aus seinen späten UFO- und MSG-Tagen entstand. Die Firma Dean baute ihm auch zwei akustische Modelle mit ähnlichem Design.

Seine Verstärkung war fast immer Marshall-Köpfe und 4 x 12 Boxen und sein unverwechselbarer Gitarrenklang wird durch die Verwendung eines Wah-Wah-Pedals erreicht, das etwa in der Mitte seiner Reichweite eingestellt ist. Diese Einstellung erzeugt einen markanten Mitteltonboost und definiert den klassischen Schenker-Gitarrensound. Es ist auf fast allen seinen Aufnahmen zu hören, macht sich aber vor allem auf dem Live-UFO-Album Strangers in the Night bemerkbar. Obwohl er ein kleines Pedalboard benutzt, ist er nicht besonders dafür bekannt, Effekte in seinem Spiel zu verwenden, und der Großteil seines Sounds wird direkt von seiner Gitarre und den Verstärkern über das Wah-Wah-Pedal erzeugt.

Schenkers melodischer Leadgitarrenstil zeichnet sich zum Teil durch die Verwendung von wiederholten und schnellen linkshändigen Legatopassagen aus, die mit großem technischem Geschick gespielt werden, und er verfügt über ein äußerst markantes Vibrato. Er spielt oft Soli, die typische Blues- und Pentatonik-Tonleitern mit Moll-Tonleitern wie dem Äolischen Modus kombinieren, obwohl er regelmäßig Arpeggio-Figuren und Skalenpassagen in einen fast neoklassischen Rock-Stil integriert.

Schenker, ein Meister des Saiten-Bendings, verwendet häufig sowohl unisono als auch sehr hohe Registersaiten-Bendings und hat viele zeitgenössische Gitarristen beeinflusst, darunter Kirk Hammett von Metallica und John Petrucci von Dream Theater.

Hörempfehlung

UFO – Lights Out

UFO – Obsession

UFO – Strangers in the Night

Solo – The Michael Schenker Group

Der erste Michael Schenker-Lick ist im Grunde genommen komplett F#-Moll-Pentatonik mit der Einbeziehung der natürlichen 6. in Taktschlag Zwei, genau wie die Ritchie Blackmore-Linie in Beispiel 9e. Offensichtlich ist die Geschwindigkeit ziemlich hoch, also teile die Linie in kleinere Abschnitte auf, bevor du alles wieder zusammensetzt. Saiten-Bends, die tiefer am Hals gespielt werden, sind aufgrund der höheren Saitenspannung immer härter, also stelle sicher, dass du es schaffst, auf der ersten Note einen vollen Ton zu erreichen. Achte auch auf die Pick-Richtungen, da die meiste Geschwindigkeit dadurch entsteht, dass du Legato verwendest und nicht jede Note kommissionierst.

Beispiel 14a:

Dieser Lick taucht im Spiel der meisten großen Rockgitarristen irgendwann einmal auf. Schau dir Beispiel 1a für Jimmy Pages Ansatz für diese Art von Phrase an. Das Schwierigste dabei ist, dass nicht alle gebendeten Noten jedes Mal auf einen passenden Taktschlag fallen. Auch das Muster der Noten zwischen den Bends ändert sich, also pass gut auf! Es ist definitiv einer, den du mit dem Audiotrack ein paar Mal überprüfen solltest, um die Schenker-Phrasierung wirklich zu erhalten.

Beispiel 14b:

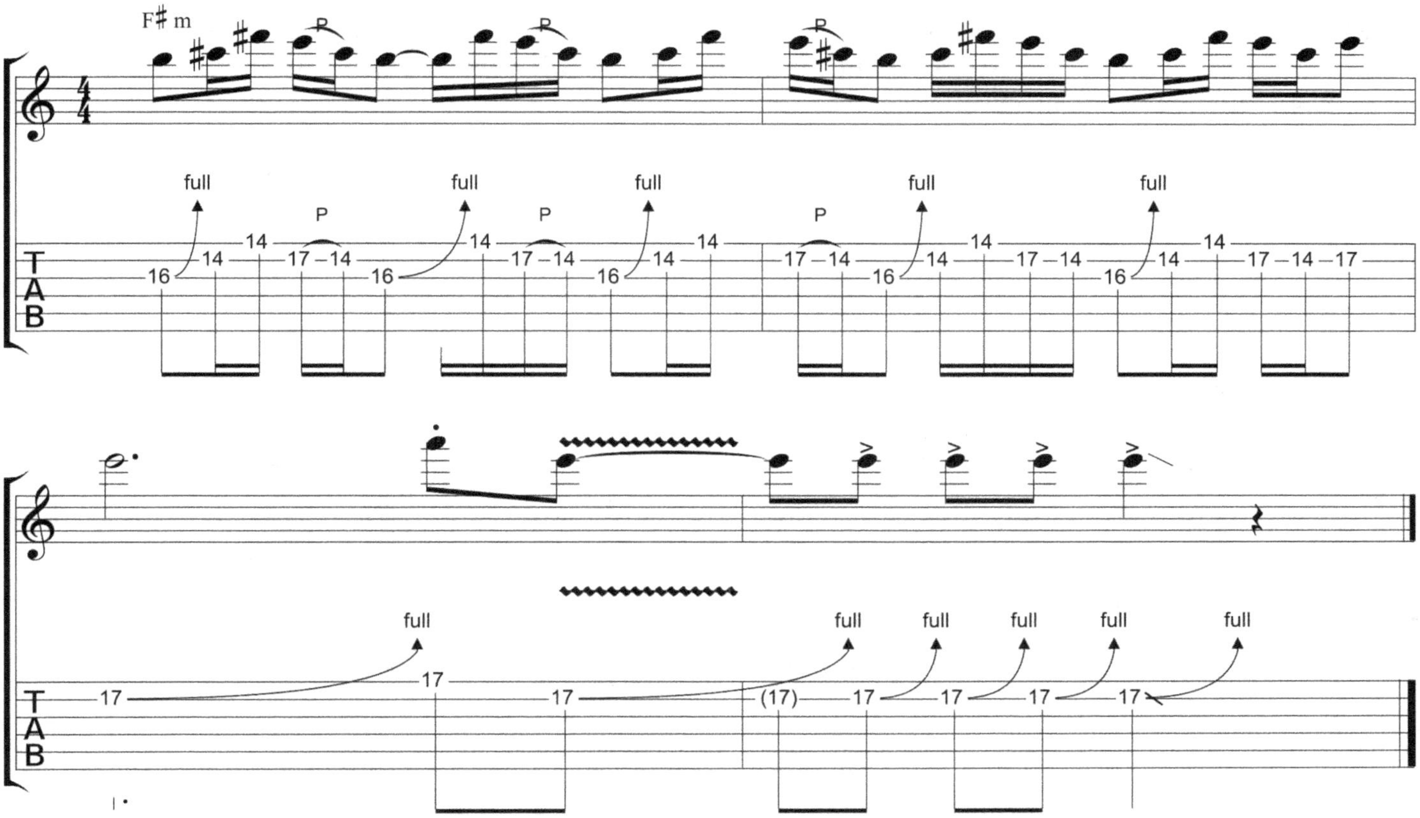

Beispiel 14c veranschaulicht Schenkers Feingefühl und Beherrschung des Rockgitarrensaiten-Bendings. Hör dir den den Track genau an, um zu hören, wie jeder Bend manipuliert wird, und verwende deinen dritten Finger mit dem zweiten Finger, der dahinter auf der gleichen Saite liegt, als Unterstützung. Wieder ist es eine schnelle Linie, also zerlege sie in kleinere melodische Abschnitte und zupfe hart. Für einen besonders authentischen Schenker-Ton versuche, diese Licks mit einem Wah-Wah-Pedal zu spielen, das etwa auf halbem Weg aufgesetzt ist.

Beispiel 14c:

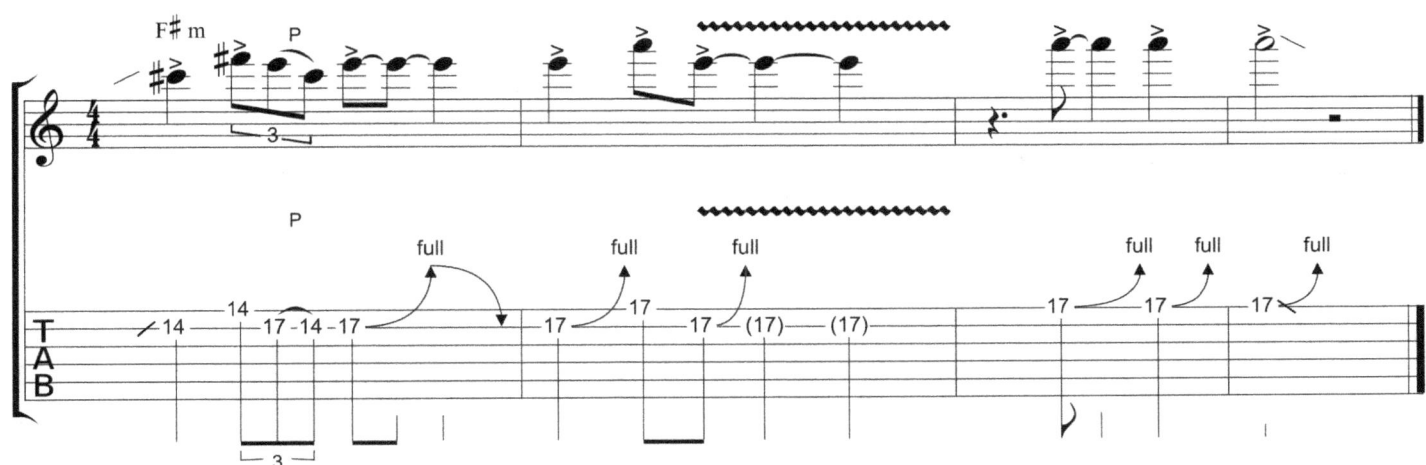

Das folgende Beispiel sieht auf dem Papier entmutigend aus, aber es ist eigentlich nur eine absteigende Skalenfolge, die mit halsbrecherischer Geschwindigkeit gespielt wird. Lerne die Sequenz sehr langsam und betrachte den besten Ort, um die Position durch die Noten nach unten zu verschieben. Ich ziehe es vor, meinen ersten Finger in den 13. Bund der G-Saite zu schieben. Versuche jede Note zu zupfen, wenn du dich mutig fühlst, aber wenn du nur die erste Note auf jeder Saite zupfst, wird ein weicher Legato-Effekt und einige interessante rhythmische Akzente erzeugt.

Lerne diese Licks immer langsam für maximale Genauigkeit, bevor du versuchst, sie in vollem Tempo zu spielen.

Beispiel 14d:

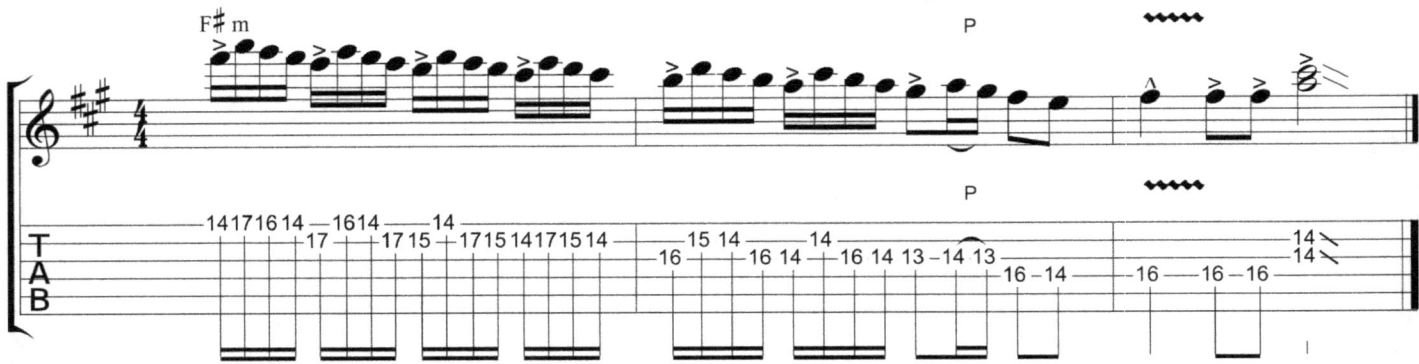

Der letzte Schenker-Lick zeigt einen eher vom Blues beeinflussten Ansatz, aber die Hard-Rock-Stylings der gezwickten Harmonik schleichen sich in das Ende von Takt Zwei. Du hast die Phrase in Takt Eins ein Dutzend Mal gesehen, obwohl tief am Hals ein unangenehmer Ort ist, um diese B-Note zu benden.

Gleite mit dem vierten Finger in den 7. Bund und verwende die Finger Eins und Zwei, um den Pull-off im Takt Zwei zu spielen, bevor du wieder auf dem 7. Bund landest, diesmal mit dem dritten Finger. Dies soll dir helfen, deine Finger für die Positionsverschiebung zu organisieren. Der natürliche 9. (4. Bund) suggeriert eine äolische Tonalität, die die dunkel klingende Moll-Tonart ergänzt. Füge so viel Vibrato wie möglich auf die langen Noten hinzu.

Beispiel 14e:

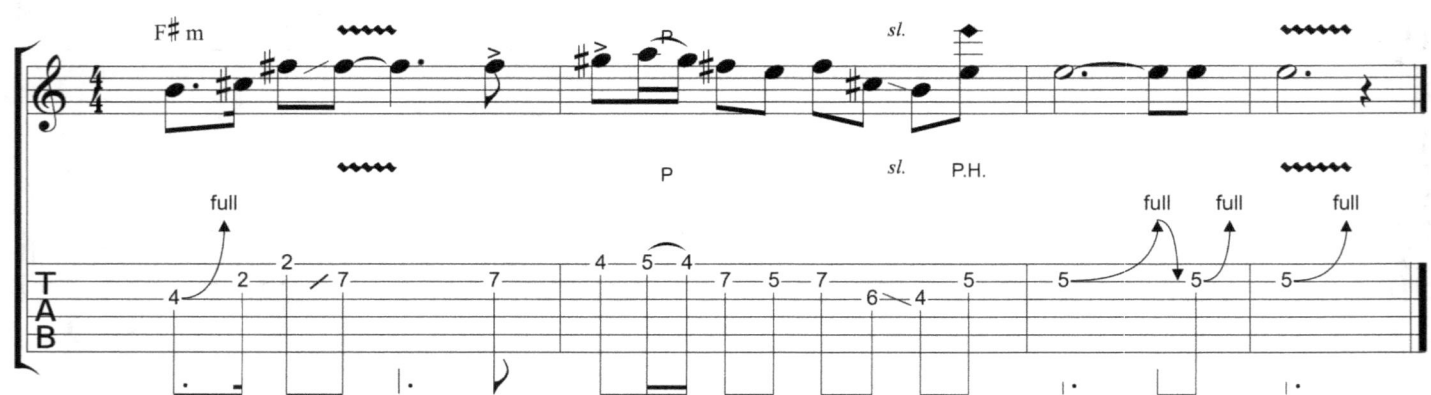

Joe Walsh

Joseph Fidler Joe Walsh wurde 1947 in Kansas, USA, geboren. Seine Mutter war eine klassisch ausgebildete Pianistin und Walsh wurde von seinem Stiefvater adoptiert, nachdem sein biologischer Vater bei einem Flugzeugabsturz starb, als er fünf Jahre alt war. Während seiner High School-Zeit in New Jersey spielte Walsh die Oboe, wurde aber bald von der Gitarre angezogen und wurde stark von Gruppen wie den Beatles inspiriert. Beeinflusst von einer Reihe bekannter Gitarristen wie Chuck Berry, Jimmy Reed und B.B. King, trat Walsh regelmäßig auf, als er die High School beendete.

Seine frühe Karriere konzentrierte sich hauptsächlich auf zwei Bands, zuerst The Masles und später The James Gang. The James Gang waren mäßig erfolgreich und Walsh nahm vier Alben mit ihnen auf. Sie unterstützten auch The Who während der Tournee, wobei Walshs Spiel die Aufmerksamkeit von Pete Townsend auf sich zog. Die Zusammenarbeit mit The James Gang half ihm, seinen musikalischen Ruf durch Tracks wie Funk #49 und Walk Away erheblich zu steigern.

Nachdem er The James Gang 1971 verlassen hatte, arbeitete Walsh etwa vier Jahre lang mit mehreren anderen Bands zusammen, darunter Barnstorm, der 1973 mit dem Album The Smoker You Drink, The Player You Get, das vor allem wegen der klassischen Single Rocky Mountain Way gut angenommen wurde, einige kommerzielle Erfolge feierte.

Barnstorm löste sich 1974 auf, und 1975 erhielt Walsh eine Einladung zu The Eagles als Ersatz für den ehemaligen Gitarristen Bernie Leadon. Sein erstes Album mit den Eagles war das Hotel California, auf dem er sein hoch verfeinertes Slide-Gitarrenspiel spielte. Insbesondere sein langwieriges Gitarrenduo mit Don Felder am Ende des Titeltracks gehört zu seinen besten Spielen auf der Platte. Walshs Gitarrenauftritt auf dem Track Life in the Fast Lane war auch ein großes Highlight des meistverkauften Albums. Walsh arbeitete weiterhin mit The Eagles zusammen, bis sie sich 1980 trennten und auch an Soloprojekten arbeiteten. Seine Solo-Single Life's Been Good (eine ironische Ansicht des Rockstar-Daseins) wurde kurz vor der Trennung von The Eagles veröffentlicht.

Die Eagles reformierten sich etwa 14 Jahre später und begannen mit Walsh wieder auf Tour zu gehen. Gitarrist Don Felder war nicht an diesem Treffen beteiligt, da er in einen Rechtsstreit mit den anderen Bandmitgliedern verwickelt war. Mit mehr Besetzungswechseln in den letzten Jahren haben The Eagles weiterhin zusammen mit Walsh gespielt. Er war an zahlreichen musikalischen Projekten außerhalb von The Eagles beteiligt und engagiert sich regelmäßig für verschiedene gemeinnützige Zwecke.

Walsh ist bekannt dafür, mit verschiedenen Instrumenten zu experimentieren, je nach den Bedürfnissen des Songs und ist ein begeisterter Sammler von Vintage-Gitarren. Bei den Eagles ist er vor allem durch den Einsatz von Gibson Les Pauls und Fender Telecasters bekannt, indem er oft eine Gitarre auswählte, die sich klanglich mit anderen in der Band abhebt. Er verwendet Gitarren von Carvin und Duesenberg.

Obwohl er im Laufe der Jahre viele verschiedene Verstärkermodelle ausprobiert hat, scheint er eine Vorliebe für kleinere Fender-Röhrenverstärker wie die Deluxe- oder Champ-Modelle zu haben, insbesondere im Studio. Live hat er viele verschiedene Verstärker verwendet, zuletzt bevorzugt er DR Z-Verstärker.

In Songs wie Rocky Mountain Way benutzte er eine Talkbox, die zu einem seiner typischen Gitarreneffekte wurde, aber ansonsten ist sein Einsatz von Effektgeräten ziemlich minimal.

Walsh' Blues-Rock-Spielweise ist fließend und bietet präzises Saitenbending mit Vor-Bends, Doppelgriffen und breiten Intervallen. Er bevorzugt Blues- und Pentatonische Tonleitern beim Solospielen, aber manchmal auch chromatische Tonhöhen, um Farbe zwischen den Akkordtönen hinzuzufügen. Er verfügt auch über eine ausgeprägte und stimmliche linke Vibratotechnik. Sein Slide-Spiel ist eindeutig von traditionellen Blues-Musikern und -Gitarristen wie Duane Allman beeinflusst.

Hörempfehlung

Eagles – Hotel California

Solo – But Seriously Folks

Barnstorm – The Smoker You Drink, the Player You Get

Solo – There Goes the Neighbourhood

Der erste Joe Walsh-Lick wird mit einem Slide in offener A-Stimmung (E A E A C# E) gespielt und erfordert eine gewissenhafte Kontrolle der Intonation. Achte auf den subtilen Halbton-Slide am Ende von Takt Zwei und den längeren Slides im letzten Takt. Walsh phrasiert auf entspannte und hintergründige Weise, also beziehe dich auf die Audiospur, um seinen unverwechselbaren rhythmischen Ansatz einzufangen. Wie Duane Allman hat auch Walsh eine ausgezeichnete Kontrolle über das Vibrato mittels eines Slides, also übe diese Technik sorgfältig, um sie an seinen singenden Ton anzupassen.

Beispiel 15a:

Dieser Lick ist ein weiteres Slide-Training in offener A-Stimmung. Achte darauf, dass die angegebenen Noten richtig ineinander übergehen. Sei auch vorsichtig mit der letzten dramatischen Slide vom 7. Bund bis zum 12. Bund auf der G-Saite und vermeide es, auf eine der anderen Saiten zu treffen. Die Saitendämpfung ist wichtig beim Slide-Spiel (besonders wenn du einen übersteuerten Ton wie Walsh verwendest), also verwende die verfügbaren Finger an beiden Händen, um die nicht verwendeten Saiten zu dämpfen. Wenn du die Saitenlage auf deiner Gitarre etwas anhebst, wird der glasige Slide-Sound, den Walsh bevorzugt, erreicht.

Beispiel 15b:

Dieser Lick kehrt zur normalen Stimmung zurück und verwendet tiefregistrierte Halbton-Bends, um eine funky, fast Country-Style-Linie zu kreieren. Bende die Saiten nicht zu stark und wähle den Overdrive ein wenig zurück, um einen Edge-of-Breakup-Rock-Sound zu erhalten; definitiv einen für den Steg-Pickup.

Achte auf den Ganzton-Bend auf der G-Saite am 4. Bund im vorletzten Takt. Füge subtiles Vibrato hinzu, um dem Lick seinen letzten Schliff zu geben.

Beispiel 15c:

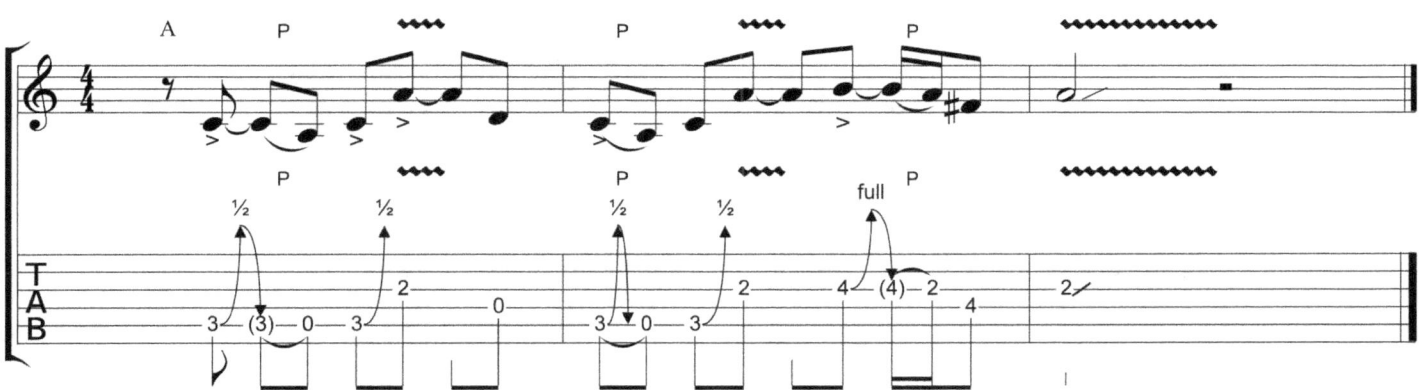

Ein weiterer Low Register Lick mit Country-artigem Flair. Es gibt eine Positionsverschiebung zwischen den Takten Zwei und Drei, die mit einem kurzen Finger-Slide mit dem zweiten Finger gekoppelt ist. Achte besonders auf die gezwickte Harmonie in Takt Drei, bevor du die subtilen Blues-Curls im letzten Takt hinzufügst. Rhythmisches Gefühl ist hier der wichtigste Faktor, also beziehe dich auf das Audio, wenn du den Lick übst.

Beispiel 15d:

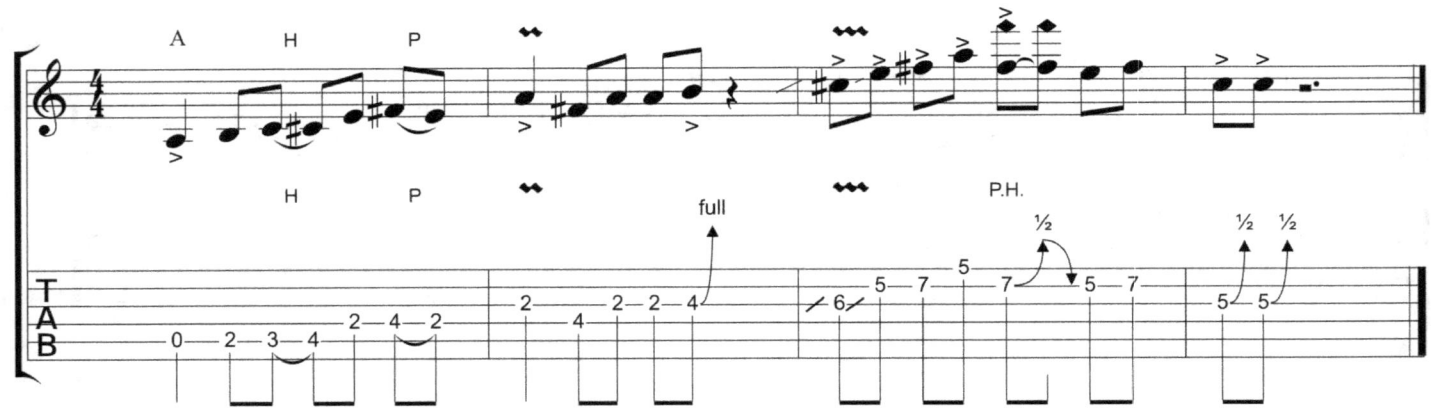

Der letzte Lick wird um die 10. Position gespielt und erfordert eine sorgfältige Beachtung der Rhythmen, um die Genauigkeit zu gewährleisten. Achte auf die 3/4-Ton-Bend bei Schlag 3 in Takt Eins und verwende deinen dritten Finger für den 12. Bund-Bend in Takt Zwei. In Takt Drei gibt es eine Bend-und-Release-Bewegung, die du mit deinem dritten Finger spielen solltest. Bereite dich auf die schnelle Positionsverschiebung vor und slide in den letzten Takt, der mit dem Hammer-on zwischen dem 5. und 6. Bund auf der G-Saite endet.

Beispiel 15e:

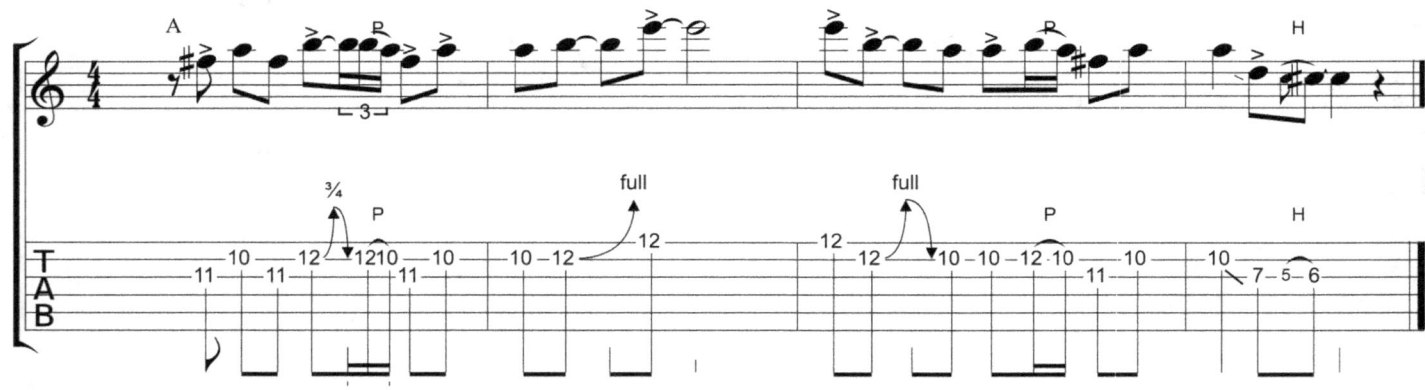

Eric Clapton

Eric Patrick Clapton wurde 1945 in Surrey, England, geboren und ist einer der bekanntesten E-Blues- und Rockgitarristen der Welt. Er begann im Alter von 13 Jahren mit dem Gitarresnpielen, als er zu seinem Geburtstag eine Akustikgitarre erhielt. Er verliebte sich schnell in amerikanische Bluesmusiker und verbrachte oft Stunden damit, an ihren Aufnahmen zu arbeiten, um seine Gitarrenkenntnisse zu verfeinern. Als Clapton 16 Jahre alt war, hatte er sich einen Namen als aufstrebender Bluesgitarrist gemacht und wurde oft beim Busking in und um London gesehen.

Nachdem er in verschiedenen Bands aufgetreten war, wurde er 1963 zu The Yardbirds eingeladen. Die Gruppe war eine Rock and Roll-Band, die stark vom Blues beeinflusst war, und Clapton blieb bei ihnen bis 1965, als er ging, um Mitglied von John Mayall's Blues Breakers zu werden. Als er mit Mayall spielte, entwickelte er seine bereits beeindruckenden Fähigkeiten als Leadgitarrist weiter und nahm eines seiner bekanntesten Alben auf, Blues Breakers - John Mayall mit Eric Clapton (manchmal auch als Beano-Album bezeichnet).

Im Juli 1966 gründete Clapton zusammen mit dem Bassisten Jack Bruce und dem Schlagzeuger Ginger Baker Cream, eine der ersten Rock-Supergruppen. Sie stiegen schnell zum Superstar auf, bevor sie sich nur wenige Jahre später auflösten. Nach Cream spielte Clapton mit Blind Faith und Derek and the Dominoes (Produzent des klassischen Layla-Albums), bevor er sich eine Zeit lang zurückzog, die leider von Drogenabhängigkeit geprägt war. Mitte der 70er Jahre tauchte er mit vielen erfolgreichen Soloalben wieder auf, und in den 80er Jahren produzierte er mehr kommerzielle Aufnahmen als in den 70er Jahren.

Ein langer Kampf gegen Alkoholismus und persönliche Probleme wurde schließlich überwunden, und in den 90er Jahren war Claptons Karriere konsequenter und erfolgreicher in Bezug auf die musikalische Leistung geworden. Der tragische Tod seines Sohnes Conor im Jahr 1991 führte zu dem Lied Tears in Heaven, das für Clapton zu einem großen kommerziellen Erfolg wurde, zusammen mit seinem Unplugged-Album, das bis heute eines seiner meistverkauften Alben bleibt.

Claptons kontinuierliche Tourneen und Aufnahmen setzten sich bis in die 2000er Jahre fort, und in jüngster Zeit kehrte er zu seinen Blues-Wurzeln zurück und spielte Tribut an seine musikalischen Mentoren wie Robert Johnson. Clapton ist bis heute einer der einflussreichsten Blues- und Rockgitarristen und hat zahlreiche Grammy-Auszeichnungen erhalten. Er gründete 1998 das Crossroads Centre in Antigua für Drogenabhängigkeit und erhielt 2004 die CBE für seine Verdienste um die Musik.

Sein Leadgitarren-Stil ist vom Blues beeinflusst, und er verwendet Pentatonik- und Blues-Tonleitern in seinem Solo. Beeinflusst von Gitarristen wie Buddy Guy, Freddie King und B.B. King und vielen anderen, wird Claptons Ansatz von modernen Gitarristen stark kopiert. Er verfügt über eine besonders ausdrucksstarke Vibrato-Technik und verwendet in seinen Soli häufig Saiten-Bends mit großer Wirkung.

Eric Clapton wurde im Laufe seiner Karriere mit mehreren verschiedenen Gitarrenmodellen in Verbindung gebracht, vor allem mit der Gibson Les Paul Standard in seinem Frühwerk und der Gibson SG und ES-335 für einen längeren Zeitraum mit Cream. Seit den frühen 1970er Jahren spielt er häufig Fender Stratocasters, und Fender produzierte schließlich ein Signaturmodell für ihn.

Marshall-Verstärker waren ab Mitte der 60er Jahre Claptons Standbein, vor allem bei Cream, wo er einer der ersten Gitarristen wurde, der gestapelte Marshall-Verstärker und 4x12-Boxen verwendete. In den 1970er Jahren wechselte er zu kleineren (und generell leistungsschwächeren) Verstärkern wie Fender und Music Mans und ist größtenteils bei diesem Setup geblieben.

Clapton steht nicht besonders mit Gitarren-Effektgeräten in Verbindung, sondern hat das Wah-Wah-Pedal in einigen seiner Aufnahmen effektiv eingesetzt. Er vermeidet in der Regel stark effekthaltige Gitarrentöne und zieht es vor, sich an ein einfaches Setup zu halten.

Hörempfehlung

John Mayall – Blues Breakers – John Mayall with Eric Clapton

Cream – Disraeli Gears

Cream – Wheels of Fire

Derek and the Dominoes – Layla and Assorted Love Songs

Solo – Unplugged

Lick Eins ist eine klassische Clapton Blues Intro-Phrase, die auf Triolen basiert. Benutze deinen zweiten Finger, um im Auftakt auf der G-Saite vom 5. bis zum 6. Bund zu sliden und slide mit dem dritten Finger, um die Positionsverschiebung in Takt Zwei zu erreichen. Die Doppelgriff-Triolen in Takt Drei sollten mit dem ersten und zweiten Finger gegriffen werden. Achte auf den schnellen Slide, der dich zurück auf die 5. Position auf der letzten Triole im selben Takt bringt. Mach im letzten Takt mit dem ersten und zweiten Finger ein Hammer-on vom 5. bis 6. Bund.

Beispiel 16a:

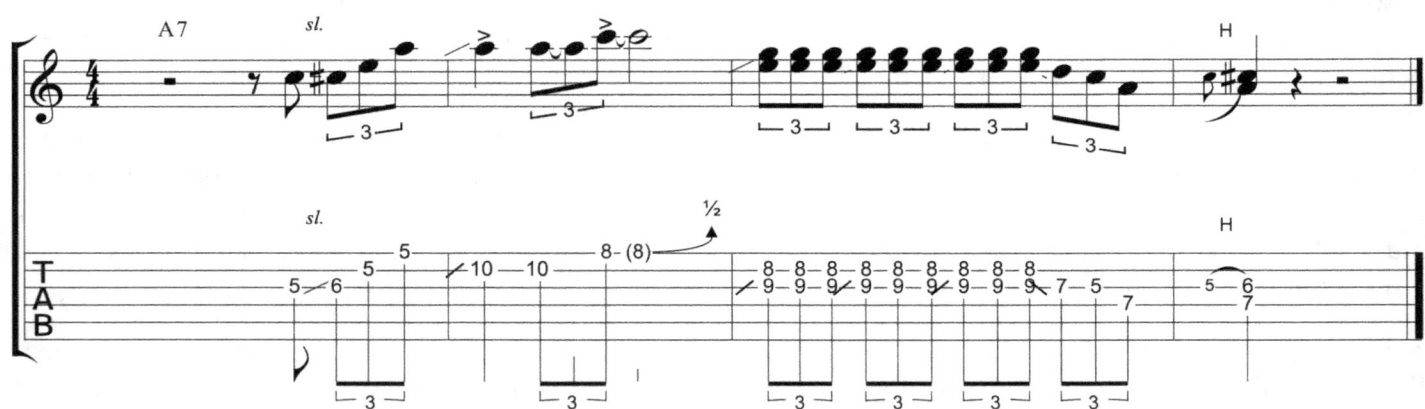

Ein weiterer Triolen-Auftakt ist im zweiten Clapton-Lick enthalten, diesmal jedoch in einem höheren Register. Achte besonders auf den subtilen Bend am Anfang von Takt Zwei und auch auf den Hammer-on und Pull-off der 1/16. Note bei Takt 4. spiele mit dem dritten Finger die Ganzton-Bends in Takt Drei und lasse deinen kleinen Finger frei, um die gebendete G-Note am 15. zu treffen. Füge viel Vibrato in den letzten Noten-Bend im letzten Takt ein.

Beispiel 16b:

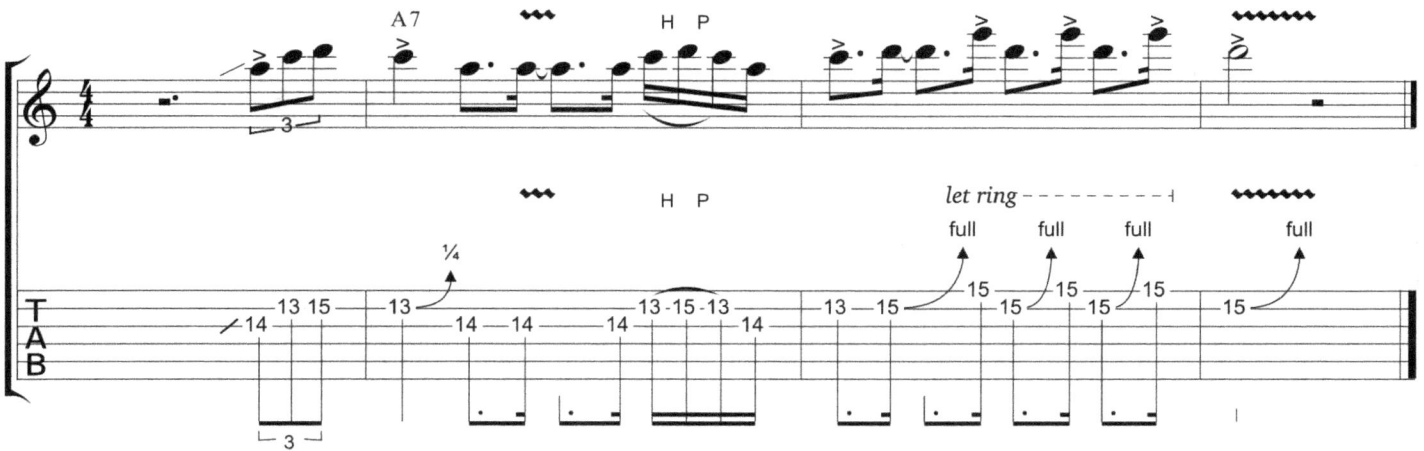

Es gibt ein ausgeprägtes Albert King-Feeling bei diesem nächsten Lick und drei schnelle Positionsverschiebungen sind erforderlich, um die volle Linie zu spielen. Spiele die A-Note auf dem 10. Bund (B-Saite) in Takt Zwei, indem du deinen dritten Finger schnell den Hals nach oben bewegst und dann die Position bis zum 15. Bund (wieder mit dem dritten Finger) verschiebst, um die wiederholten Bends zu spielen. Deine ersten und zweiten Finger sind nun frei, um die Schlussnoten in Takt Vier zu spielen. Folge den dynamischen Markierungen auf der Musik, um den stechenden Blues-Attack zu erzeugen, der erforderlich ist, um diesen Lick authentisch auszuführen.

Beispiel 16c:

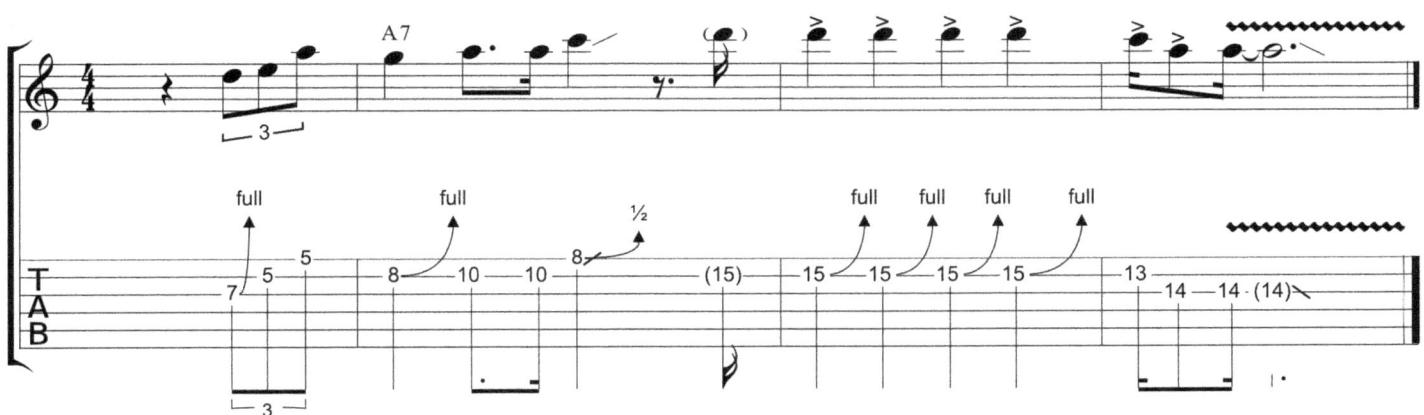

Dieser Lick ist etwas synkopischer als die vorherigen Beispiele. Veranker deinen zweiten Finger auf dem A am 14. Bund, um die Eröffnungsphrase zu spielen, und folge dann vorsichtig den aufkommenden Halbton-Bends. Füge viel Vibrato auf die letzte Note hinzu, um die Linie in echter Blues-Manier abzuschließen.

Beispiel 16d:

Der letzte Lick bringt Triolen wieder in den Fokus und beinhaltet eine lange Reihe von Doppelgriffen, die ineinander klingen sollten. Verwende deinen ersten und zweiten Finger für die Triolen in den Takten Eins und Zwei und vergiss nicht den Slide im zweiten Takt. Benutze deinen dritten Finger für den Zweisaiten-Barré im letzten Takt und deinen ersten Finger auf dem 5. Bund, bevor du auf der G-Saite den Hammer-on hinzufügst.

Beispiel 16e:

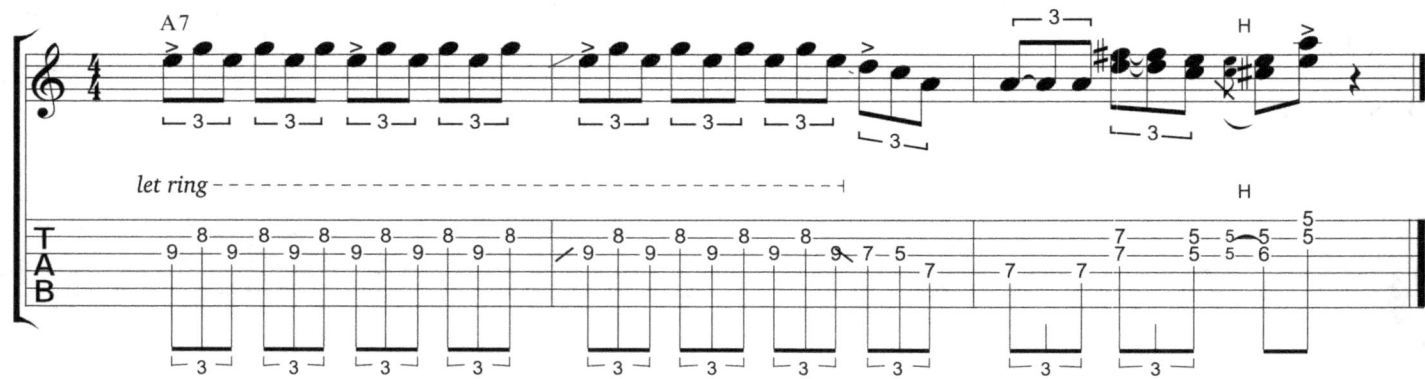

Jimi Hendrix

Jimi Hendrix, einer der bekanntesten Musiker in der Geschichte der populären Musik, hat sowohl den Sound als auch den Spielstil der E-Gitarre verändert. Jimi Hendrix, 1942 in Seattle, USA, als Johnny Allen Hendrix geboren, wurde später in James Marshall Hendrix umbenannt, um seinen Vater James Allen und seinen verstorbenen Bruder Leon Marshall zu ehren.

Hendrix begann im Alter von etwa 15 Jahren mit dem Spielen der Akustikgitarre, bevor er später eine E-Gitarre erwarb und die Spielstile berühmter Blues-Künstler wie Muddy Waters, B.B. King und Howling Wolf studierte. Hendrix verliebte sich schnell in das Instrument und übte täglich mehrere Stunden lang. Bald darauf gründete er seine erste Band namens The Velvetones.

Bevor Hendrix 19 Jahre alt wurde, wurde er zweimal in einem gestohlenen Auto erwischt und musste entweder ins Gefängnis oder in die Armee. Er meldete sich kurz darauf und bat, während er in Kentucky stationiert war, seinen Vater, ihm seine Gitarre zu schicken. Seine Obsession mit dem Instrument führte dazu, dass er seine militärischen Pflichten oft vernachlässigte, und 1962 wurde er wegen Untauglichkeit ehrenhaft entlassen.

Hendrix begann seine Musikkarriere nach seiner Entlassung ernsthaft und begann in verschiedenen lokalen Bands zu spielen, arbeitete schließlich als Sideman mit zahlreichen Soul- und Bluesmusikern und spielte auf einer bekannten Veranstaltungsreihe im Süden. 1964 zog er nach Harlem, New York und sicherte sich eine Stelle bei der Back-up-Band der Isley Brothers. Nach einer kurzen Zeit in dieser Gruppe trat er der Band bei, die Little Richard und später Curtis Knight unterstützte. Zu dieser Zeit sah der ehemalige Animals-Manager Chas Chandler Hendrix in Greenwich Village spielen und brachte ihn nach London, wo er Drummer Mitch Mitchell und Bassist Noel Redding Hendrix vorstellte, und sie gründeten The Jimi Hendrix Experience.

The Jimi Hendrix Experience zog schnell die Aufmerksamkeit der Musikpresse und auch anderer Rockmusiker auf sich, die von Hendrix' Spielfähigkeiten und seiner Showkunst, zu der auch das Gitarrenspielen hinter seinem Kopf und mit seinen Zähnen gehörte, verblüfft waren.

In den folgenden Jahren veröffentlichte Hendrix drei Studioalben mit großem Erfolg, wobei das letzte Album Electric Ladyland von vielen als eines der größten Rockalben angesehen wird, die je aufgenommen wurden. Zu diesem Zeitpunkt war Hendrix' Songwriting sehr originell und verschmolz gut mit seinen legendären Gitarrenfähigkeiten.

1969 war Hendrix angeblich der höchstbezahlte Rockmusiker der Welt und sein Auftritt beim Woodstock Festival war einer der entscheidenden Momente seiner Karriere, vor allem wegen seiner atemberaubenden Interpretation der US-Nationalhymne. Das ursprüngliche Experience-Trio wurde im Juni 1969 aufgelöst und Hendrix arbeitete dann mit dem Bassisten Billy Cox und dem Originaldrummer Mitch Mitchell zusammen, bevor er mit dem Drummer Buddy Miles die kurzlebige Band of Gypsys gründete. Sein Erfolg setzte sich bis 1970 fort, wurde aber zunehmend durch Drogenmissbrauch und alkoholbedingte Probleme behindert. Am 18. September 1970 starb er im Schlaf an Asphyxie, während er mit Barbituraten berauscht war. Er war gerade 27 Jahre alt.

Hendrix war Linkshänder und ist bekannt dafür, eine rechtshändige Fender Stratocaster zu spielen, die auf den Kopf gestellt und neu bespannt wurde. Er wird mit der Stratocaster in Verbindung gebracht, spielte aber auch gelegentlich andere E-Gitarren, wie die Gibson Flying V und Les Paul. Er benutzte hauptsächlich Marshall-Verstärker live, aber im Studio benutzte er andere Fabrikate für andere Töne. Er leistete Pionierarbeit bei der Verwendung vieler Effektgeräte, darunter Wah-Wah-Pedale, Univibes und Fuzz-Einheiten sowie Bandflansche und Echogeräte, insbesondere bei seinen Studioaufnahmen.

Ein Großteil von Hendrix' Solospiel war bluesbasiert, aber neben seiner Beherrschung der Blues- und Pentatonischen Tonleitern setzte er auch modale Tonleitern und chromatische Passagen sehr effektiv ein. Die E-Gitarre schien in Hendrix' Händen keine Grenzen zu haben, und zu dieser Zeit ließ sein Spiel durch den Einsatz unorthodoxer Techniken wie kontrolliertes Feedback und extreme Tremolo-Armmanipulationen so klingen, als ob es aus einem anderen Universum als andere zeitgenössische Musiker käme. Es ist keine Überraschung, dass er regelmäßig den ersten Platz in den Umfragen der einflussreichsten Gitarristen aller Zeiten belegt.

Hörempfehlung

Jimi Hendrix Experience – Axis Bold as Love

Jimi Hendrix Experience – Are You Experienced

Jimi Hendrix Experience – Electric Ladyland

Band of Gypsys – Band of Gypsys

Dieser Lick verwendet Hendrix' viel kopierte Saitenbending-Technik, bei der er eine Saite bendet und sie dann hart in die darunterliegende Saite drückt, um einen weiteren (kleineren Intervall-Bend) zu erzeugen. Die erste Anwendung dieser Technik ist zwischen den B- und G-Saiten in Takt Eins und dann auf den oberen beiden Saiten in Takt Zwei nachgebildet. Benutze deinen dritten Finger, um diese Zweisaiten-Bends zu erreichen und versuche, die untere Saite unter deinem Finger zu greifen, während du nach oben und dann wieder nach unten bendest. Dieser Ansatz erzeugt einen ausgeprägten Double-Bend-Effekt und erfordert ein wenig Übung, um ihn vollständig zu beherrschen. Höre das Audio, um den genauen Klang zu hören.

Beispiel 17a:

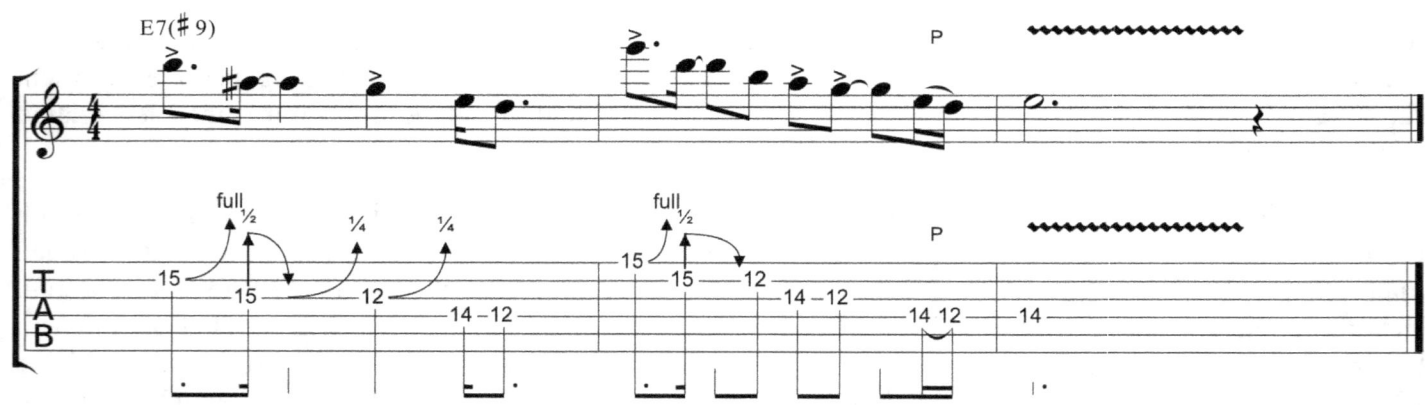

Hendrix benutzte regelmäßig Unisono-Bends, um dramatische Höhepunkte seiner Soli zu schaffen, und dieser Lick ist voll von solchen Bends. Bende jede Saite genau und füge etwas Vibrato hinzu, um den Effekt zu erzielen, der auf der Aufnahme zu hören ist. Spiele die letzte Phrase mit dem ersten und dritten Finger. Die Verwendung des Hals-Pickups wird dazu beitragen, dass dieser Lick voll, aber nicht zu hell klingt.

Beispiel 17b:

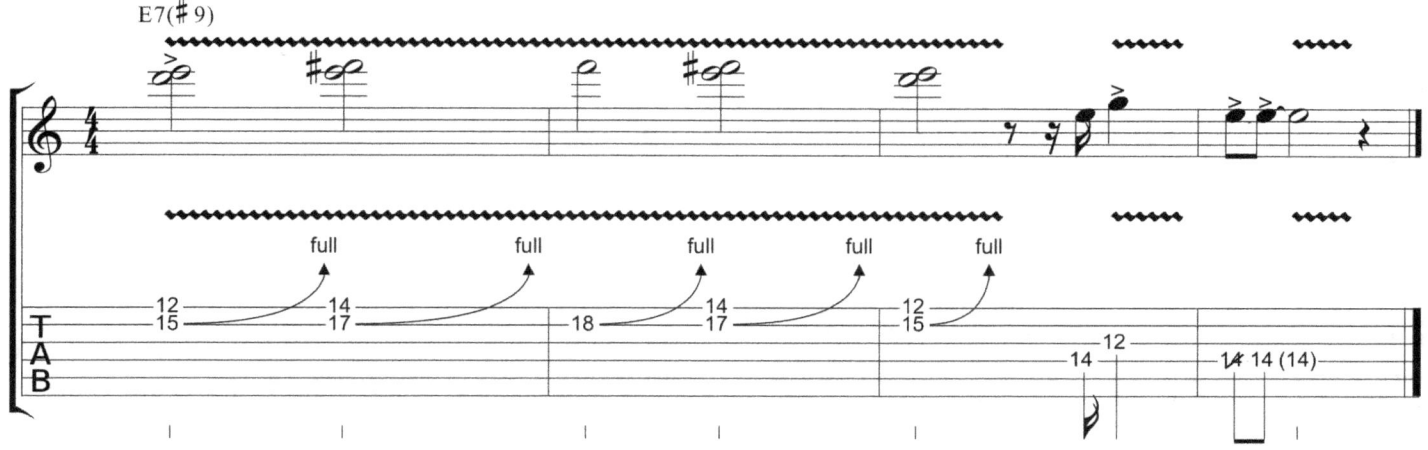

Dieser Lick sieht auf dem Papier viel härter aus, als er tatsächlich ist, also breche jeden Takt auf und arbeite langsam daran, bevor du ihn zusammensetzt. Der kniffligste Zug ist der schnelle Bend auf Schlag 2 im Takt Eins am 15. Bund. Benutze deinen dritten Finger für diesen Bend und den Hammer-on und Pull-off auf den letzten Schlag des Taktes. Beachte die langsamen Triolen im vorletzten Takt, die helfen, die Dinge zu verlangsamen, bevor sich der Lick mit einer Reihe von Pull-offs in der klassischen Blues-Skalenform verpackt.

Beispiel 17c:

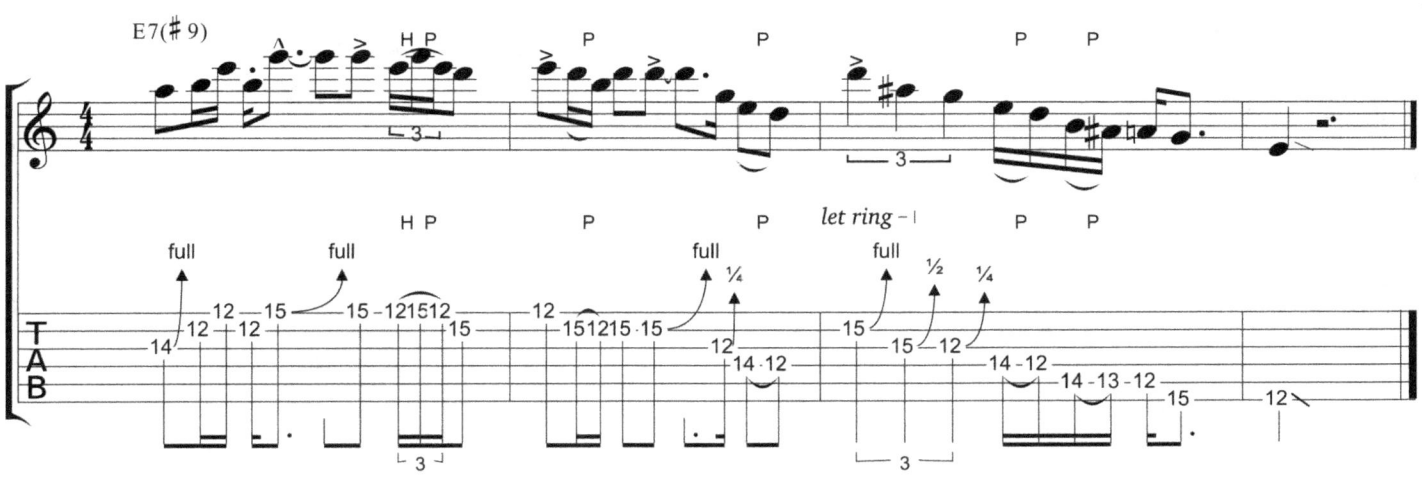

Dieser Lick enthält einen Trick, den Hendrix bei Voodoo Chile (Slight Return) anwendete, wo er den Pickup-Wahlschalter seiner Stratocaster im Takt des Tracks schnell hin und her schnippte, während er die G-Saite einen Ganzton hoch bendete. Dies ist in den Takten Eins und Zwei zu hören. Der Lick endet mit ein paar offenen Saiten-Werken, der hauptsächlich um einen E7#9-Akkord aufgebaut ist, der mit dem Tremoloarm interpunktiert ist. Verwende deinen Steg-Pickup, um die Obertöne hervorzuheben, die du im Audio hörst.

Beispiel 17d:

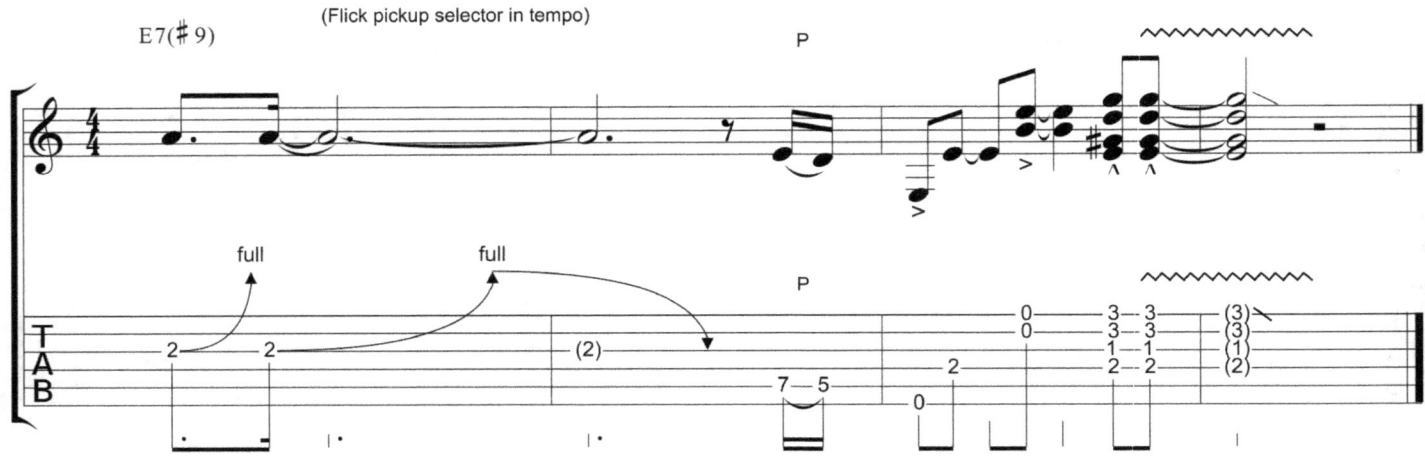

Der letzte Hendrix-Lick verwendet Oktaven, um zu einem dramatischen Höhepunkt zu gelangen. Verwende deinen ersten und vierten Finger, um die Oktaven mit einer gleichmäßigen Fingerform zu spielen, bevor du die letzten Bends in Takt Drei mit deinem dritten Finger spielst. Halte auch die Oktaven in einem strengen Tempo. Auch hier verwende deinen Hals-Pickup, um einen runden, singenden Ton zu erzielen, und vergiss nicht, Vibrato auf die letzte Note aufzutragen.

Beispiel 17e:

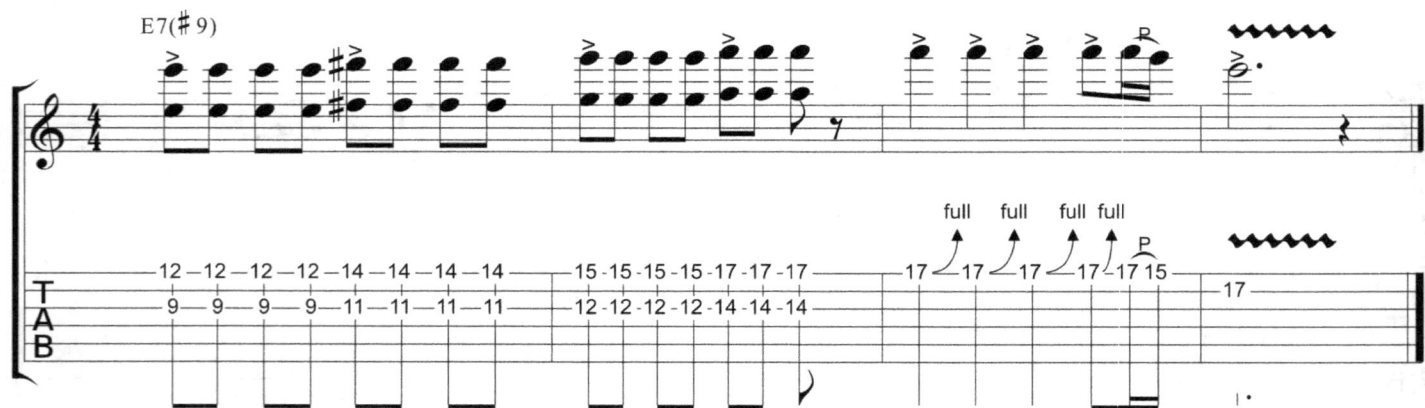

Peter Green

Peter Allen Greenbaum wurde 1946 in Bethnal Green, London, geboren. Beeinflusst von Blues-Gitarristen und auch Hank Marvins Spiel mit The Shadows, ist Green in erster Linie ein Autodidakt, der von seinem älteren Bruder unterstützt wird, der ihm seine ersten Akkorde zeigte. Er begann mit dem Bassspiel in einer Rock'n'Roll Coverband und graduierte bald zu einer Rhythm and Blues Gruppe namens The Muskrats.

Sein Gitarrenspiel erregte die Aufmerksamkeit der Öffentlichkeit, als er mit Peter Bardens Gruppe Peter B's Looners arbeitete, und er arbeitete mit dieser Gruppe zusammen, bis er die Gelegenheit hatte, für Eric Clapton in John Mayall's Blues Breakers einzuspringen. Mayall war sehr beeindruckt von Greens Spiel und er gab sein Debüt mit der Band auf dem 1966er Album A Hard Road. Greens Spiel (im Alter von nur 20 Jahren) auf diesem Album war überraschend ausgereift und er trug zwei Kompositionen zur Aufnahme bei, darunter The Supernatural, ein Instrumental, das den Auftakt zu einigen der großen Instrumentalstücke bildete, die er später für Fleetwood Mac kreierte. In dieser Zeit wurde er von anderen Musikern wegen des Standards seines Gitarrenspiels als The Green God bezeichnet.

1967 verließ Green die Mayall-Band und gründete seine eigene Gruppe. Mit dem Schlagzeuger Mick Fleetwood und dem Gitarristen Jeremy Spencer gründete er Fleetwood Mac, wobei Green einer der wichtigsten Komponisten der Gruppe war. Die Gruppe, die Ende der 1960er Jahre beim Produzenten Mike Vernon's Blue Horizon Label unter Vertrag genommen wurde, produzierte eine Reihe von Alben, die Greens schnell wachsende Fähigkeiten als Songwriter zeigten. Greens Kompositionen Black Magic Woman (später von Santana gecovert) und Oh Well halfen, die wachsende Popularität der Gruppe zu festigen und das Instrumental Albatross führte 1969 die britischen Charts an. Die psychische Gesundheit von Green begann jedoch um diese Zeit herum schlechter zu werden. Dies wurde zu einem großen Problem, so dass er die Band im Mai 1970 verließ.

Mitte der 70er Jahre wurde bei Green Schizophrenie diagnostiziert und es dauerte einige Jahre, bis er sich erholte und eine Behandlung erhielt. 1979 tauchte er als Performer mit seiner eigenen Band wieder auf. Im selben Jahr veröffentlichte er ein Soloalbum, In the Skies. Es folgte eine sporadische Session-Arbeit, bis er Ende der 90er Jahre die Peter Green Splinter Group gründete und sie zwischen 1997 und 2004 neun Alben veröffentlichten.

Green nahm wieder eine Pause vom Auftritt bis 2009, als er wieder mit Peter Green and Friends spielte und für weitere zwei Jahre tourte.

Greens Gitarrenspiel und Kompositionen haben viele Musiker beeinflusst, darunter Gitarristen wie Gary Moore, Carlos Santana und Joe Perry. Er bevorzugt in seinen Soli generell Pentatonik- und Blues-Tonleitern und verfügt über ein einzigartiges Vibrato und große Fähigkeiten beim Saiten-Bending. Sein unverwechselbarer Einsatz von Hammer-ons und Pull-offs beeinflusste viele andere Gitarristen und sein Blues-Spiel (besonders in seinen frühen Jahren) war leicht auf Augenhöhe mit anderen E-Blues-Gitarristen wie Eric Clapton, wobei viele Kritiker das Gefühl hatten, dass er der authentischere Blues-Gitarrist war.

Peter Green hat im Laufe der Jahre mehrere Gitarren und Verstärker verwendet, wurde aber hauptsächlich mit der Gibson Les Paul und später der Fender Stratocaster in Verbindung gebracht. Seine berühmte Fleetwood Mac-Ära Gibson Les Paul wurde schließlich an den Gitarristen Gary Moore verkauft, der sie für viele seiner berühmtesten Aufnahmen verwendete. Durch eine versehentliche Verdrahtung der Tonabnehmer erzeugte diese Gitarre einen unverwechselbaren phasenverschobenen Ton, der auf vielen von Greens Aufnahmen zu hören ist. Green kreierte die meisten seiner charakteristischen Sounds von seiner Gitarre, indem er die Lautstärke- und Klangregler manuell einstellte und ein einfaches Geräte-Setup verwendete.

Er hat im Laufe der Jahre mit einer Vielzahl von Verstärkern experimentiert, verwendet aber hauptsächlich Fender- und Orange-Röhrenverstärker. Er hat selten moderne Effektgeräte verwendet, aber kontrolliertes Feedback und Reverb erfolgreich eingesetzt, wie man auf The Supernatural mit John Mayall hören kann.

Hörempfehlung

Solo – In the Skies

Fleetwood Mac – Fleetwood Mac

Fleetwood Mac – Mr Wonderful

Fleetwood Mac – Then Play On

Peter Greens Spiel klingt täuschend einfach, aber seine rhythmische Anordnung der Noten ist unglaublich. Halte deine Hand in der 12. Position Blues-Tonleiter Form, und bende die Noten auf dem 15. Bund mit dem dritten Finger, wobei du daran denkst, viel Vibrato hinzuzufügen. Achte auf die leicht verschobenen Rhythmen in Takt Eins Schlag 3, und Takt Zwei Schlag 1.

Beispiel 18a:

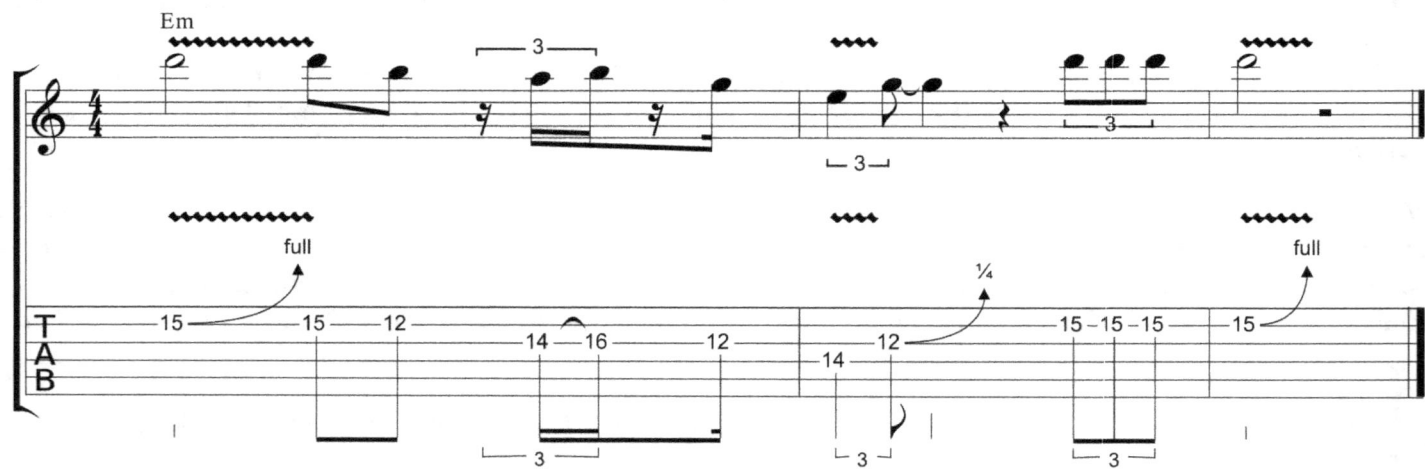

Dieser Green-Lick ist geradlinig und verfügt über den 9. Grad des e-Moll-Akkords, um der Linie einen fast dorischen Klang zu verleihen. Achte auf die sich öffnende Vorschlagsnote und das implizite Swinggefühl der gesamten Linie. Der Schlussakkord sollte mit einem offensichtlichen Vibrato gespielt werden, um den unverwechselbaren Sound der frühen Fleetwood Mac-Aufnahmen zu erreichen.

Beispiel 18b:

Diese nächste Linie ist komplett auf der E-Blues-Tonleiter aufgebaut und wird ausschließlich auf der 12. Position gespielt. Um der Phrasierung von Green zu entsprechen, spiele den Lick mit einem Hinter-dem-Takt-Gefühl, wobei du den Triolen-Puls des Backings im Auge behältst. Gib jeder Note ihre richtige rhythmische Dauer und hetze die Noten nicht übermäßig. Wie zuvor, füge viel Vibrato hinzu, wo es angezeigt wird.

Beispiel 18c:

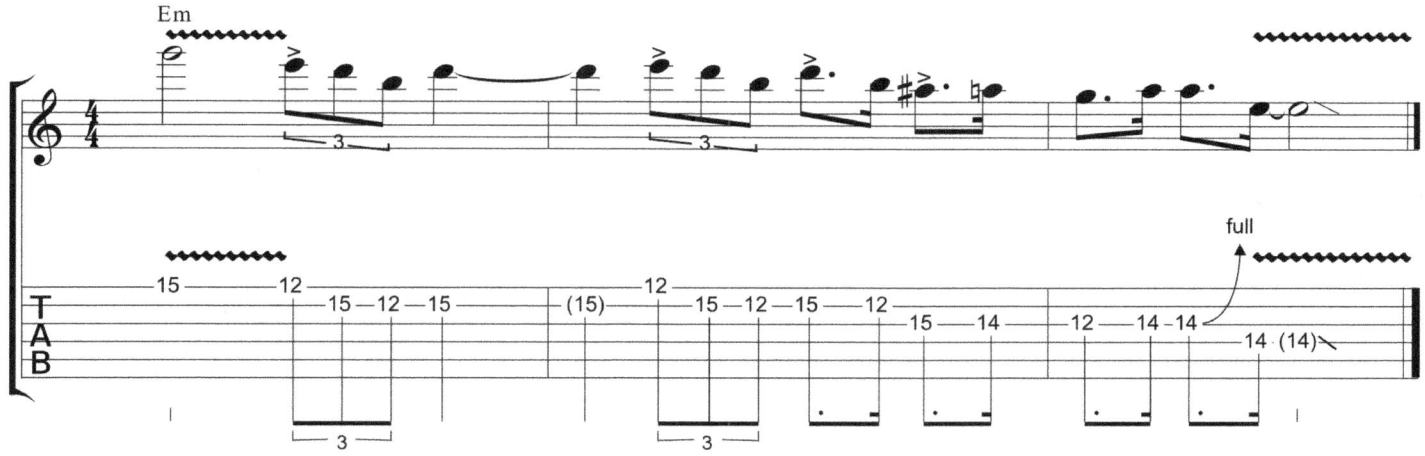

Green, ein Meister des kreativen Umgangs mit der Blues-Tonleiter, konnte endlose Melodien kreieren und dieser Lick zeigt einen weiteren seiner Ansätze. Eine Reihe von Triolen in Takt Eins führt zu einer hohen G-Note auf der oberen Saite in Takt Zwei. Benutze deinen dritten Finger für die Noten am 15. Bund auf den Saiten E und B und dann deinen ersten und dritten Finger für die letzten beiden Noten.

Beispiel 18d:

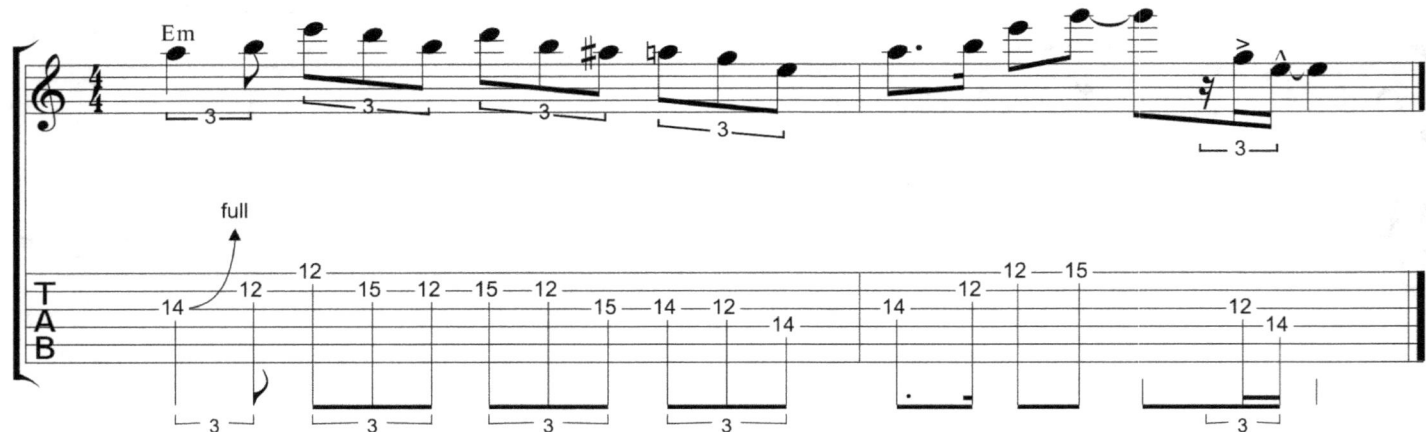

Der letzte Peter Green-Lick ist rhythmisch einfach, aber es muss darauf geachtet werden, dass jede Note ihre volle Dauer hat, besonders bei dem langen Bend im Takt, das mit dem dritten Finger gespielt werden sollte. Beachte die Verschiebung zu Triolen auf dem letzten Taktschlag von Takt Zwei und achte darauf, das Tempo nicht zu beschleunigen. Spiele die letzte Note des Licks mit dem dritten Finger auf dem 14. Bund und füge dabei Vibrato hinzu.

Beispiel 18e:

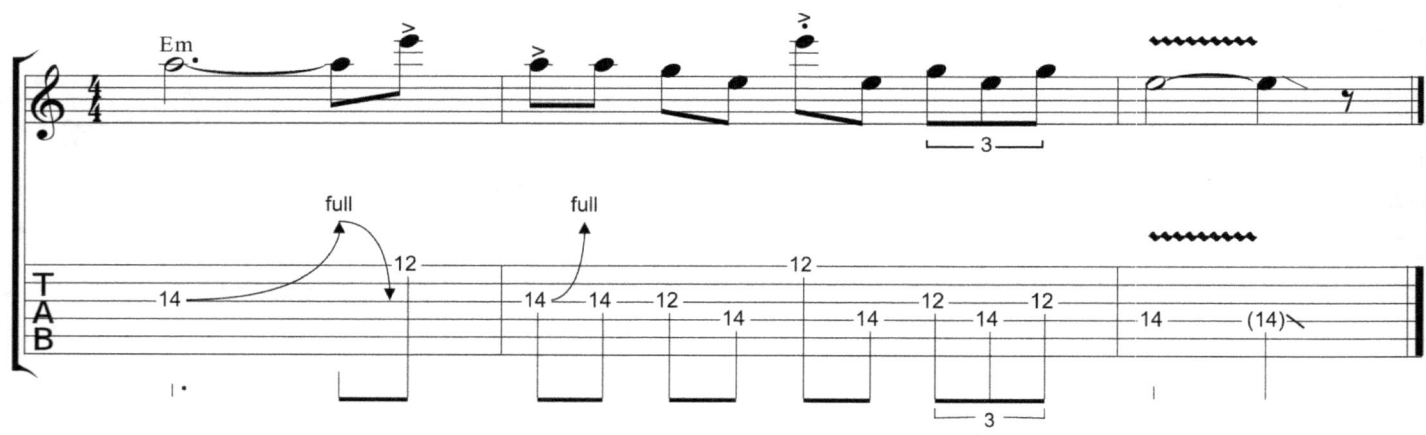

Gary Moore

Robert William Gary Moore wurde 1952 in Belfast, Nordirland, geboren und begann im Alter von 8 Jahren mit einem alten akustischen Instrument Gitarre zu lernen. Obwohl er Linkshänder war, lernte er Rechtshänder zu spielen und studierte, indem er sich seine Lieblingsaufnahmen anhörte. Er verließ Belfast und zog nach Dublin, als er gerade 16 Jahre alt war, entschlossen, eine Karriere als professioneller Musiker zu verfolgen.

Stark beeinflusst von Peter Green, Jimi Hendrix, Albert King, Buddy Guy und Eric Clapton, entwickelte Moore schnell einen einzigartigen Blues-Rock-Stil, der ihn während seiner gesamten Karriere begleiten sollte. In Dublin trat er der Gruppe Skid Row bei und begann eine lange Zusammenarbeit mit dem Bassisten und Songwriter Phil Lynott (von Thin Lizzy).

1970 verließ er Irland, um nach London zu ziehen, und begann mit seiner eigenen Gruppe, der Gary Moore Band, zusammenzuarbeiten, die 1973 ihr Debütalbum Grinding Stone veröffentlichte. 1974 arbeitete Moore wieder mit Phil Lynott bei Thin Lizzy als Ersatz für Eric Bell zusammen, und dies war der Beginn einer langen Zusammenarbeit für Moore mit der Gruppe. Von 1975 bis 1978 spielte Moore mit der Gruppe Colosseum II, bevor er wieder mit Thin Lizzy arbeitete, diesmal anstelle von Brain Robertson.

Nachdem er 1979 Thin Lizzy schließlich verlassen hatte, begann Moore eine erfolgreiche Solokarriere und produzierte mit anhaltender Unterstützung von Phil Lynott einen seiner unvergesslichsten Songs in Parisienne Walkways. In den 1980er Jahren produzierte Moore hauptsächlich Hard Rock Alben, bei denen sein feuriger und dynamischer Gitarrenstil stark im Vordergrund stand. 1990 änderte er die musikalische Richtung erheblich, um eine Reihe erfolgreicher Blues-Alben zu produzieren, die mit Still Got The Blues (1990) begannen, und arbeitete mit vielen bekannten Blues-Künstlern zusammen. Später kehrte er zu mehr Mainstream-Rock zurück, aber 2001 wieder zu mehr Blues-basiertem Material.

Moore war immer noch aktiv im Studio und auf der Bühne, als er 2011 im Alter von 58 Jahren tragischerweise an einem Herzinfarkt starb. Er bleibt einer der besten Blues/Rock-Gitarristen, die je gelebt haben, und sein Spielstil und seine Herangehensweise sind Maßstäbe für viele zeitgenössische Spieler.

Gary Moore besaß eine beeindruckende Technik am Instrument und war in der Lage, bei Bedarf schnelles Picking und Legato-Passagen durchzuführen. Ausgehend von Pentatonik, Blues und modalen Tonleitern in seinem Spiel, war er ebenso erfahren in Rock, Blues, Fusion und sogar einigen Jazz-Gitarren-Stilen. Wie viele Gitarristen mit Blues-Hintergrund hatte Moore ein hochentwickeltes Linksvibrato und war besonders erfahren im Saiten-Bending. Moore verwendete viele Techniken, die heute auf der Rockgitarre üblich sind, wie Tapping, Sweep-Picking und schnelle Legato-Sequenzen.

Am häufigsten mit der Gibson Les Paul Gitarre in Verbindung gebracht, spielte Moore auch an mehreren Stellen seiner Karriere eine Fender Stratocaster (und auch einige Ibanez Gitarren), aber es ist die Les Paul, die als sein Hauptinstrument überlebt hat. Lange Zeit verwendete er eine 1959er Les Paul Standard, die (von Peter Green gekauft) für ihre unverwechselbare, phasenverschobene Pickup-Konfiguration bekannt war. Diese Gitarre wurde auf vielen der berühmtesten Aufnahmen von Moore (und Green) verwendet. Durch die Ausnutzung der natürlichen Qualitäten des Gibson konnte er einen reichen, nachhaltigen Ton erzeugen, der für ihn zu einem Markenzeichen wurde.

Lange Zeit mit Marshall-Verstärkern assoziiert, war Gary Moores Sound rau und stark übersteuert, behielt aber auch bei hoher Lautstärke große Klarheit. Er verwendete sowohl Kombiverstärker als auch Stapelkonfigurationen, die letztere für die Live-Arbeit bevorzugten.

Obwohl er kleine Pedalboards benutzte, war sein Sound im Allgemeinen frei von offensichtlichen Effekten, außer dem gelegentlichen Einsatz von Delay- und Wah-Wah-Pedalen. Die meisten seiner charakteristischen Töne wurden aus seinen Gitarren und Verstärkern erzeugt.

Hörempfehlung

Thin Lizzy – Black Rose

Solo – Back on the Streets

Solo – Still Got The Blues

Solo – Corridors of Power

Dieser erste Gary Moore-Lick ist nicht besonders technisch anspruchsvoll, hat aber einige ausgeprägte 1/8- und 1/16-Noten-Kombinationsrhythmen, die du genau spielen musst. Es gibt auch eine Positionsverschiebung in Takt Zwei, bei der du dich schnell von der 10. auf die 5. Position nach unten bewegen musst. Beachte die Verwendung von zwei Tremoloarm-Dips im Jeff Beck-Stil im vorletzten Takt.

Beispiel 19a:

Gary Moore war ein Meister des hohen Registerspiels und der nächste Lick verdeutlicht diesen Ansatz. Spiele den kombinierten Triolen-Hammer-on und Pull-off im Takt Zwei (17. und 18. Bund) mit dem ersten und zweiten Finger, dann greife den letzten Bend am 20. Bund mit dem dritten Finger, der von deinem zweiten unterstützt wird, und gebe das entsprechende Vibrato hinzu.

Beispiel 19b:

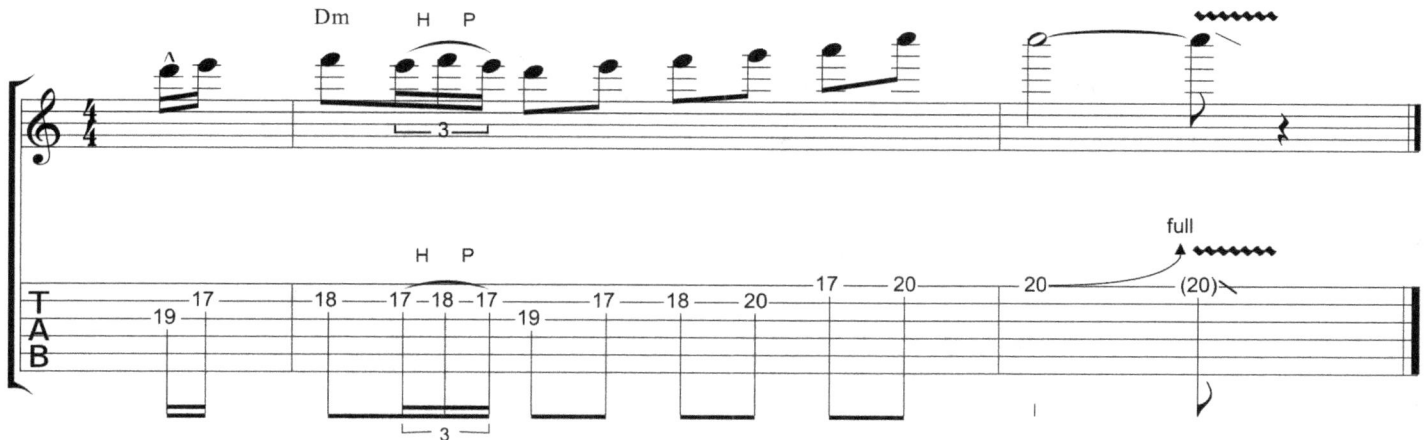

Der nächste Lick durchsetzt 1/16tel Note Triolen in die Einzellinien-Läufe. Ab der 10. Position beginnt die Linie mit einer Hammer-on und Pull-off-Triole zwischen den 12. und 13. Bünden auf der oberen E-Saite. Diese Idee wird dann auf Schlag 3 zwischen dem 10. und 12. Bund auf der G-Saite wiederholt. Eine weitere Triole wird auf Schlag 1 von Takt Zwei gespielt, bevor die Linie mit einem Oktavsprung zum 12. Bund auf der D-Saite endet.

Beispiel 19c:

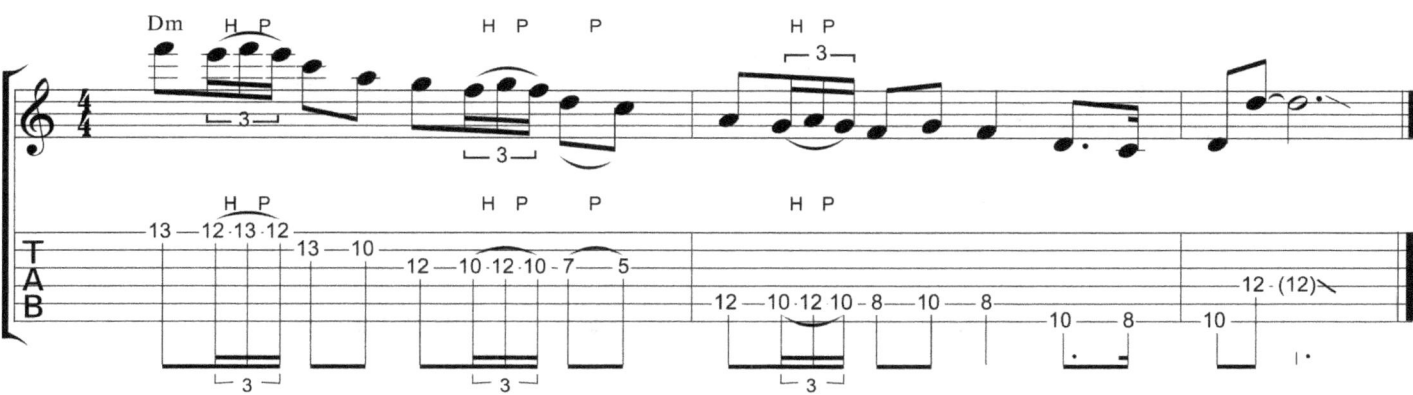

Das nächste Beispiel ist ein schnelles 1/16-Triolenmuster aus der d-Moll-Pentatonik, das sich sequentiell über das Griffbrett in Gruppen von jeweils drei benachbarten Saiten bewegt. Gary Moore hatte eine außergewöhnliche Pick-Technik, also übe diese Ideen langsam mit einem Metronom, bevor du die Geschwindigkeit erhöhst. Die Linie endet mit einem Ganzton-Bend mit einer Pinch Harmonic am 10. Bund der G-Saite.

Beispiel 19d:

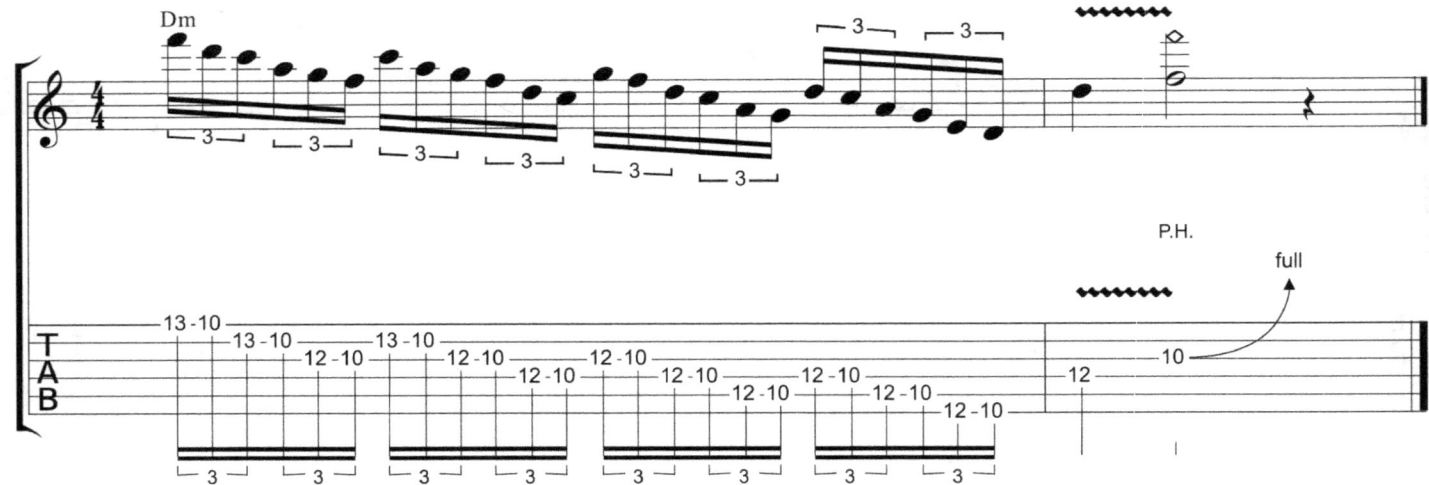

Der letzte Gary Moore-Lick zeigt seine Verwendung von Skalensequenzen, die mit schnellem alternativen Picking gespielt werden. Hier ist die Tonleiter ein äolischer Modus, der in einer Reihe von Motiven der 1/16-Stel-Note gespielt wird. Beachte die Verwendung von Akzenten, die alle vier Töne gespielt werden; diese helfen wirklich, die Dinge im Takt zu halten.

Beispiel 19e:

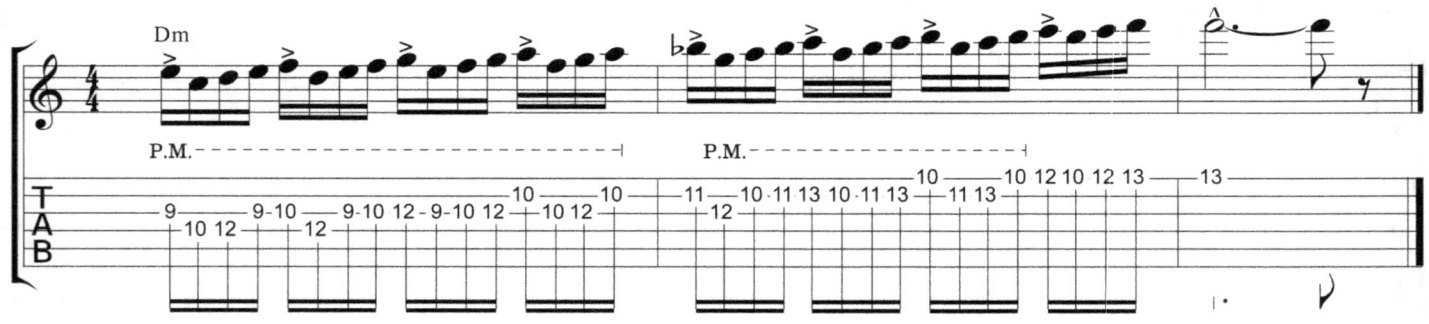

Tom Scholz

Donald Thomas Scholz wurde 1947 in Ohio, USA, geboren. In einer wohlhabenden Familie aufgewachsen, studierte Scholz als Kind klassisches Klavier und später Maschinenbau, bevor er seine musikalische Karriere begann. Er erwarb sowohl einen Bachelor- als auch einen Master-Abschluss am MIT in Boston und arbeitete später für Polaroid als Senior Product Designer.

Während er für Polaroid arbeitete, begann er im Keller seines Hauses in Boston Musik zu schreiben und Demos aufzunehmen, was schließlich die Aufmerksamkeit von Epic Records auf sich zog. Anschließend nahmen sie Scholz und den Sänger Brad Delp für einen Plattenvertrag unter Vertrag. Trotz Scholz' Fähigkeiten in der Musikproduktion und im Studio-Engineering wollte Epic, dass die Demos von Scholz in einem regulären Studio neu aufgenommen werden. Er glaubte jedoch, dass seine Demos bereits von hoher Qualität waren, um sie zu veröffentlichen.

1976 unter dem Bandnamen Boston veröffentlicht, war das erste Album von Scholz ein großer kommerzieller Erfolg und wurde zum meistverkauften Debütalbum aller Künstler. Die Kombination aus Scholz' stark bearbeiteten Gitarren und Brad Delps hochfliegendem Gesang, gepaart mit radiofreundlichen Tracks wie More Than a Feeling und Peace of Mind, hielt das Album 132 Wochen lang in den Charts. Als Fußnote sei gesagt, dass vieles von dem, was schließlich auf dem Album landete, tatsächlich in Scholz' Heimatstudio aufgenommen wurde. Die Gruppe begann zu touren und wurde die erste Band in der Geschichte der populären Musik, die ihr Debütkonzert in den Madison Square Gardens gab.

Scholz und die Gruppe begannen mit der Arbeit an ihrem zweiten Album, das etwa zwei Jahre später veröffentlicht wurde. Allerdings war er angeblich unzufrieden damit und wollte, dass die Plattenfirma die Veröffentlichung verzögert, bis er zufrieden war. Es wurde schließlich 1978 veröffentlicht und war zwar kommerziell erfolgreich, erzielte aber nicht das gleiche Umsatzniveau wie das Debüt. Nach diesem Album und der anschließenden Tournee kam es innerhalb der Gruppe zu Konflikten, die zu einigen Besetzungswechseln und Klagen gegen das Management der Band führten und schließlich ihr drittes Album auf 1986 verschoben.

In der Zwischenzeit gründete Scholz Scholz Research and Development, die verschiedene Verstärker, Pedale und Audiogeräte herstellte, vor allem die Rockman-Serie von Effektprozessoren. Das dritte Album der Band, Third Stage, wurde 1986 veröffentlicht und war ein großer kommerzieller Erfolg, erreichte Platz 1 in den Albumcharts und verkaufte sich über eine halbe Million Mal.

1990, nachdem Scholz seinen Rechtsstreit mit seinem früheren Manager und Plattenlabel gewonnen hatte, unterschrieb er einen Vertrag mit MCA Records und produzierte drei weitere Studioalben und die Greatest Hit Collection. Leider beging Brad Delp 2007 Selbstmord, und die Band gab zu seinem Gedenken ein Tribute-Konzert. In den letzten Jahren war die Band wieder auf Tournee und feierte 2016 das 40-jährige Jubiläum ihres erfolgreichen Debütalbums.

Scholz' Gitarrenspiel war bereits vor der Veröffentlichung von Bostons Debütalbum gut entwickelt und sein Aufnahmestil zeichnet sich durch die Verwendung von mehrschichtigen Gitarrenparts aus, um einen vollen und dramatischen Klang zu erzeugen. Hochfließend mit Pentatonik- und Blues-Tonleitern, verwendet Scholz in seinen Soli auch modale Tonleitern mit großer Wirkung, oft mit einem sehr breiten Vibrato. Sein Saiten-Bending ist extrem raffiniert, besonders in hohen Lagen, wie man auf vielen der Bostoner Alben hören kann. Seine bekanntesten Aufnahmen sind harmonisierte Leadgitarren, die zunächst im Studio überspielt, aber live nachgebildet wurden.

Scholz wird am häufigsten mit der Gibson Les Paul in Verbindung gebracht, hat aber auch gelegentlich eine Gibson ES-335 verwendet. Die Firma Gibson veröffentlichte eine Tom Scholz Edition Les Paul mit seiner bevorzugten Pickup-Konfiguration und einem ausgezogenen Rückgehäuse. Seine Gitarren werden in der Regel entweder über seinen eigenen Markenverstärker oder einen Marshall Super Lead Kopf gespielt. Seine Verstärker liefern ihm den gesättigten, stark übersteuerten Sound, den er sowohl für Solo- als auch für Rhythmusgitarrenarbeit verwendet. Scholz' Firma produzierte auch eine Reihe von Effektpedalen, die er in den 1980er und 1990er Jahren beim Spielen mit Boston verwendete.

Hörempfehlung

Boston – Boston

Boston – Don't Look Back

Boston – Third Stage

Boston – Corporate America

Tom Scholz hat eine große technische Kontrolle über die Gitarre und dieser erste Lick zeigt seine unverwechselbare Beherrschung sowohl über Saiten-Bends als auch über Pinched Harmonics. Die einfache Melodielinie wird durch die Verwendung von sorgfältig platzierten Saiten-Bends und -freigaben und seinem markanten breiten Vibrato verstärkt. Spiele die Bends am 13. Bund auf der B-Saite in Takt Eins mit dem dritten Finger und ziehe dann zum ersten Finger am 10. Bund auf Schlag 3 in Takt Zwei. Die letzten drei Noten des Licks werden am besten mit einzelnen Fingern gespielt, um sicherzustellen, dass jede Note klar definiert ist.

Beispiel 20a

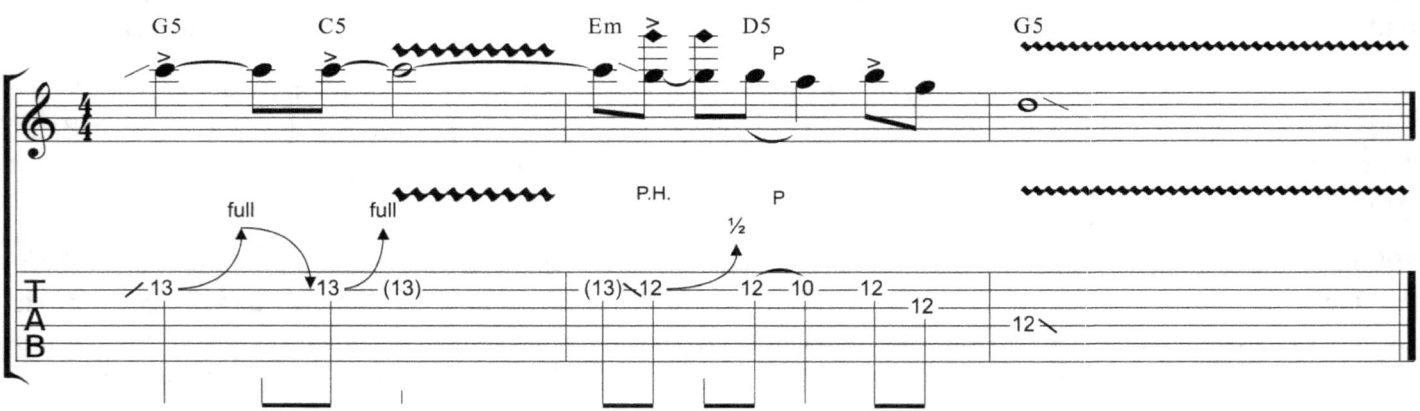

Der zweite Scholz-Lick beginnt knapp zu früh, kurz vor dem Downbeat von Takt Eins. Er verwendet 1/16-Ton-Triolen am Anfang des Licks, die am besten mit dem dritten und vierten Finger gegriffen werden. Verwende deinen dritten Finger, um den Ganzton-Bend im nächsten Takt zu spielen. Die Saiten-Bends von Scholz sind sehr präzise, also überprüfe unbedingt deine Intonation.

Beispiel 20b:

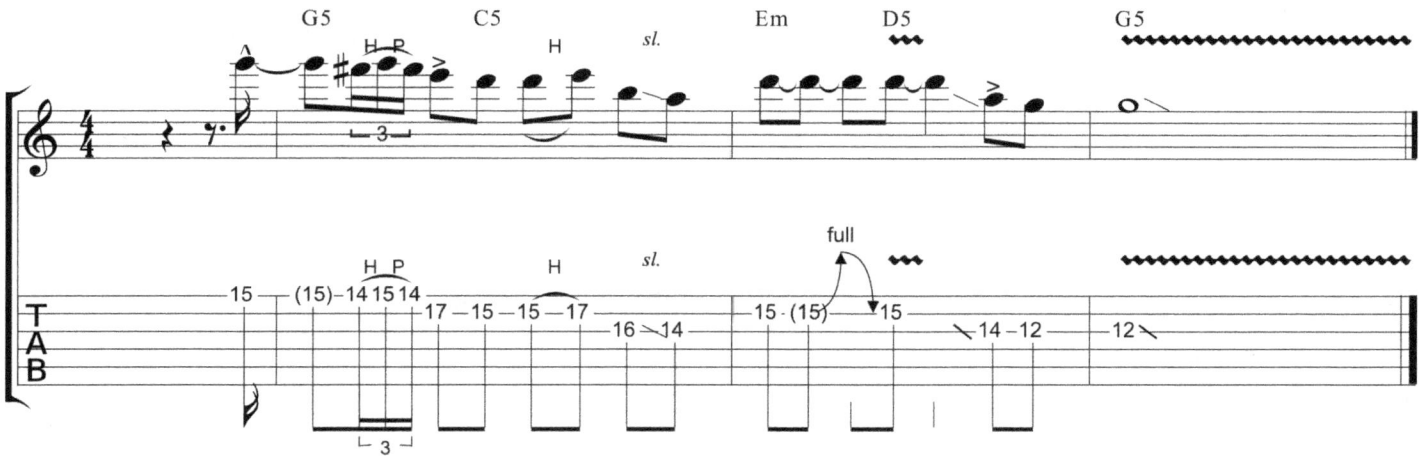

Der nächste Lick zeigt ein weiteres populäres Gerät in Tom Scholz' Spiel: die Verwendung von schnellen 1/16-Trillern, die über Hammer-ons von einer offenen Saite aus gespielt werden. Übe diese Triller langsam und isoliert, bis du sie wiederholt und zeitgleich mit dem Track spielen kannst. Die Linie setzt sich mit einigen Halbton-Saiten-Bends in Takt Vier fort, bevor sie mit zwei Ganzton-Bends umhüllt wird, die mit dem dritten Finger gespielt werden sollten, wobei Vibrato hinzugefügt wird, um die Töne zu erhalten.

Beispiel 20c:

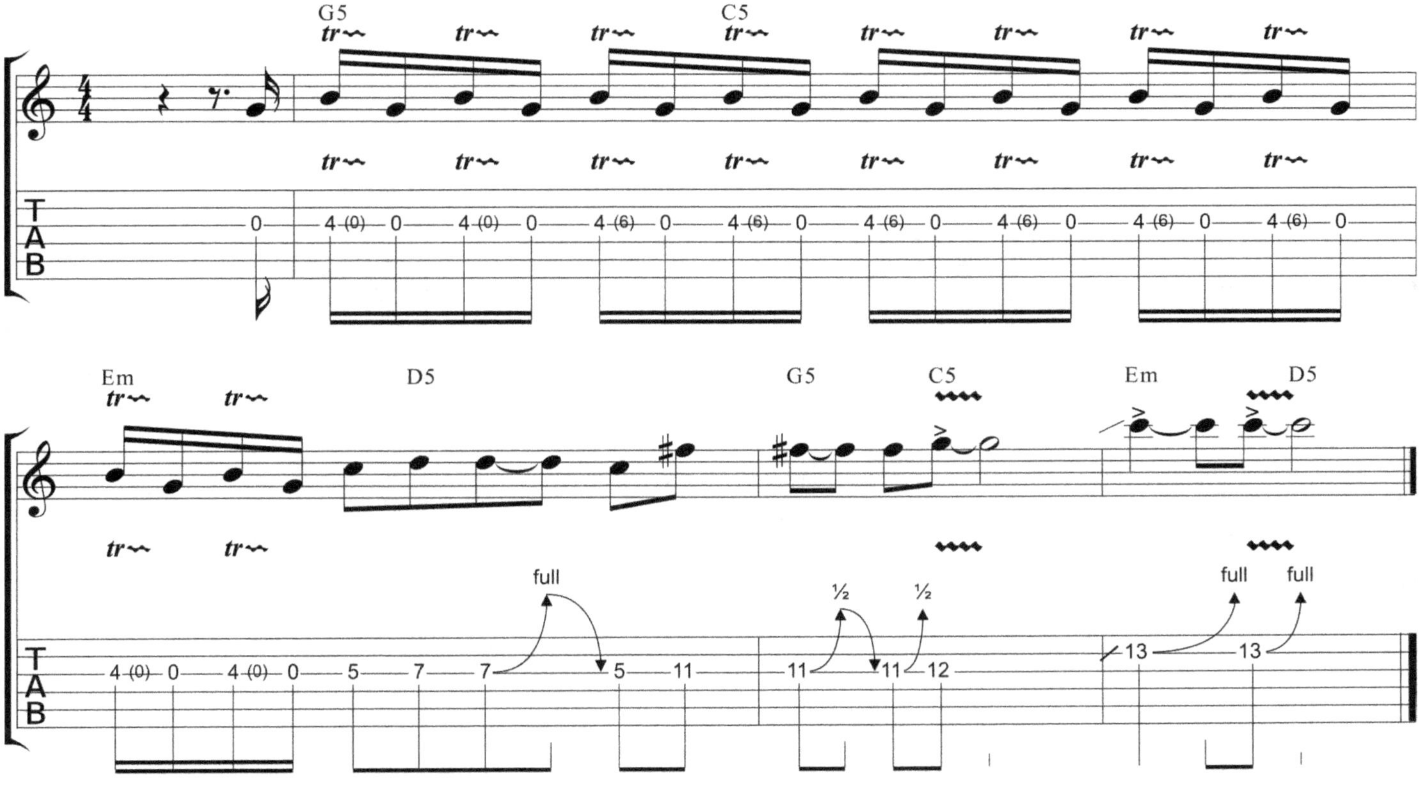

Im nächsten Lick kommen einige typische klassische Rock-Moves zum Einsatz, beginnend mit einer G-Dur-Pentatonik-Sequenz. Dieser Lick weist mehrere Saiten-Bends in den ersten beiden Takten auf, also solltest du diese langsam üben. Achte auf die Änderung der 1/16. Note in Takt Zwei und stelle sicher, dass du die Phrasierung nicht überstürzt. Spiele alle Slides, wie in den Takten Drei und Vier angegeben, da sie ein integraler Bestandteil von Scholz' Ansatz sind und wirklich dazu beitragen, dass seine Linien lebendig werden.

Beispiel 20d:

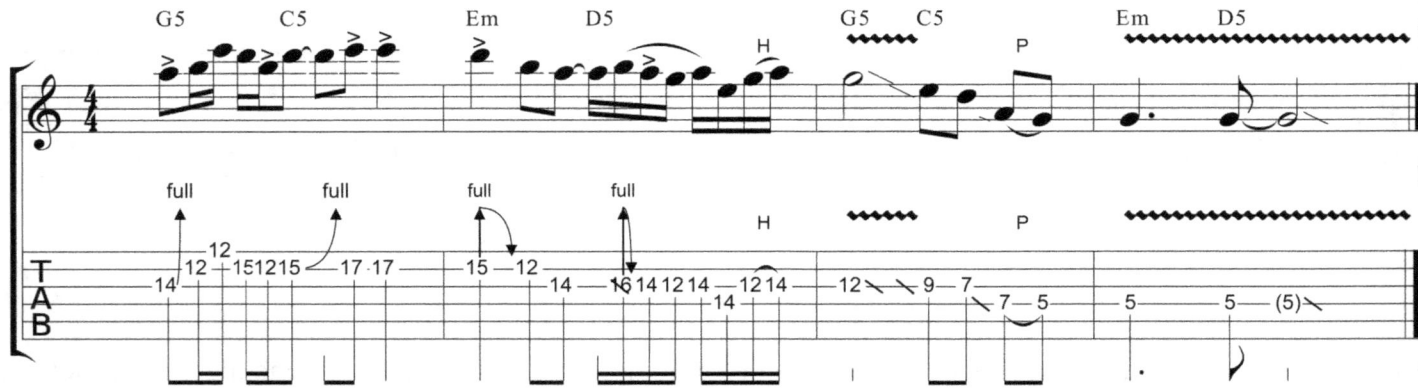

Ein dramatischer Pick-Slide führt den letzten Lick ein, bevor ein hoher Register-Bend am 17. Bund auf der hohen E-Saite eintritt. Spiele diesen Bend mit dem dritten Finger und, während die Saite nach oben gebendet wird, verwende schnell deinen vierten, um die darüberliegende Note zu spielen. Achte wieder auf den schnellen Slide im vorletzten Takt (Schlag 4), bevor du den Lick mit dem ersten Finger auf der G-Saite am 12. Bund beendest. Füge das breite Vibrato hinzu, wie in der Partitur angegeben.

Beispiel 20e:

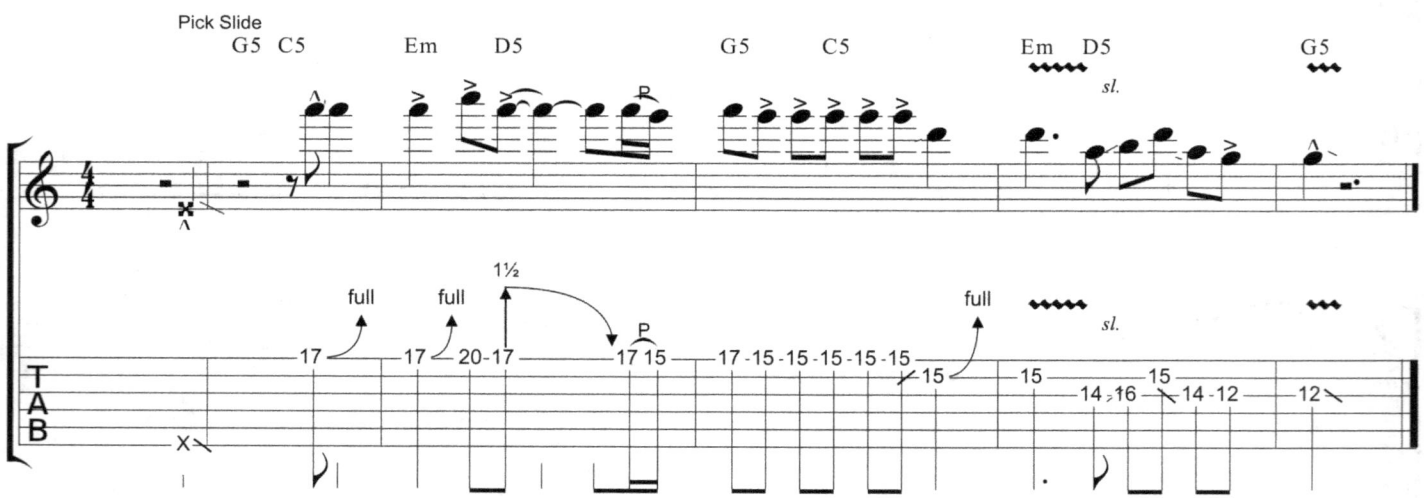

Komplette Solos

In diesem Abschnitt haben wir einige der 100 Licks zu kompletten, musikalischen Soli zusammengefasst, die du lernen kannst. Dies ist eine wichtige Phase in deiner Entwicklung als Musiker, denn das Erlernen des Vokabulars ist der größte Schritt, um ihn zu merken und zu deinem eigenen zu machen.

Die folgenden Soli lehren dich das Anwenden, Entwickeln, Transponieren und Improvisieren der Licks, die du gelernt hast. Auf diese Weise wirst du eine musikalische Sprache entwickeln, die einzigartig für dich ist. Wenn du übst, diese Licks ausreichend zu kombinieren, werden sie schnell miteinander verschmelzen, um neue, originelle Phrasen zu erstellen. Dies ist wirklich dein Endziel als Solist, um vor Ort originelle improvisierte Musik zu kreieren, die aus einem tiefen Verständnis der authentischen Sprache des Stils entsteht.

Noch einmal werden wir uns auf die Analogie des Sprechenlernens stützen: Früher musste man sich bemühen, jedes Wort zu lesen und auszusprechen, das man heute als selbstverständlich ansieht. Man musste sorgfältig Sätze aus ihren Bestandteilen konstruieren, um Sinn zu schaffen. Jetzt aber sprichst du einfach. Der voll ausgebildete Satz fällt einfach aus dem Mund, direkt aus dem Gehirn, weil du ein intrinsisches Verständnis und Gefühl für deine Sprache hast.

Genau so entwickelt sich deine musikalische Sprache. Sobald du die Komponenten (Noten, Rhythmen und Licks) gelernt hast, fängst du an, sie frei zu kombinieren, um eine eigene Sprache zu erstellen. So wie du ein Wort aus dem Gespräch mit einem Lehrer gelernt hast, dann es in einem anderen Kontext angewendet hast, während du mit einem Freund gesprochen hast, so ist es mit der Musik. Es gibt keinen Grund, warum ein Angus Young-Lick nicht fantastisch in einem Carlos Santana-Solo klingt. Natürlich möchtest du die Rhythmen an den Track anpassen, aber das ist es, was wir jeden Tag in unserer eigenen Sprache tun, ohne es zu merken.

Betrachte die folgenden Soli als Ausgangspunkt. Sie kombinieren eine kleine Anzahl von Licks zu sinnvollen Musikstücken, aber es gibt keinen Grund, damit aufzuhören. Es gibt 100 Licks und 20 Backing Tracks in diesem Buch, also warum nicht deinen Lieblingslick über jedem einzelnen spielen? Du wirst natürlich die Rhythmen und Phrasierungen an den neuen Backing-Track anpassen, und das wird dich lehren, musikalischer und kreativer zu sein. Außerdem wirst du dir die Licks auf eine Weise tief in Erinnerung rufen, die du nie für möglich gehalten hättest. Wenn du unbewusst einen Lick ändern kannst, um in verschiedenen Stilen zu arbeiten, gehört er dir; ein Stück deines eigenen Vokabulars, das du nie vergessen wirst.

Transponieren von Licks

Fast jeder andere Instrumentalist muss eine Phrase neu greifen und lernen, um sie in einer anderen Tonart zu spielen. Allerdings haben Gitarristen Glück, wenn es darum geht, Licks, Akkorde und Tonleitern zu transponieren. Wir können Phrasen einfach den Hals auf und ab in verschiedene Tonarten bewegen und die Griffweise identisch halten.

Zum Beispiel wird der folgende Jimmy Page-Lick in der Tonart A in Beispiel 1e dargestellt:

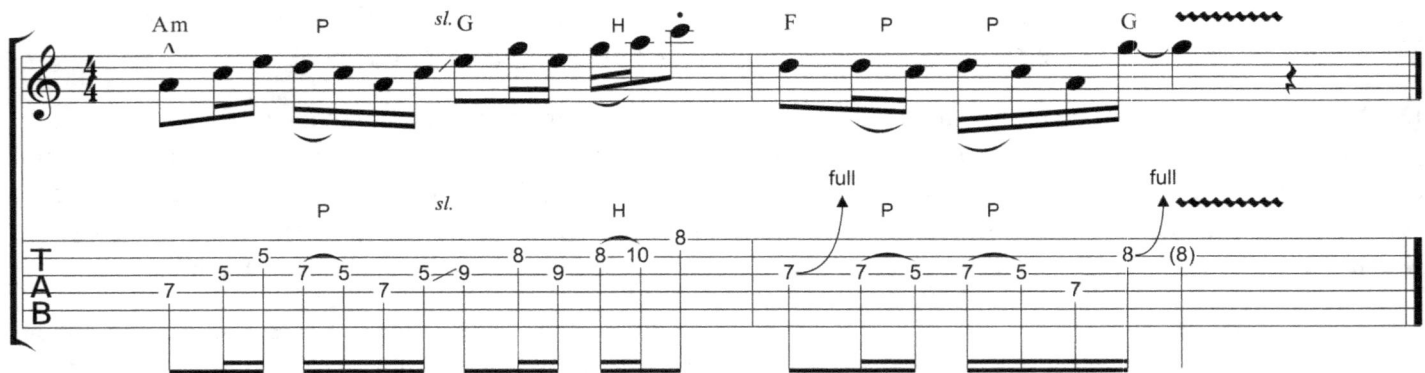

Das erste Solo liegt jedoch in der Tonart E.

Kannst du sehen, dass der obige Lick identisch (mit einer winzigen rhythmischen Variation) in den Takten Eins und Zwei des Solos gespielt wird?

Die Transponierung dieses Licks von A nach E ist ziemlich einfach. Du musst zuerst wissen, dass dieser Lick in der Tonart A geschrieben ist und dass die Note A am 5. Bund auf der tiefen E-Saite gespielt wird. Es hilft, wenn du den obigen Lick sehen kannst, der auf der a-Moll-Pentatonik-Tonleiter basiert.

Leg deinen ersten Finger auf die Note A und spiele dann den obigen Lick.

Als nächstes musst du wissen, in welcher Tonart du den Lick spielen willst. In diesem Fall befindet sich der Backing-Track in der Tonart E.

Slide deinen ersten Finger bis zur Note E (12. Bund auf der tiefen E-Saite).

Spiele nun die gleiche Sequenz von Noten in der neuen Position, und der Lick ist nun in der Tonart E. Wenn du dich über diesen Prozess nicht sicher bist, vergleiche den obigen Lick sorgfältig mit den ersten beiden Takten des Solos unten.

Dieser Prozess funktioniert für jeden Lick, und es ist wichtig, die Fähigkeit zu entwickeln, deine Licks schnell auf jede Tonart zu übertragen. Das Geheimnis ist, zu erfahren, wo sich alle Noten auf dem Griffbrett befinden und mein Buch **Einprägen des Griffbrettes** lehrt einen schnellen und einfachen Weg, dies zu tun.

Rhythmus ändern

Der Rhythmus einer Phrase wird nie in Stein gemeißelt und solange du weiterhin im Takt spielst, kannst du viel Spaß daran haben, alle Noten in der Melodie zu verlängern und zu verkürzen. Manchmal möchtest du vielleicht einen schnellen Lick mit halber Geschwindigkeit spielen, um einen neuen Track anzupassen, oder einen langsamen Lick in Doppelzeit durchführen. du kannst sogar gerade Phrasen nehmen und sie als Triolen spielen und umgekehrt.

Ein gängiger Ansatz ist es, nur ein oder zwei Noten in einer Phrase zu verlängern (oder zu verkürzen), und diese neue Phrasierung wird dich auf verschiedene kreative Pfade führen, wenn du anfängst zu improvisieren.

Es gibt hier keine festen und schnellen Regeln, also experimentiere so viel wie möglich. Das Ändern von Rhythmen oder das Verlangsamen ganzer Phrasen ermöglicht es dir, fast jeden Lick in fast jeder Umgebung zu spielen. Auch hier handelt es sich um die Art von Praxis, die die Phrasen wirklich einzigartig für deine eigene Identität als Musiker macht. Es ist eine äußerst lohnende Beschäftigung im Übungsraum mit verschiedenen Backing-Tracks und bei Jam-Sessions mit einer Band.

Solo Eins

Das erste Solo beinhaltet zwei der im Buch vorgestellten Licks und zeigt, wie man sie effektiv nutzen kann, um sein eigenes Rock-Vokabular aufzubauen. Es wird über den Angus Young Style Backing-Track in der Tonart E gespielt.

In Takt Eins wird ein Jimmy Page-Lick (Beispiel 1e), der ursprünglich in der Tonart a-Moll geschrieben wurde, in e-Moll transponiert, um in die Tonart des Backing-Tracks zu passen. Die Griffweise ist bei der neuen Tonart fast identisch, aber der Rhythmus ist in Bezug auf Wirkung und Vielfalt sehr leicht modifiziert.

Kleine rhythmische Änderungen wie diese vorzunehmen, hilft, die Licks an deinen eigenen Spielstil anzupassen, und du solltest mit solchen Ideen experimentieren, wenn du dir die ursprüngliche Phrase eingeprägt hast. Die meisten Gitarristen entwickeln ihren eigenen Stil mit dieser Art von adaptivem Ansatz.

In Takt Sieben wird ein Gary Moore-Lick (Beispiel 19d) mit halbem Tempo des Original-Licks gespielt (die 1/16-Triolen werden zu 1/8-Triolen). Das Ändern rhythmischer Werte innerhalb eines bestehenden Licks kann auch wirklich helfen, einen Lick zu deinem eigenen zu machen.

Um zu helfen, Licks in dein Spiel zu integrieren, versuche, um die Licks herum zu improvisieren, die du bereits gelernt hast. du wirst diesen Ansatz in beiden Soli sehen. In diesem Solo wurden die Takte Drei, Vier, Fünf und Sechs improvisiert (nach dem transponierten Jimmy Page-Lick) und die Takte Sieben und Acht verwenden dann den Gary Moore-Lick mit halber Geschwindigkeit.

Die letzten drei Takte wurden noch einmal improvisiert.

Beispiel 21a:

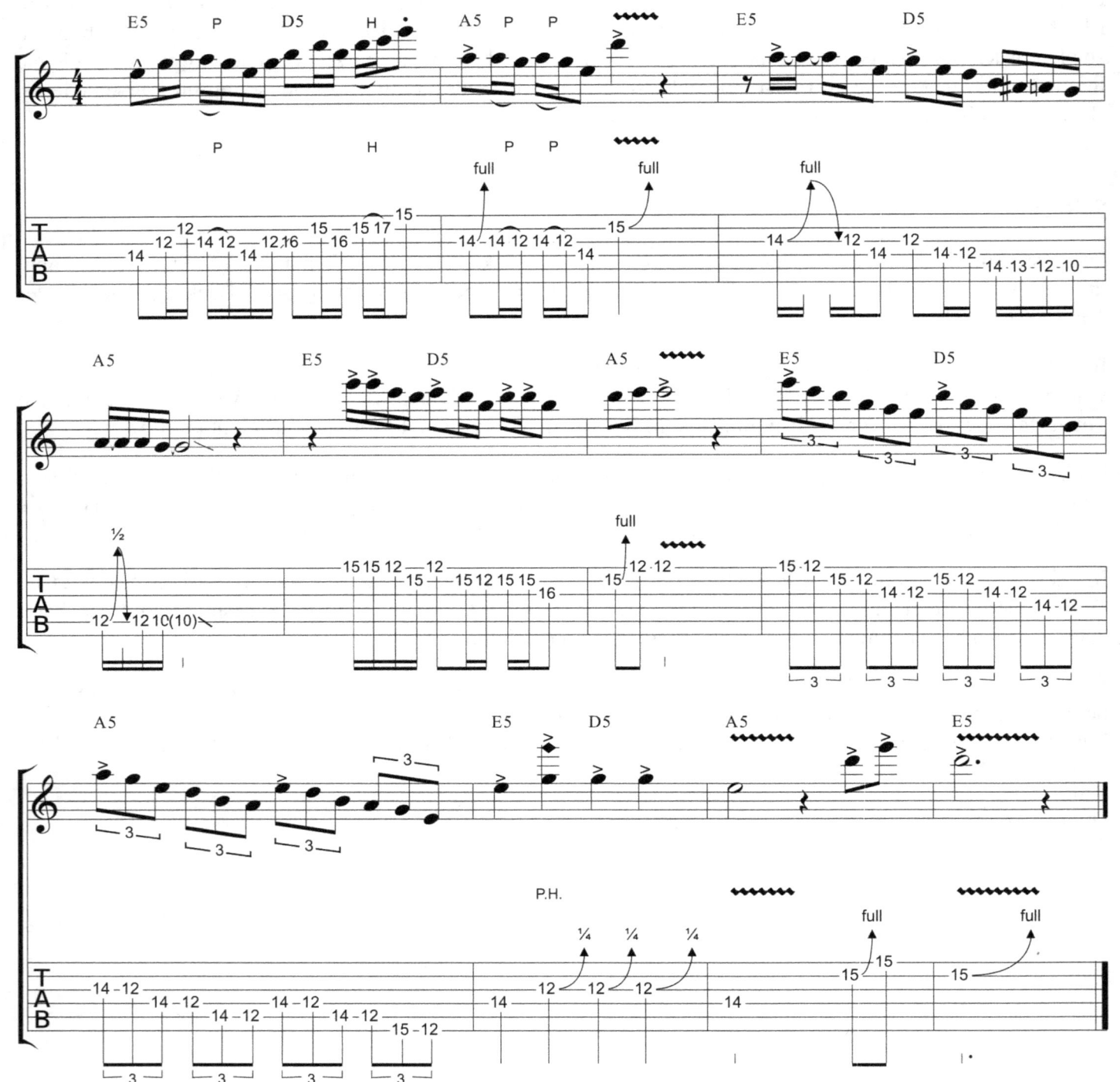

188

Solo Zwei

Dieses Solo wird über dem Gary Moore Backing-Track gespielt.

Im zweiten Solo wurden zwei Licks eingebaut. In Takt Eins wird ein Peter Green Lick (Beispiel 18e) von einem Ganzton (2 Bünde) von der Original Tonart e-Moll auf den d-Moll Backing-Track transponiert. Alle Griffe bleiben gleich wie beim ursprünglichen Lick.

Später, in Takt Acht, wird ein Ritchie Blackmore-Lick (Beispiel 9a) gespielt, um dem Solo etwas Abwechslung zu verleihen. Dieser Lick ist rhythmisch sehr leicht modifiziert, um ihm zu helfen, mit dem Track zu verschmelzen. Alle anderen Takte waren improvisiert, um sich aus den beiden vorherigen Licks aufzubauen.

Denke daran, auch wenn die ursprünglichen Licks schneller oder langsamer gelernt wurden, als du sie später spielst, funktionieren sie alle, um das Fundament für unbegrenzte eigene Soli zu schaffen.

Fast alle im Buch vorgestellten Gitarristen lernten das Solo durch Kopieren anderer Gitarristen, und sie passten ihre Licks dann sowohl rhythmisch als auch melodisch an ihren eigenen Spielstil an.

Beispiel 21b:

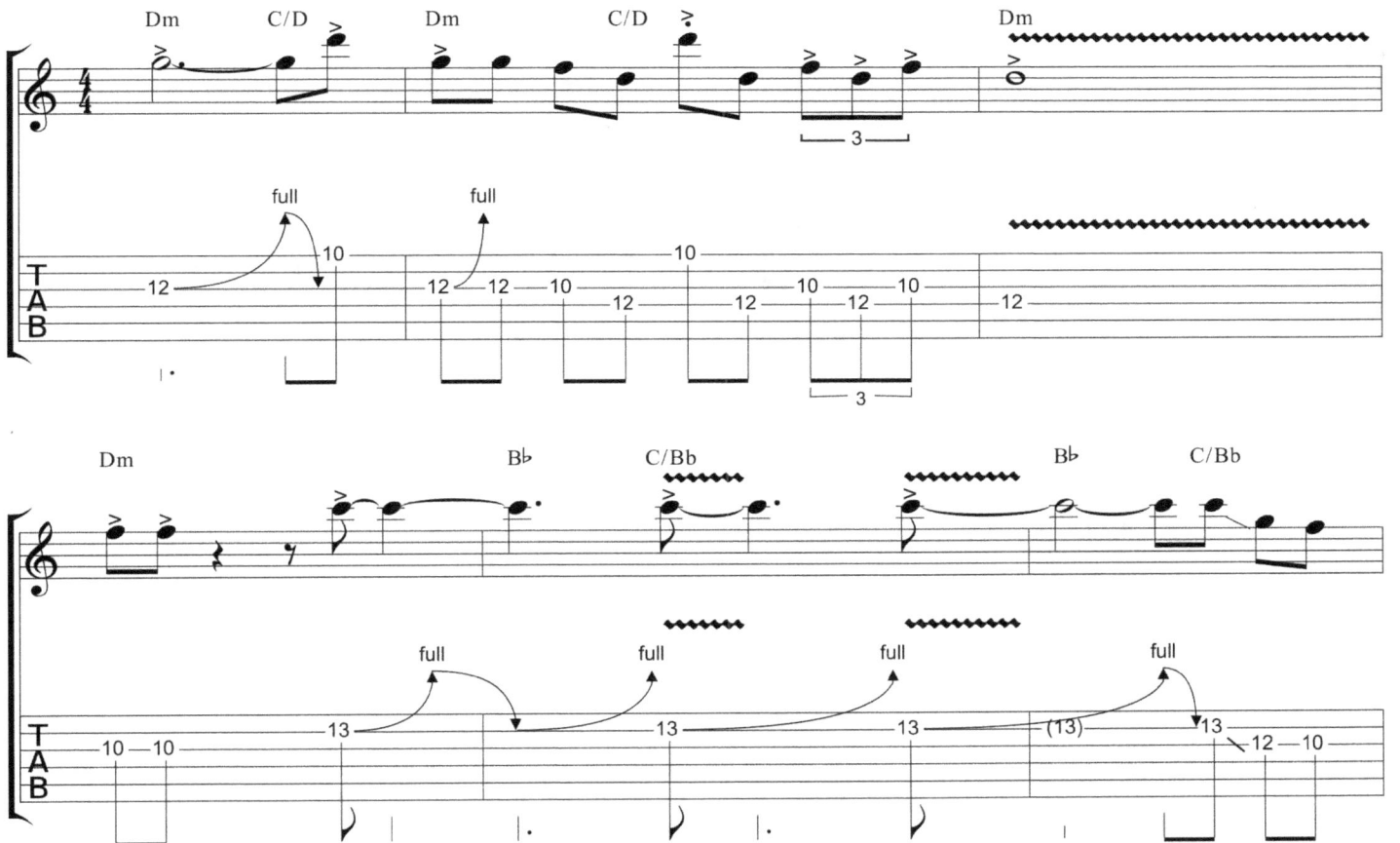

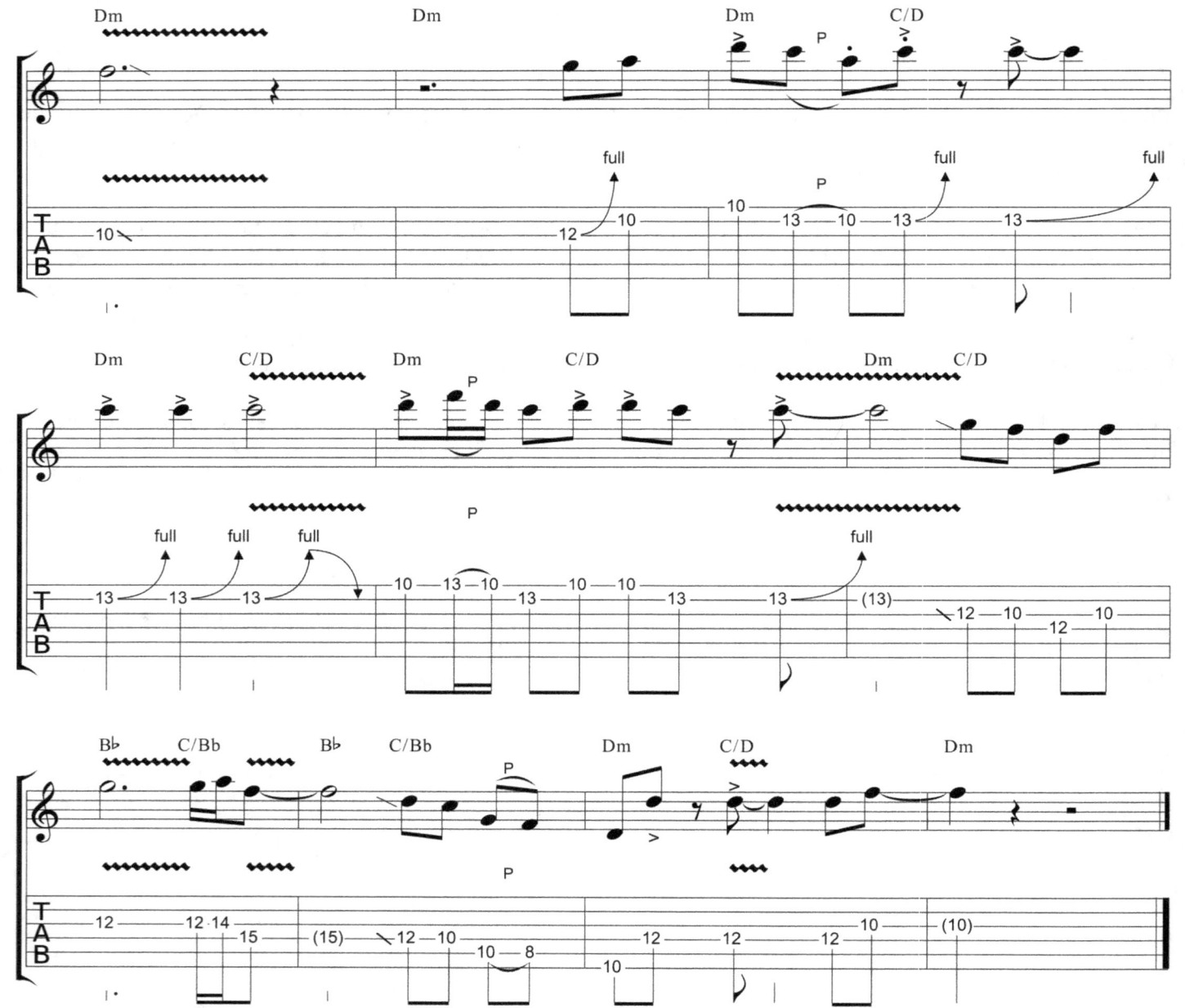

Schluss und weitere Buchempfehlung

Nun, wir haben es geschafft! 100 fantastische Licks im Stil der größten Classic Rock-Gitarristen der Welt. Wir hoffen, dass dir die Reise gefallen hat und du für die nächsten Jahre in dieses Buch eintauchen wirst.

Wie wir in der Einleitung erwähnt haben, wirst du das Beste aus diesem Buch herausholen, indem du jeden Lick zu deinem eigenen machst. Es ist zwar wertvoll, den Stil der Musiker zu kopieren, die du liebst, aber du wirst wirklich davon profitieren, wenn du jeden Lick nach deiner eigenen Stimme formst.

Experimentiere indem du den Rhythmus, die Phrasierung, die Artikulation und die Geschwindigkeit jeder Phrase änderst und sie an deine eigene Persönlichkeit anpasst. So entwickelt sich die Sprache und so erschaffst du deine eigene, einzigartige Stimme auf dem Instrument. Ein einziger Lick kann dir stundenlang kreatives Vergnügen im Übungsraum bereiten.

Die beste Vorgehensweise ist es, diese Licks mit einer Jam-Gruppe live oder in einem Proberaum aufzuführen. Die Gitarre fühlt sich ganz anders an, wenn man sich vom Komfort seiner Backing-Tracks entfernt.

Eine Anmerkung von Joseph:

Ich bin stolz darauf, dass Fundamental Changes inzwischen 70 Gitarrenmethoden veröffentlicht hat, und einige dieser Titel werden dir helfen, deine eigene Sprache zu entwickeln und zu personalisieren.

Mein Buch **Blues Guitar Melodic Phrasing** wirft einen detaillierten Blick darauf, wie man das musikalische Gefühl erlernen kann. Ich fragte einmal einen Lehrer, wie ein berühmter Gitarrist so spielte, wie er es tat. Er sagte mir: „Er fühlt es einfach". Nun, vielleicht war das wahr, aber es war eine nutzlose Antwort von einem Lehrer. Ich machte mich daran, das musikalische Gefühl in eine präzise Reihe von Ideen und Fähigkeiten zu zerlegen, und diese Studie führte zu Blues Guitar Melodic Phrasing. Alles darin ist auch auf die Rockgitarre anwendbar.

Einige der theoretischen Ideen in diesem Buch können für dich neu sein. Ich versuche, die Theorie auf ein Minimum zu reduzieren und mich auf die Musik zu konzentrieren. Zwei Bücher, die ich geschrieben habe, um die praktische Anwendung der Theorie zu zeigen, sind **Guitar Scales in Context** und **The Practical Guide to Modern Theory for Guitarists**.

Beide Bücher sind äußerst praxisorientiert und helfen wirklich bei der täglichen, musikalischen Anwendung der Theorie.

Wenn du auf eine solide technische Entwicklung aus bist, ist Simon Pratts Buch **Guitar Finger Gym** ein großartiger Leitfaden für die meisten Aspekte der Gitarrentechnik, und mein Buch **Complete Technique for Modern Guitar** ist auch eine gute Begleitung.

Vor allem aber viel Spaß beim Lernen der Musik, die du liebst. Wenn du nicht lächelst, machst du es falsch!

100 Klassische Jazz Licks für Gitarre

100 Licks für Jazzgitarre im Stil der besten Gitarristen der Welt

Veröffentlicht von **www.fundamental-changes.com**

Copyright © 2019 Joseph Alexander

Herausgegeben von Tim Pettingale

Das moralische Recht dieses Autors wurde geltend gemacht.

Alle Rechte vorbehalten. Kein Teil dieser Publikation darf ohne vorherige schriftliche Genehmigung des Herausgebers vervielfältigt, in einem Abrufsystem gespeichert oder in irgendeiner Form und mit irgendwelchen Mitteln übertragen werden.

Der Herausgeber ist nicht verantwortlich für Websites (oder deren Inhalte), die nicht dem Herausgeber gehören.

www.fundamental-changes.com

Über 10.000 Fans auf Facebook: **FundamentalChangesInGuitar**

Instagram: **FundamentalChanges**

Über 350 kostenlose Gitarrenstunden mit Videos findest du auf

www.fundamental-changes.com

Wie man dieses Buch benutzt

Unser Ratschlag ist, sich deinen Lieblingsgitarristen auszusuchen und direkt in seine Licks einzutauchen. Achte auf die Akkorde, über die jeder Lick gespielt wird, da sie einen enormen Einfluss auf das Gefühl der Melodie haben. Sobald du den grundlegenden Lick verstehst, spiele ihn über den zugehörigen Backing Track, um zu hören, wie er klingt, und konzentriere dich auf das Gefühl. Spiele ihn bei Bedarf mit 1/4 Geschwindigkeit, bis du dich wohlfühlst, und spiele den Lick dann allmählich mit Hilfe eines Metronoms in der richtigen Geschwindigkeit.

Sobald du dich sicher fühlst, experimentiere und spiele die Melodie auf verschiedene Weise. Phrasierung ist alles, also beginne den Lick an verschiedenen Stellen zu spielen. Wie wäre es mit Sliden, oder Hammer-Ons / Pull-Offs statt Picking? Ziele darauf ab, jeden Lick zu deinem eigenen zu machen.

Verwende jeden Lick als Grundlage für deine eigenen Soli. Lerne, den Lick zu entwickeln, indem du Noten änderst, platzierst, formulierst, erweiterst, kontrahierst.... es gibt Hunderte von Möglichkeiten, eine musikalische Phrase zu ändern, also vertraue deinen Ohren und habe Spaß; es ist unmöglich, einen Fehler zu machen! Von jedem Lick kann man etwas lernen, auch wenn man nur einen kleinen Teil davon nimmt und ihn mit einer anderen Geschwindigkeit spielt, oder einfach nur die allgemeine Stimmung einfängt. Behandle jeden Lick als Startpunkt und nicht als Ziel. Erkunde und sieh, wohin sie dich bringen.

Josephs Buch, Bluesgitarre Melodische Phrasierung, geht sehr ausführlich auf all diese Konzepte und noch viel mehr ein. Es lehrt dich, wie du eine persönliche musikalische Sprache mit Seele und großartiger Phrasierung entwickeln kannst. Du erfährst alles über die Platzierung und Verschiebung und wir empfehlen es als idealen Begleiter zu diesem Buch.

Einige der Licks in diesem Buch, von schnelleren Spielern wie Pat Metheny und Mike Stern, sind technisch anspruchsvoll, da sie schnell gespielt werden und viele schnelle Notenunterteilungen beinhalten. Wenn diese Licks im Moment zu schnell für dich sind, mach dir keine Sorgen, denn es ist ein langfristiges Ziel, sie in dem Tempo zu spielen.

Um den Jazz weiter zu studieren und mehr Ideen zu bekommen, wie man diese Licks anwenden kann, lies die folgenden Bücher von Fundamental Changes.

- Mehr als nur Akkordmelodien mit Martin Taylor
- Akkordton Soli für Jazzgitarre
- Grundlegende Veränderungen in der Jazzgitarre
- **Minor** ii V **Erlernen**
- Stimmführer Jazzgitarre
- Bebop Jazz-Blues-Gitarre
- Jazz-Blues Soli für Gitarre

Hol dir das Audiomaterial

Die Audiodateien zu diesem Buch stehen unter www.fundamental-changes.com. zum kostenlosen Download zur Verfügung. Der Link „Audio herunterladen" befindet sich im Menü oben rechts. Klicke auf die Art des Buches, das du gekauft hast (Gitarre, Bass usw.). Dies führt dich zu einer Formularseite, auf der du den Titel deines Buches aus der Auswahlliste auswählst. Folge den Anweisungen, um das Audiomaterial zu erhalten.

Wir empfehlen dir, die Dateien direkt auf deinen Computer herunterzuladen, nicht auf dein Tablett, und sie dann zu extrahieren, bevor du sie zu deiner Medienbibliothek hinzufügst. Du kannst sie dann auf dein Tablett, deinen iPod legen oder auf CD brennen. Auf der Download-Seite gibt es ein Hilfe-PDF und wir bieten auch technischen Support über das Kontaktformular an.

Über 350 kostenlose Gitarrenstunden mit Videos findest du auf:

www.fundamental-changes.com

Twitter: **@guitar_joseph**

Über 10.000 Fans auf Facebook: **FundamentalChangesInGuitar**

Instagram: **FundamentalChanges**

Django Reinhardt

Jean „Django" Reinhardt wurde am 23. Januar 1910 in Belgien als Sohn einer Familie von Manouche Romani (Zigeuner) geboren. Reinhardt verbrachte den größten Teil seiner Jugend in verschiedenen Roma-Camps in der Nähe von Paris und begann seine musikalische Karriere schon früh, zunächst als Geiger, später dann als Gitarrist und am Banjo. Es wird angenommen, dass sein Vater auch musikalisch war und innerhalb der Familiengruppe Klavier spielte.

Reinhardt lernte schnell Gitarre und kopierte viele der Musiker, mit denen er zu tun hatte, darunter auch seinen Onkel, der sowohl Gitarre als auch Violine spielte. Das war sein Talent, im Alter von 15 Jahren konnte er als Musiker seinen Lebensunterhalt bestreiten. Seine ersten Aufnahmen (mit Banjogitarre) entstanden 1928 mit drei Akkordeonisten und einem Sänger namens Maurice Chaumel. Reinhardts Ruf als fließend spielender und erfinderischer Gitarrist wuchs schnell, und er erregte bald die Aufmerksamkeit von Musikern außerhalb Frankreichs, darunter der britische Bandleader Jack Hylton, der ihm später einen Job anbot.

Reinhardts musikalische Pläne wurden tragisch verkürzt, als ein Feuer die Karawane verwüstete, in der er mit seiner Frau lebte. Seine Verletzungen waren so schwer, dass Ärzte vorschlugen, eines seiner Beine zu amputieren (er lehnte den Eingriff ab) und er verlor die Nutzung zwei Finger seiner Griffhand, die gelähmt waren. Für viele wäre dies das Ende ihrer Musikkarriere gewesen, aber Reinhardt war entschlossen, seine Verletzungen zu überwinden. Er brachte sich das Spielen wieder bei, nur unter Verwendung von Zeige-, Mittelfinger und Daumen. Mit Hilfe eines neuen Instruments, das sein Bruder Joseph (ebenfalls Gitarrist) für ihn gekauft hatte, lernte er auch, seine gelähmten Finger für Akkorde einzusetzen.

Nachdem er sich von seiner Frau getrennt hatte, reiste er weit durch Frankreich und führte ein eher einfaches Dasein, indem er für wenig Geld in kleinen Lokalen spielte. Erst später, als er die amerikanische Jazzmusik entdeckte und den Geiger Stephane Grappelli traf, änderte sich sein Schicksal zum Besseren. Grappelli und Reinhardt begannen regelmäßig zu jammen und gründeten bald The Hot Club, der sich zu einem der innovativsten Jazzensembles der Vorkriegszeit in Europa entwickelte. Die Kriegseinleitung 1939 bedeutete das Ende der Hot Club-Gruppe und Reinhardt kehrte nach Paris zurück, während Grappelli in Großbritannien blieb. Die nationalsozialistische Verfolgung der Zigeuner und ihre allgemeine Abneigung gegen Jazzmusik stellte für Reinhardt eine gefährliche Bedrohung dar, aber er schaffte es, den Krieg zu überleben und komponierte und spielte weiter, wo und wann er konnte.

Nach dem Krieg traf sich Reinhardt wieder mit Grappelli und ging auch auf eine Tournee in den USA als Gast-Solist mit Herzog Ellington, bevor er 1947 nach Frankreich zurückkehrte. In den folgenden Jahren wurde Reinhardt als Interpret leider immer unzuverlässiger und verpasste oft sogar seine eigenen ausverkauften Konzerte, falls er sich kurzfristig entschied, nicht aufzutreten. Trotz dieses unberechenbaren Verhaltens nahm er weiterhin auf und trat bis in die späten 1940er Jahre auf, einschließlich einer Aufnahmesession 1949 in Rom und einer kurzen Zeit an der Seite von Benny Goodman, der wollte, dass Reinhardt mit ihm in den USA arbeitet.

Reinhardts letzten Jahre verbrachte er hauptsächlich in Pariser Jazzclubs und lebte in Samois-sur-Seine bei Fontainebleau in Altersteilzeit. Er begann mit einer E-Gitarre zu arbeiten und seine Musik nahm auch mehr von einem Bebop-Style an, der in seinen letzten Aufnahmen zu hören ist. Diese wurden kurz vor seinem Tod durch eine Hirnblutung im Jahr 1951 hergestellt. Er war erst 43 Jahre alt.

Seit Mitte der 1960er Jahre kehrt das Interesse an Reinhardts Musik zurück – eine Bewegung, die sich bis heute mit zahlreichen jährlichen Festivals und Tribute-Konzerten fortsetzt. Zu seinen Anhängern gehörten der klassische Gitarrist Julian Bream und der Country-Gitarrist Chet Atkins, der ihn als einen der zehn größten Gitarristen des 20. Jahrhunderts betrachtete.

Reinhardt verwendete in seiner Karriere fast ausschließlich Selmer Akustikgitarren und selten eine E-Gitarre. Selmer-Gitarren waren typische Zigeuner-Jazzinstrumente mit einem ovalen Schallloch und meist einer mittleren bis hohen Saitenlage. Reinhardt spielte mit einem schweren Schildpatt-Plektrum.

Reinhardts Solostil basierte auf einer Kombination aus Arpeggios und chromatischen Annäherungen. Diese wurden trotz seiner Fingerverletzungen mit großem technischem Geschick und rhythmischem Antrieb ausgeführt. Seine erstaunlichen technischen Fähigkeiten auf dem Instrument sind umso bemerkenswerter, da er körperlich eingeschränkt war.

Empfohlenes Audiomaterial

Django Reinhardt and the Hot Club Quintet

The Great Artistry of Django Reinhardt

At Club St Germain

Der erste Django Reinhardt-Lick ist ein typischer Gypsy-Jazz-Akkord-Zug, bei dem ein Akkord chromatisch nach oben oder unten verschoben wird, um zum nächsten gewünschten Akkord zu gelangen.

Beispiel 1a beginnt mit einem schnellen Slide von der vierten zur dritten Position in Takt eins, dann wird der Am6-Akkord jeweils einen Bund nach dem anderen den Hals hinaufbewegt, um auf dem Auftakt von Takt 4 im zweiten Takt zur neunten Position zu gelangen. Der Akkord ist zu Dm6 geworden und entspricht dem Wechsel zu d-Moll in dem Backing Track.

Mit diesen schnellen Akkordbewegungen stellst du sicher, dass du die Stimmführungen präzise und rechtzeitig spielst. Achte auch darauf, dass der Zielakkord für die Harmonie der Komposition richtig ist! Du wirst feststellen, dass, wenn du die oberen drei Saiten in jedem Akkord mit deinem dritten Finger spielst, der Akkord bei Geschwindigkeit einfacher zu spielen ist.

Beispiel 1a

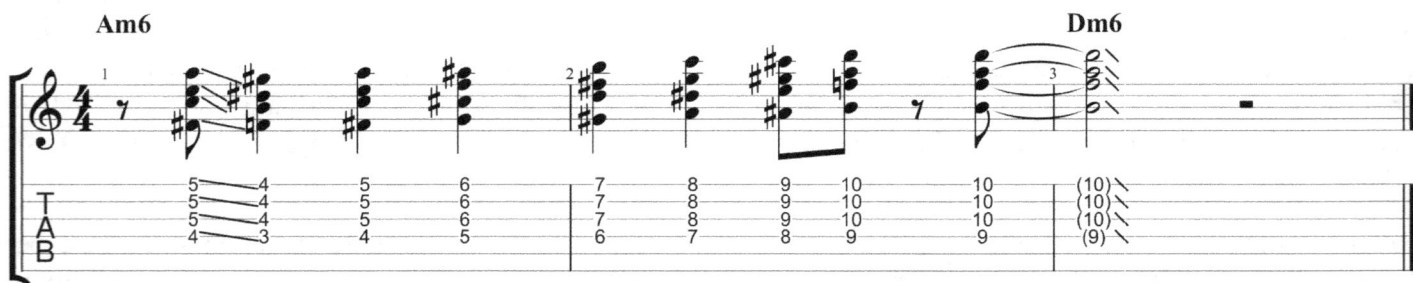

Wie die meisten Zigeuner-Jazz-Spieler verwendete Django viele Arpeggios in seinem Gitarrenspiel, was besonders nützlich ist, wenn er über schnelle Melodien Soli spielt. Das nächste Beispiel sieht auf dem Papier täuschend einfach aus, veranschaulicht aber zwei markante Django-Soloansätze. Die Melodie beginnt mit einem a-Moll-Arpeggio auf der 8. Position, gefolgt von einer absteigenden Folge von Quarten.

Beachte in Takt drei das Halbton-Bending im 7. Bund der B-Saite, das in Takt vier bis zur kleinen Terz des d-Moll-Akkords geht. Django verwendete in seinem Spiel nie große Intervall-Bendings. Es mag unpraktisch gewesen sein, dies zu tun, wegen der schweren, dicken Saiten, die er benutzte, aber kurze Bendings sind zu einem Markenzeichen des Gypsy Jazz Sounds geworden.

Beispiel 1b

Reinhardt nutzte wirkungsvoll melodische Motive, wie z.B. in Takt eins von Beispiel 1c. Es besteht aus nur zwei Noten eines a-Moll-Arpeggios (b3 und 5.), bevor die volle Triade in Takt zwei gespielt wird.

In Takt drei bricht ein Triplett den rhythmischen Fluss auf, bevor die Melodie zu 1/8- und 1/4-Noten zurückkehrt. Die C#-Note bei Beat 3, Takt drei ist eine Approach-Note, die zum Beginn des d-Moll-Akkords führt. Der Lick endet mit der großen Terz des E7-Akkords in Takt fünf und unterstreicht den Akkordwechsel.

Höre dir das Audiobeispiel an und fühle, wie diese Linie swingt. Die Kombination aus 1/8- und 1/4-Noten verleiht dem Motiv eine Vorwärtsbewegung. Übe die Melodie und ziele darauf ab, dieses *Push* und *Pull*-Swing-Gefühl in deine Phrasierung zu bringen.

Beispiel 1c

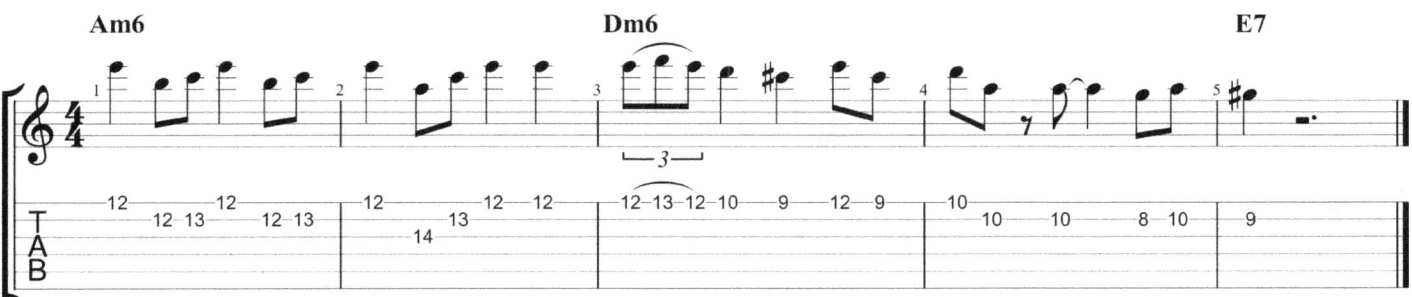

Django verwendete in seinen Soli häufig schnelle chromatische Passagen – ein Mittel, das viele Jazzgitarristen später nachahmen würden. Oft spielte er eine chromatische Skala in Triolen, wie in Beispiel 1d. Auch dieser Lick sieht auf dem Papier ziemlich einfach aus, aber die Herausforderung ist es, ihn sauber und präzise im gewünschten Tempo zu spielen, und das erfordert etwas Geduld.

Beachte, dass die Skala zwar in Triolen gespielt wird, die Melodie aber in einem Vierklang pro Saitenmuster angeordnet ist. Konzentriere dich darauf, deine Finger korrekt zu halten, übe dann den Lick langsam und bringe ihn allmählich auf Tempo. (Viele Zigeuner-Jazzgitarristen spielen chromatische Läufe auf einer einzigen Saite, aber das erfordert große Kontrolle und viel Übung!)

Beispiel 1d

Beispiel 1e beginnt mit einem Am7-Arpeggio auf der 5. Position in Takt eins, bevor eine Hammer- und Pull-Off-Triolenfigur auf Schlag 1 von Takt zwei eintrifft. Man hört, wie Django in seinen Aufnahmen Triolen effektiv einsetzt, um nicht ständig vorhersehbare 1/8- oder 1/4-Notenpassagen zu spielen.

Wenn du diese Melodie spielst, achte auf die Positionsverschiebung, die für die kurze Melodie erforderlich ist, die bei Schlag 3 von Takt drei beginnt und bei Takt vier endet.

In den Takten fünf und sechs findet sich ein beliebtes Melodiemittel des Zigeunerjazz: die Verwendung eines verminderten Arpeggios über einem dominanten Septakkord. In diesem Lick wird ein B vermindertes Arpeggio (B D F G#) über den E7-Akkord gespielt. Das Überlagern eines Bdim-Arpeggios über E7 ergibt die Intervalle 5, b7, b9 und 3 - also einen E7b9-Akkord ohne Grundton.

Spiele dieses Arpeggio noch einmal langsam und achte darauf, dass jede Note sauber klingt, bevor du das Tempo erhöhst.

Beispiel 1e

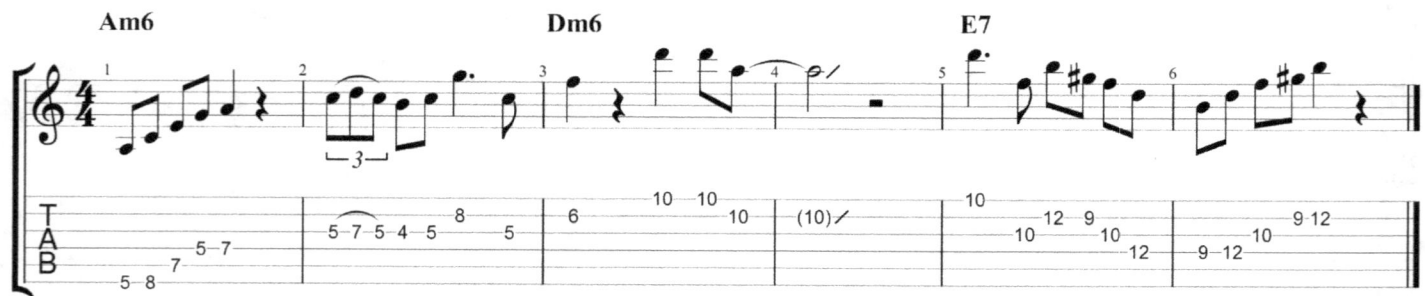

Charlie Christian

Charles Henry „Charlie" Christian wurde im Juli 1916 in Bonham, Texas, geboren und zog mit seiner Familie bereits als Kind nach Oklahoma. Beide Eltern waren aktive Musiker und sein Vater lehrte ihn und seine beiden älteren Brüder die Grundlagen der Musik. Er ermutigte sie auch, als Straßenmusiker zu arbeiten, um etwas zusätzliches Geld für die Familie zu verdienen. Nach dem frühen Tod seines Vaters erbte Christian seine Instrumente und studierte zu Hause weiter Musik. Während seines Schulbesuchs in Oklahoma City begann er zunächst Trompete zu spielen (ermutigt von einem seiner Musiklehrer), ließ das aber später sein, da er sich damals mehr für Baseball interessierte.

In den 1920er und 30er Jahren leitete Christians älterer Bruder Edward eine Band in Oklahoma City und sein anderer Bruder, Clarence, arrangierte, dass der junge Christian heimlich Gitarrenunterricht bei „Bigfoot" Ralph Hamilton erhielt, wo ihm bei drei bekannten Liedern dieser Zeit das Spielen und Solospielen beigebracht wurde: *Sweet Georgia Brown*, *Tea For Two* und *Rose Room*. Christian wurde so geschickt darin, diese Melodien zu spielen, dass, als er schließlich eingeladen wurde, bei einer nächtlichen Jam-Session in Oklahoma City mit Edwards Band zu spielen, sein Spiel vom Publikum sehr gelobt wurde.

Diese erfolgreiche frühe Aufführung half Christian, regelmäßige Auftritte im gesamten Mittleren Westen zu erhalten, und bis Mitte der 1930er Jahre erregte er große Aufmerksamkeit in der Region. Inzwischen spielte er ein frühes Modell einer Gibson-E-Gitarre. In dieser Zeit wurde sein Gitarrenspiel auch vom Plattenproduzenten John Hammond entdeckt, der Christian dem legendären Swing-Bandleader Benny Goodman empfahl.

1939, nach anfänglichen Vorbehalten gegen den Einsatz eines E-Gitarristen in seiner Gruppe, gründete Goodman ein neues Sextett mit Christian an der Gitarre. Sein flüssiges Spiel wurde sofort von anderen Jazzmusikern gelobt, die seinen „hornartigen" Umgang mit der Gitarre bemerkten. Später sagte er, dass er bewusst mehr wie ein Saxophon als wie ein traditioneller Gitarrist klingen wollte. Bis 1940 war Christian regelmäßig an der Spitze von Swing-Jazz- und Gitarrenumfragen, obwohl er noch vergleichsweise jung war. Er wurde auch eingeladen, bei den Metronome All Stars teilzunehmen (eine Elitegruppe von Jazzmusikern, die für Studioaufnahmen vom Metronome Magazine zusammengestellt wurde).

Neben seiner Arbeit mit Goodman war Charlie Christian eine bedeutende Figur in der frühen Entwicklung des Bebop-Jazz und trat oft im berühmten Minton's Playhouse Club in Harlem auf (von vielen als Geburtsort des Bebops angesehen). Sein hochmelodischer Stil beeinflusste viele der bedeutendsten Bebop-Performer des nächsten Jahrzehnts, wie Charlie Parker und Dizzy Gillespie.

Leider wirkte sich Christians hektischer Tournee- und Auftrittsplan durch die 1930er und 40er Jahre auf seinen Gesundheitszustand aus und nachdem er sich Ende der 1930er Jahre mit Tuberkulose infizierte, hatte er mehrere Aufenthalte in verschiedenen Krankenhäusern, um zu versuchen, wieder gesund zu werden. Schließlich wurde er im Juni 1941 in eine Pflegeeinrichtung in New York aufgenommen und starb Anfang des nächsten Jahres im Alter von nur 25 Jahren.

Christians Einfluss auf die Musiker der jüngeren Generation ist bedeutend, und viele bekannte Musiker der 1950er und 60er Jahre bezeichnen ihn als einen der wichtigsten Einflussfaktoren auf ihr Spiel, auch für Musiker außerhalb des Jazz. Die meisten Musikwissenschaftler sind sich einig, dass er der E-Gitarre den Weg geebnet hat, ein Lead-Solo-Instrument im Jazz zu werden, anstatt ein Instrument für rhythmische Begleitung zu bleiben.

Christians Spielstil mischte gekonnt Blues-Riffs mit längeren 1/8-Noten-Linien (oft mit chromatischen Passtönen), die alle mit einwandfreiem Timing und Phrasenaufbau gespielt wurden. In seinen Swing-Soli mit Goodman hört man die Elemente des frühen Bebops.

Charlie Christian spielte eine Gibson ES-150 Gitarre. Es war die erste E-Gitarre, die für die Gibson Company kommerziellen Erfolg erzielte, was nicht zuletzt auf Christians Einsatz des Instruments zurückzuführen ist. Die Gitarre besaß einen elektromagnetischen Single-Coil-Pickup, der inzwischen einfach als „Charlie Christian Pickup" bekannt ist. Er hatte schwere Saiten verwendet, da leichtere Saiten während seiner Spielkarriere nicht verfügbar waren. Zur Verstärkung benutzte er einen Gibson EH150 Verstärker, der mit einem 10" (oder später einem 12") Lautsprecher ausgestattet war und etwa 15 Watt lieferte.

Empfohlenes Audiomaterial

Solo Flight: The Genius of Charlie Christian

Electric

Charlie Christian mit dem Benny Goodman Sextett und Orchester

Charlie Christian war ein melodischer Spieler und benutzte häufig wiederkehrende Motive, um seine Soli zu bilden. In Beispiel 2a beginnt ein einfaches Zwei-Noten-Motiv in Takt eins, dem eine Annäherungsnote vorausgeht, und betont den 6. und den Grundton des C-Dur-Akkords. Dieses Motiv setzt sich in Takt zwei fort, wird aber nun über einen C#dim-Akkord gespielt. Beachte die Spannung, die die Noten gegen den neuen Akkord erzeugen.

In Takt drei wird eine kurze C-Dur-Skala über dem G7-Akkord gespielt, beginnend mit einer Triolenfigur auf Beat 1, der Lick endet mit der b7 des gleichen Akkords - einem starken Akkordton.

Trotz der relativen Einfachheit dieser Melodie zeigt sie, wie effektiv eine gut durchdachte Melodie sein kann. Wenn du diese Linie spielst, versuche, Christians Gefühl für rhythmische Autorität und die Betonung der Akkordtöne einzufangen.

Beispiel 2a

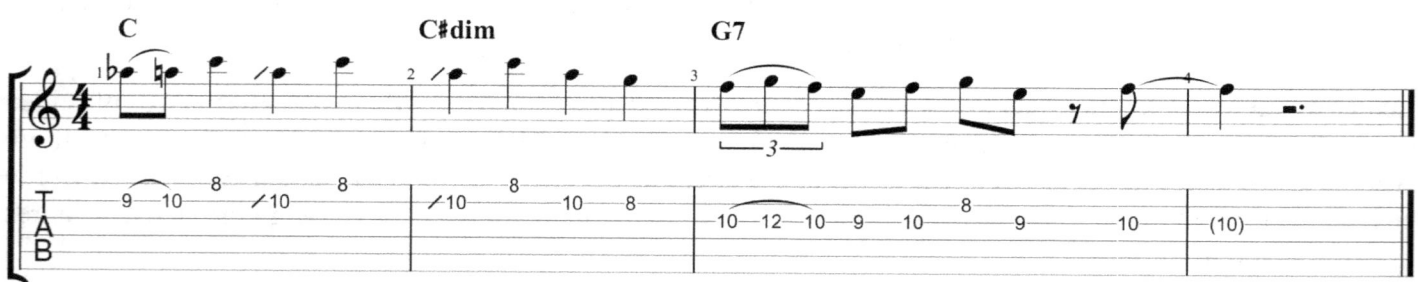

Christian benutzte in seinen Soli oft chromatische Passtöne, um melodische Bewegungen voranzutreiben. In Takt eins von Beispiel 2b wird ein Ab auf dem vierten 1/8-Notenschlag gespielt, der auf das 5. Intervall des C-Dur-Akkords abzielt. Ein weiterer Passton wird auf dem letzten Schlag des Taktes gespielt, was zu der E-Note am Anfang von Takt zwei führt.

Es folgt ein vermindertes Arpeggio - ein gängiger Ansatz der Swing-Spieler dieser Zeit, der von Django Reinhardt verwendet wird, wie bereits erwähnt. Takt drei verwendet ein invertiertes Dm7-Arpeggio, das gegen den G7-Akkord ausgetauscht wurde, und eine kombinierte Triplett- und 1/8-Noten-Phrase schließt den Lick ab.

Wenn du diese Melodie spielst, achte auf die Positionsverschiebung in der Mitte des Taktes zwei, wenn du dich von der 8. zur 5. Position bewegst. Achte auch auf die Phrasierung in Takt zwei und höre dir das Audiobeispiel an, um zu hören, wie es klingen soll.

Beispiel 2b

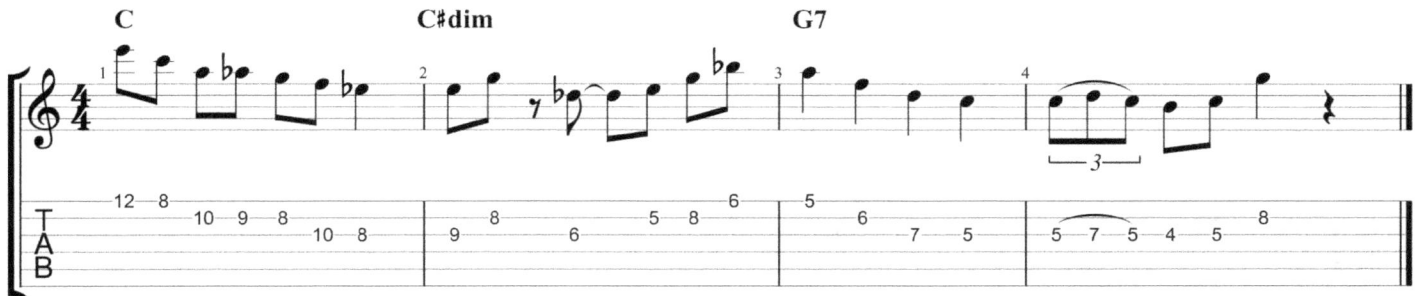

Diese nächste Zeile veranschaulicht, wie Swing-Spieler die folgenden Bebop-Spieler stark beeinflusst haben. Beispiel 2c beginnt mit einer eintaktigen Phrase, die zum Standardvokabular für Jazz und Blues geworden ist. Ein Passton zielt auf die E-Note bei Beat 2 des Taktes ab, bevor eine schnelle Triolenfigur zum Grundton des C-Dur-Akkords führt. Takt zwei verwendet ein absteigendes, vermindertes Arpeggio-Muster, das viele Swinger verwendet haben. Der Lick endet mit einem einfachen Dreinotenmotiv, das die 4., 5. und 9. Stufe des G7-Akkords hervorhebt.

Stelle sicher, dass du die Griffweise des verminderten Musters in Takt zwei geübt und verinnerlicht hast, bevor du den Lick im richtigen Tempo spielst.

Beispiel 2c

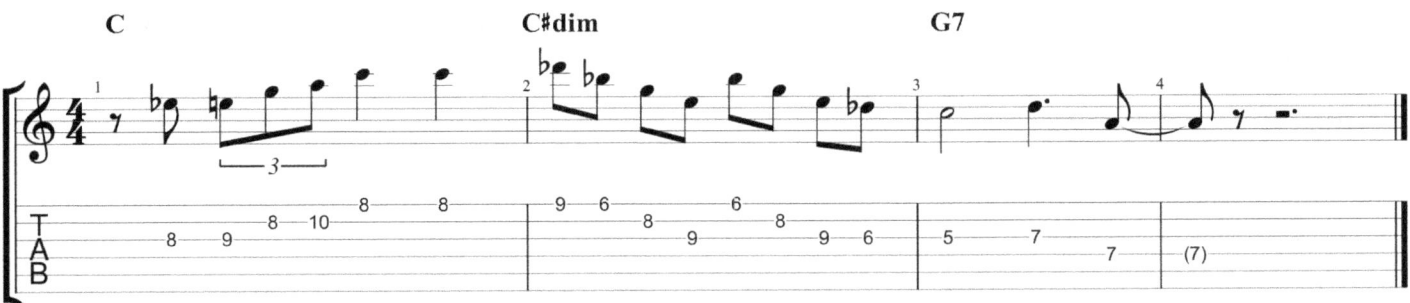

Die Doppelgriffe zu Beginn von Beispiel 2d hätte leicht aus einer Rock'n'Roll-Aufnahme der 1950er Jahre stammen können, waren aber ein fester Bestandteil von Christians Spiel aus über einem Jahrzehnt zuvor. Für maximale Authentizität versuche, die obere E-Saite gebrochen scharf zu benden, damit das Bending bluesig klingt. Verwende deinen vierten Finger, um die obere E-Saite und deinen dritten Finger, um die B-Saite für die Doppelgriffe zu spielen.

Wie in früheren Beispielen wird ein vermindertes Arpeggio über dem C#dim-Akkord in Takt zwei gespielt, aber hier wird beginnend mit einem Up-Beat gespielt, um der Melodie mehr Schwung zu verleihen. In den letzten beiden Takten wird eine einfache Drei-Noten-Figur über dem G7-Akkord gespielt und die letzte Note ist die 6. Tonstufe des Akkords.

Sei besonders vorsichtig, diesen Lick nicht zu überstürzen, da er auf einem präzisen Spiel basiert, mit einem soliden Gefühl für Zeit und Swing.

Beispiel 2d

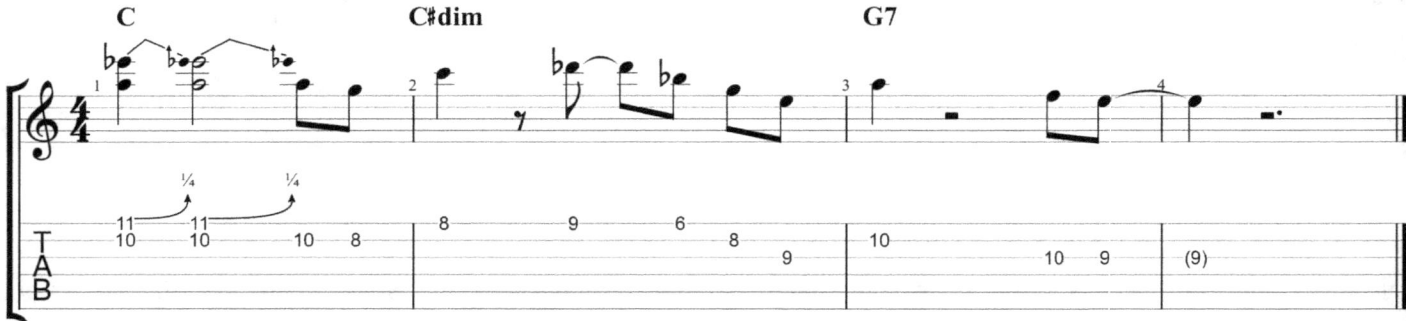

Der letzte Charlie Christian-Lick hat eine einfache rhythmische Konstruktion und sollte keine große technische Herausforderung darstellen. Aber trotz seiner Einfachheit ist er reich an Harmonie.

Takt eins zielt auf den Grundton und den 6. Ton des C-Dur-Akkords ab. Es folgt ein dreistimmiges Motiv in Takt zwei, das aus einem C#dim-Arpeggio stammt. Eine Reihe von absteigenden 1/4-Noten wird über G7 für die letzten beiden Takte gespielt.

Diese kaskadierenden 1/4-Noten suggerieren ein G13-Arpeggio. In absteigender Reihenfolge werden die Intervalle des 13., 5., 9., b7, 5., 11. und 3. des G7-Akkords gespielt. Wie viele andere Spieler der Swing-Ära begann Christian, die Akkordsubstitutionen zu erforschen, die in den späten 1940er Jahren ein wesentlicher Bestandteil des Bebop-Jazz-Vokabulars werden sollten.

Beispiel 2e

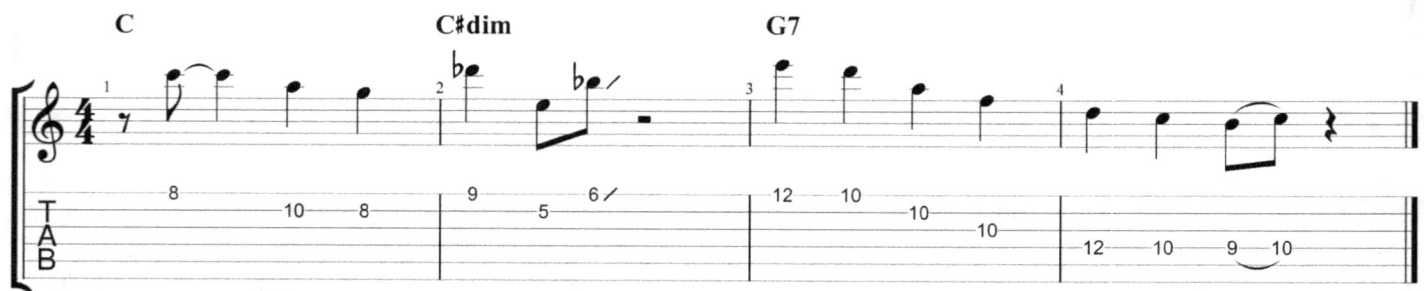

Herb Ellis

Mitchell Herbert „Herb" Ellis wurde am 4. August 1921 in Farmersville, Texas, geboren und wuchs in einem Vorort von Dallas auf. Ellis hörte zum ersten Mal eine E-Gitarre bei einer Performance des Gitarristen George Barnes in einem Radioprogramm, und es wird angenommen, dass dies ihn inspirierte, Gitarre zu spielen. Schnell wurde er mit dem Instrument vertraut und absolvierte die North Texas State University mit dem Schwerpunkt Musik. Da die Universität zu dieser Zeit kein Gitarrenprogramm hatte, musste er Bass studieren und dann aus Geldmangel das Studium abbrechen. Ellis entschied sich dann, für sechs Monate mit einer Band der University of Kansas zu touren. In dieser Zeit wurde er auch auf das Gitarrenspiel von Charlie Christian aufmerksam, der zu einem seiner größten musikalischen Einflüsse wurde.

1943 trat Ellis dem Casa Loma Orchestra bei und mit dieser Band erhielt er seine erste Anerkennung in der Jazz-Welt. Danach trat er der Jimmy Dorsey Gruppe bei, wo er einige seiner ersten Gitarrensoli aufnahm, die auf einem Album erschienen. Ellis blieb bis 1947 bei Dorsey, reiste und nahm viel auf und spielte in Tanzsälen und Kinos.

Ellis' Karriere nahm einen großen Aufschwung, als er während einer sechswöchigen Pause im Tourneeplan der Dorsey-Band mit dem Pianisten Lou Carter und dem Bassisten John Frigo die Gruppe Soft Winds gründete und einen sechsmonatigen Aufenthalt im Peter Stuyvesant Hotel in Buffalo hatte. Die Gruppe blieb bis 1952 zusammen und wurde nach dem Vorbild des Nat King Cole Trios aufgebaut. Zusammen mit Frigo und Lou Carter schrieb Ellis auch den klassischen Jazz-Standard *Detour Ahead*.

1953 schloss sich Ellis dann dem gefeierten Jazzpianisten Oscar Peterson (Nachfolger von Gitarrist Barney Kessel) an und bildete neben dem Bassisten Ray Brown eines der berühmtesten Jazztrios aller Zeiten. Ellis war übrigens das einzige weiße Mitglied des Trios – eine Tatsache, die damals sehr umstritten war.

Das Peterson-Trio (oft mit einem Schlagzeuger) wurde zur festen Hausband von Norman Granz's Verve Records und unterstützte viele beliebte Jazzmusiker dieser Zeit. Ellis spielte hauptsächlich als Teil der Rhythmusgruppe für diese Verve-Aufnahmen und hatte nicht immer ein spezielles Solo.

Das Peterson-Trio war auch eine der tragenden Säulen der von Granz organisierten „Jazz at the Philharmonic"-Konzerte und tourte ständig in den USA und Europa. Ellis verließ das Trio schließlich im November 1958, um durch den Schlagzeuger Ed Thigpen und nicht durch einen anderen Gitarristen ersetzt zu werden. Nach dem Ende des Peterson-Gigs engagierte sich Ellis verstärkt in Studio-Sessions und wurde oft in der Hausband für TV-Programme wie die Steve Allen Show eingesetzt.

Zwischen 1957 und 1960 tourte und spielte Ellis ausgiebig mit der legendären Jazz-Sängerin Ella Fitzgerald und gründete später zusammen mit den Gitarristen Barney Kessel, Charlie Byrd und Tal Farlow das Great Guitars Trio. In den 1970er Jahren begann er, die Zahl seiner Live-Auftritte zu erhöhen und bildete auch eine fruchtbare musikalische Partnerschaft mit seinem Kollegen Joe Pass. 1982 gründete Ellis mit Monty Alexander und Ray Brown die Gruppe Triple Threat, die bis in die 90er Jahre hinein zusammenarbeitete.

1994 trat Ellis der Arkansas Jazz Hall of Fame bei und erhielt am 15. November 1997 die Ehrendoktorwürde für Musik von der University of North Texas.

Ellis starb am Morgen des 28. März 2010 im Alter von 88 Jahren trauriger weise an der Alzheimer-Krankheit in seinem Haus in Los Angeles.

Obwohl zunächst beeinflusst durch das Gitarrenspiel von Charlie Christian, entwickelte sich Herb Ellis zu einem flüssigen Swing/Bop-Solisten. Sein Gespür für Harmonie und seine unheimliche Fähigkeit, auch bei den schnellen Tempi des Oscar Peterson Trios zu swingen, wurde im Laufe der Jahre viel gelobt und er bleibt eine der Hauptfiguren der Jazzgitarre im 20. Jahrhundert.

Herb Ellis bevorzugte Archtop-Jazzgitarren wie die Gibson ES-175 und die ES-165 und ließ auch ein charakteristisches Aria Pro II Herb Ellis-Modell für ihn anfertigen. Seine Wahl des Verstärkers war im Allgemeinen eine kleine, sauber getönte Combo (oft Solid-State, wie z.B. der Polytone Mini-Brute) und war auch dafür bekannt, dass er früher in seiner Karriere Ampeg-Verstärker gespielt hatte. Ellis benutzte selten, wenn überhaupt, Effekte für seinen Gitarrensound und zog es vor, direkt in seinen Verstärker zu spielen.

Empfohlenes Audiomaterial

Ellis in Wonderland

Man with the Guitar

Straight Tracks

Herb Ellis war gleichermaßen mit Swing- und Bebop-Stilen vertraut und hatte ein makelloses Jazz-Zeitgefühl. Beispiel 3a veranschaulicht, wie Herb ein melodisches Muster nehmen und es so anpassen kann, dass es mehrere Takte mit großer Wirkung hält.

Bei Beat 1 von Takt eins beginnt ein Pattern, das zwei Akkordtöne des Fm7-Akkords hervorhebt, wobei eine Approach-Note einen Halbton darunter verwendet wird. Das Muster wird dann transponiert, um zum Bbm7-Akkord in Takt zwei zu passen. Spiele diese beiden Takte in der 5. Position, bevor du in die 6. Position für Takt drei wechselst.

Das Muster aus den Takten eins und zwei setzt sich in Takt drei kurz fort und zielt auf das b9-Intervall gegen den Eb7-Akkord. Der Rest des Taktes drei hat einen verminderten Geschmack, bevor die Melodie mit einer kurzen Swing-Melodie über den Akkorden Abmaj7 und Dbmaj7 endet.

Das konstante 1/8-Tonmuster bedeutet, dass an diesem Lick nichts zu technisch ist. Die größte Herausforderung besteht darin, das Swing-Feeling beim Spielen im vollen Tempo zu erhalten. Achte auf die erforderliche Positionsverschiebung zwischen den Takten zwei und drei.

Beispiel 3a

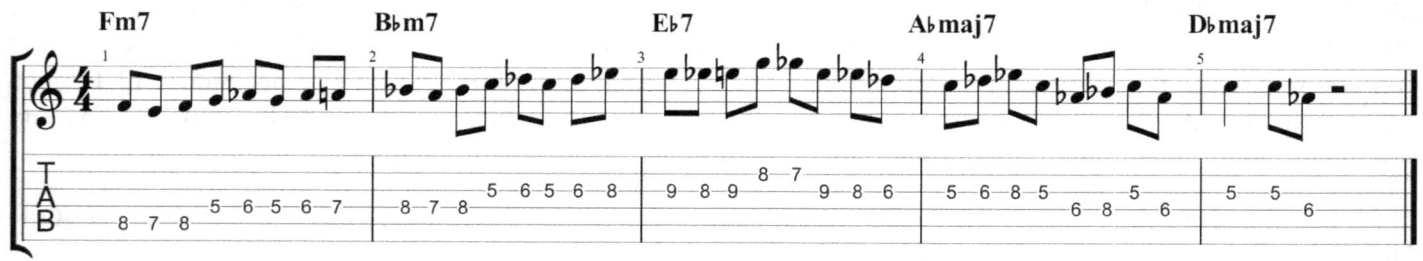

Beispiel 3b zeigt Ellis' Verwendung von sich wiederholenden rhythmischen Motiven. Ab Beat 4 von Takt 1 wird eine Kombination aus 1/8-Triolen und 1/4-Tönen über die ersten drei Akkorde gespielt. Beachte, dass das Motiv nicht immer auf dem gleichen Beat in jedem nachfolgenden Takt gespielt wird. Rhythmus- und Notenplatzierung bringt Abwechslung in die Phrasierung und weckt das Interesse des Hörers.

Ab Beat 4 in Takt drei bildet eine Reihe von gebundenen 1/8- und 1/4-Noten das rhythmische Momentum. Ein Akkordton wird auf den Down-Beat jedes neuen Taktes ausgerichtet. Stelle sicher, dass du diesen Lick mit einem starken Swing Gefühl spielst und ihn nicht überstürzt.

Beispiel 3b

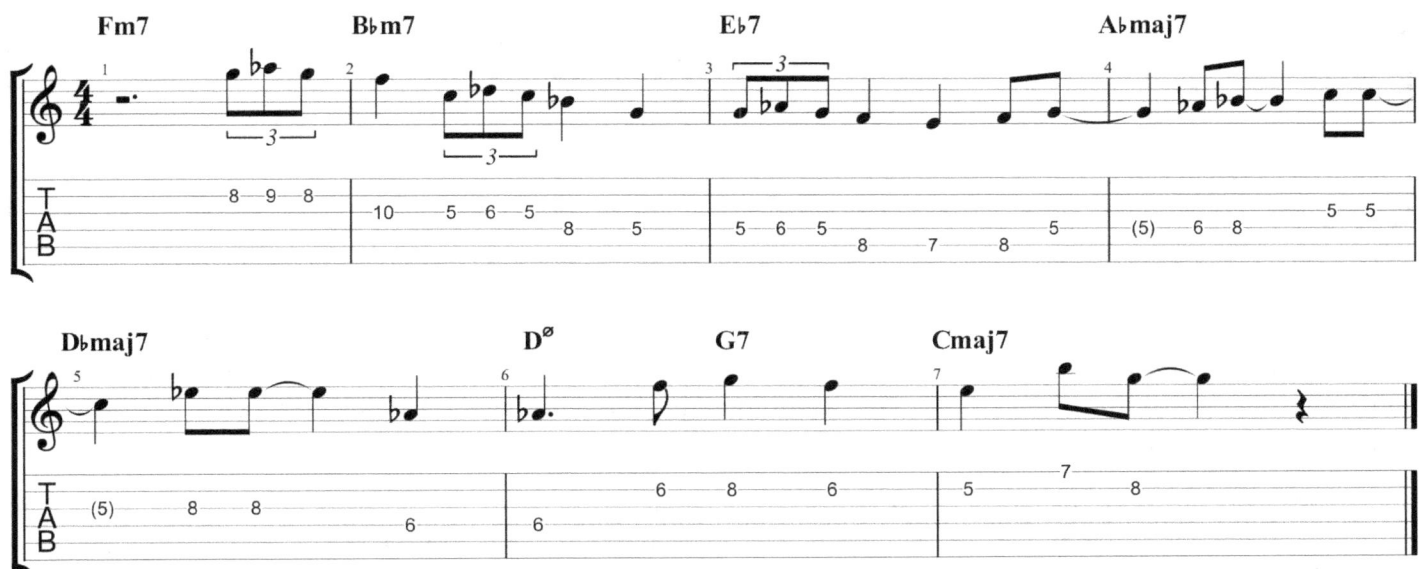

Ellis verwendete oft eine Kombination aus On- und Off-Beat 1/8-Noten, um Interesse an einer ansonsten einfachen Skalenfolge zu wecken, wie Beispiel 3c zeigt. Die ausgefallenen Noten lassen die Melodie wirklich schwingen. Höre das Audiobeispiel an, um sicherzustellen, dass du die Noten während der ersten drei Takte auf den richtigen Beat legst.

In Takt drei setzt sich die Linie mit einer Kombination aus 1/8- und 1/4-Noten fort, beinhaltet aber einige angebundene Noten (z.B. bei Beat 1 von Takt fünf). Der Lick löst sich auf die große Terz des Cmaj7-Akkords in Takt sieben auf, bevor er mit einem Intervall endet, das auf die großen Terzen 7 und 5 ausgerichtet ist.

Beispiel 3c

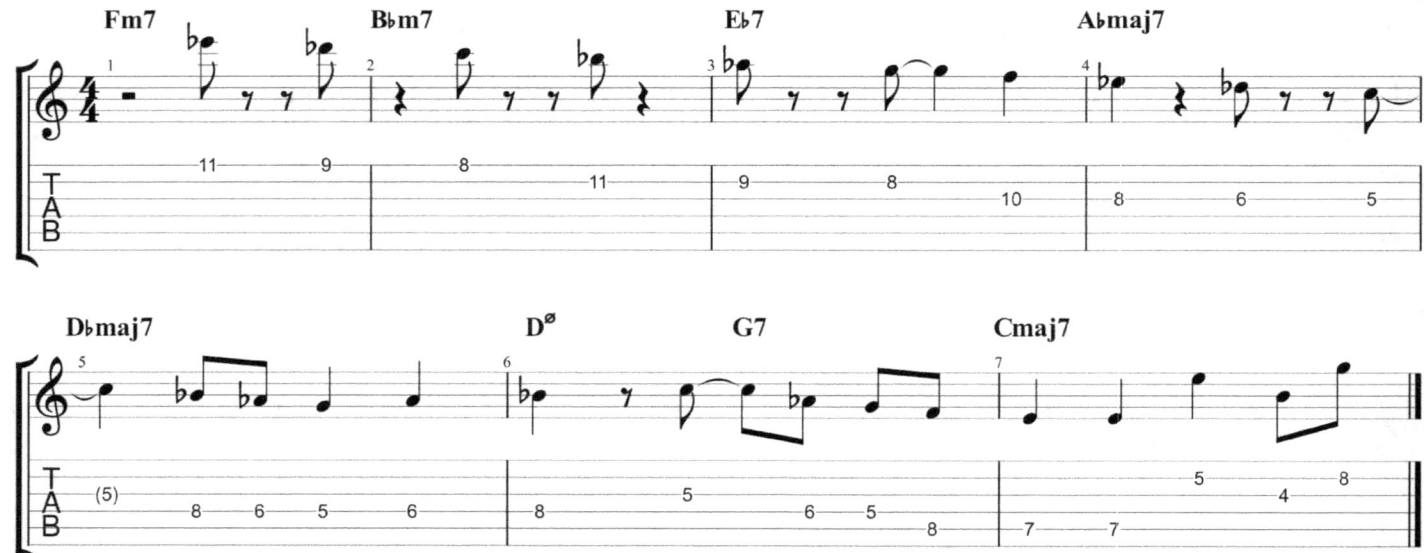

Dieser nächste Lick verwendet die gängige Bebop-Approach-Notentechnik. Ausgehend von Fm7 in Takt eins werden die Akkordtöne mit Noten einen Skalenschritt nach oben und einen Halbton nach unten erreicht und somit der Akkordton „beigefügt". Der Rhythmus der Melodie wird im Laufe der Zeit variiert, um zu verhindern, dass sie zu sehr wie eine Übung klingt.

Eine Änderung der melodischen Richtung erfolgt in Takt sechs, mit einer einfachen Skala in C-Dur. Die Ausschmückungen kehren in den Takten sieben und acht mit einer Melodie im Charlie Parker-Stil wieder. In Takt sieben zielen die Approach-Noten auf die 5., den Grundton und 3. Dur des C-Dur-Akkords ab. Übe diesen Lick zunächst langsam und konzentriere dich auf die rhythmische Platzierung der Noten.

Beispiel 3d

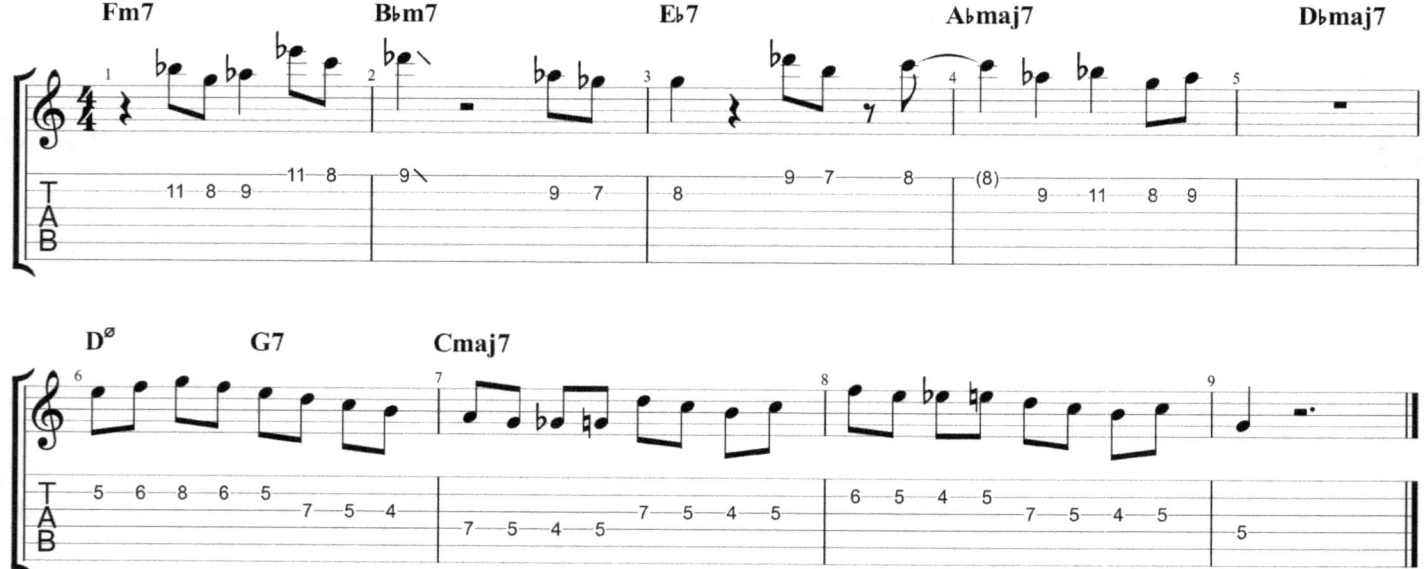

Der letzte Lick im Ellis-Stil zeigt Herbs Tendenz, Akkorde und einzelne Notenlinien in seinen Soli zu kombinieren – eine Technik, die er wahrscheinlich beim Spielen in Trios entwickelte, wo seine Gitarre das einzige harmonische Instrument war. Die Interpunktion von Soli mit akkordischen Phrasen oder Stabs kann einen großen Kontrast zu langen Skalen- oder Arpeggio-Läufen bilden.

In den Takten eins und zwei werden die Akkorde Fm7 und Bbm7 mit Drop-2-Stimmen gespielt, bevor in Takt drei über dem Eb7-Akkord ein Ab-Dur-Lauf eingeführt wird.

Ein Akkordton wird auf dem ersten Beat der Takte vier und fünf gespielt, um die Akkorde stark zu umreißen, gefolgt von einem schnellen Pull-Off-Triplet auf Beat 3 von Takt sechs. Die Melodie endet mit Drop 2-Stimmen über dem Cmaj7-Akkord – der zweite davon ist Em7, eine gemeinsame harmonische Substitution für Cmaj7.

Beispiel 3e

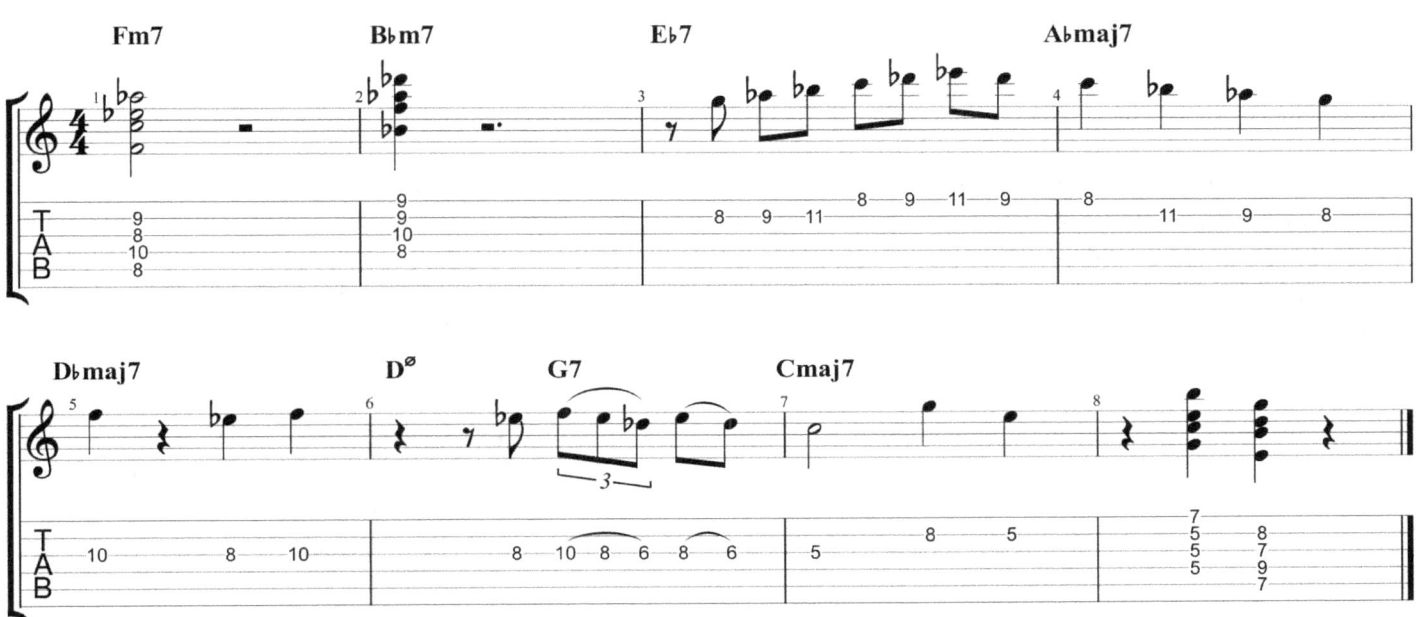

Tal Farlow

Talmage Holt „Tal" Farlow wurde im Juni 1921 in Greensboro geboren. Er war weitgehend Autodidakt an der Gitarre, die er erst im Alter von 22 Jahren begann zu spielen. Farlow wuchs in einem musikalischen Haushalt auf – sein Vater spielte mehrere Bundinstrumente und seine Mutter und Schwester spielten beide Klavier. Angeblich lernte er Akkordmelodien, indem er eine Mandoline spielte, die wie eine Ukulele gestimmt war. Farlow erklärte später, dass das Spielen der Ukulele die anfängliche Motivation war, die höheren vier Saiten auf seiner Gitarre für Melodien und Akkorde zu verwenden, während die beiden tiefsten Saiten für Basslinien verwendet wurden, die mit dem Daumen gespielt wurden.

Trotz seines musikalischen Talents war Farlows einzige Berufsausbildung der Schildermaler, und er setzte diese Arbeit sein ganzes Leben lang parallel zu seinem Gitarrenspiel fort. Als Zeichenlehrling bat er um Nachtschichten in einem örtlichen Laden, um populäre Jazz-Bigbands im Radio hören zu können. Farlow wurde zunächst von frühen Jazzkünstlern wie Bix Beiderbecke, Eddie Lang und Louis Armstrong beeinflusst, aber Charlie Christian wurde sein Haupteinfluss, als er ihn mit Benny Goodman E-Gitarre spielen hörte. Farlow sagte später, dass er seine eigene E-Gitarre gebaut habe, weil er es sich nicht leisten konnte, eine zu kaufen.

Während des Zweiten Weltkriegs war Farlow in Greensboro stationiert und begann mit einer Reihe von lokalen Jazzmusikern zu arbeiten. Kurz darauf, während er mit der Vibraphonistin Dardanelle spielte, begann er eine Residency in der Copacabana Lounge in New York. In New York nutzte Farlow die Gelegenheit, viele seiner Lieblingsjazzmusiker auf der 52 Street spielen zu hören – darunter Charlie Parker, Dizzy Gillespie und der Pianist Bud Powell. Farlow nahm sich schließlich eine Wohnung in der West 93rd Street in New York, einem Gebiet, das bei anderen aufstrebenden Stars der New Yorker Jazzszene beliebt war.

Farlow erregte 1949 erstmals große Aufmerksamkeit, als er sich einem Trio mit dem Vibraphonisten Red Norvo und dem Bassisten Charles Mingus anschloss (er ersetzte Mundell Lowe an der Gitarre). Das Red Norvo Trio wurde zu einer der beliebtesten Jazz-Attraktionen der 1950er Jahre und Farlows Spiel wurde von anderen Jazzmusikern schnell wahrgenommen und gelobt. Norvo hatte die Gewohnheit, schnelle Tempi zu spielen, und Farlows Gitarrentechnik stellte sich bald der Herausforderung. Er erhielt 1954 den *Down Beat* New Star Award und 1956 die Critics Poll.

Farlow verließ das Norvo-Trio 1953, um sich den Gramercy Five unter Artie Shaw anzuschließen, und zwei Jahre später gründete er sein eigenes Trio mit dem Bassisten Vinnie Burke und dem Vibraphonisten Eddie Costa, der regelmäßig in New York City im Composers Club in Manhattan spielte. Nach seiner Heirat 1958 zog sich Farlow teilweise aus der Musikszene zurück und ließ sich in Sea Bright, New Jersey, nieder. Obwohl er weiterhin mit einer Vielzahl von Musikern in lokalen Clubs spielte, kehrte er größtenteils zu seiner Karriere als Schildermaler zurück. Farlow machte zwischen 1960 und 1975 nur ein Album als Leader, obwohl die Gibson Guitar Corporation (mit Farlows Beteiligung) 1962 das Tal Farlow-Modell produzierte.

In den 1970er Jahren nahm Farlow an einigen Aufnahmen teil und unternahm eine kleine Tournee, stand aber nicht im Rampenlicht bis in die 1980er Jahre, als er sechs Aufnahmen für das Label Concord machte und begann, wesentlich mehr zu spielen als in den letzten anderthalb Jahrzehnten. Er tourte sowohl in Europa als auch in Japan und ein Dokumentarfilm über ihn wurde 1981 veröffentlicht.

Farlow spielte und nahm bis Mitte der 90er Jahre weiter auf, obwohl er seine internationale Tournee auf Konzerte und Unterricht in den USA beschränkte. Er war auch Stellvertreter von Barney Kessel, Charlie Bryd oder Herb Ellis in der Great Guitars Gruppe.

Farlow starb am 25. Juli 1998 im Memorial Sloan-Kettering Cancer Centre in New York City im Alter von 77 Jahren an Krebs.

Farlow wurde wegen seiner großen Hände und der schnellen Technik auf dem Griffbrett „der Oktopus" genannt. Im Gegensatz zu anderen Spielern seiner Generation platzierte er häufig einzelne Noten in Gruppen zusammen und konnte Akkorde bilden, die die meisten anderen Spieler aufgrund seiner großen Handgröße nicht erreichen konnten. Er entwickelte eine große Leichtigkeit mit künstlichen Harmonien und benutzte oft den Gitarrenkörper als Schlagzeug.

Farlow verwendete eine Vielzahl von Gitarren, darunter sein charakteristisches Gibson Tal Farlow-Modell, eine Gibson ES-250 und eine ES-350. Für Verstärker verwendete er Fender-Kombinationen wie den Deluxe Reverb und Twin, sowie Gibson-Verstärker und einen Walter Woods-Verstärker.

Empfohlenes Audiomaterial

The Artistry of Tal Farlow

Autumn in New York

The Return of Tal Farlow

Tal Farlow war ein Meister des Akkordmelodie-Spiels und der Stimmführung. Beispiel 4a zeigt seinen Ansatz, eine II V I Progression in F-Dur zu spielen. Die Akkordfolge beginnt mit einer Gm9-Stimme auf Beat 1 von Takt 1, gefolgt von einer Reihe von ausgefallenen Bassnoten und Akkorden. Beachte die Verwendung des gemeinsamen Tons (eine D-Note auf der B-Saite, 3. Bund), der auf den Akkorden Am11, Ab7b5 und Gm7 liegt. Die ursprüngliche Gm9-Stimme wird wieder in Takt zwei gespielt, Beat 3 und ein C13b9-Akkord stellt die endgültige Resolution auf F6/9 ein.

Höre dir das Audiobeispiel genau an, denn diese Passage wird rubato gespielt (nicht in einem strengen Tempo). Versuche, die Akkorde so sauber wie möglich zu spielen und lasse jede Note für ihren vollen rhythmischen Wert klingen. Der Lick kann entweder mit einem Pick oder Fingerstyle gespielt werden.

Beispiel 4a

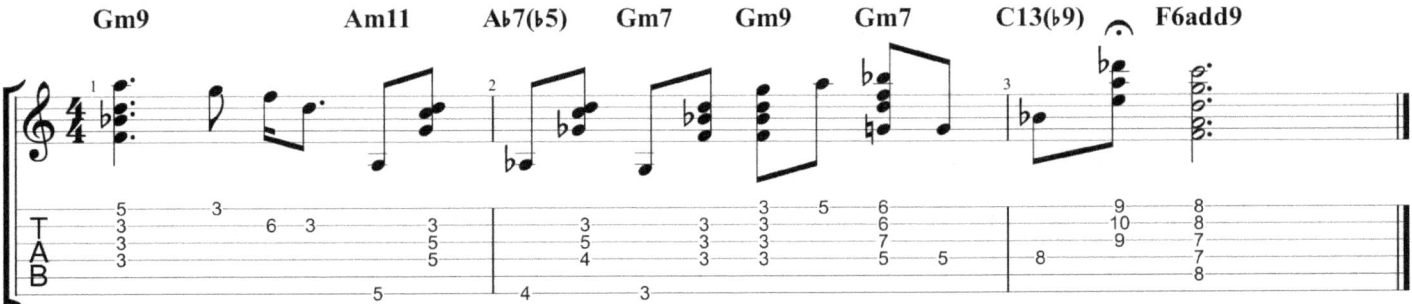

Beispiel 4b zeigt, was Farlow typischerweise unbegleitet als Einführung spielen könnte. In Takt eins wird ein Pedalton (die offene A-Saite) unter einer Reihe von aufsteigenden diatonischen Triaden (a-Moll, h-Moll, C-Dur) verwendet.

In Takt zwei wird ein D13b9-Akkord für drei Schläge gehalten, bis eine Reihe von absteigenden 13. Akkorden auf Beat 4 des gleichen Taktes eingeführt werden. Farlow benutzte oft seinen linken Daumen, um Bassnoten zu spielen (wegen der Größe seiner Hände). Experimentiere, um zu sehen, ob diese Technik für dich funktioniert.

Dieses Beispiel wird auch rubato gespielt, also lass jede Note der Akkorde so oft wie möglich klingen. Du kannst diese Linie sowohl als Outro als auch als Intro verwenden, besonders wenn du solo spielst.

Beispiel 4b

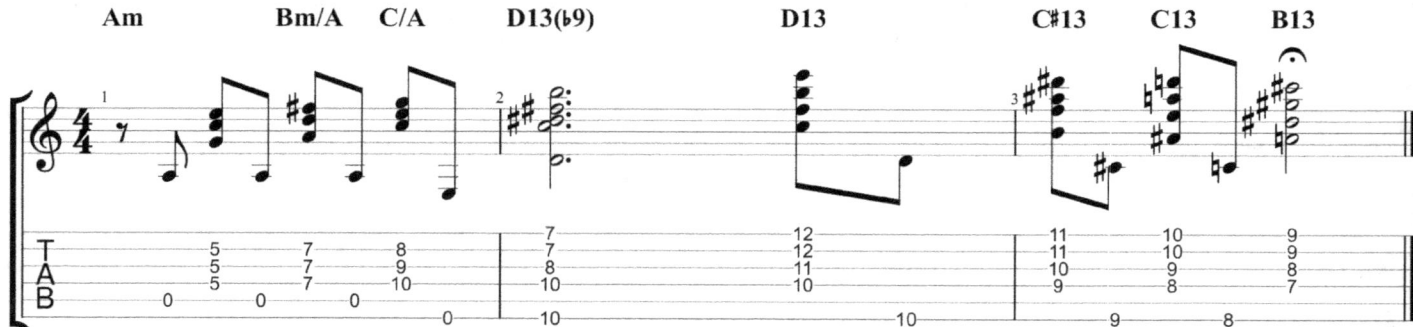

Neben seinen Akkordmelodie-Fähigkeiten war Farlow ein erfinderischer und melodischer Einlinien-Solist. Beispiel 4c ist eine siebentaktige Melodie, die über den Akkordwechsel zu einem bekannten Jazzstandard gespielt wird. Wie die meisten Meisterimprovisatoren nutzte Farlow die Motive sehr häufig. In Takt eins umreißt ein kurzes Motiv die Akkordtöne von Em7b5, bevor sich die Melodie in Takt zwei zum dritten und b9 des A7-Akkords auflöst.

Das Motiv von Takt eins wird in Takt drei leicht an den Cm7-Akkord angepasst, bevor ein Skalenlauf über den F7-Akkord in Takt vier gespielt wird. In Takt fünf geht die Melodie nach einer Pause von zwei Schlägen weiter. Eine weitere kurze Skala wird über die Taktlinie zwischen den Takten fünf und sechs gespielt, bevor die Melodie mit dem 3. und 7. des Ebmaj7-Akkords endet.

Das Tempo ist hier ziemlich schnell, also lerne diese Melodie langsam und arbeite dich langsam zur vollen Geschwindigkeit hin.

Beispiel 4c

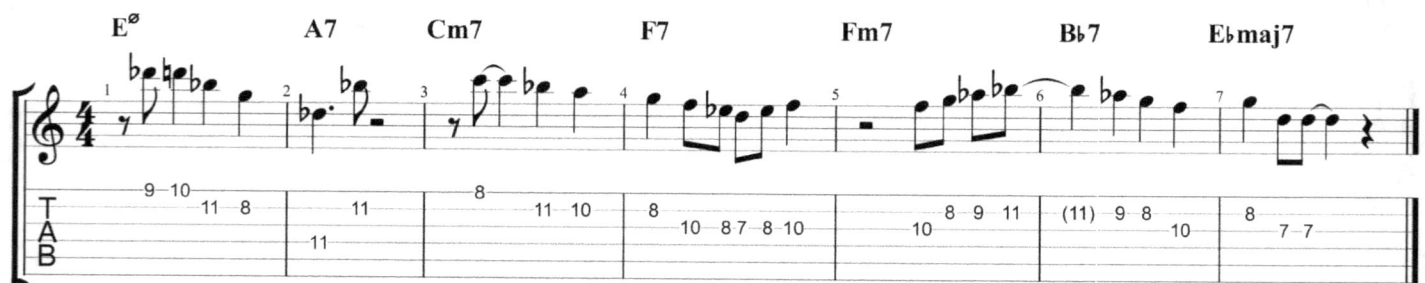

Beim tollen Bop-Stil-Solo geht es nicht nur darum, lange Läufe von 1/8-Noten zu spielen. Takt eins und zwei von Beispiel 4d zeigen, wie Farlow sorgfältig Rhythmen arrangierte, um einen einfachen Tonleiter-Abstieg musikalisch klingen zu lassen. Beginnend mit dem Up-Beat von Beat 1 verwendet die Melodie abwechselnd Off-Beats und 1/4-Noten in den ersten beiden Takten, bevor sie zu einer konventionelleren Notenplatzierung in Takt drei übergeht. Eine Triolenfigur wird in Takt drei gespielt, um rhythmische Vielfalt zu erzeugen. Farlow verwendete diese Art der Synkopierung oft in seinem Spiel, besonders bei schnelleren Tempi.

Die meisten großen Jazz-Solisten spielen starke Akkordtöne auf Down-Beats, was sich besonders in den Takten drei, sechs, sieben und acht in diesem Lick bemerkbar macht. Da es sich um eine lange Melodie handelt, lerne sie in kleinen Abschnitten und bringe sie dann zusammen. Stell sicher, dass du die gesamte Melodie flüssig spielen kannst, bevor du sie auf Tempo bringst. Höre das Audiobeispiel an, um das Timing richtig hinzubekommen.

Beispiel 4d

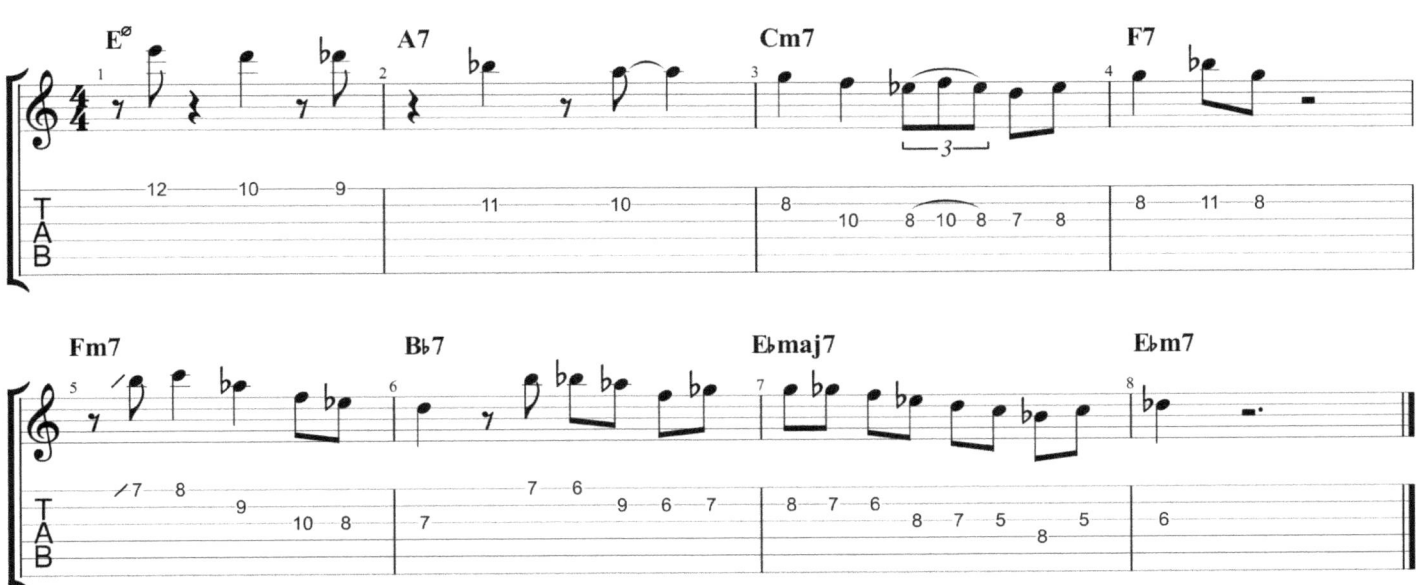

Wenn Farlow schnelle Melodien spielte, verwendete er gelegentlich Legato-Phrasierungen, anstatt jeden Ton zu spielen. Diese Melodie beginnt mit einem absteigenden Pull-Off vom 12. bis 9. Bund auf der oberen E-Saite. Versuche, dies vom kleinen Finger bis zum ersten zu spielen, und versuche, jede Note mit gleicher Lautstärke zu spielen.

Takt zwei verwendet eine einfach klingende, aber effektive Sequenz, die auf die #5 und 3. des A7-Akkords abzielt, bevor eine Hammer-On- und Pull-Off-Triolenfigur auf Beat 1 des letzten Taktes folgt. Der Lick endet mit einer kurzen Intervall-Phrase, die b7 und den 6. Ton des Cm7-Akkords hervorhebt.

Die Verwendung einer Kombination aus Legato und ausgewählten Phrasen trägt wirklich dazu bei, eine solistische Dynamik und klangliche Vielfalt zu erreichen. Wie bei den anderen Licks in diesem Kapitel, nimm dir Zeit und lerne die Melodie langsam, bevor du sie im vollen Tempo versuchst.

Beispiel 4e

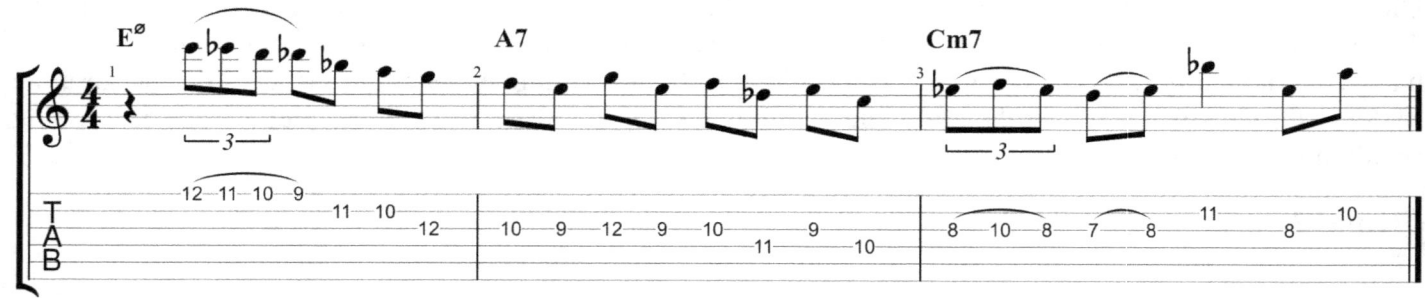

Johnny Smith

John Henry Smith II wurde am 25. Juni 1922 in Birmingham, Alabama, geboren. Seine Familie zog während der Weltwirtschaftskrise mehrmals um und ließ sich schließlich in Portland, Maine, nieder. Es wurde aufgenommen, dass Smith sich selbst das Gitarre spielen beigebracht hat, während er in verschiedenen lokalen Pfandhäusern arbeitete. Er durfte im Gegenzug üben, weil er die Instrumente gestimmt und in gutem Zustand hielt. Er spielte auch Geige. Smith entwickelte sich schnell zu einem Musiker und unterrichtete Studenten schon als Teenager. Seine erste Gitarre erhielt er von einem seiner Schüler als Geschenk.

Smiths erste Auftritte waren in der Country-Musik und er schloss sich Uncle Lem and the Mountain Boys an, einer lokalen Hillbilly-Gruppe, die regelmäßig in Maine spielte und auf lokalen Tänzen und Messen auftrat. Er verließ die High School, um sich auf seine Arbeit mit der Gruppe zu konzentrieren, zumal er etwa vier Dollar pro Nacht verdienen konnte! Aber Smiths musikalischer Geschmack wandte sich allmählich von der Country-Musik ab und er interessierte sich zunehmend für die Jazzgruppen, die er im lokalen Radio hörte. Im Alter von 18 Jahren verließ er The Mountain Boys, um sich einem Trio namens The Airport Boys anzuschließen.

Abgesehen von seiner Musik hatte Smith gelernt zu fliegen und hoffte, Militärpilot zu werden, als er sich bei den United States Army Air Corps einschrieb. Wegen Sehproblemen im linken Auge wurde er abgelehnt, so dass er nur die Wahl hatte, einer Militärkapelle beizutreten oder eine Ausbildung zum Mechaniker zu absolvieren. Smith entschied sich für die Militärkapelle und musste das Kornett schnell mithilfe eines Lehrbuchs lernen. Er bestand die Aufnahmeprüfung für die Band innerhalb zwei Wochen.

Nach dem Zweiten Weltkrieg kehrte Smith zu seinem Hauptinstrument der Gitarre zurück, mittlerweile mit guten Lesefähigkeiten, und begann seine seriöse berufliche Laufbahn, als er einer Einladung folgte, dem Musikpersonal von NBC in New York beizutreten. Als Studiogitarrist und Bearbeiter für NBC von 1946 bis 1951 und danach bis 1958 freiberuflich tätig, spielte er in verschiedenen Besetzungen vom Solo bis zum vollen Orchester. Smith hatte auch sein eigenes Trio, The Playboys, mit Mort Lindsey und Arlo Hults. Der Gitarrist nahm auch an Konzertabenden atonaler Musik teil, wie Schoenbergs Serenade for Septet 1949 und Bergs Oper Wozzeck 1951 mit Dimitri Mitropoulos.

Smiths am meisten gelobte Aufnahme ist *Moonlight in Vermont* von 1952 (seine von *Down Beat-Magazin preisgekrönte* Jazzplatte war eine der besten), auf der auch der Saxophonist Stan Getz zu hören war. Seine bekannteste Komposition ist *Walk Don't Run*, ursprünglich geschrieben für eine Aufnahmesession 1954 als Gegenmelodie zu den Akkordwechseln von *Softly as in a Morning Sunrise*. Dieses Stück wurde ein Hit für die Gruppe The Ventures, die die Komposition zum ersten Mal hörte, als sie von Gitarrist Chet Atkins gesungen wurde. Die Version der Ventures belegte im September 1960 für eine Woche den Platz Nr. 2 auf der Billboard Top 100.

Anfang 1957 war Smiths Frau zusammen mit seinem zweiten Kind bei der Geburt auf tragische Weise gestorben. Er schickte seine überlebende Tochter nach Colorado Springs, um vorübergehend von seiner Mutter betreut zu werden, dann im folgenden Jahr beendete er seine Karriere in New York City, um sich seiner Tochter anzuschließen. Danach verließ Smith das Rampenlicht der New Yorker Musikszene, um einen Musikinstrumentenladen zu betreiben, Musik zu unterrichten und seine Tochter großzuziehen. Er nahm jedoch bis in die 1960er Jahre weiterhin Alben für die Labels Royal Roost und Verve auf.

Smith nahm weiterhin ein wenig auf und trat live in den Nachtclubs von Colorado auf, lehnte aber fast alle Einladungen zu Tourneen ab und wurde von der Jazzpresse daher weitgehend ignoriert. In den späten 1960er Jahren nahm er drei Alben für Verve auf und startete seine bahnbrechenden und beliebten Gitarren-Seminare in den USA.

Eine Ausnahme von seinem selbst auferlegten Exil bildete Bing Crosby, den er 1976/77 auf einer Tournee durch die USA und Großbritannien begleitete, die kurz vor Crosbys Tod endete. 1998 wurde Johnny Smith mit der renommierten James Smithson Bicentennial Medal ausgezeichnet, als Anerkennung für seinen Einfluss als Gitarrist auf die Popkultur. Smith starb an Komplikationen durch einen Sturz in seinem Haus in Colorado Springs, Colorado, im Alter von 90 Jahren.

Smith war einer der vielseitigsten Gitarristen der 1950er Jahre. Sein Spiel war geprägt von klavierartigen Akkordstimmen und schnell aufsteigenden melodischen Linien. Er besaß eine erstaunliche Picking-Technik und war einer der technisch fortschrittlichsten Spieler seiner Generation, der oft schnelle Skalen- und Arpeggio-Linien über drei Oktaven spielte. Seine Solo-Akkordmelodie-Arrangements zeichnen sich durch einige der besten Kompositionen für E-Gitarre mit Plektrum aus.

Guild, Gibson und Heritage fertigten alle Gitarren, die von Johnny Smith entworfen und empfohlen wurden. Im Vergleich zu anderen Jazzgitarristen mit Singnaturmodellen wurde jede Gitarre ganz oder teilweise von Smith selbst entworfen. Smith behauptet, Gitarrendesign kennengelernt zu haben, indem er den erfahrenen Gitarrenbauer John D'Angelico beobachtete, der sein Freund und Lieferant war, als er in New York lebte. Smith war auch an Verstärkerentwürfen beteiligt und arbeitete mit Ampeg am Fountain of Sound-Verstärker in den 1950er Jahren und später in den 1960er Jahren mit Gibson am GA-75L-Verstärker zusammen.

Empfohlenes Audiomaterial

Moonlight In Vermont (mit Stan Getz)

The Guitar World of Johnny Smith

Walk, Don't Run

Johnny Smith besaß eine makellose Picking-Technik und verwendete in seiner Soloarbeit regelmäßig lange Arpeggio- und Skalenläufe, wie die Takte eins und zwei von Beispiel 5a zeigen. In Takt eins wird die F-Dur-Skala ab der 7. Tonstufe gespielt und steigt zum Grundton auf. Die Skala ändert sich in Ab-Dur in Takt zwei (oder im Eb mixolydischen Modus), um die Tonänderung zu berücksichtigen. Beachte, dass in beiden Takten der Lauf mit einem starken Akkordton beginnt.

In den Takten drei und vier ändert sich die Skalenauswahl für die Akkorde Am7b5 und D7 auf G Harmonic Minor. Dies ist eine beliebte Wahl bei Jazzmusikern und schlägt einen D7b9-Sound über dem V-Akkord vor. Ein Gm7-Arpeggio vervollständigt den Lick. Wenn du diese Zeile spielst, konzentriere dich auf die Phrasierung und versuche, die Skalenläufe nicht zu überstürzen.

Beispiel 5a

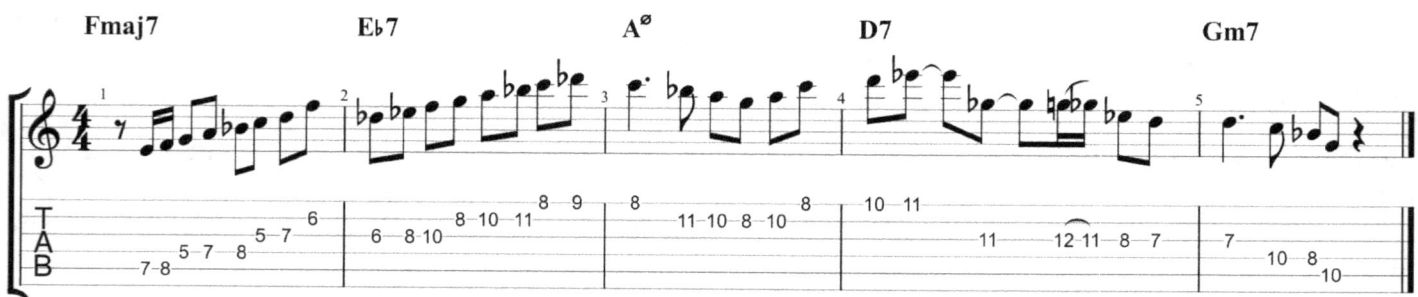

Beispiel 5b ist eine sechstaktige Melodie, die mit einem markanten Smith-Arpeggio-Lauf beginnt, der den Fmaj7-Akkord umreißt und dann mehrere seiner Lieblings-Soloansätze kombiniert.

In Takt zwei wird das b7 des Eb7-Akkords auf Beat 1 ausgerichtet, um die Notenänderung hervorzuheben. Bei den Schlägen 2 und 3 wird die #11 hervorgehoben (eine A-Note auf der B-Saite, 10. Bund). Smith bevorzugte es oft, die Nummer 11 gegenüber dominanten Akkorden zu spielen.

In den Takten drei und vier wird die G-Harmonische Moll-Skala mit dem Zusatz von chromatischen Passtönen verwendet (die Ab-Note bei Beat 4, Takt drei, die wiederum bei der letzten 1/8-Note von Takt vier auftritt).

Der Lick endet mit einer Reihe von dritten Off-Beat-Intervallen, die als Doppelgriffe gespielt werden.

Beispiel 5b

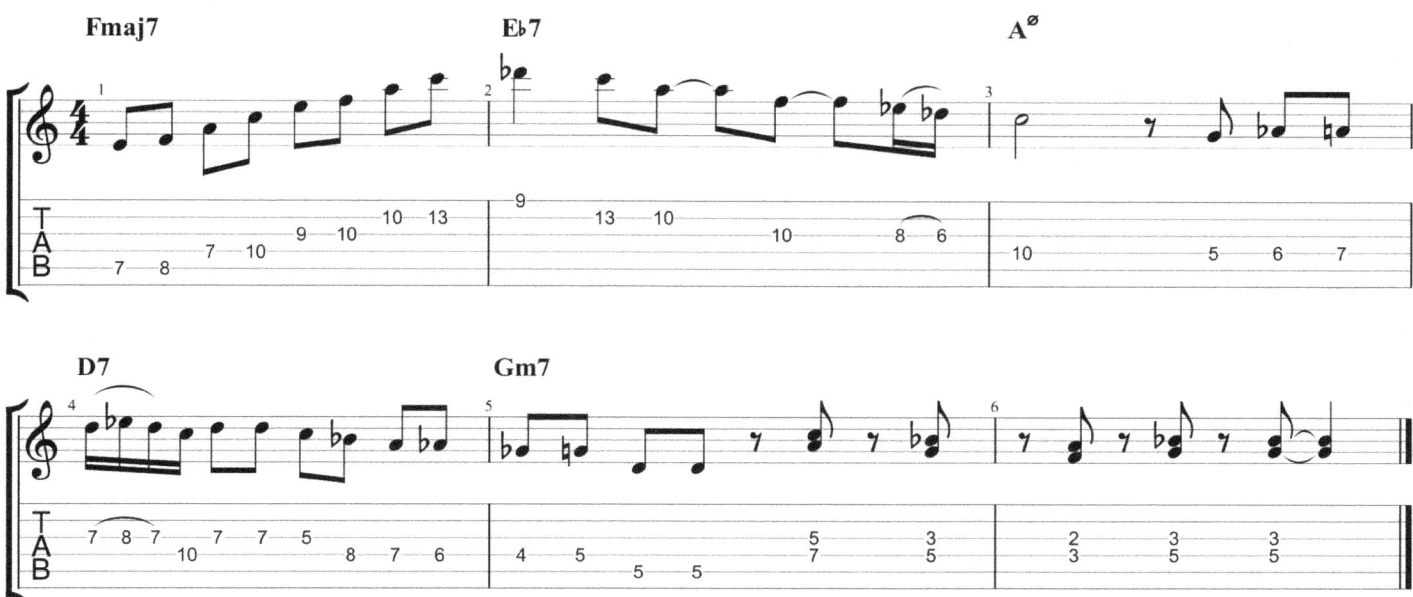

Smith verwendete Doppelgriffe, um einen Kontrast zu seinen einzelnen Notenpassagen zu schaffen. Beispiel 5c verwendet sie, um die zugrunde liegende Harmonie zu skizzieren. Von besonderem Interesse ist hier die rhythmische Platzierung der Doppelgriffe, die meist auf Off-Beat gespielt werden. Wenn du eine solche Idee in deinem Spiel aufnimmst, achte darauf, dass Akkordtöne innerhalb der Intervalle vorhanden sind, damit du die Harmonie nicht aus den Augen verlierst.

Takt eins zielt ab auf den dritten und fünften von Fmaj7 auf Beat 1, dann auf den Grundton und den dritten auf den Up-Beat von Beat 2, in Takt zwei wird ein gemeinsamer Ton von Db auf der G-Saite (6. Bund) gehalten, während die D-Saite verwendet wird, um die Ab-Dur-Skala herunterzugehen. Nachdem der Lick auf den b3. und Grundton des Am7b5-Akkords bei Beat 1 von Takt drei ausgerichtet wurde, endet er mit diatonischen Intervallen, die einen D7b9-Akkord umreißen. Die Noten im letzten Takt stammen aus der G-Harmonischen Moll-Skala.

Beispiel 5c

Beispiel 5d zeigt Johnny Smiths einzigartigen Ansatz beim Spielen von Akkordmelodien. Wie in seiner berühmten Aufnahme von *Moonlight in Vermont zu* hören war, favorisierte Smith eng gesetzte Stimmführungen, die einige ungewöhnlich große Streckbewegungen der linken Hand erforderten. Achte auf die Tabulaturgriffe mit diesen Akkorden (besonders in den Takten eins und drei) und lerne jeden Akkord einzeln, bevor du sie alle zusammensetzt. Takt eins erfordert einige signifikante Positionsverschiebungen von der 10. Bundregion zur 5. Position, also arbeite zunächst langsam daran.

Diese Akkordpassage würde entweder als Intro oder als Ende in der Tonart C-Dur funktionieren. Lass dich nicht von den Änderungen der Taktart abschrecken. Unbegleitete Akkordsoli klingen oft so, als würden sie zu unterschiedlichen Zeiten gespielt, aber das Hauptziel ist es, so zu klingen, als ob sie frei gespielt würden.

Beispiel 5d

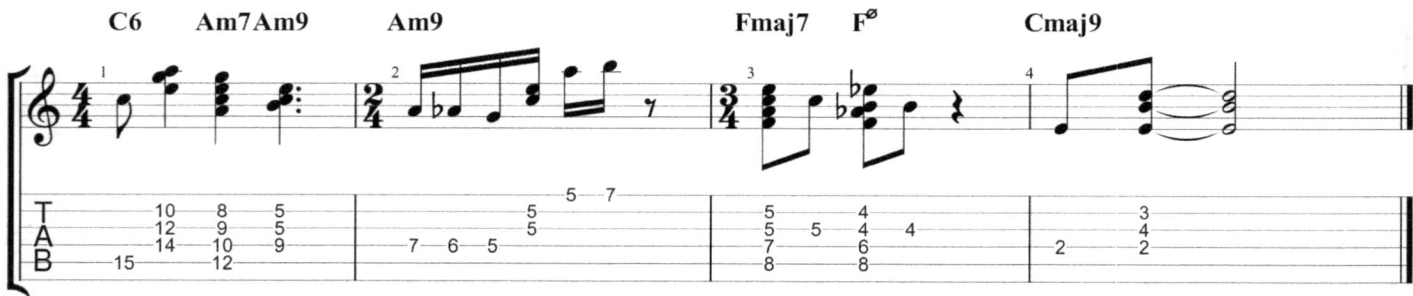

Der letzte Johnny Smith-Lick verwendet den Doppelgriff-Ansatz der vorherigen Beispiele und beginnt mit einer Reihe von 3rds, die sich von der 4. auf die 9. Position bewegen. Smith spielte solche Passagen oft in seinen unbegleiteten Akkordmelodie-Soli. Versuche, diesen Lick sowohl mit Plektrum als auch im Fingerstyle zu spielen. Ein hybrider Pick- und Finger-Ansatz kann ebenfalls gut funktionieren.

Der letzte Up-Beat von Takt eins ist einfach ein chromatischer Intervallzug, um den D7-Akkord auf Beat 1 von Takt zwei zu erreichen. Der ganze Abschnitt ist eine II V I Progression in G-Dur. Takt zwei verwendet eine D13b9 Intonation (konstruiert aus der Halbton-Ganzton verminderten Tonleiter in D), um die Endkadenz zum G6/9-Akkord im letzten Takt zu erreichen.

Diese Melodie zeigt, wie Smith Akkordsubstitutionen und Akkordverzierungen verwenden würde, um eine vertraute Sequenz zu dekorieren.

Beispiel 5e

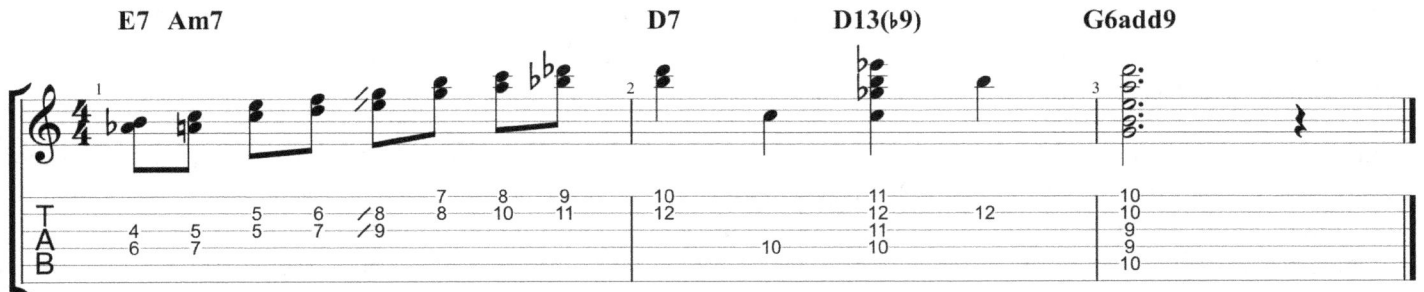

Wes Montgomery

John Leslie „Wes" Montgomery wurde im März 1923 in Indianapolis, USA, geboren. Montgomery stammte aus einer musikalischen Familie und seine beiden Brüder Monk und Buddy wurden beide zu bekannten Jazzmusikern. Der Spitzname Wes war anscheinend eine Abkürzung seines Vornamens Leslie aus der Kindheit. Montgomery begann im relativ späten Alter von 19 Jahren mit dem Gitarrenunterricht, indem er die Aufnahmen des Gitarristen Charlie Christian hörte und davon lernte. Er hatte jedoch bereits im Alter von 12 Jahren eine viersaitige Tenorgitarre gespielt, war Autodidakt und spielte berühmter-weise mit dem Daumen statt mit dem Plektrum.

Montgomery wurde schon früh in seiner Karriere für seine Fähigkeit gefeiert, Christians Solos Note für Note zu spielen, und wurde angeblich vom Vibraphonisten und Bandleader Lionel Hampton für diese Fähigkeit angeheuert. Obwohl er kein guter Vomblattleser war, konnte Montgomery komplexe Melodien und Jazz-Harmonien schnell allein nach Gehör aufnehmen. Er tourte von Juli 1948 bis Januar 1950 mit dem Orchester von Lionel Hampton, war aber unzufrieden mit der langen Tournee und der Arbeit weg von seiner Familie, so dass er bald nach Indianapolis zurückkehrte.

Mittlerweile arbeitete Montgomery mit einer Familie von acht Personen jeden Tag von 7:00 bis 15:00 Uhr in einer lokalen Fabrik und trat dann bis 2:00 Uhr in lokalen Clubs auf. Der Saxophonist Cannonball Adderley hörte Montgomery in einem Club in Indianapolis und war von seinem Spiel ausreichend beeindruckt, um den Plattenproduzenten Orrin Keepnews zu kontaktieren, der Montgomery 1959 zu einem Plattenvertrag mit Riverside Records verpflichtete.

Montgomery war bis 1963 bei Riverside, und die Aufnahmen, die in dieser Zeit gemacht wurden, gelten in der Jazz-Historie als eines der besten Werke von Montgomery. Zwei besondere Aufnahmesessions im Januar 1960 trugen zum Album *The Incredible Jazz Guitar von Wes Montgomery* bei, das als Quartett aufgenommen wurde. Auf dem Album waren zwei seiner bekanntesten Kompositionen zu hören, *Four on Six* und *West Coast Blues*. Fast alle von Montgomerys Arbeiten auf Riverside entstanden in einer kleinen Gruppe die eine Mischung aus aktuellen Standards/Originalen und ruhigen ausdrucksstarken Balladen spielten.

1964 wechselte Montgomery für zwei Jahre zu Verve Records. Sein Aufenthalt bei Verve brachte eine Reihe von Alben hervor, auf denen er von einem Orchester unterstützt wurde, darunter *Movin' Wes*, *Bumpin* und *California Dreaming*. Während einige Kritiker Montgomerys offensichtlichen Wechsel vom Straight-Ahead-Jazz zu einer kommerzielleren Pop-Plattform beklagten, gab Montgomery den Jazz in seinen Verve-Jahren nie ganz auf, und Beweise sind auf Aufnahmen wie dem Live-Album *Smokin' at the Half Note* mit dem Wynton Kelly Trio von 1965 zu hören. Er nahm auch mit dem Jazzorganisten Jimmy Smith mehreren Alben auf, darunter *Jimmy & Wes: The Dynamic Duo* und *Further Adventures of Jimmy and Wes*.

Montgomery wurde auch eingeladen, sich der Gruppe des legendären Saxophonisten John Coltrane anzuschließen, wählte aber stattdessen die Fortsetzung seiner Soloarbeit. 1967 wurde Montgomery bei A&M Records unter Vertrag genommen und schien auf den lukrativeren Popmarkt umzusteigen, obwohl er während seiner Live-Auftritte weiterhin Hard-Bop-Jazz in kleinen Gruppen spielte. Auf den drei Alben, die während seiner A&M-Zeit (1967-68) veröffentlicht wurden, spielt Montgomery bekannte Popsongs wie Eleanor Rigby mit seiner charakteristischen Gitarrenoktavtechnik, um die Melodie wiederzugeben. Die A&M-Aufnahmen waren die kommerziell erfolgreichsten seiner Karriere, wenn auch nicht immer gut aufgenommen von Kritikern und Fans, die seine Riverside-Ära bevorzugten.

Am Morgen des 15. Juni 1968, als Montgomery zu Hause in Indianapolis war, brach er zusammen und starb innerhalb weniger Minuten an einem Herzinfarkt. Er war erst 45 Jahre alt. Montgomerys Heimatstadt Indianapolis benannte später einen Park zu seinen Ehren.

Wes gilt weithin als eine der größten Größen der Jazzgitarre und zeichnet sich durch seinen einzigartigen Ansatz aus, mit dem Daumen zu spielen und Oktaven- und Blockakkordpassagen in seinen Soli zu verwenden. Er ist auch einer der am meisten nachgeahmten Jazzgitarristen der Moderne.

Montgomery spielte am häufigsten eine Gibson L-5 CES Gitarre. In späteren Jahren spielte er eine von zwei L-5 CES-Gitarren, die Gibson speziell für ihn anfertigen ließ. Er benutzte schwere Saiten für seine Gitarren. Zur Verstärkung verwendete er verschiedene Fender Super Reverbs, Standel Super Custom XVs und Twin Reverbs.

Empfohlenes Audiomaterial

The Incredible Jazz Guitar of Wes Montgomery

Smokin' at the Half Note

The Wes Montgomery Trio

Wes Montgomery war ein Meister des eigenständigen Melodiespiels und dieser einfach klingende Lick verdeutlicht wirklich seinen einzigartigen melodischen Ansatz. Eine Reihe von Viertelnoten-Triolen in den Takten zwei und drei zielen auf verschiedene Akkordtöne ab und erzeugen Spannung gegenüber den darunter liegenden Akkorden. In Takt zwei werden b7, #9 und #5 hervorgehoben und implizieren einen veränderten A7-Akkord. In Takt drei werden b7, 9 und 11. hervorgehoben. In Takt vier wird die 13. als Zielton gewählt, bevor die Melodie mit dem fünften des Cmaj7-Akkords in Takt fünf endet.

Für maximale Authentizität versuche, dieses Beispiel mit dem Daumen im wahren Wes-Stil zu spielen.

Beispiel 6a

Oktavlinien waren ein wesentliches Merkmal von Wes' Spielstil. Beispiel 6b zeigt, wie er damit den Klang einer einzeiligen Melodie ausfüllt. Möglicherweise musst du die Tonleiter in Oktaven üben, um deinen Fluss zu entwickeln, bevor du dieses Beispiel versuchst.

Wie in Beispiel 6a wird Wert daraufgelegt, Akkordtöne auf starke Beats zu legen. Dieses Beispiel fügt einige chromatische Passtöne hinzu, die dazu beitragen, den Klang der Melodie stilistisch authentisch zu gestalten. Beachte die Verwendung von veränderten Tonhöhen wie die #9 und b9, die über den G7-Akkord in Takt vier gespielt werden.

Beispiel 6b

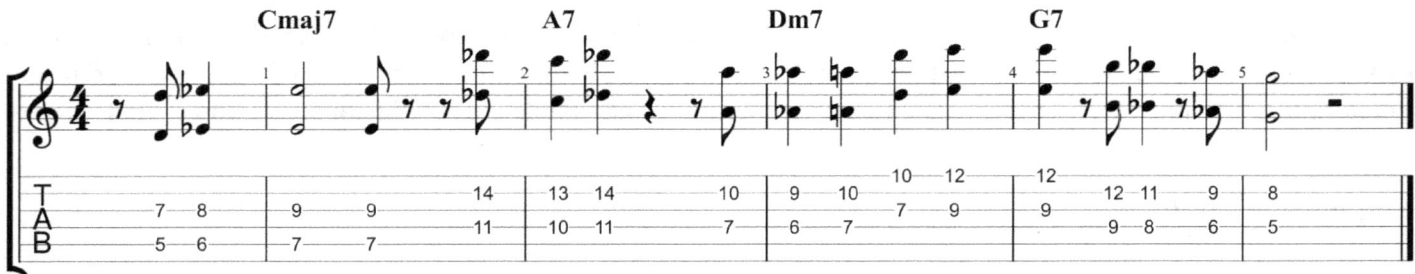

Beispiel 6c kehrt zu einzeiligen Notenlinien zurück und enthält eine Mischung aus rhythmischen Ansätzen. Beginnend mit 1/8-Noten und 1/4-Noten-Triolen in Takt eins, sind längere Notendauern in den Takten zwei und drei vor der typischeren 1/8-Noten-Bop-Linie in Takt vier prominent.

Wes verwendete in seinem Spiel eine Vielzahl von rhythmischen Motiven. Hier werden sie mit mehr veränderten Tonhöhen über den dominanten 7. Akkorden kombiniert, besonders in Takt vier.

Nimm dir Zeit für diese Idee und studiere die verschiedenen rhythmischen Variationen. Wes war ein Meister der Jazz Zeit und der Anfangssatz dieser Linie kann ziemlich locker hinter dem Beat gespielt werden. Es ist einfach, Phrasen mit mehreren Rhythmen und Verbindungen zu überstürzen, also gehe die Dinge zunächst langsam an.

Beispiel 6c

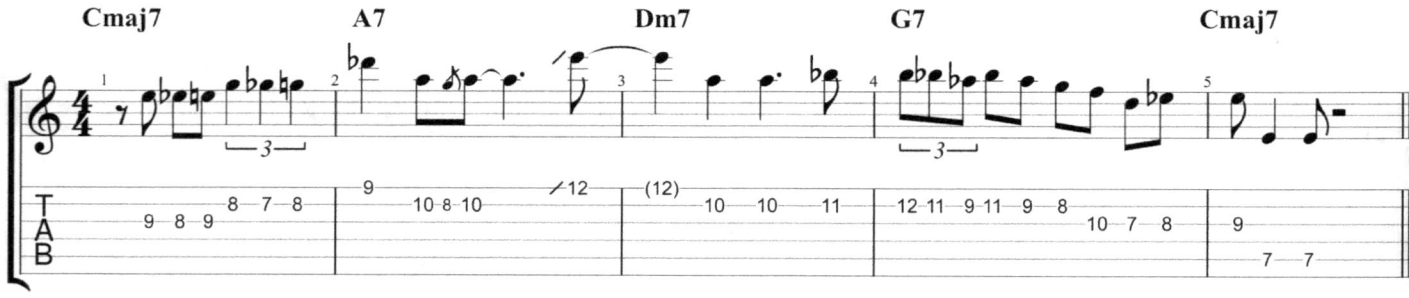

Nun kehren wir zu Oktaven und einer Linie mit ausgefallenen 1/8-Tönen zurück, die ihr Vorwärtsbewegung verleihen. In diesem Fall werden die Oktaven hauptsächlich auf den oberen E- und G-Saiten oder B- und D-Saiten gespielt, bevor im letzten Takt auf die G- und A-Saiten umgegriffen wird. Es gibt hier nichts allzu Technisches, es geht nur um das Feeling, also achte auf das Timing – vor allem für das 1/4 Triplett in Takt drei auf den Beats 3 und 4.

Wes benutzte Akkordverlängerungen (9., 11. und 13.) viel in seinem Spiel. Du kannst dies in Takt drei sehen, wo der 9. gegen den Dm7-Akkord bei Beat 1 gespielt wird; ebenso in Takt vier, wo der 9. über den G7-Akkord gespielt wird. Die Linie endet mit dem 3. und 5. des Cmaj7-Akkords.

Beispiel 6d

Das letzte Beispiel ist ein weiterer Lick in Oktaven. Es verwendet eine Reihe von Off-Beat 1/8-Noten-Rhythmen, also sei vorsichtig mit dem Zählen, um sicherzustellen, dass du sie genau spielst.

Die Linie beginnt mit einem chromatischen Ansatz eines Halbtons über dem 5. des Cmaj7-Akkords. Wie in den vorangegangenen Beispielen wird der Schwerpunkt auf veränderte Tonhöhen gelegt – wie z.B. die b9 auf die dominanten 7. Akkorde in den Takten zwei und vier.

Alle Oktaven in diesem Lick werden auf den oberen E- und G-Saiten oder den B- und D-Saiten gespielt. Obwohl einige Spieler gerne einen Pick verwenden, wenn sie Oktaven spielen, nehmen viele Wes' Ansatz an und spielen sie mit dem Daumen. Letzteres gibt in der Regel einen wärmeren Jazzton.

Beispiel 6e

Barney Kessel

Barney Kessel wurde am 17. Oktober 1923 in Muskogee, Oklahoma, geboren. Seine musikalische Karriere begann er bereits als Teenager mit einer Tournee in lokalen Tanzbands. Im Alter von 16 Jahren spielte er bei einer in Oklahoma ansässigen Gruppe namens Hal Price & the Varsitonians. Bei seinen Bandkollegen wurde er liebevoll als „Fruitcake" bezeichnet, weil er fast ununterbrochen Gitarre übte, angeblich bis zu 16 Stunden am Tag. Zu Beginn seiner Karriere arbeitete er mit einer Reihe verschiedener Gruppen zusammen, darunter eine unter der Leitung von Chico Marx von den Marx Brothers.

1944 trat er neben Lester Young in dem Film *Jammin' the Blues* auf und nahm 1947 mit Charlie Parkers New Stars für Dial Records auf. Er erwarb sich schnell einen Ruf für seine musikalischen Fähigkeiten an der Gitarre und wurde zwischen 1947 und 1960 als Gitarrist Nr. 1 in den Umfragen der Zeitschriften *Esquire*, *Down Beat* und *Playboy* bewertet.

In den 1950er Jahren hatte Kessel eine Reihe von Alben mit dem Titel The Poll Winners mit dem Bassisten Ray Brown und der Schlagzeugerin Shelly Manne veröffentlicht. Kessel wurde für seine Gitarrenarbeit in einem Trio-Setting sehr geschätzt, auch wegen dieses Trios. Er war auch der gefeierte Gitarrist auf Julie Londons Album *Julie Is Her Name*, das 1955 veröffentlicht wurde. Der Track *Cry Me a River* von diesem Album (das ein großer kommerzieller Erfolg war), zeigt Kessel, wie er eine seiner typischen Akkord-Intropassagen spielt. Seine drei Kessel Plays Standards-Aufnahmen, die ebenfalls in den 1950er Jahren erschienen sind, beinhalten einige der besten Aufnahmen aus dieser Zeit seiner Karriere.

Kurz vor Herb Ellis war Kessel auch Mitglied im Trio des Pianisten Oscar Peterson. Er arbeitete ein Jahr lang mit Peterson und dem Bassisten Ray Brown zusammen, bevor er 1953 ausstieg. Gitarre spielen mit Peterson galt damals als einer der anspruchsvollsten Auftritte für jeden Gitarristen, aufgrund Petersons Vorliebe für schnelle Tempi. Kessel spielte und nahm auch in den späten 1950er Jahren mit Sonny Rollins auf.

1957 war Kessel so bekannt, dass ihm von der Kay Musical Instrument Company drei charakteristische Gitarrenmodelle angeboten wurden, und Anfang der 1960er Jahre brachte Gibson die Barney Kessel Modellgitarre auf den Markt, die bis 1973 produziert wurde. Kessel gewann regelmäßig Auszeichnungen für seine musikalische Leistung, darunter die Leserumfragen des Magazins *Down Beat* in den Jahren 1956, 1957 und 1958.

In den 1960er Jahren war Kessel ein First-Call-Session-Gitarrist bei Columbia Pictures und wurde zu einem der gefragtesten Aufnahmemusiker Amerikas. Er gilt weithin als Schlüsselmitglied der Gruppe der First-Call-Session-Musiker, die heute allgemein als The Wrecking Crew bezeichnet werden, die in den 1960er Jahren unzählige Hits spielten, oft ohne, dass ihre Namen auf den Alben, auf denen sie gespielt wurden, genannt waren.

In den 1970er Jahren engagierte sich Kessel zunehmend in der Musikerziehung und präsentierte seine sehr beliebte Seminarreihe „The Effective Guitarist" an verschiedenen Orten auf der ganzen Welt. Kessel spielte auch intensiv in einem Jazz-Trio mit den Gitarrenkollegen Herb Ellis und Charlie Byrd, die zusammen als The Great Guitars bekannt sind.

Sowohl als Leader als auch als Sideman nahm Kessel in seiner Karriere mehr als 60 Alben auf, vor allem mit den Labels Verve und Contemporary. Kessel war auch musikalischer Leiter von Bob Crosbys TV-Show, schrieb Songs und produzierte Platten für Ricky Nelson und spielte auf den Soundtracks von Spielfilmen wie *Cool Hand Luke*.

Kessel erlitt 1992 leider einen schweren Schlaganfall, der seine musikalische Karriere beendete. Am 6. Mai 2004 starb er im Alter von 80 Jahren zu Hause in San Diego an einem Hirntumor.

Kessel war nicht nur ein erfinderischer und melodischer Solist, sondern auch ein anerkannter Kenner der Jazz-Harmonie und ein besonders begabter Akkordmelodie-Spieler, wie man in vielen seiner Aufnahmen hören kann.

Kessel verwendete in seiner Karriere eine Reihe von Signature-Modellgitarren, darunter die Kay K1700, K6700 und K8700, die jeweils seine Signatur neben dem Kay-Logo tragen. Er benutzte auch eine Gibson ES-350 und sein Signature-Modell aus dem gleichen Hause. Er benutzte eine Vielzahl von Verstärkern, darunter den Gibson GA-50T und BR-3, und spielte auch eine Zeit lang über Polytone-Verstärker.

Empfohlenes Audiomaterial

Barney Kessel

Kessel Plays Standards Vol 2

The Artistry of Barney Kessel

Barney Kessels Akkordwerk gehörte zu den besten seiner Generation und dieses erste Beispiel zeigt seinen Ansatz über eine I VI II V-Progression in der Tonart C-Dur. Kessel war ein Experte für Akkordsubstitution und Takt eins verwendet Am7-Voicings anstelle von Cmaj7.

In einem I VI II V-Pattern in C-Dur wäre der Akkord VI normalerweise Am7, den Jazzspieler in der Regel in eine dominante 7 verwandeln. In Takt zwei wird eine Tritonensubstitution (Eb9) anstelle von A7 verwendet. Takt drei kombiniert Dm7 und Fmaj7, wobei letztere ein häufiger Ersatz für Dm7 sind.

Takt vier beinhaltet eine weitere Substitution über den G7-Akkord. Hier wird eine Fm7b5-Voicing verwendet, um den Klang von G7#5b9 anzudeuten. Der Lick endet mit einer Quarten-Intonation von Em7, die den Cmaj7-Akkord ersetzt.

All diese Substitutionen mögen kompliziert klingen, aber wenn du den Lick lernst, wirst du hören, wie effektiv sie sind. Ich schlage vor, die normalen Akkordwechsel ein paar Mal zu spielen, dann die Linie zu spielen und du wirst hören, wie die Substitutionen dazu dienen, die Standardakkorde zu verschönern.

Beispiel 7a

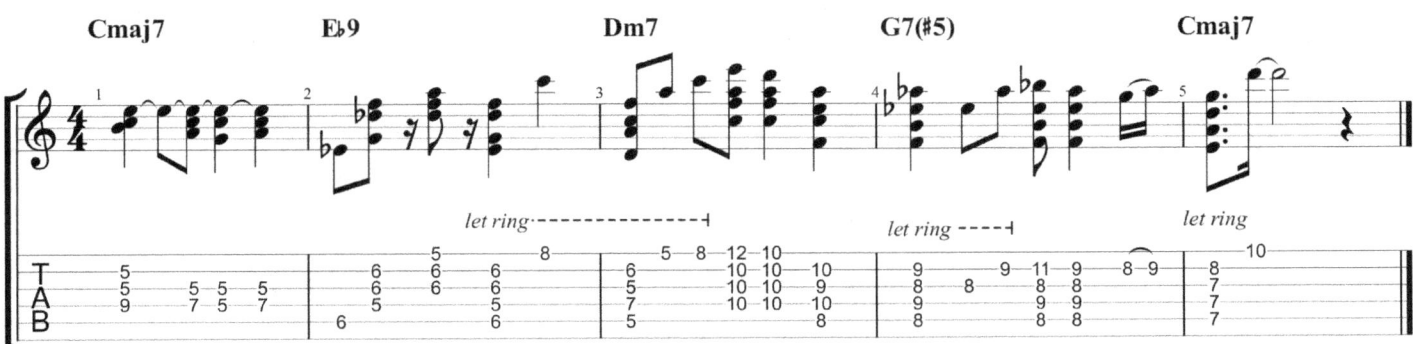

Beispiel 7b führt eine Reihe von von Kessel bevorzugten Akkordannäherungen zusammen. In Takt eins wird eine Cmaj7 Drop 2 Intonation auf Takt 2 gespielt, gefolgt von einer kurzen Serie von diatonischen dritten Intervallen, die zum A7#5 Akkord in Takt zwei führen. In Takt drei wird ein chromatischer Approach-Akkord von Dbm7 auf dem Up-Beat von Beat 1 verwendet, um den Dm7-Akkord auf Beat 2 zu treffen, denn solche Approach-Akkorde sind eine effektive Möglichkeit, deine Akkordsoli und Begleitmusik zu verbessern.

In Takt vier suggerieren zwei Fm7b5- Intonation wieder ein G7#5b9 darunter. Der letzte Takt enthält eine weitere Em7-Substitution über den Cmaj7-Akkord, die jedoch von einem Halbton unterhalb (Ebm7) aus angegangen wird. Der Lick endet mit einem Slide zwischen zwei Quarten-Intonation in C-Dur.

Du kannst diesen Lick Fingerstyle oder mit einem Pick spielen. Arbeite daran, die Akkordübergänge sanft zu gestalten und die Rhythmen nicht zu überstürzen.

Beispiel 7b

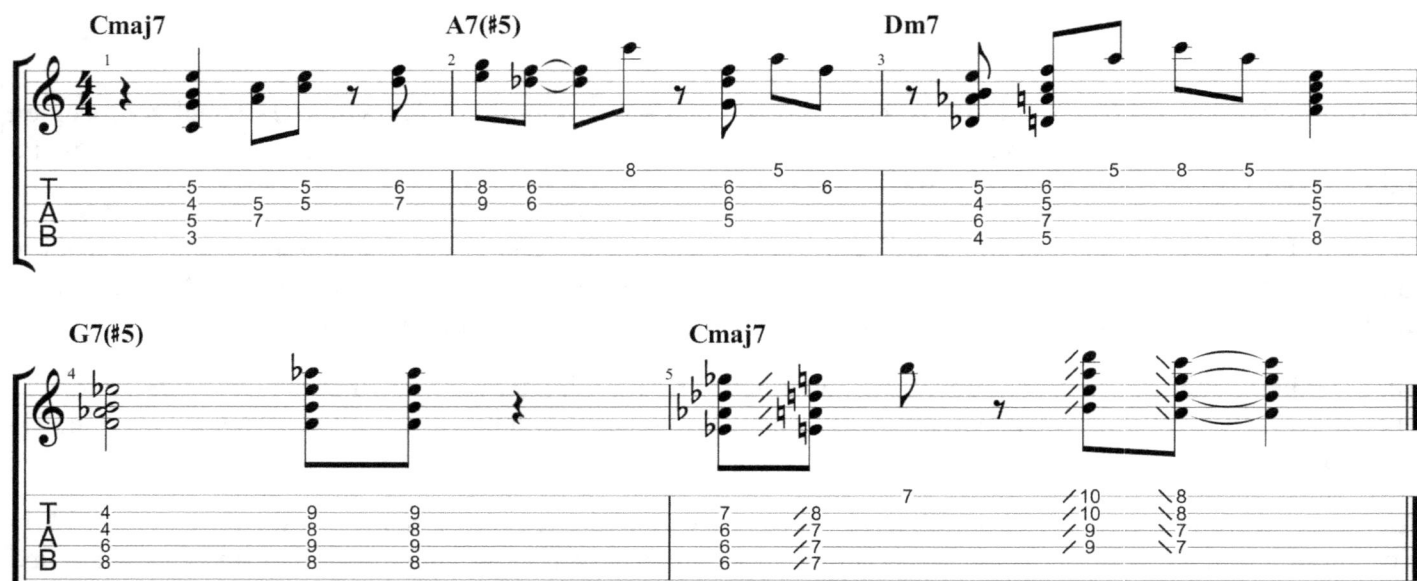

Kessels einzeiliges Spiel war so anspruchsvoll wie seine Akkordwerke. Beispiel 7c zeigt seinen melodischen Ansatz über die I VI II V-Progression. Die Zeile beginnt mit einem e-Moll-Dreiklang über dem Cmaj7-Akkord. In Takt zwei wird die D-Harmonische Moll-Skala über den A7#5-Akkord gespielt, was den Klang von A7#5b9 impliziert.

Jazzgitarristen neigen dazu, dominante Akkorde so zu behandeln, als wären sie V-Akkorde. Unsere Akkordfolge ist I VI II V (Cmaj7, A7#5, Dm7, G7), aber der A7#5-Akkord funktioniert als temporäres V7 (oft als sekundäre Dominante bezeichnet), so dass das Spielen einer d-Moll-Linie darüber sehr sinnvoll ist.

Takt drei enthält eine einfache Linie, die aus der a-Moll-Pentatonischen Skala gezogen wurde, gefolgt von einer kurzen Folge von Intervallen, die auf die 3., 9. und 9. des G7-Akkords abzielen. Beachte, wie diese Linie sich schließlich auf die dritte und große Septime des Cmaj7-Akkords auf Beat 1 des letzten Taktes auflöst. Der Lick endet wieder mit dem großen 7. Intervall, nur eine Oktave höher gespielt.

Für rhythmische Zwecke spiele diese Linie ganz gerade (nicht mit einem starken Swing), wie im Audiobeispiel gezeigt. Konzentriere dich auf dein Timing, denn es ist einfach, solche Linien zu überstürzen, die in einem langsameren Tempo gespielt werden.

Beispiel 7c

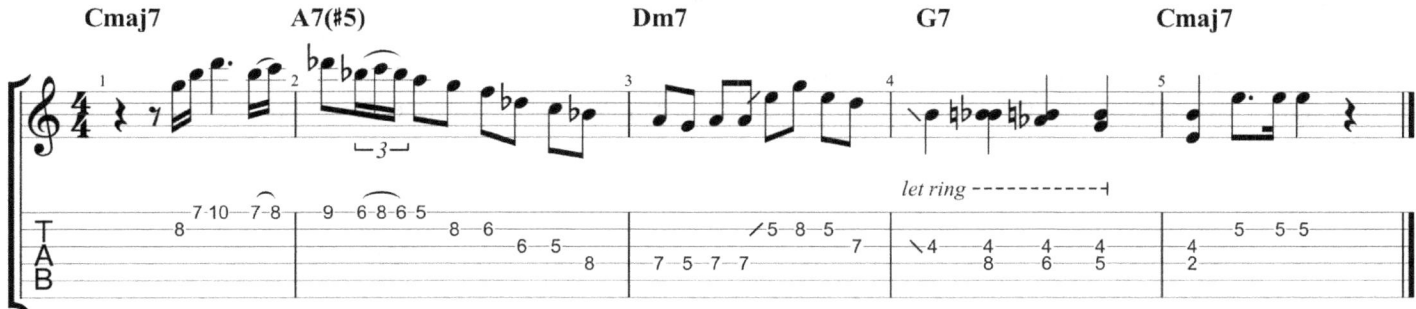

Beim nächsten Lick geht es um die sorgfältige rhythmische Platzierung der Akkordtöne. Zwei Doppelgriff-Intervalle führen in der dritten und fünften Tonstufe des Cmaj7-Akkords in Takt 1, Beat 1. In Takt 2, wird der A7-Akkord durch die Verwendung der Intervalle 3. und b9 auf Takt 1, dann 5. und 3. auf Takt 3 hervorgehoben, dieses zweistimmige Intervallmittel mit Akkordtönen setzt sich in Takt 3 über den Dm7-Akkord fort, aber die Akkordtöne sind nun b3. und der Grundton (Takt 1, Takt 3).

Eine kurze Serie von 5. Intervallen in Takt drei liefert einen gewissen melodischen Kontrast, bevor der Lick mit einer kurzen Skalensequenz in Takt vier endet. Die letzte 1/16. Note des Taktes vier verwendet eine chromatische Passnote (Eb), um auf den dritten (E) des Cmaj7-Akkords in Takt fünf abzuzielen.

Achte auf die Positionsverschiebungen und Slides in dieser Linie, insbesondere in den Takten eins und zwei. Höre dir das Audiobeispiel an und achte auf die leicht hinter dem Takt liegende Phrasierung, die dem Swing der Linie hilft.

Beispiel 7d

Wie bei so vielen Jazzgitarristen, die in einem Trio-Setting Erfahrung sammelten, mischte Kessel beim Solo-Sound einzeilige Melodien mit akkordischen Passagen. Beispiel 7e beginnt mit einer 1/16. Note aus der C-Dur-Skala, die mit dem Grundton und dem 5. des A7-Akkords in Takt zwei endet. Beachte auch die Passnote (Ab) auf dem letzten Schlag von Takt eins.

Der Skalenansatz setzt sich mit einer d-harmonischen Moll-Linie fort, die über den A7-Akkord in Takt zwei gespielt wird. Takt drei zeigt ein kurzes rhythmisches Motiv, um Abwechslung zu schaffen. Der G7-Akkord in Takt vier wird zunächst von diatonischen dritten Intervallen angegangen, bevor zwei verminderte 7. Akkorde auf den Beats 3 und 4 gespielt werden. Du kannst die gleiche Griffweise für beide Akkorde verwenden, um sie von der 6. bis 9. Position auf dem Griffbrett zu bewegen. Der Lick endet mit einer hohen Cmaj7-Intonation, die auf dem Up-Beat von Beat 1 im letzten Takt gespielt wird. Nochmals, spiele die Tonleitern in diesem Lick langsam.

Beispiel 7e

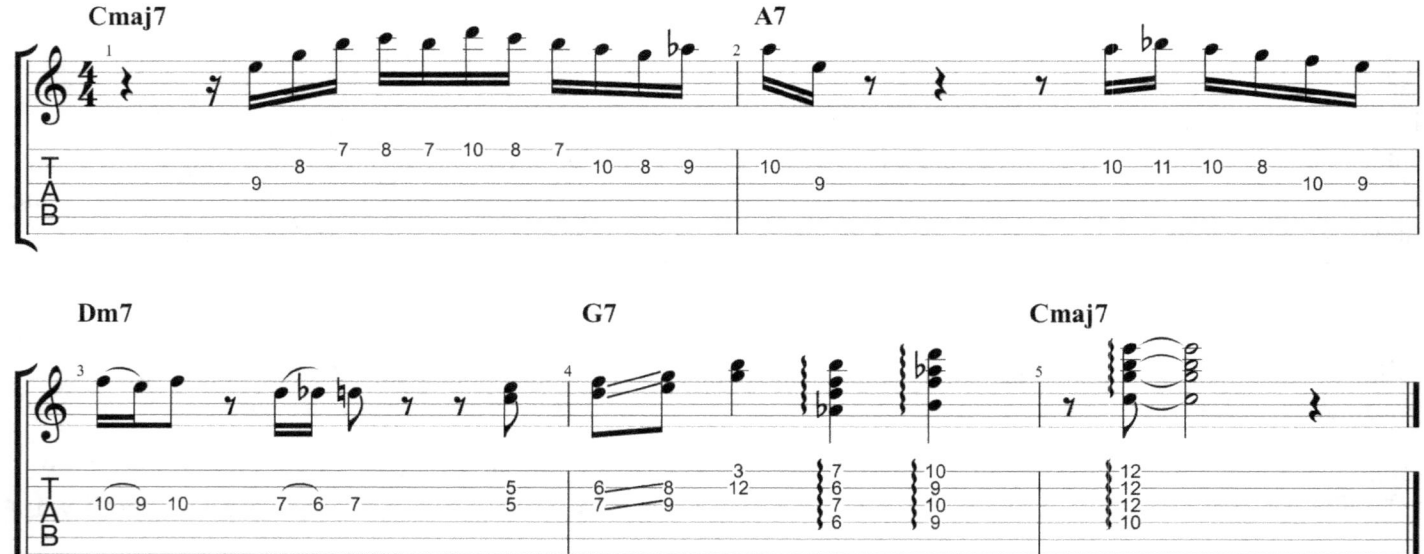

Jimmy Raney

James Elbert „Jimmy" Raney, der oft als „definitiv cooler Jazz-Gitarrist" bezeichnet wird, wurde am 20. August 1927 in Louisville, Kentucky, geboren. Raney erhielt seine erste Gitarre im Alter von 10 Jahren und studierte das Instrument zunächst bei A.J. Giancola, einem Lehrer für klassische Gitarre. Ein weiterer musikalischer Mentor, Hayden Causey, half Raney dabei, Jazzgitarre zu studieren und das Werk seines frühesten Gitarreneinflusses, Charlie Christian, zu erforschen.

Hayden Causey empfahl Raney 1944 auch der Jerry Wald Band. Jimmy trat der Wald-Band bei und blieb zwei Monate bei ihnen. Al Haig, der Pianist aus dieser Gruppe, wurde zu einem bedeutenden Musikpädagogen für Raney und stellte ihm die wichtigsten Bebop-Spieler dieser Zeit vor, wie Charlie Parker, Bud Powell und Dizzy Gillespie. Raney begann, die Soli dieser Jazzmeister zu studieren, was ihm half, seinen einzigartigen Improvisationsstil zu entwickeln.

Raney begann seine professionelle musikalische Karriere mit einem seriösen Engagement in mehreren lokalen Gruppen in der Region Chicago. Dort arbeitete er bereits als Teenager als Gitarrist mit dem Max Miller Quartett, bevor er 1948 neun Monate bei Woody Herman verbrachte. Die Zusammenarbeit mit Woody Herman führte dazu, dass Raney mit einer Reihe anderer bekannter Jazzkünstler dieser Zeit zusammenarbeitete, wie Buddy DeFranco, Artie Shaw und unter anderem mit dem bereits erwähnten Al Haig.

Mit einem wachsenden Ruf als flüssiger und erfinderischer Bop-Solist löste Raney den Gitarristen Tal Farlow in der Red Norvo-Gruppe ab und arbeitete zwei Perioden lang mit dem Bandleader zusammen, die sich über die frühen 1950er Jahre erstreckten. Etwa zur gleichen Zeit erhielt er Anerkennung für seine Zusammenarbeit mit Stan Getz, und die meisten Kritiker betrachten diese musikalische Partnerschaft als eines seiner besten Werke.

Raney arbeitete etwa sechs Jahre (1954-1960) in einem Diners Club mit dem Pianisten Jimmy Lyon, bevor er 1962 wieder bei Stan Getz arbeitete. Trotz der hochkarätigen Arbeit mit vielen Jazzstars dieser Zeit hatte Raney eine Reihe von wachsenden gesundheitlichen und persönlichen Problemen (hauptsächlich Alkoholismus) und 1967 hatte er seinen Hauptsitz in New York City verlassen, um nach Louisville zurückzukehren.

Raney kehrte nach einer mehrjährigen Pause in den frühen 1970er Jahren zur Musik zurück und begann wieder, Alben aufzunehmen. 1975 veröffentlichte er mit dem Bassisten Sam Jones und dem Schlagzeuger Billy Higgins auf dem Label Xanadu ein Trio-Album mit Standards (*The Influence*). 1976 veröffentlichte er auf dem gleichen Label ein weiteres Album mit Overdubbed-Gitarrenduetts, die er selbst spielte. Das 1979 erschienene Album *Duets* war eine Zusammenarbeit mit seinem damals 22-jährigen Sohn Doug Raney, der zwar deutlich von seinem Vater beeinflusst wurde, sich aber bei der Aufnahme selbst als nicht zu verachtender Jazzgitarrist herausstellte. Die Zusammenarbeit der beiden wurde bis in die 1980er Jahre und wieder Anfang der 1990er Jahre fortgesetzt.

Eine wenig bekannte Tatsache über Raney ist, dass er viele Jahre lang an der Meniere'schen Krankheit litt, einer degenerativen Erkrankung, die zu einer erheblichen Taubheit auf beiden Ohren führte. Trotzdem hielt ihn die Bedingung nicht davon ab, zu spielen.

Jimmy Raney starb am 10. Mai 1995 in Louisville an Herzversagen. Ein passender Nachruf in der *New York Times* nannte ihn „einen der begabtesten und einflussreichsten Nachkriegs-Jazzgitarristen der Welt".

Jimmy Raney's Spielstil war hornartig und seine exquisiten Bebop-Linien waren immer fließend ausgeführt und voller Swing. Technikalitäten nahmen bei Raneys musikalischem Geschmack nie Überhand und er ist einer der melodischsten Solisten seiner Generation.

Raneys Auswahl an Musikinstrumenten blieb während seiner Karriere weitgehend unverändert. In den 1970er Jahren spielte er hauptsächlich auf einer Gibson ES-175 über Solid-State Polytone Amps. Auf seiner *Live in Tokyo* Platte 1976 spielte er auf der Gibson L7 seines Sohnes Doug mit einem Yamaha-Verstärker.

Empfohlenes Audiomaterial

Live in Tokio 1976

Nardis (Jimmy und Doug Raney)

But Beautiful

Jimmy Raneys Soli waren durchweg erfinderisch und melodisch, und Beispiel 8a zeigt seine charakteristische Herangehensweise an die ersten Takte eines beliebten Jazzstandards. Takt eins beginnt mit einer kurzen 1/8-Notenlinie, die auf den 9. des Cm7 bei Beat 3 abzielt, bevor sie sich in Takt zwei auf der großen Terz des F7-Akkords auflöst.

Takt zwei enthält einige klassische Bebop-Vokabeln. Ab Beat 3 wird eine F-erweiterte Triade verwendet, um den folgenden Bbmaj7-Akkord aufzulösen. Du wirst diese Idee häufig in Jazzgitarrensoli hören.

In Takt vier führt eine kurze 1/8tel Notenlinie aus der B-Dur-Skala in die Molltonart II - V Akkorde in den Takte fünf und sechs, wo die Linie mit einer #9 auf dem Up-Beat von Beat 2 endet.

Dies ist ziemlich einfaches melodisches Denken, aber es ist ein sehr effektiver Ansatz über schnelle Akkordwechsel. Wie immer, spiele diese Linie erst langsam durch, bevor du schneller wirst,

Beispiel 8a

Diese lange Bop-Linie demonstriert Raneys Fähigkeit, repetitive Rhythmen mit großer Wirkung zu nutzen. Takt eins hat eine typische Raney-Stil-Linie über dem Cm7-Akkord in Takt eins. Die Linie zielt dann ab auf die große Terz des F7-Akkords auf den Down-Beat von Takt zwei. Das verdoppelte 1/8-Ton-Motiv setzt sich durch die nächsten beiden Takte fort, bevor es auf der b5. Tonstufe des Am7b5-Akkords auf Beat 1 des letzten Taktes ankommt.

Wenn du dein eigenes Spiel in Betracht ziehst, denke darüber nach, wie einfache rhythmische Motive wie diese deine Skala zu etwas Fesselndem für den Hörer machen können. Ziel ist es, starke Akkordtöne auf den Down-Beat zu betonen (wie in den Takten drei und vier, in diesem Fall der dritte der beiden Akkorde Bbmaj7 und Ebmaj7).

Beispiel 8b

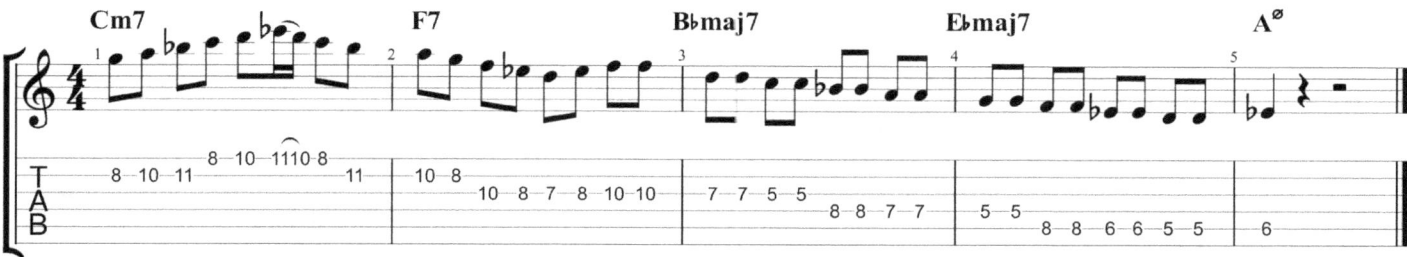

Beispiel 8c verwendet eine weitere gängige Bebop-Technik zur Kombination von Arpeggios. Takt eins beginnt mit einem Cm7-Arpeggio bei den Schlägen 1 und 2, mit einem A-verminderten Arpeggio bei den Schlägen 3 und 4. Takt zwei beginnt mit einer chromatischen Passnote, bevor er die b9 und #9 auf Beat 3 ausrichtet und sich auf die große Terz des Bbma7-Akkords auflöst.

Die Takte drei und vier bringen rhythmische Vielfalt und Raum. Dies gibt der Linie etwas „Luft" nach dem Aufruhr der 1/8-Töne. (Ein guter Tipp, wenn du deine eigenen Linien erstellst, ist es, zwischen den Phrasen einen „Atemzug" zu machen. Das Singen der Linien unterstützt diesen Prozess).

Der Lick endet mit einer dreiteiligen Figur aus der G-Harmonischen Moll-Skala – einer beliebten Skalenwahl für den in dieser Melodie auftretenden Akkordwechsel Am7b5 zu D7b9.

Beispiel 8c

Raney verwendete oft einfache, wiederholte melodische Motive mit großer Wirkung und Beispiel 8d ist ein gutes Beispiel dafür, wie weniger mehr sein kann. Melodische Anwendungen wie diese helfen bei der Entwicklung der Phrasierung und sind eine willkommene Abwechslung zu durchgehenden 1/8-Notenlinien.

Anstatt mit dem Down-Beat von Takt eins zu beginnen, wird dieses Motiv der 1/16. Note in jedem Takt auf Beat 2 gespielt. Versuche, deinen ersten und zweiten Finger für die hier erforderliche Kombination von Hammer-On/Pull-Offs zu verwenden.

In Takt vier kehrt die Zeile zu 1/8tel Noten zurück, wobei eine kurze Skalensequenz aus der B-Dur-Skala entnommen wird, bevor der letzte Takt mit einer einfachen Drei-Noten-Figur vollendet wird. Beachte den rhythmischen und melodischen Kontrast zwischen den ersten drei Takten und den letzten beiden in diesem Lick. Das Ausbalancieren solcher rhythmischen und melodischen Phrasen hilft, eine gute Erzählung in deinem Solo zu schaffen.

Beispiel 8d

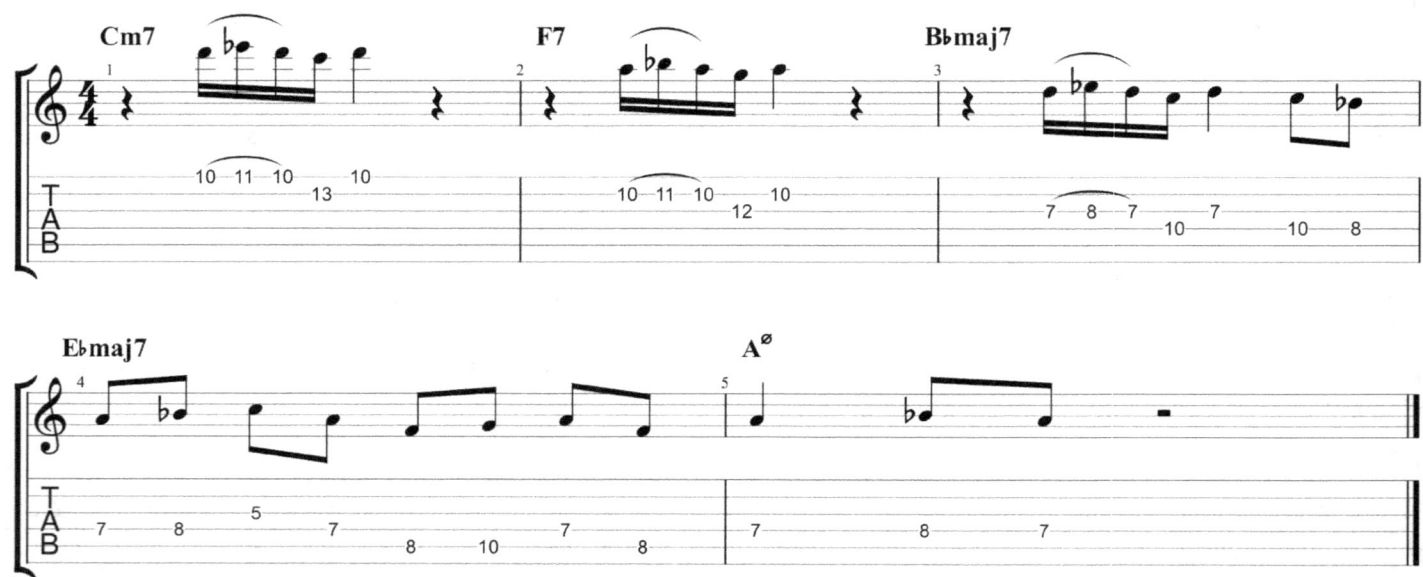

Beispiel 8e verwendet intensiv rhythmische Bindungen (sowohl innerhalb als auch außerhalb der Taktlinien). Trotz der Verwendung von 1/8-Tönen in diesem Lick hilft das Hinzufügen der Bindungen, viel Vorwärtsbewegung zu erzeugen, um die Linie nach vorne zu fahren. Wenn du die gebundenen Noten untersuchst, wirst du sehen, dass es sich um starke Akkordtöne handelt.

In den Takten vier und fünf setzen sich die rhythmischen Bindungen fort und bewegen sich von der Hb-Dur-Skala zur G-Harmonischen Moll-Skala im letzten Takt. Stelle sicher, dass du jeder rhythmischen Bindung ihren vollen Wert gibst und dich auf das Audiomaterial beziehst, um das Timing genau zu bestimmen.

Beispiel 8e

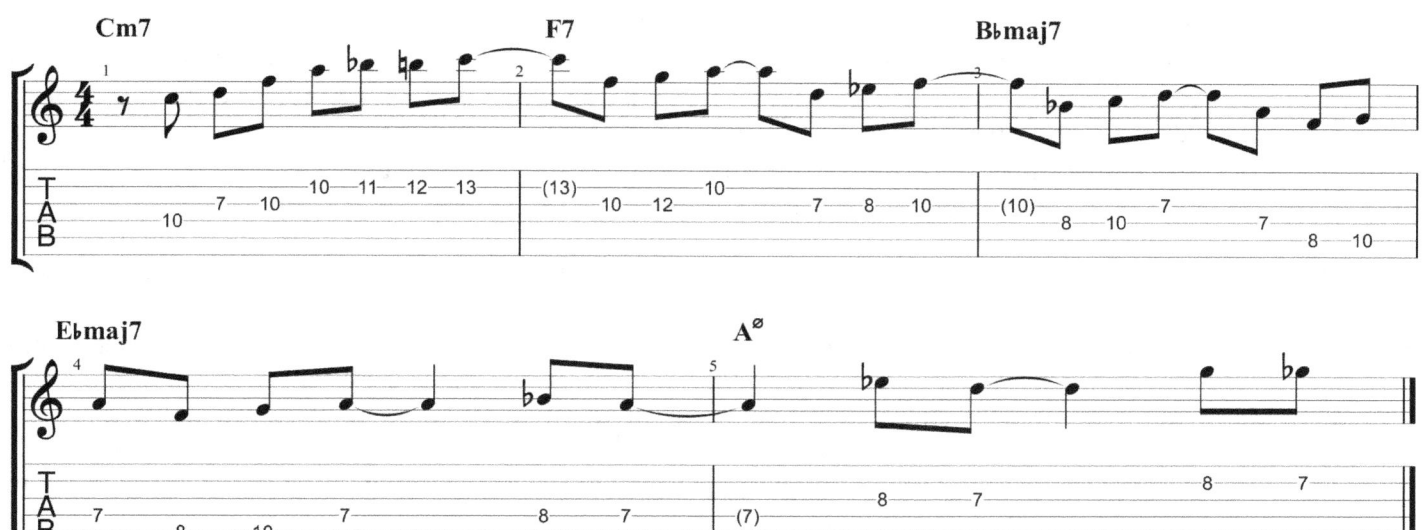

231

Joe Pass

Joseph Anthony Jacobi Passalaqua wurde am 13. Januar 1929 in New Brunswick, New Jersey, geboren. Er war der Sohn von Mariano Passalaqua, einem sizilianischen eingewanderten Stahlarbeiter und wuchs in Johnstown, Pennsylvania, auf. Pass erhielt sein erstes Instrument (eine Harmony-Modellgitarre, die 17 Dollar kostete) an seinem 9. Geburtstag. Pass' Vater erkannte schnell, dass sein Sohn ein seltenes musikalisches Talent hatte und drängte ihn ständig, Lieder nach Gehör zu lernen und Stücke zu spielen, die nicht speziell für die Gitarre geschrieben wurden, neben dem Erlernen verschiedener Tonleitern und Arpeggien. Er ermutigte ihn auch, um die grundlegenden Melodienoten von Songs zu improvisieren.

Mit nur 14 Jahren begann Pass, lokale Auftritte zu bekommen und spielte mit Gruppen unter der Leitung von Tony Pastor und Charlie Barnet, wobei er ständig sein Gitarrenwissen und sein Verständnis für die Anforderungen des Musikgeschäfts entwickelte. Pass begann bald mit kleinen Jazz-Ensembles zu touren und entschied sich schließlich, von Pennsylvania in die aktivere Musikszene in New York City zu wechseln.

Einige Jahre nach seiner Karriere entwickelte er eine schwere Heroinabhängigkeit und verbrachte in der Folge einen Großteil der 1950er Jahre im Gefängnis, weg von der Musik. Glücklicherweise gelang es ihm, seine Sucht zu überwinden, nachdem er etwas mehr als zwei Jahre in einem Rehabilitationsprogramm verbracht hatte. Nachdem er sich von seiner Drogensucht erholt hatte, nahm er 1962 *Sounds of Synanon* auf, und zu dieser Zeit erhielt er eine Gibson ES-175 Gitarre als Geschenk, mit der er viele Jahre lang tourte und aufnahm.

Pass nahm in den 1960er Jahren eine Reihe von Alben für das Pacific Jazz Label auf, darunter *Catch Me*, *12-String Guitar*, *For Django* und *Simplicity*. 1963 wurde er mit dem New Star Award des *Down Beat* Magazins ausgezeichnet. Pass trug auch zu Pacific Jazz Aufnahmen von Gerald Wilson, Bud Shank und Les McCann bei. Viel von Pass' Arbeit in den 1960er Jahren war jedoch Fernseh- und Sessionarbeit in Los Angeles, wo er unter anderem an der *Tonight Show*, *The Merv Griffin Show* und *The Steve Allen Show* arbeitete. Ende des Jahrzehnts arbeitete Pass auch als Sideman für viele bekannte Jazzkünstler wie Frank Sinatra, Sarah Vaughan und Louis Bellson.

Anfang der 70er Jahre traten Pass und sein Jazzgitarrist Herb Ellis regelmäßig im Dontes Jazzclub in Los Angeles auf, was zur ersten Aufnahme bei dem neuen Concord Jazz Label führte. Pass engagierte sich in dieser Zeit auch in der Jazzausbildung durch die Veröffentlichung mehrerer Kooperationen mit Jazzgitarrenbüchern, darunter das angesehene *Joe Pass Guitar Style* (geschrieben mit Bill Thrasher).

Pass wurde 1970 bei Norman Granzs neuem Label Pablo Records unter Vertrag genommen und 1974 veröffentlichte Pass sein wegweisendes Solo-Gitarrenalbum *Virtuoso* auf dem gleichen Label. Im selben Jahr veröffentlichte Pablo Records das Album *The Trio* mit Pass, Pianist Oscar Peterson und Bassist Niels-Henning Ørsted Pedersen. In den 1970er und 1980er Jahren trat er mit diesem Trio mehrmals auf, und die Gruppe erhielt 1975 einen Grammy für die beste Jazz-Performance.

Während seiner Arbeit bei Pablo Records arbeitete Pass auch mit der Sängerin Ella Fitzgerald zusammen, was zu einer langjährigen Zusammenarbeit für das Duo führte. Sie produzierten schließlich sechs Alben zusammen: *Take Love Easy* (1973), *Fitzgerald und Pass...Again* (1976), *Hamburg Duets - 1976* (1976), *Sophisticated Lady* (1975, 1983), *Speak Love* (1983) und *Easy Living* (1986).

Pass nahm bis Anfang der 90er Jahre weiterhin auf und trat bis zu seinem 65. Lebensjahr auf. 1994 verstarb Pass leider an Leberkrebs in Los Angeles, Kalifornien.

Pass war ein Meister der Akkordmelodie und -begleitung und hatte die unheimliche Fähigkeit, endlose harmonische Variationen bekannter Songs und Jazzstandards zu kreieren. Er war auch ein außergewöhnlicher Single-Line Bop-Solist. Sein großes Wissen über Akkordinversionen und die Fähigkeit, improvisierte Basslinien und Kontrapunkte zu kreieren, ist in der Jazzwelt wohl einzigartig.

Pass spielte in seiner Karriere hauptsächlich ein Gibson ES-175 Modell, spielte aber auch einen Fender Jazzmaster, als er sich von seiner Drogenabhängigkeit erholte. Später spielte er auch Gitarren von D'Aquisto und Ibanez, die in den 1980er Jahren ein Signature-Modell für ihn herstellten.

Als Verstärker verwendete Pass im Allgemeinen einen Polytone, dessen Mini-Brute-Modell er oft wegen seines klaren Jazz-Tons bevorzugte.

Empfohlenes Audiomaterial

For Django

Intercontinental

Virtuoso

Joe Pass, der für sein unglaubliches Solo-Akkordmelodiewerk sehr geschätzt wird, war auch ein ausgezeichneter einzeiliger Bebop-Solist. Beispiel 9a zeigt seine Fähigkeit, vokalähnliche Melodien über gängige Jazz-Akkordfolgen wie die Sequenz I VI II V I zu spielen.

In Takt eins werden der 5. und der Grundton des Cmaj7-Akkords von Noten umschlossen, einen Skalenschritt höher und einen Halbton tiefer – gängig im Bebop. In Takt zwei wird die erhöhte Quinte des A7-Akkords kurz auf Beat 2 betont und dann auf die natürliche Quinte aufgelöst, um einen veränderten dominanten Klang anzudeuten. In Takt drei wird die 5. des Dm7-Akkords für zwei Schläge gehalten, bevor eine Figur mit zwei Noten die b9 gegen die G7 im vorletzten Takt angeht. Bebop-Solisten betonen häufig 3. und b9-Intervalle über dominante 7. Akkorde.

Beim Spielen dieser Linie ist zu beachten, dass während des sanften Schwingens der Begleitinstrumente die ersten beiden Takte direkt gespielt werden, was eine schöne rhythmische Spannung erzeugt.

Beispiel 9a

Joe Pass verwendete in seinem einzeiligen Solo oft wiederholte melodisch-rhythmische Figuren, wie in Beispiel 9b dargestellt, das mit einer Serie von vier Motiven beginnt. Wenn du diese Linie spielst, achte darauf, dass du jedem Beat die richtige rhythmische Dauer gibst (ein Triplett mit 1/16tel Note gefolgt von einer 1/8tel Note). Höre das Audiobeispiel, um das genaue Timing zu verstehen.

In Takt zwei geht der 1/16-Triplett-Ansatz weiter, aber nur bis zum Beat 2, wenn normale 1/16-Takte verwendet werden. Takt drei ist bewusst spärlich, als Kontrast zu den geschäftigen Rhythmen der vorherigen Takte. In Takt vier mit einer langen 1/16-Notenpassage nimmt das rhythmische Tempo wieder zu. Diese Linie ist aus der G altierten Skala (Modus VII von Ab Melodic Minor) aufgebaut. Auch bekannt als der Super lokrische Modus, ist es gängig bei Bebop-Spielern, um über dominante 7. Akkorde zu spielen. Die Linie endet mit der großen Terz von Cmaj7 auf Beat 1 des letzten Taktes.

Beispiel 9b

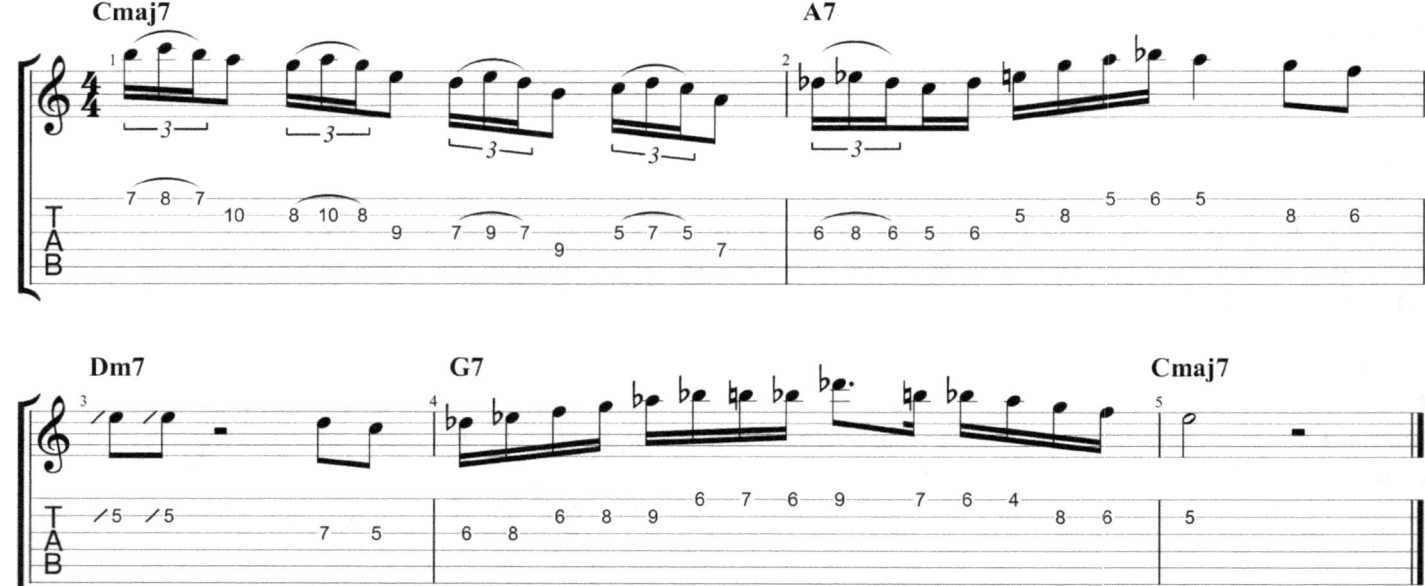

Keine musikalische Auseinandersetzung im Stil von Joe Pass wäre ohne eine Akkordmelodie komplett, so zeigt Beispiel 9c, wie er oft alternative Akkorde über die ursprüngliche Harmonie gelegt hat. Wie die meisten Jazzmusiker hielt sich Pass selten an die ursprünglichen Akkordwechsel und verwendete eine Vielzahl von Substitutionen.

In Takt eins werden zwei Viertel Intonationen auf den Beats 1 und 2 gespielt, bevor ein konventioneller Cmaj7-Akkord auf Beat 3 gespielt wird, während eine viertel Intonation für Em7 auf Beat 4 gespielt wird – ein üblicher Ersatz für Cmaj7.

Die Akkordsubstitutionen setzen sich in Takt zwei fort, wobei Eb9, A7#5, A7#5#9 und Gm7b5 Intonationen über den A7-Akkord gelegt werden. In der Tat sind sie alle geänderten Versionen von A7.

Takt drei beginnt mit einem Slide in eine Quarten-Intonation von Dm7. Eine einfache zweistimmige Phrase führt zu einer Dm9-Intonation am 10. Bund. Bei Beat 4 ersetzt eine Fmaj7-Intonation Dm7. Der vorletzte Takt ersetzt eine Fm7b5-Intonation für den G7-Akkord und die Linie endet mit einem substituierten Em7-Akkord.

Es gibt eine Fülle von harmonischen Informationen in diesem Beispiel, also arbeite dich zunächst langsam durch, um zu verstehen, wie und warum die Substitutionen verwendet werden.

Beispiel 9c

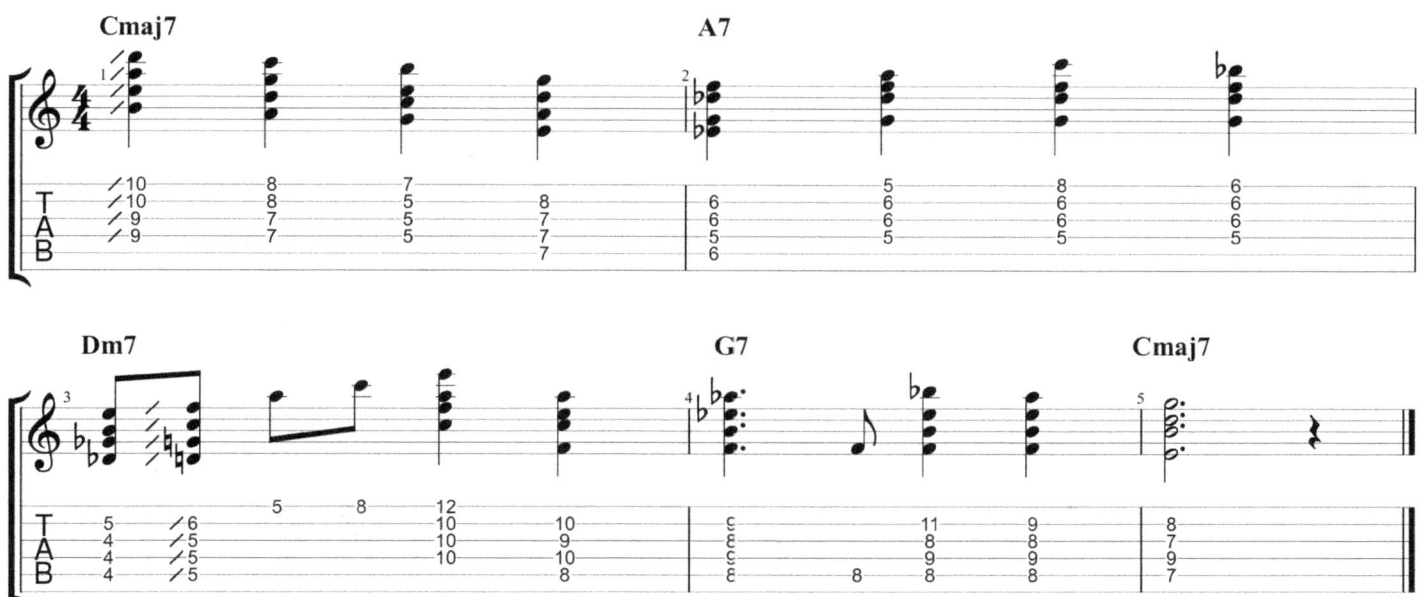

Dieses Akkordmelodie-Beispiel beginnt mit einem slidenden Intervallansatz in 1/8-Noten, bei dem die Cmaj7-Intonation auf Takt 3 und die Viertel-Intonationen auf Takt 4 eingerichtet werden. Pass verwendete Viertel-Intonationen oft, um die Grundharmonie einer Komposition zu bereichern. In Takt zwei werden weitere Substitutionen mit einem Gm7b5, Eb9 und zwei verminderten 7. Akkorden verwendet. Jedes dieser Elemente bietet eine andere Spannung und Veränderung gegenüber dem A7-Akkord.

In Takt drei wird eine gewisse rhythmische Vielfalt durch einen ausgefallenen Rhythmus bei Beat 2 hinzugefügt, in Takt vier ersetzt die gleiche Fm7b5-Intonation, die in früheren Beispielen verwendet wurde, G7. Die Linien enden mit einer Em7-Intonation, die über dem Cmaj7-Akkord gespielt wird.

Beispiel 9d

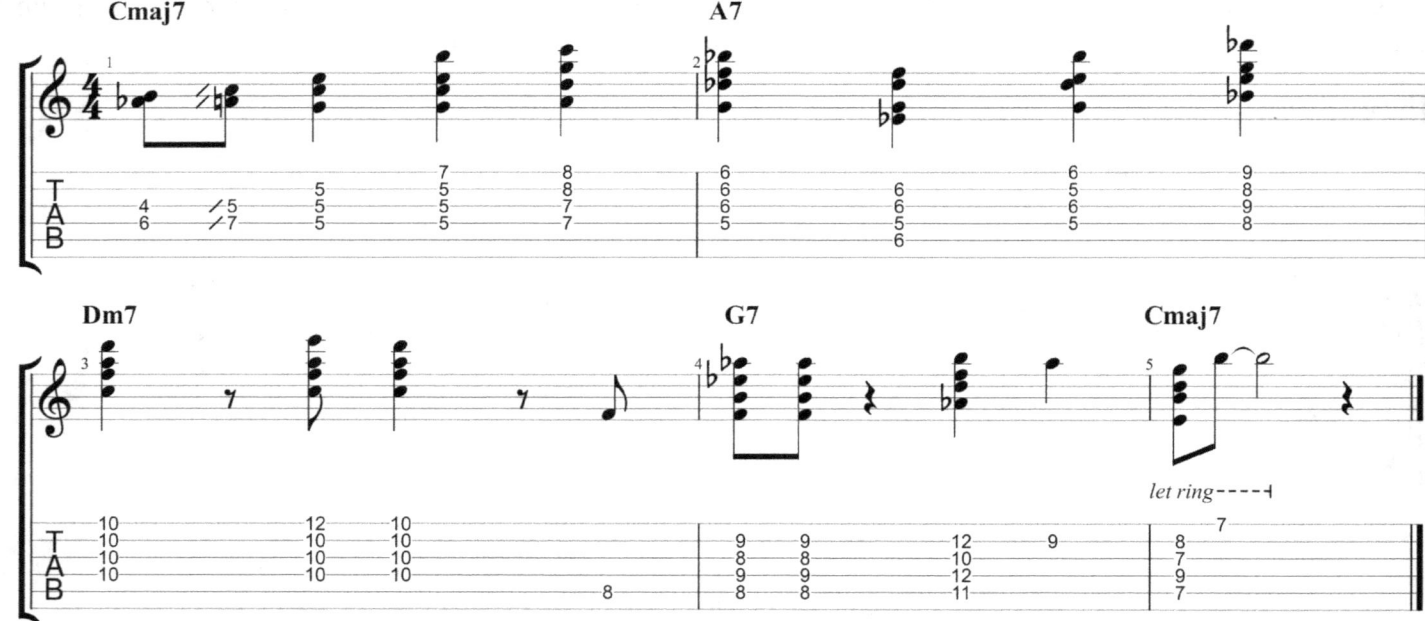

Das letzte Beispiel zeigt eine lange, meist 1/16-te Note, Linie. Eine doppelte chromatische Figur (zwei aufeinanderfolgende Halbtöne) beginnt die Linie vor einem langen chromatischen Aufstieg zum Anfang von Takt drei. Über den A7-Akkord werden Intervall-Sequenzen gespielt, die alle von der A-Vollton-Skala abgeleitet sind (eine weitere Improvisationsart, die Joe Pass für dominante 7. Akkorde verwendete).

In Takt drei suggeriert ein Fmaj7-Arpeggio auf Beat 2 und 3 den Klang eines Dm9-Akkords. Der vorletzte Takt verwendet veränderte (chromatische) Tonhöhen in 1/16-Noten gegen den G7-Akkord, einschließlich der #5, b9 und #9. Die Linie endet mit einem Oktavsprung auf die große Terz des Cmaj7-Akkords. Nimm dir Zeit, die Linie in kleinen Abschnitten zu lernen, bevor du alles zusammensetzt und auf Tempo bringst.

Beispiel 9e

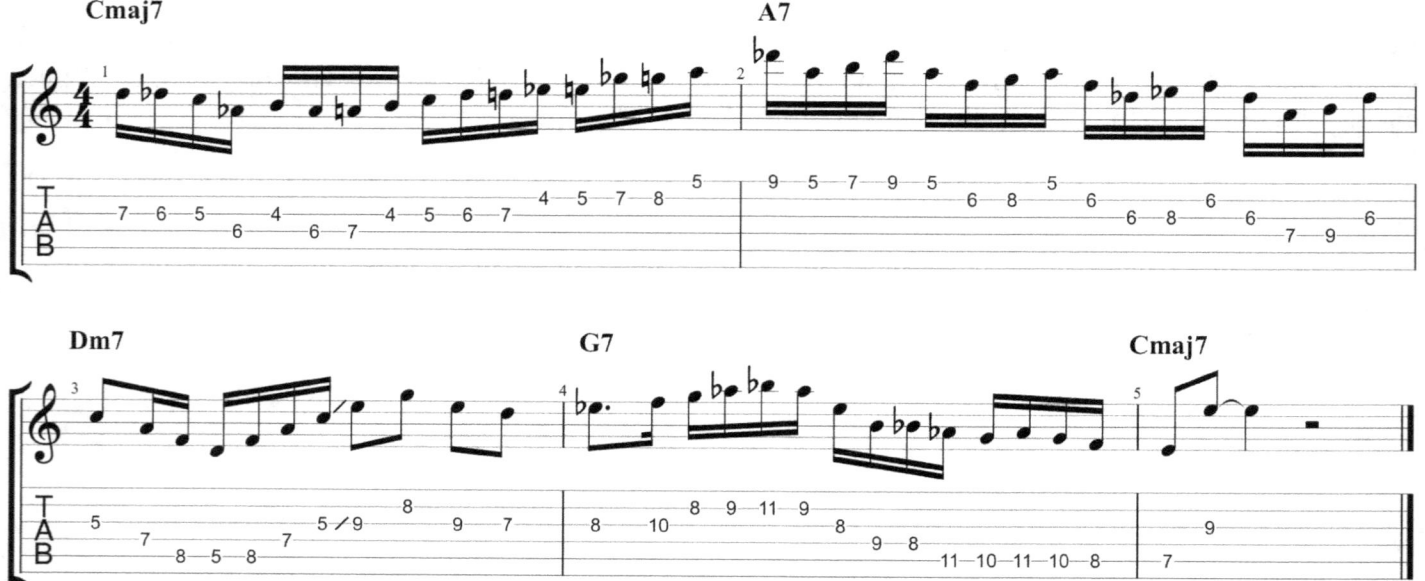

Jim Hall

James Stanley Hall wurde am 4. Dezember 1930 in Buffalo, New York, geboren und stammte aus einem musikalischen Haushalt, wobei seine Mutter, sein Großvater und sein Onkel alle Musiker waren. Hall begann im Alter von 10 Jahren mit dem Gitarre spielen, als seine Mutter ihm zu Weihnachten ein Instrument schenkte. Wie viele Jazzgitarristen seiner Generation war Halls erster Einfluss der legendäre Charlie Christian, aber später war er von Hornisten wie Coleman Hawkins und Lester Young fasziniert.

Zu seinen Teenagerjahren hatte Hall mehrere Jahre in Cleveland, Ohio, gelebt und trat bereits mit lokalen Gruppen auf. Mitte 20 entschied er sich, Musik zu studieren und trat in das Cleveland Institute of Music ein, um Komposition zu studieren und zusätzlichen Unterricht in Bass und Klavier zu erhalten. Später zog er nach Los Angeles und setzte sein Studium fort, indem er klassischen Gitarrenunterricht bei Vincente Gomez nahm.

1956 schloss sich Hall Chico Hamiltons Quintett an und seine Karriere begann professionell Gestalt anzunehmen. In den 1950er Jahren arbeitete er auch mit den Jimmy Giuffre Three zusammen und lehrte an der Lennox School of Jazz. 1959 arbeitete er mit vielen der Top-Namen der Jazz-Welt zusammen und arbeitete in den nächsten Jahren mit Künstlern wie Bill Evans, Paul Desmond, Lee Konitz, Sonny Rollins und Ella Fitzgerald zusammen.

Anfang der 1960er Jahre war Hall in New York ansässig und hatte eine Gruppe mit dem Bassisten Ron Carter und dem Pianisten Tommy Flanagan gebildet (das Trio wurde später durch Red Mitchell ergänzt). Er arbeitete auch in der Hausband der Merv Griffin TV Show, neben Musikern wie Bob Brookmeyer und Art Davis. Zu dieser Zeit war Hall als nachdenklicher und motivierter Jazz-Solist mit sich schnell entwickelnden kompositorischen und arrangierenden Fähigkeiten bekannt.

In den 1970er Jahren war Jim Hall eine feste Größe in der Jazzwelt und arbeitete nicht nur mit Jazzmusikern, sondern auch mit klassischen Musikern wie dem Geiger Itzhak Perlman. Sein 1975er Album mit Don Thompson und Terry Clarke (*Jim Hall Live*) gilt als eine seiner besten Aufnahmen, ebenso wie seine Duett-Aufnahmen mit dem Pianisten Bill Evans und dem Bassisten Ron Carter.

Hall nahm in den 1980er und 1990er Jahren weiterhin mit einer Vielzahl von Gruppen auf und tourte mit verschiedenen Gruppen und trat auch als Solist mit Künstlern wie Michel Petrucciani und Wayne Shorter auf. Hall veranstaltete 1990 das JVC Jazz Festival in New York und wurde 1997 von dem New York Jazz Critics Award als Best Composer/Arranger ausgezeichnet. Seine musikalische Zusammenarbeit in dieser Zeit umfasste die Arbeit mit dem Saxophonisten Joe Lovano sowie Duette mit dem Gitarristen Pat Metheny (ein langjähriger Bewunderer von Halls Spiel).

In Anerkennung seiner langen Karriere und seines Beitrags zur Jazzmusik erhielt Hall 1995 die Ehrendoktorwürde der Musikhochschule Berklee. Seine letzte Orchesterkomposition war ein Konzert für Gitarre und Orchester, das im Juni 2004 mit dem Baltimore Symphony Orchestra uraufgeführt wurde. Im November 2008 erschien das Doppelalbum *Hemispheres* mit dem Gitarrenkollegen und ehemaligen Studenten Bill Frisell.

Bis Anfang der 80er Jahre trat Hall weiterhin regelmäßig in New Yorker Clubs und Jazz-Festivals in den USA und Europa auf. Jim Hall starb 2013, nur sechs Tage nach seinem 83. Geburtstag, im Schlaf in seiner Wohnung in New York.

Als ausdrucksstarker Solist und ebenso erfahrener Begleiter stellte Halls Spiel für viele Musiker den nächsten evolutionären Schritt in der Entwicklung der Jazzgitarre nach den Spielern der Bop-Ära dar. Sein Einfluss wird von vielen zeitgenössischen Jazzern wie John Scofield, Mike Stern, Mick Goodrick und Pat Metheny anerkannt.

In den frühen Phasen seiner Karriere verwendete Hall eine Gibson Les Paul Custom, ist aber am engsten mit der Gibson ES-175 verbunden. Er verwendete dieses Modell zunächst mit einem einzelnen P90 (Single Coil) Pickup und später mit einem Humbucker-Tonabnehmer. Er benutzte auch eine eigene D'Aquisto-Gitarre.

Für die Verstärkung verwendete Hall eine Zeit lang einen Gibson GA50-Verstärker, bevor er auf Solid-State-Kombos wie Polytone und Walter Woods-Verstärker umstieg. Obwohl er Effekte generell vermied, war Hall dafür bekannt, gelegentlich ein Boss-Chorus-Pedal zu benutzen.

Empfohlenes Audiomaterial

Jim Hall Live

Alone Together (Jim Hall/Ron Carter)

Undercurrent (Jim Hall/Bill Evans)

Jim Hall war ein Meister der melodischen Phrasierung und verwendete in seinem Solo oft einfache Motive mit großer Wirkung. Basierend auf den Akkordwechseln zu einem bekannten Jazzstandard (hier im 3/4-Takt gespielt), achte in diesem ersten Beispiel darauf, wie raffinierte Phrasierungen ein Solo komplett verändern können.

In den Takten eins und zwei wird ein dreiteiliges melodisches Motiv über die Taktlinie gespielt, um die Vorwärtsbewegung zu unterstützen. Die Nutzung von Raum (Pausen) ist hier entscheidend, da sie der Melodie etwas „Luft" verleiht.

In Takt drei helfen unkonventionelle 1/8-Noten-Rhythmen, Synkopen hinzuzufügen, bevor sie zu normalen 1/4-Noten in Takt vier zurückkehren. In Takt sechs hilft eine kurze Phrase mit fünf Noten, den dritten des Cmaj7-Akkords in Takt sieben zu treffen. Weitere Off-Beat-1/8-Töne führen in den Skalenlauf in Takt acht, der mit b3 des letzten Cmin7-Akkords endet.

Beachte beim Spielen dieser Linie, dass jeder Takt einen anderen Rhythmus hat, aber trotzdem melodisch und rhythmisch verbunden klingt.

Beispiel 10a

Rhythmischere und melodischere Motive finden sich in Beispiel 10b. Die Linie beginnt mit einem f-Moll-Arpeggio. Beachte hier die rhythmische Synkopierung: eine 1/8 Note gefolgt von zwei 1/4 Noten, dann eine weitere 1/8 Note. Hall betonte Akkordtöne auf den Down-Beats der einzelnen Takte.

In den Takten vier und fünf wird die rhythmische Phrase aus Takt eins wiederholt, bevor ein 1/8-Triplett auf Beat 3 in Takt sechs erscheint. Die Takte sieben und acht werden von der C-Dur-Skala gezogen und mit aufeinanderfolgenden 1/8-Tönen gespielt, bis sich die Tonart im letzten Takt ändert. Es gibt nichts Technisches an diesem Lick, aber stelle sicher, dass du die synkopierten Rhythmen in den Takten eins, vier und fünf genau spielst.

Beispiel 10b

Das nächste Beispiel für Halls Stil sieht auf dem Papier einfach aus, aber seine Konstruktion ist clever und anspruchsvoll. Die Linie verwendet hauptsächlich Akkordtöne, aber die rhythmische Phrasierung macht es interessant. Schau dir die Rhythmen in den Takten zwei und drei an, verglichen mit den anderen Rhythmen, die in diesem Lick verwendet werden. Du wirst sehen, dass die punktierten 1/4-Noten, die in diesen beiden Takten verwendet werden, den Takt genau in zwei Hälften teilen.

Dies ist eine beliebte rhythmische Art, die von Jim Hall (und vielen anderen Jazzspielern) verwendet wird, um ein gleichmäßiges Zeitgefühl (das Spielen in 2) über eine 3/4 Taktart zu erzeugen. Hör dir das Audiobeispiel an, um den Rhythmus und seine Wirkung gegen die Taktart zu verstehen.

Beispiel 10c

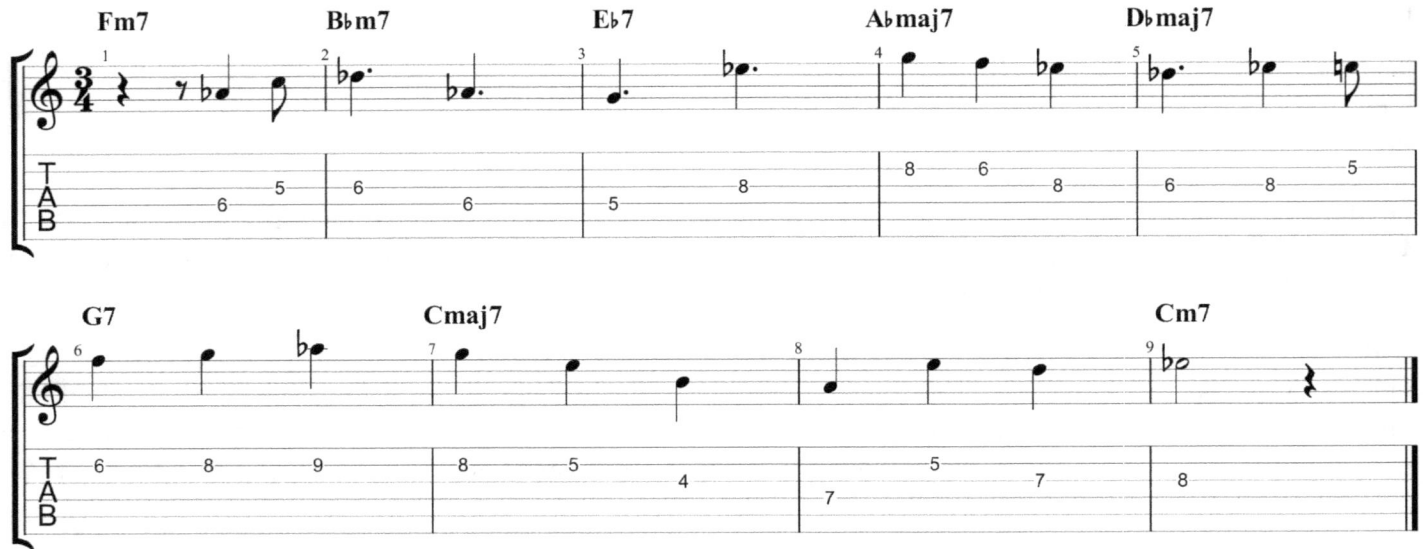

Jim Hall nutzte in seinem Spiel oft Intervalle einer diatonischen Sekunde, um eine melodische Spannung gegen die Harmonie zu erzeugen. Zuerst können sie dissonant klingen, können aber ein effektives Solo-Gerät sein, wenn sie sparsam mit einer starken rhythmischen Konstruktion eingesetzt werden. Die ersten 4 Takte von Beispiel 10d veranschaulichen den Ansatz.

Im Gegensatz dazu sieht der Rest dieses Licks spärlich aus, verwendet aber den punktierten 1/4-Noten-Rhythmus wie im vorherigen Beispiel. Beachte die Verwendung des b9-Intervalls gegen den G7-Akkord bei Beat 1 von Takt sechs, was einen G7b9-Akkord impliziert, der schön zum Cmaj7-Akkord in Takt sieben führt.

Beispiel 10d

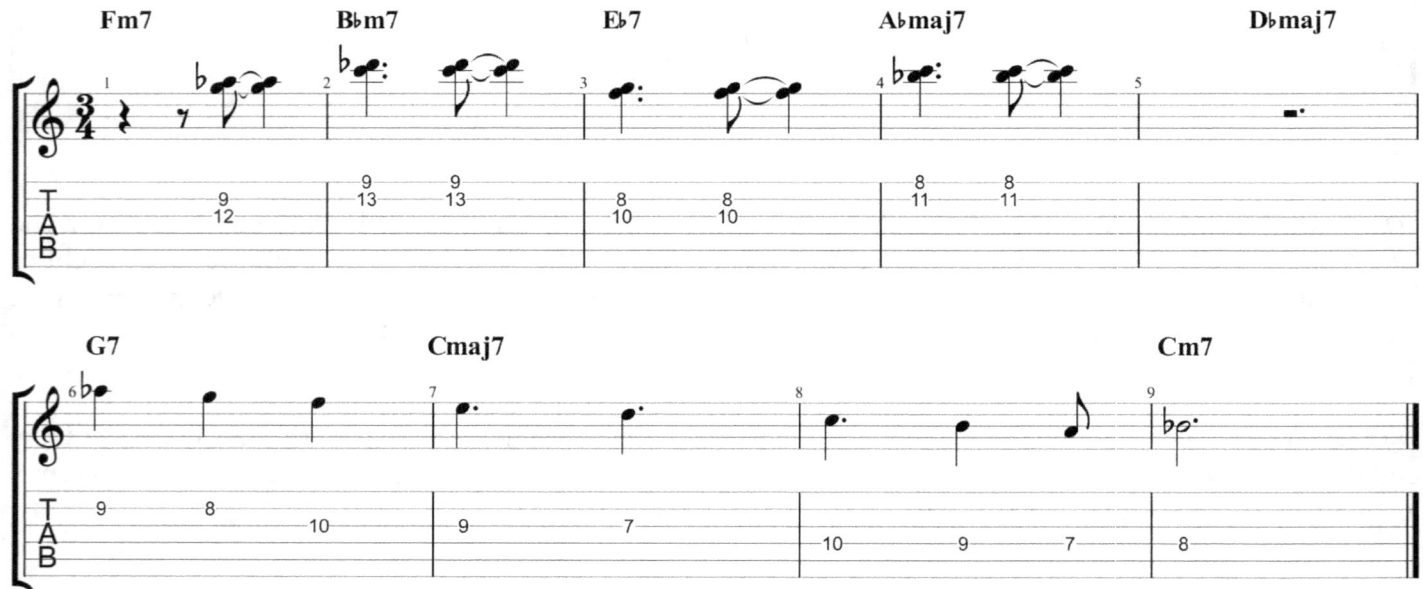

Viele Jazzer verwenden Doppelgriffe in ihrem Spiel und Jim Hall war da keine Ausnahme. Dieser letzte Lick verwendet einige Doppelgriffe, die in Jimi Hendrix' Rhythmusgitarrenspiel nicht fehl am Platz wären, sondern ebenso gut in einer straighten Jazzumgebung funktionieren. Beginnend in Takt eins, hebt eine Reihe von Double Stop-Akkordtöne für die ersten vier Akkorde hervor, bis hin zur kurzen Bop-Phrase in Takt fünf über dem Dbmaj7-Akkord. Die Double Stops kehren in Takt sieben zurück. Beachte, wie sich die hier verwendeten Intervalle zwischen den verschiedenen Double Stops etwas ändern, um etwas Kontrast zu erzeugen.

Dieses Beispiel zeigt, wie einfache Intervalle und Motive dir helfen können, mit deinem Solo eine Geschichte zu erzählen. Du musst nicht immer lange Läufe von 1/8- und 1/16-Noten spielen.

Beispiel 10e

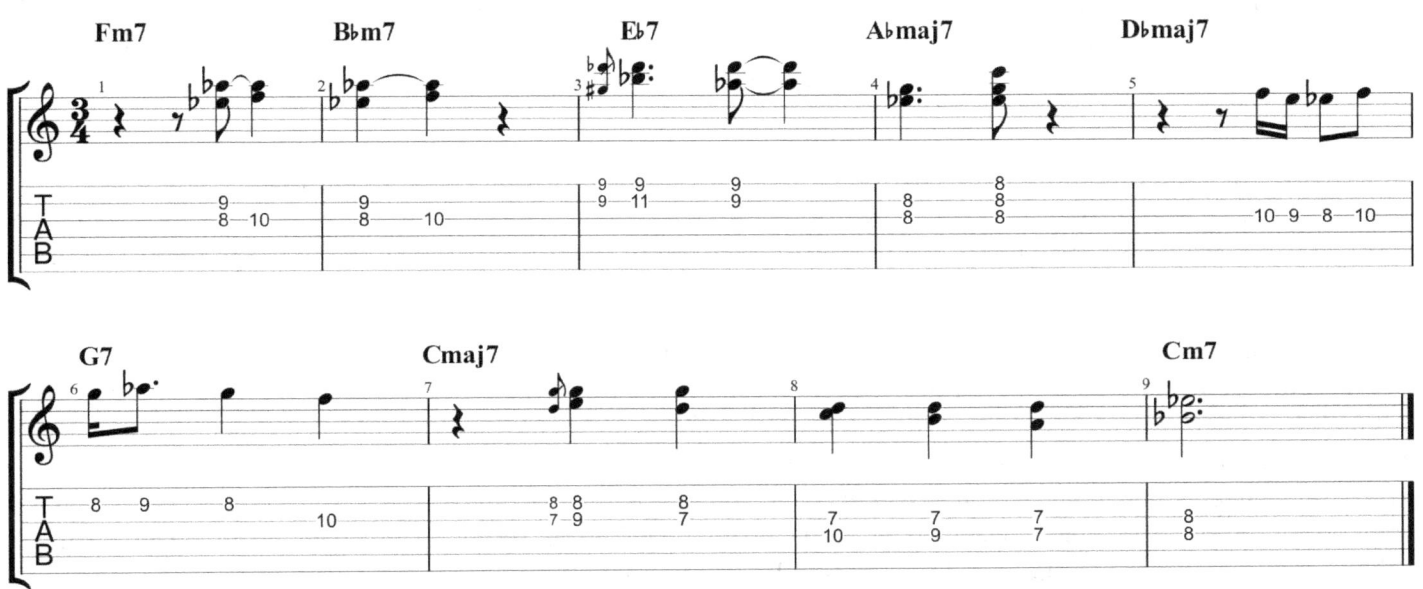

Kenny Burrell

Kenneth Earl Burrell wurde am 31. Juli 1931 in Detroit, Michigan, geboren. Er begann im Alter von 12 Jahren mit dem Gitarre spielen, unterstützt von seinen Eltern, die beide Musiker waren (seine Mutter spielte Klavier und sang und sein Vater spielte Banjo und Ukulele). Burrell wurde zunächst sowohl von Blues- als auch von Jazzkünstlern wie T-Bone Walker, Muddy Waters, Charlie Christian und Django Reinhardt beeinflusst. Er begann seine musikalische Karriere mit Auftritten rund um den Detroiter Jazz und Blues und arbeitete mit einer Vielzahl von Musikern zusammen, darunter dem Pianisten Tommy Flanagan und dem Saxophonisten Pepper Adams.

Während seines Vollzeitstudiums an der Wayne State University debütierte er 1951 als Mitglied von Dizzy Gillespies Sextett, gefolgt von der Single *Rose of Tangier/Ground Round,* die unter seinem eigenen Namen bei Fortune Records in Detroit aufgenommen wurde. Burrell gründete das Kollektiv der New World Music Society während seiner Studienzeit mit den Detroiter Musikern Pepper Adams, Donald Byrd, Elvin Jones und Yusef Lateef. Burrell studierte auch privat bei dem klassischen Gitarristen Joe Fava. Nach seinem Abschluss an der Wayne State mit einem B.A. in Musikkomposition und -theorie im Jahr 1955 tourte Burrell mit dem Pianisten Oscar Peterson und zog dann 1956 zusammen mit Tommy Flanagan nach New York.

Innerhalb weniger Monate nach seiner Ankunft in New York hatte Burrell sein erstes Album als Leader für das Label Blue Note aufgenommen und sowohl er als auch Flanagan wurden zu hochangesehenen und gefragten Sidemen und Studiomusikern. In den nächsten Jahren arbeitete Burrell mit vielen Künstlern zusammen, darunter Tony Bennett, Lena Horne, Billie Holiday und Jimmy Smith. Von 1957 bis 1959 spielte Burrell auch mit der Band von Benny Goodman.

Burrell nahm in den 1960er und 70er Jahren weiterhin auf und trat intensiv auf. Besonders bemerkenswerte Alben sind *The Cats* mit John Coltrane 1957, *Midnight Blue* mit Stanley Turrentine 1963 und *Guitar Forms* mit dem legendären Jazz-Arrangeur Gil Evans 1965. 1978 begann Burrell, an der UCLA einen Jazzmusikkurs namens Ellingtonia zu unterrichten, der sich auf das Leben und Werk des großen Jazzkomponisten Duke Ellington konzentrierte. Die beiden Musiker schafften es nie, direkt miteinander zu arbeiten, aber Ellington respektierte Burrells spielerisches Können und bezeichnete ihn als seinen Lieblings-Jazzgitarristen. Burrell nahm anschließend eine Reihe von Tributen und Interpretationen von Ellingtons Musik auf.

Burrell spielte, nahm auf und unterrichtete in den 1980er und 1990er Jahren weiter und veröffentlichte mehrere gut aufgenommene Alben, darunter *Guiding Spirit* (1989), *Sunup to Sundown* (1991), *Collaboration* (1994 mit dem Pianisten LaMont Johnson) und *Primal Blue* von 1995.

Seit 1996 ist Kenny Burrell Direktor für Jazzstudien an der UCLA (er hat das Programm auch gegründet) und betreut eine Reihe namhafter Alumni wie Gretchen Parlato und Kamasi Washington. Er hat auch mehrere Jazz-Umfragen in Japan und Großbritannien gewonnen. Burrell schrieb, arrangierte und spielte auch auf dem 1998 mit dem Grammy Award ausgezeichneten Album *Dear Ella* von Dee Dee Bridgewater. Im Jahr 2004 erhielt er den Jazz Educator of the Year Award von *Down Beat* und wurde 2005 zum NEA Jazz Master ernannt.

Im Jahr 2015 veröffentlichte Burrell ein neues Album mit dem Titel *The Road to Love*, das im Catalina's Jazz Club in Hollywood live aufgenommen wurde. Es folgte 2016 ein weiteres Live-Album vom selben Ort, wo Burrell vom Los Angeles Jazz Orchestra begleitet wurde.

Burrells Spiel zeichnet sich durch eine einzigartige Kombination aus Blues, Bebop und klassischer Gitarre aus. Er wechselt mit großer Leichtigkeit zwischen satten Akkord-Passagen und swingenden, bluesbasierten Bop-Lines und ist ein hochsensibler Begleiter sowie ein erfinderischer Solist.

Burrell hat die meiste Zeit seiner Karriere Gibson-Gitarren verwendet, angefangen bei den Modellen ES-175, L-7 und L-5. Er ist jedoch am meisten mit dem Gibson Super 400 Modell verbunden und hat auch eine Signature-Modell Heritage Gitarre, die in der Konstruktion ähnlich der 400 ist. Als Verstärker verwendete er in den 1950er Jahren häufig einen Fender Deluxe Reverb und bevorzugte später Fender Twin Reverbs. Gelegentlich verwendet er auch Roland JC-120 und Polytone Verstärker.

Empfohlenes Audiomaterial

Midnight Blue

The Cats (mit John Coltrane)

Blue Bash (mit Jimmy Smith)

Kenny Burrell ist ein Meister des Jazz-Blues-Gitarrenspiels und Beispiel 11a demonstriert diese Fähigkeiten an einem einfachen Dreitakt-Vamp. Beginnend mit einem slidenden Doppelgriff auf dem Down-Beat von Takt eins, beachte die Verwendung von Stille vor der bluesigen 1/16-Note Hammer-On und Pull-Off auf Beat 4.

Takt zwei verwendet ein melodisches Motiv, das der früheren Phrase folgt und abwechselnd 1/8-Noten, 1/16-Noten und 1/4-Noten vor einem weiteren Doppelgriff am Anfang des letzten Taktes verwendet. Die Doppelgriffe beenden die Linie auf den Schlägen 3 und 4.

Dieser ganze Lick basiert auf der F-Blues-Skala, aber der professionelle Einsatz von Rhythmus macht ihn wirklich lebendig. Es ist einfach und effektiv, und dies ist eine Meisterklasse, wie man einen Jazz Blues-Lick wirklich swingen lässt.

Beispiel 11a

Beispiel 11b zeigt einen weiteren klassischen Lick im Burrell-Stil mit einer beliebten Blues-Gitarren-Phrase. Die Doppelgriff-Figur in Takt eins (Schlag 2) erfordert, dass du die Note auf der oberen E-Saite durchgehend ertönen lässt, während du den Hammer-On / Pull-Off auf der B-Saite spielst. Versuche, die obere Saite mit dem dritten oder vierten Finger zu berühren, während du den ersten und zweiten Finger für die untere Saite verwendest.

Diese einfach klingende Phrase wird in Takt zwei noch einmal wiederholt, bevor der Lick mit einer weiteren bluesigen Hammer-On / Pull-Off-Phrase endet. Beachte, dass die Linie eine „vokale" Qualität hat. Du kannst großartige Jazz-Blues-Linien aus einfachen Phrasen erstellen.

Beispiel 11b

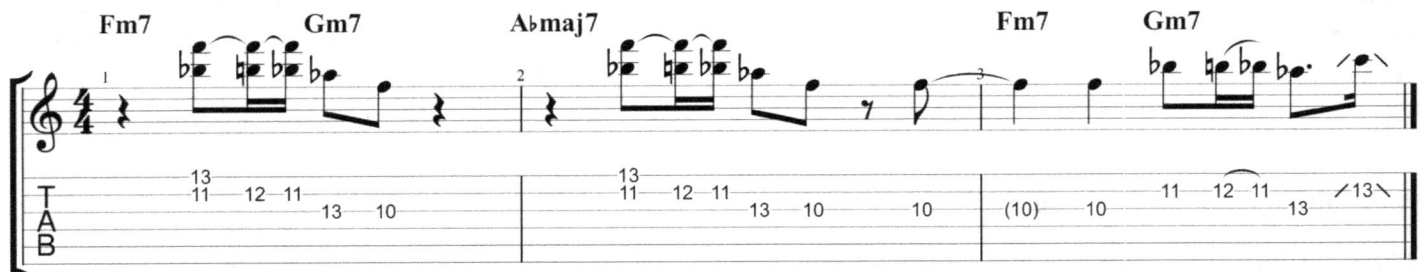

Beispiel 11c nutzt effektiv 1/8-Triolen in dem Eröffnungstakt, die alle auf der gemeinsamen F-Blues-Skala „Boxposition" basieren. Stelle sicher, dass dein Timing hier gleich ist und sei nicht versucht, die Phrase zu überstürzen, da Burrell mit einem „Behind-the-beat"-Gefühl spielt. In Takt zwei kehren die Rhythmen auf 1/8tel und eine 1/4 Note vor der bluesigen 1/16tel Hammer-On / Pull-Off Figur auf Beat 4 zurück.

Der letzte Takt endet mit einem Paar charakteristischer Burrell-Doppelgriffe. Es gibt hier nichts allzu Anspruchsvolles, aber es ist wichtig, die Phrase durchweg am Swingen zu halten. Versuche, diesen Lick mit einem Metronom-Set zu üben, die auf die Beats 2 und 4 klicken, und du bekommst sofort das Swing Gefühl.

Beispiel 11c

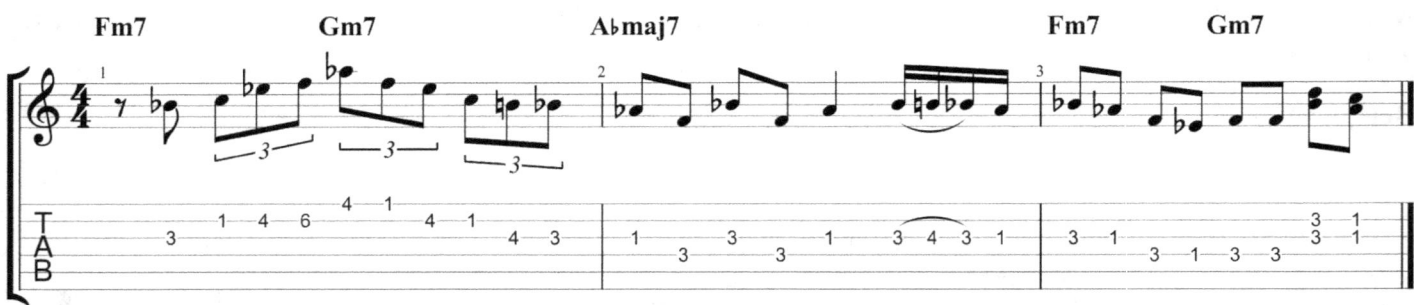

Die Verwendung eines wiederholten melodischen Motivs oder Satzes ist ein Markenzeichen von Burrells Gitarrenspiel und dieses Beispiel zeigt, wie man diesen Ansatz effektiv in einem Jazz Blues-Solo einsetzen kann. Ab Beat 3 von Takt 1 wird die schnelle Hammer-On / Pull-Off-Sequenz mit der F-Blues-Skala dreimal auf der oberen E-Saite wiederholt, bevor ein letzter 1/8-Ton-Triplettlauf den Lick zu Ende bringt.

Die rhythmische Platzierung solcher wiederholten Figuren ist ebenso wichtig wie die Wahl der Note. Beachte, dass das Motiv nicht sofort am Anfang des ersten Taktes begann, sondern auf Beat 3 ankam, so dass das Motiv über die Taktlinie zwischen dem ersten und zweiten Takt fiel. Licks wie diese zu lernen, wird wirklich helfen, deine Jazz-Phrasierung zu erweitern und zu entwickeln.

Beispiel 11d

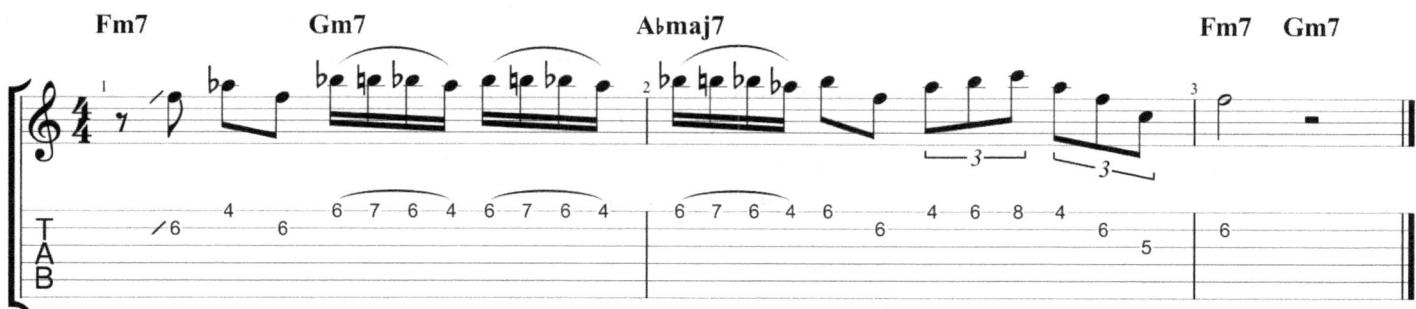

Im letzten Kenny Burrell-Lick geht es wieder einmal um den effektiven Einsatz rhythmischer Platzierung und einen „less is more"-Ansatz. Viele Noten zu spielen ist beim Solo spielen verlockend, kann aber für den Hörer anstrengend werden. Hör dir das Audio für dieses Beispiel an, um zu hören, wie effektiv eine Linie sein kann, wenn ihr Rhythmus sorgfältig konstruiert ist. Diese Linie könnte fast eine Gesangsphrase ohne die Doppelgriffe sein.

Die öffnenden hohen Doppelgriffe in den Takten eins und zwei sind rhythmisch recht weit auseinander platziert, klingen aber dennoch musikalisch. Ein Kontrast ergibt sich in Form der 1/8-Ton-Triolen, die ab Beat 4 in Takt 2 beginnen und weiter in Takt 3 gehen. Wenn du solche Linien in dein Spiel integrierst, wirst du melodisch klingen und das Publikum mit deinem Spiel begeistern.

Beispiel 11e

Grant Green

Grant Green wurde am 6. Juni 1935 in St. Louis, Missouri, geboren. Er war ein Einzelkind und es war sein Vater, der ihm seine erste Gitarre kaufte und ihn gleichzeitig in die Bluesmusik einführte. Green spielte in seinen frühen Jahren eine Reihe verschiedener Instrumente, darunter Schlagzeug und Ukulele, bevor er sich auf die Gitarre konzentrierte. Er war meist Autodidakt als Gitarrist, obwohl er kurzzeitig Unterricht bei einem Spieler namens Forest Alcorn nahm. Seine ersten musikalischen Auftritte gab er im Alter von 13 Jahren, als Teil eines lokalen Gospel-Ensembles, und in dieser Zeit interessierte er sich zunehmend für Jazzmusik durch die Aufnahmen des Gitarristen Charlie Christian und insbesondere von Hornisten wie Charlie Parker.

Seine ersten kommerziellen Aufnahmen entstanden in St. Louis mit dem Tenorsaxophonisten Jimmy Forrest und dem legendären Jazzdrummer Elvin Jones für das United Plattenlabel. In den frühen 1960er Jahren entdeckte Lou Donaldson Green beim Spielen in einer Bar in St. Louis und begann mit ihm zu arbeiten. Kurz nach Beginn dieser Zusammenarbeit entschied sich Green 1959, von St. Louis nach New York zu ziehen.

Durch den Einfluss von Lou Donaldson wurde Green später Alfred Lion von Blue Note Records vorgestellt, und Lion arrangierte, dass er als Leader für das renommierten Labels aufnahm, obwohl die Aufnahme nicht das Tageslicht erblickte, bis sie schließlich 2001 als Album *First Session* veröffentlicht wurde. Greens Aufnahmearbeit für Blue Note sollte sich als langlebig erweisen, und er blieb die meiste Zeit der 1960er Jahre beim Label und machte mehr Aufnahmen, sowohl als Sideman als auch als Leader, als jeder andere beim Label.

Greens erstes veröffentlichtes Album als Bandleader trug den Titel *Grant's First Stand* und wurde dicht gefolgt von den Aufnahmen *Green Street* und *Grantstand*. Mit seinem schnell wachsenden Ruf wurde Grant 1962 in der Umfrage der *Down Beat*-Kritiker zum besten neuen Star gewählt. Während er bei Blue Note unterschrieb, nahm er auch zur Unterstützung anderer Künstler auf dem Label wie Hank Mobley und Stanley Turrentine auf. Zwei seiner Alben aus der Mitte der 1960er Jahre, *Idle Moments* (1963, mit Joe Henderson und Bobby Hutcherson) und *Solid* (1964), werden oft als eine der besten Aufnahmen von Green beschrieben.

1966 verließ Green das Blue Note Label (hauptsächlich wegen schlechter Erträge) und begann mit der Aufnahme für andere Labels, darunter Verve. Leider waren die folgenden zwei Jahre aufgrund zunehmender Drogenprobleme für Green musikalisch relativ inaktiv und er litt auch unter großen finanziellen Problemen. 1969 kehrte Green jedoch mit einer neuen, von Funk beeinflussten Gruppe zurück und nahm weitere kommerzielle Musik auf. Aufnahmen aus dieser Zeit beinhalten das erfolgreiche *Green is Beautiful* und den Soundtrack zum Film *The Final Comedown*.

Greens 1970er Jahre Aufnahmen sind von unterschiedlicher Qualität, obwohl einige inzwischen bei modernen Künstlern wie US3 und Public Enemy Anklang gefunden haben. Mitte der späten 1970er Jahre war der Gesundheitszustand von Green stark beeinträchtigt und 1978 wurde er ins Krankenhaus eingeliefert. Gegen den Rat seiner Ärzte verließ Green das Krankenhaus und ging wieder auf Tour, als er Geld verdienen musste. Während er in New York war, um ein Engagement in George Bensons Breezin' Lounge zu spielen, brach er in seinem Auto an einem Herzinfarkt zusammen und starb am 31. Januar 1979. Er wurde auf dem Greenwood Friedhof in seiner Heimatstadt St. Louis, Missouri, begraben.

Green spielte im Laufe seiner Karriere hauptsächlich im Hard-Bop, Soul-Jazz und lateinamerikanisch beeinflussten Idiomen und häufig in einem Orgeltrio (eine kleine Gruppe mit Orgel, Schlagzeug und Gitarre).

Neben dem Gitarristen Charlie Christian waren Greens musikalische Haupteinflüsse Jazz-Saxophonisten, insbesondere Charlie Parker, und sein Ansatz war daher fast ausschließlich linear und nicht akkordisch. Er spielte selten traditionelle Rhythmusgitarre, außer als Sideman auf Alben anderer Musiker.

Die Einfachheit des Spiels von Green, das dazu neigte, die Chromatik anderer Jazzgitarristen zu vermeiden, entstand aus seiner frühen Arbeit, als er Rhythm and Blues spielte. Obwohl Green eine Verschmelzung dieses Stils mit Bop erreichte, war er in erster Linie Blues-Gitarrist und kehrte später in seiner Karriere fast ausschließlich zu dieser Spielweise zurück.

Green spielte bis Mitte der 1960er Jahre eine Gibson ES-330, später dann ein Gibson L7-Modell mit McCarty Pickguard / Pickup. Er spielte auch einen Epiphone Emperor (mit der gleichen Tonabnehmerkonfiguration wie der L7) und benutzte zuletzt eine speziell angefertigte D'Aquisto New Yorker Gitarre.

Laut Gitarrist George Benson erreichte Grant seinen charakteristischen Ton, indem er die Bass- und Höhenregler seines Verstärkers ausschaltete und die Mitteltöne aufdrehte. Während er oft den Verstärker benutzte, der im Studio, in dem er arbeitete, gerade herumstand, favorisierte Green die Kombiverstärker Fender Tweed Deluxe und Ampeg Gemini.

Empfohlenes Audiomaterial

First Session

Grantstand

Solid

Dieser gefühlvoll klingende Lick verwendet die gesamte C-Blues-Skala und wird meist mit der beliebten 8. Bund „Box"-Position der Skala gespielt. Achte darauf, die angegebenen Slides zu den Schlägen 2 und 3 im ersten Takt hinzuzufügen und die Triplett-Schläge gleichmäßig zu halten. Ausgehend vom Ende von Takt zwei (und dem Übergang in Takt drei) gibt es ein viertöniges Motiv, das dann mehrfach rhythmisch verändert wird. Obwohl in Triolen aus dem Beat 3 von Takt drei gespielt, sind die Noten des Motivs tatsächlich zu Vieren zusammengefasst. Hör dir das zugehörige Audiomaterial an, um zu hören, wie es klingt.

Die Linie endet mit einem typischen bluesigen Hammer-On / Pull-Off zwischen der 4. und b5 der Blues-Skala, bevor sie im letzten Takt auf der 5. Tonstufe des Fm-Akkords auf Beat 1 landet.

Beispiel 12a

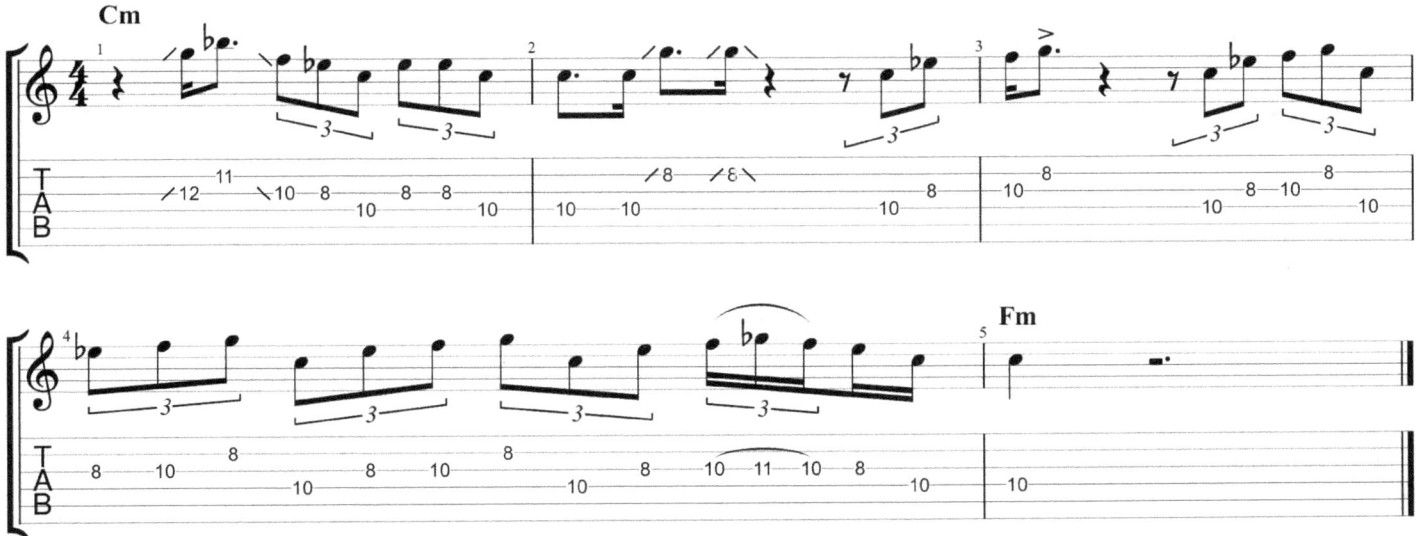

Eine weitere beliebte Solo-Technik von Greens war die Kombination eines 1/16-Tripletts mit einer 1/8-Note, um ein sich wiederholendes Muster zu erzeugen. In Takt eins werden vier solcher Motive verwendet – eines pro Takt. Achte darauf, dass du diese gleichmäßig spielst und achte darauf, dass du die 1/16tel-Noten nicht überstürzt. In jedem Fall wird die 1/8-Note am Ende des Motivs auf einer unteren benachbarten Saite gespielt. Sei auch vorsichtig mit der Positionsverschiebung, da du das Griffbrett nach unten bewegen wirst, um diese Muster von der 10. bis zur 8. Position zu spielen.

In Takt zwei führt eine kurze vierstimmige Phrase in 1/8-Tönen zu einer Es-Dur-Triade in Triolen auf Beat 4 (Es-Dur ist die jeweilige Durtonart zu c-Moll, also eine gemeinsame Substitution). Die Linie endet mit b3 und dem 5. des Cm-Akkords auf Beat 1 des letzten Taktes.

Beispiel 12b

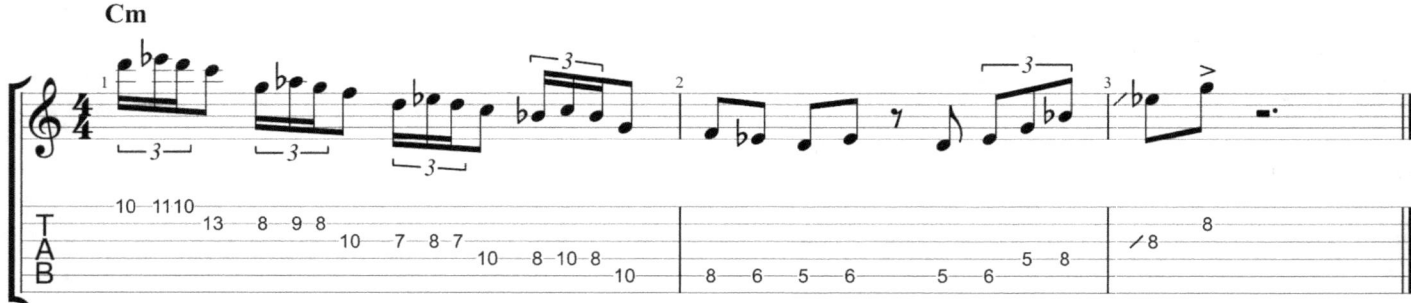

Wie viele Blues-beeinflusste Jazzspieler verwendete Green in seinen Soli Doppelgriffe. Beispiel 12c beginnt mit einer Reihe von 1/8-Takt-Triplett-Doppelgriffen, die auf die 5. und b3 des darunter liegenden Cm-Akkords abzielen. Verwenden deinen ersten und vierten Finger, um diese Doppelgriffe zu spielen, und slide in die erste Triolen-Note eines jeden Beats eines unteren Bunds. Du musst eine kleine Positionsverschiebung in Takt zwei vornehmen, um die Noten auf den 13. und 11. Bünden auf der oberen E-Saite und auch die ersten beiden Noten auf Takt 3 zu spielen, bevor du für die Triplett-Phrase, die auf Beat 4 von Takt zwei endet, wieder auf die achte Position zurückgleitest.

Takt drei enthält weitere 1/8-Ton-Triolen. Achte in diesem Takt auf den Rhythmus von Beat 3, wo du zwei 1/16-Noten auf dem mittleren Beat des Tripletts spielen musst. Das Audiomaterial hilft dir, den gewünschten Rhythmus zu hören. Der Lick endet mit einem einfachen Slide zum 12. Bund auf der G-Saite und einer letzten Bb-Note auf dem 11. Bund, B-Saite.

Beispiel 12c

Dieser nächste Beispiel-Lick beginnt mit einem Ebmaj7-Arpeggio, das über die Beats 1 und 2 gespielt wird. Achte auf den schnelle Slide bis zum 13. Bund auf Schlag 3, den du entweder mit dem dritten oder vierten Finger spielen solltest, bevor du das letzte Triplett auf Schlag 4 spielst. Takt 2 ist einfacher zu greifen, da er vollständig aus der c-Moll-Pentatonik-Skala in der gewohnten Form der 8. Position besteht.

Takt drei führt weitere Triolenmotive im Green-Stil ein, diesmal mit einer Mischung aus 1/8- und 1/16-Noten innerhalb eines einzigen Triolenbeats. Motive wie diese verleihen deinem Solo Struktur und Form und sind bei vielen Jazzgitarristen beliebt. Der Lick endet mit einer einfachen melodischen Phrase, die punktierte 1/8-Töne und ein Triplett vermischt. Achten darauf, den Lick nicht zu überstürzen und ziele auf ein entspanntes Gefühl in deiner Phrasierung, so wie Green.

Beispiel 12d

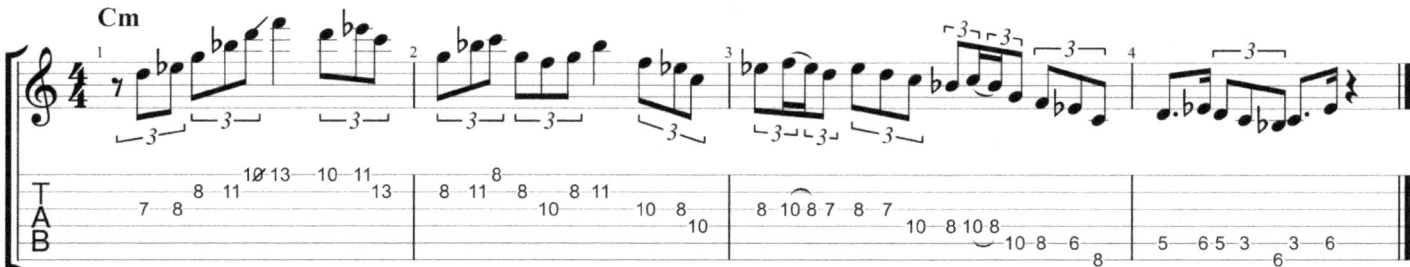

Beispiel 12e ist ein weiterer bluesbasierter Lick, der sowohl 1/8tel-Noten als auch 1/16tel-Noten-Triolen verwendet. Beachte, wie die Triplett-Figur der 1/16tel-Note bei Beat 3 von Takt eins in Takt zwei rhythmisch verschoben ist. Dies trägt dazu bei, Kontrast und rhythmische Vielfalt zu schaffen. Green benutzte oft eine rhythmische Verschiebung wie diese, um Motive über mehrere Takte zu erstrecken.

In Takt drei folgt auf einen schnellen Off-Beat-Slide auf Beat 1 schnell eine weitere Kombination aus 1/16- und 1/8-Triolen, die alle aus der C-Blues-Skala aufgebaut sind. Der Lick wird mit einer Reihe von Slides in 1/8-Triolen vervollständigt, bevor er auf die b3 und 4. auf Beat 1 des letzten Taktes abzielt.

Beispiel 12e

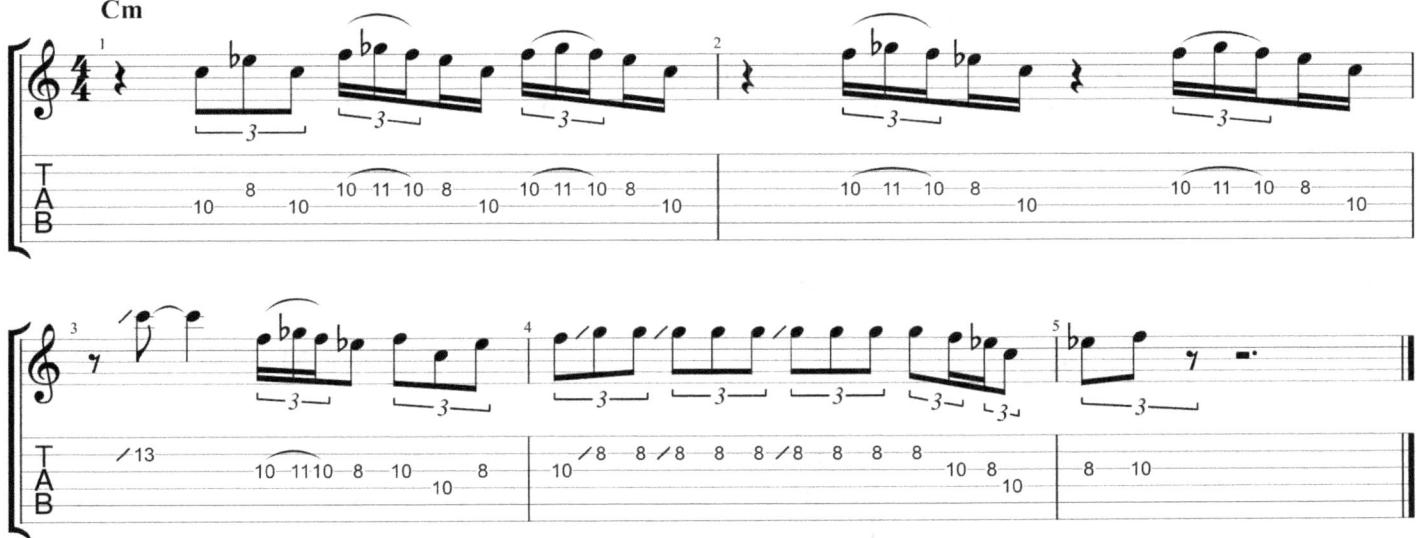

Lenny Breau

Leonard Harold „Lenny" Breau wurde am 5. August 1941 in Auburn, Maine, geboren und zog im Alter von nur sieben Jahren nach New Brunswick in Kanada. Seine beiden Eltern waren Musiker, die Country- und Western-Musik aufführten, und Breau begann im Alter von 8 Jahren mit dem Gitarrespielen, Breau war von Anfang an ein begabter Spieler und war als Teenagern der Lead-Gitarrist in der von seinen Eltern geführten Band. Er wurde nach dem Künstlernamen seines Vaters Hal „Lone Pine" Breau „Lone Pine Junior" genannt. Zu diesem Zeitpunkt seiner musikalischen Entwicklung sang Breau gelegentlich in der Band und spielte Instrumentale von Country-Künstlern wie Chet Atkins und Merle Travis.

Breaus erste Aufnahmen entstanden im Alter von nur 15 Jahren und wurden viele Jahre später auf der CD *Boy Wonder* veröffentlicht. 1957 zog die Familie Breau nach Winnipeg, Manitoba, und begann als CKY-Familie in der Region aufzutreten. Einige ihrer Auftritte wurden im Lokalradio übertragen, und um diese Zeit wurde Breaus Gitarrenspiel von Randy Bachman (später Gitarrist bei *The Guess Who* und *Bachman-Turner Overdrive*) entdeckt.

Breau wurde immer mehr von der Jazzmusik angezogen, verließ schließlich 1959 die Gruppe seiner Eltern und begann mit lokalen Jazzmusikern in Winnipeg zu arbeiten. Er studierte auch bei dem Jazzpianisten Bob Erlendson. 1962 zog Breau nach Toronto und gründete mit Eon Henstridge und Don Francks eine Jazzgruppe namens Three. Breau arbeitete mit der Gruppe sowohl in Kanada als auch in den USA zusammen und nahm schließlich ein Live-Album in New York auf. Breau begann auch als Session-Gitarrist zu arbeiten und nahm für CBC Radio- und Fernsehsender auf. Er moderierte auch sein eigenes Musikprogramm namens Lenny Breau Show bei CBS im Jahr 1966.

In dieser Zeit erregte Breaus Spiel die Aufmerksamkeit des Gitarristen Chet Atkins, der bald eine Freundschaft mit ihm schloss, und zwei Aufnahmen erschienen bald auf dem RCA-Label, *Guitar Sounds von Lenny Breau* und *The Velvet Touch von Lenny Breau*.

Breau verbrachte einen Großteil des nächsten Jahrzehnts damit, zwischen verschiedenen Städten Kanadas umzuziehen und Arbeit zu finden, wohin er auch ging. 1976 kehrte er in die USA zurück und wechselte wieder zwischen verschiedenen Städten, während er weiterhin spielte, komponierte und auch Gitarre unterrichtete. Eine Zeit lang schrieb er eine beliebte Lehrkolumne im *Guitar Player* Magazin. Zu diesem Zeitpunkt seiner Karriere hatte Breau eine treue Fangemeinde für seine einzigartige Mischung aus Gitarrenstilen, die Fingerstyle-Country-Gitarrentechniken mit den Harmonien des Jazz mischte. Seine Verwendung von künstlichen Harmonien inspirierte viele andere Gitarristen, mit ihnen zu experimentieren.

Trotz seiner außerordentlichen Fähigkeiten an der Gitarre kämpfte Breau viele Jahre lang mit Drogen und Depressionen, was seine Karriere manchmal erheblich beeinträchtigte, er war dauerpleite und musste sich auf Freunde bezüglich Unterkunft und Unterstützung verlassen. Trotz dieser Probleme produzierte Breau mehrere Soloalben und arbeitete auch mit anderen Musikern zusammen, darunter dem Pedal Steel Gitarristen Buddy Emmons.

Nach seiner Ansiedlung in Los Angeles trat Breau bis Anfang der 1980er Jahre weiter auf und lehrte. Die Drogenprobleme unter Kontrolle, sah die Zukunft für Breau vielversprechender aus, bis er 1984 in einem Schwimmbad in der Nähe seiner Wohnung in Los Angeles erdrosselt gefunden wurde. Viel Geheimnisvolles umgibt seinen Tod, mit einigen Spekulationen darüber, dass seine Frau beteiligt war, obwohl sie nicht wegen seines Mordes angeklagt war.

Breau wurde 1997 posthum in die Canadian Music Hall of Fame aufgenommen, und die meisten seiner Alben wurden in den Jahren seit seinem Tod neu aufgelegt, ebenso wie eine Reihe von Live-Aufnahmen. Mindestens zwei Dokumentationen wurden über sein Leben und seine Karriere seit seinem Tod gedreht.

Breaus einzigartiger Spielstil verschmilzt Country, Klassik, Indien und Jazz, und seine Solo-Arrangements sind in ihrer Konstruktion besonders kompliziert und klavierartig. Sein Einsatz einer siebensaitigen Gitarre hat seit seinem Tod viele Spieler beeinflusst, ebenso wie seine unvergleichliche Beherrschung der Obertöne.

Lenny Breau benutzte während seiner Karriere eine Vielzahl von Gitarren, ist aber wahrscheinlich am bekanntesten für den Einsatz einer siebensaitigen Gitarre. Breau ließ zwei maßgeschneiderte Siebensaiter für ihn anfertigen, eine klassische und eine elektrische. Beide Gitarren waren mit einer hohen A-Saite ausgestattet.

Empfohlenes Audiomaterial

The Velvet Touch of Lenny Breau: Live!

Five O'clock Bells

Guitar Sounds of Lenny Breau

Lenny Breaus tiefes Verständnis für Harmonie und seine Fähigkeit, komplizierte Solo-Arrangements herzustellen, machten ihn zu einem der meist verehrten Gitarristen im Jazz. Dieses erste Beispiel nimmt eine vertraut klingende I VI II V Progression in C-Dur und zeigt einen typischen Ansatz, mit dem Breau die grundlegenden Akkordstrukturen bereichern würde.

Breau benutzte oft offene Saiten, um seine Akkordintonationen zu verstärken, und die Cmaj9-Intonation in Takt 1 verwendet die offene obere E-Saite für zusätzliche Resonanz. In Takt zwei wird der Am11-Akkord so gegriffen, dass jede Note in die nächste, eine weitere bevorzugte Breau-Technik, einklingt.

Der Dm11-Akkord in Takt drei hat einen kleinen Fingerslide auf dem zweiten Triplett (mit dem vierten Finger spielen), damit die Note gegen die benachbarte G-Note klingeln kann, die auf der oberen E-Saite am dritten Bund gespielt wird. Ein G7#5-Akkord wird in Takt vier verwendet, bevor der Lick mit dem gleichen Cmaj9-Akkord endet, der in Takt eins verwendet wird. Trotz der Änderungen in den niedergeschriebenen Taktarten solltest du einfach versuchen, zu spielen was du hörst, da der Lick rubato gespielt werden sollte.

Beispiel 13a

Arpeggio-Passagen bildeten einen wesentlichen Teil von Breaus Ansatz für Akkordsolo-Arrangements, wie in Beispiel 13b zu sehen ist. Obwohl du ein Plektrum verwenden kannst, um dieses Beispiel zu spielen, klingt das Fingerstyle- oder das Hybrid-Picking für Breaus Stil am authentischsten. Der Lick beginnt mit einer Serie von drei absteigenden Arpeggios mit Quartalsakkorden, gefolgt von einer Drop-2-Intonation.

Takt zwei verwendet zwei getrennte Intonationen für den G-Akkord. Beachte die Verwendung von offenen Saiten in der reich klingenden G13b9-Intonation. Takt drei verwendet die Cmaj9-Intonation aus der vorherigen (wiederum mit der offenen oberen E-Saite), bevor eine weitere Quarten-Intonation in Takt vier erscheint. Diese Intonation (Em11) wird zweimal gespielt, das zweite Mal mit künstlichen Obertönen.

Künstliche Obertöne werden durch das Spielen eines „Spiegelbildes" des Akkords, den du hältst, erklingen gelassen, 12 Bünde über der ursprünglichen Form. Es kann schwierig sein, sauber zu spielen, und Breau war ein anerkannter Meister dieser Technik. Er spielte diese Harmonien im Allgemeinen mit dem rechten Daumen, um die Saite hinter seinem Zeigefinger zu zupfen, der den Bund leicht berührte, genau 12 Bünde über der gegriffenen Akkordform.

Beispiel 13b

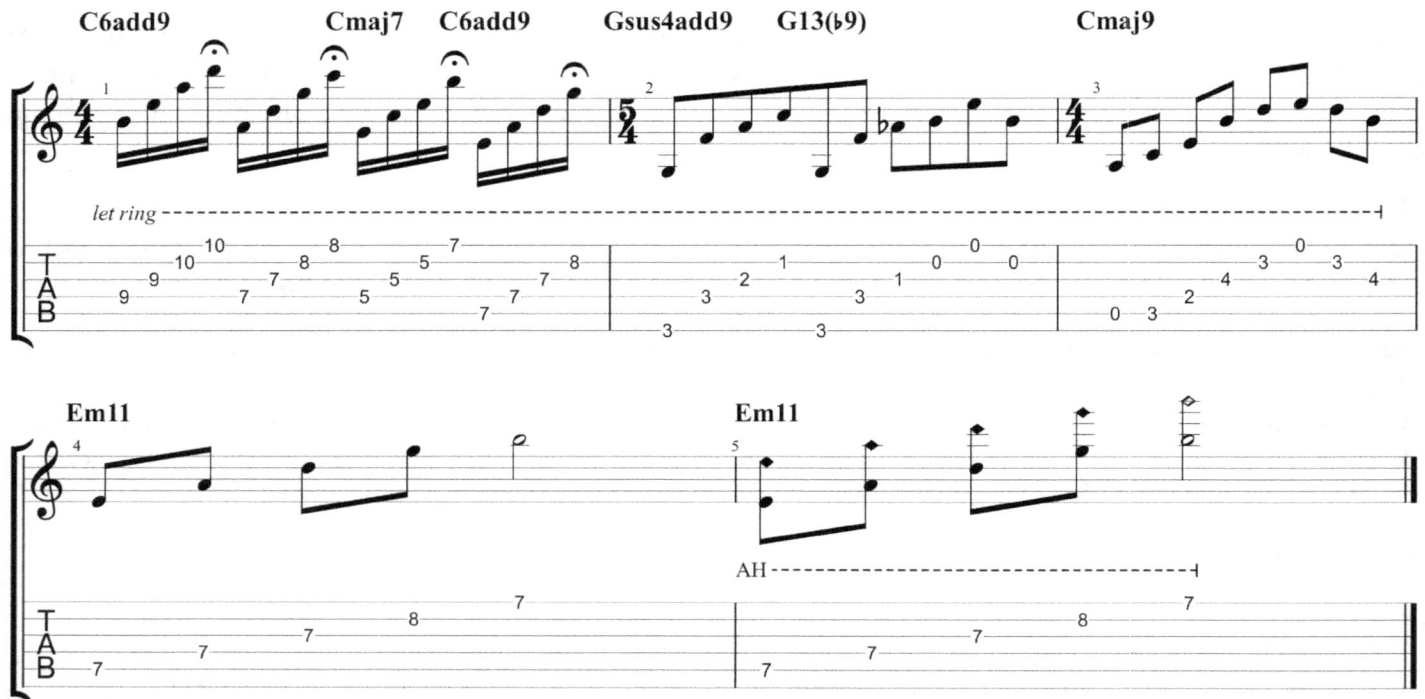

Beispiel 13c wird vollständig mit künstlichen Obertönen unter Verwendung der oben beschriebenen Technik gespielt. Beginnend mit der Gmaj7 Akkord-Intonation in Takt eins, spielst du die Harmonien genau 12 Bünde höher als die ursprüngliche Akkordform (auf den gleichen Saiten) und du solltest das gewünschte Ergebnis erzielen. Es erfordert manchmal ein wenig Mühe, um einen klaren Ton zu erreichen, aber das solltest du bald mit konzentrierter Übung erreichen können. Mit den Fingern funktioniert das wesentlich besser als mit einem Plektrum.

Die künstlichen Obertöne werden nacheinander durch die verschiedenen Akkordintonationen gespielt: Bb13, Am11, Ab7b5 und Gmaj7. Nimm dir Zeit für diese Intonationen und spiele sie vielleicht zunächst ohne die Obertöne, um das Bewegen zwischen den Akkordformen zu üben. (Der Ab7b5-Akkord ist eigentlich eine Akkordsubstitution für D7 – eine Tritonus-Substitution).

Beispiel 13c

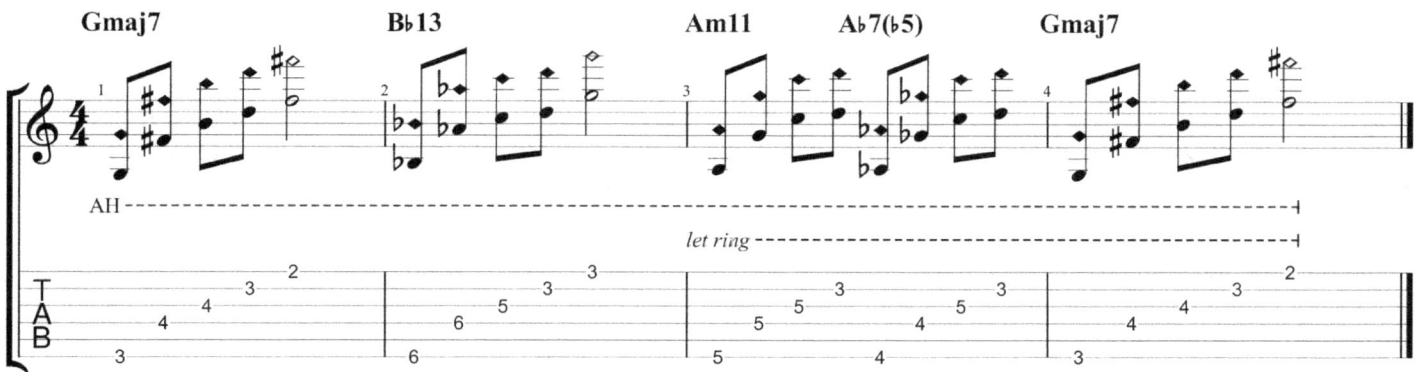

Der nächste Lick mag sich anhören, als ob er in ein Buch über Country-Gitarrenspiel gehört, aber Breau verwendete oft solche Doppelgriff-Licks, besonders wenn er einen Blues spielte. Er war ein großer Fan von Chet Atkins und Jerry Reed, die beide einen starken Country-Einfluss in ihrem Spiel hatten.

Der Lick verwendet durchgehend Doppelgriffe und wechselt zwischen der dritten und fünften Position. Spiele die schnelle Triolenfigur in Takt eins (Schlag 2) mit dem vierten, dritten und Zeigefinger, um die beiden benötigten Saiten (die G- und B-Saiten) abzudecken. Dies wird dir helfen, die Phrase komfortabel auszuführen. Denke daran, bis zum Doppelgriff zu rutschen, der mit dem Up-Beat von Beat 4 in Takt eins gespielt wird. Der Lick endet auf einer G13-Intonation und würde gut innerhalb einer G Blues-Progression funktionieren.

Beispiel 13d

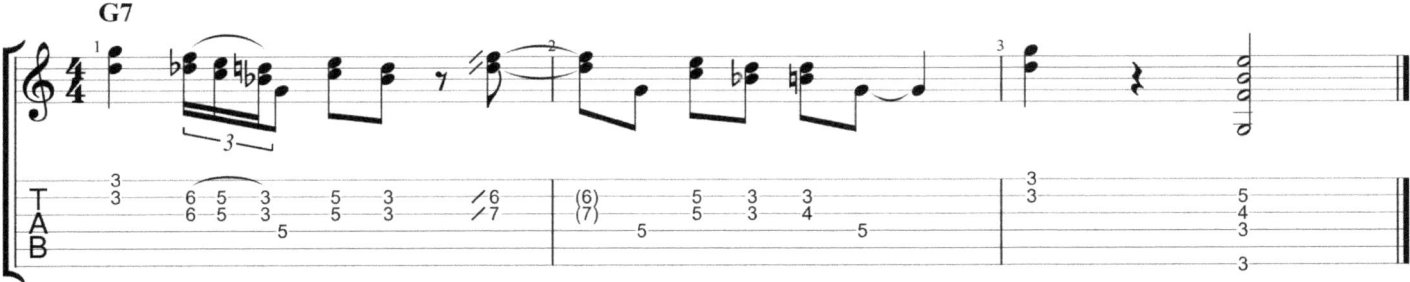

Viele von Lenny Breaus Soloarrangements verwendeten üppig klingende Akkordintonationen mit offenen Saiten – besonders bei Einführungen und Abschlüssen. Dieses letzte Beispiel verwendet eine Em9-Intonation in Takt eins, mit drei offenen Saiten (die tiefe E-, G- und hohe E-Saite). Stelle sicher, dass du jede Saite in die nächste einklingen lässt, was zu einem harfenartigen Effekt führt.

In Takt zwei wird die Akkordform von Takt eins durch Anheben einer Note (5. Tonstufe) zu einem Em9#5-Akkord geändert, bevor zur ursprünglichen Intonation zurückgekehrt wird. In Takt vier wird eine offen klingende Aadd9-Intonation (wieder mit drei offenen Saiten) gespielt. Die gleiche Intonation wird ein zweites Mal mit künstlichen Obertönen gespielt. Verwende die gleiche Technik wie vorher, um die Obertöne zu spielen, und lasse alle Töne in jedem Akkord so lange wie möglich klingen.

Beispiel 13e

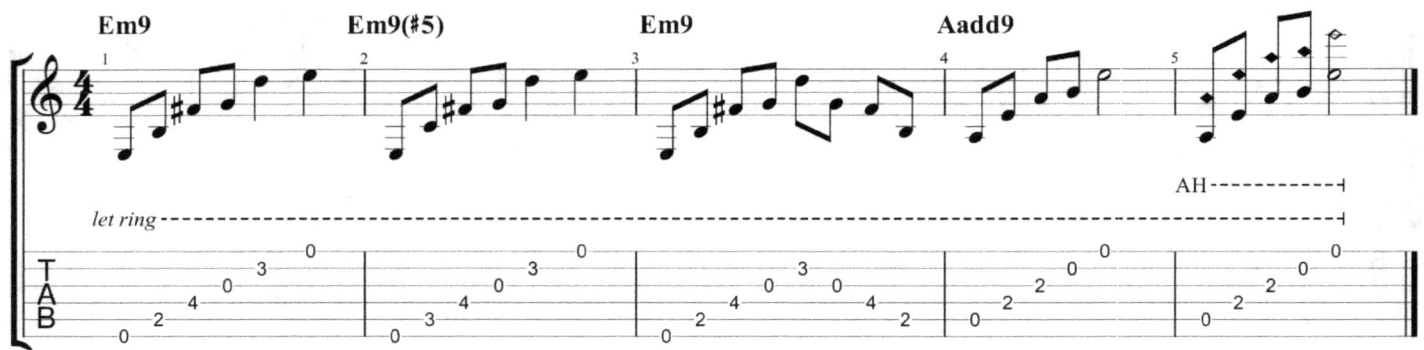

John McLaughlin

John McLaughlin wurde am 4. Januar 1942 in Doncaster, South Yorkshire, geboren und begann im Alter von etwa 11 Jahren Gitarre zu spielen. Er wuchs in einer musikalischen Umgebung auf, da seine Mutter Konzertgeigerin war, und er studierte sowohl Klavier als auch Violine, bevor er zur Gitarre wechselte. McLaughlin interessierte sich zunächst für Blues und Swing-Musik und arbeitete nach seinem Umzug nach London Anfang der 1960er Jahre mit Künstlern wie Alexis Korner, Graham Bond, Brian Auger und Georgie Fame zusammen. Er verdiente sein Geld auch mit einer Vielzahl von Session-Arbeiten in London und gab dem zukünftigen Led Zeppelin-Gitarristen Jimmy Page Gitarrenunterricht.

Im Januar 1969 nahm McLaughlin sein Debütalbum *Extrapolation* mit John Surman am Saxophon und Tony Oxley am Schlagzeug auf. McLaughlin zog danach in die USA, um sich der Gruppe *Lifetime* von Schlagzeuger Tony Williams anzuschließen. Im selben Jahr traf er auch die Rockgitarrenlegende Jimi Hendrix und jammte mit ihm. Anschließend spielte er mit dem Trompeter Miles Davis auf mehreren Jazz-Rock-Alben, darunter *In a Silent Way, Bitches Brew, Live-Evil, On the Corner, Big Fun* und *A Tribute to Jack Johnson*. McLaughlin arbeitete auch als Sideman mit anderen bekannten Jazzkünstlern dieser Zeit zusammen, wie Miroslav Vitous, Larry Coryell, Wayne Shorter und Carla Bley.

McLaughlins Elektroband aus den 1970er Jahren, The Mahavishnu Orchestra, bestand aus dem Geiger Jerry Goodman, dem Keyboarder Jan Hammer, dem Bassisten Rick Laird und dem Schlagzeuger Billy Cobham. Sie spielten einen hochkomplexen Musikstil, der Jazz und Rock mit östlicher und indischer Musik verschmolz. Das Mahavishnu Orchestra litt leider unter Persönlichkeitskonflikten und die Gruppe trennte sich Ende 1973 nach zwei Jahren und drei bahnbrechenden Fusion-Alben. McLaughlin hat die Gruppe in den 1970er Jahren mehrmals mit unterschiedlichen Besetzungen reformiert.

McLaughlin beschäftigte sich dann intensiv mit akustischem Spiel mit seiner indischen Gruppe Shakti, die auf klassischer Musik basierte. Die Gruppe nahm drei Alben auf: *Shakti* (1975), *A Handful of Beauty* (1976) und *Natural Elements* (1977) Die Band brachte Ragas und indische Percussions in die Jazzwelt.

1979 gründete McLaughlin zusammen mit dem Flamencovirtuosen Paco de Lucía und dem Jazzgitarristen Larry Coryell (Anfang der 80er Jahre durch Al Di Meola ersetzt) das vollakustische Guitar Trio. 1996 traf sich das Trio wieder zu einer zweiten Aufnahmesession und einer Welttournee. 1979 nahm McLaughlin auch das Album *Johnny McLaughlin: Electric Guitarist* auf, eine Rückkehr zur Mainstream-Jazz / Rock-Fusion und zur E-Gitarre.

In den 1980er Jahren gründete McLaughlin die One Truth Band und nahm ein Studioalbum auf, *Electric Dreams*, mit L. Shankar an Geigen, Stu Goldberg an Keyboards, Fernando Saunders am E-Bass und Tony Smith am Schlagzeug. 1981 und 1982 nahm McLaughlin zwei weitere Alben auf, *Belo Horizonte* und *Music Spoken Here* mit The Translators – einer Gruppe französischer und amerikanischer Musiker. Von 1984 bis 1987 arbeitete McLaughlin mit einem Quintett mit dem einfachen Titel Mahavishnu und nahm zwei Alben auf: *Mahavishnu* und *Adventures in Radioland*. Neben diesem Mahavishnu-Projekt arbeitete McLaughlin auch im Duett mit dem Bassisten Jonas Hellborg.

1986 trat er mit Dexter Gordon in Bertrand Taverniers Film *Round Midnight* auf. Er komponierte auch *The Mediterranean Concerto,* das von Michael Gibbs instrumentiert wurde. McLaughlin veröffentlichte 1993 ein Bill Evans Tribute Album mit dem Titel *Time Remembered: John McLaughlin Plays Bill Evans*.

Im Jahr 2003 nahm er eine Ballettpartitur, *Thieves and Poets*, und ein drei DVDs umfassendes Lehrvideo über Improvisation mit dem Titel *This is the Way I Do It auf*. Im Juni 2006 veröffentlichte er das Album *Industrial Zen*, auf dem er mit dem Godin Glissentar experimentierte.

2007 verließ McLaughlin Universal Records, trat dem Label Abstract Logix bei und begann mit einem neuen Jazz-Fusions-Quartett, The 4th Dimension, zu touren, bestehend aus Keyboarder / Schlagzeuger Gary Husband, Bassist Hadrian Feraud und Drummer Mark Mondesir. In den letzten Jahren tourte McLaughlin unter anderem mit Remember Shakti und unternahm 2017 eine Abschiedstournee in den USA, bei der er ankündigte, dass er 2018 nicht wieder auf Tournee gehen würde, sondern nur ausgewählte Auftritte durchführen würde.

McLaughlin ist ein Grammy-Preisträger und wurde von Publikationen wie *Down Beat* und *Guitar Player* Magazine mit mehreren Guitarist of the Year und Best Jazz Guitarist Awards ausgezeichnet.

McLaughlins Gitarrenstil steht für Schnelligkeit, hohe technische Präzision und große harmonische Raffinesse. Er ist weithin bekannt für die Verwendung nicht-westlicher Skalen und seltsamer oder unkonventioneller Taktarten. Die indische Musik hat auch einen tiefen Einfluss auf seinen Gitarrenstil gehabt.

John McLaughlin hat in seiner Karriere viele Gitarren benutzt, darunter mehrere Doppelhalsgitarren und die erste von Abraham Wechter gebaute Akustikgitarre, die Shakti-Gitarre. Er hat auch eine Godin und eine Gibson Brydland benutzt. In den letzten Jahren spielte er eine PRS-Modellgitarre.

McLaughlin hat in seiner Karriere eine Vielzahl von Verstärkern verwendet, darunter Marshall 100-Watt-Verstärker, aber in letzter Zeit hat er einen Vorverstärker anstelle eines normalen Verstärkers angeschlossen und das Signal dann direkt in die PA-Anlage des Veranstaltungsortes geleitet.

Empfohlenes Audiomaterial

Shakti (John McLaughlin mit Shakti)

Johnny McLaughlin: Electric Guitarist

Visions of the Emerald Beyond (Mahavishnu Orchestra)

John McLaughlins beeindruckende alternative Picking-Technik und sein umfangreiches harmonisches Wissen ermöglichen es ihm, schnelle Skalenpassagen auszuführen, selbst bei komplexesten Akkordwechseln. Das folgende Beispiel zeigt, wie McLaughlin sich den ersten Takten einer bekannten John Coltrane Komposition nähern könnte.

McLaughlin-Soli weisen oft lange Tonleiterpassagen von 1/16tel-Noten auf, wie hier zu sehen ist. Beginnend in Takt eins, verschieben sich die Akkordskalen von B-Dur zu G-Dur bei Beat 3 und dann in Takt 2 zu Es-Dur bei Beat 3. Beachte die Verwendung eines chromatischen Passtons in der 1/16-Notenpassage bei Beat 2 von Takt 2, der hilft, auf der G-Note auf dem 8. Bund zu landen, B-Saite. Die Linie beinhaltet auch ein Bb-Arpeggio auf den Beats 3 und 4 des letzten Taktes.

Mit einer solchen Hochgeschwindigkeitslinie beginnst du am besten langsam und näherst dich mit Hilfe eines Metronoms allmählich dem Tempo.

Beispiel 14a

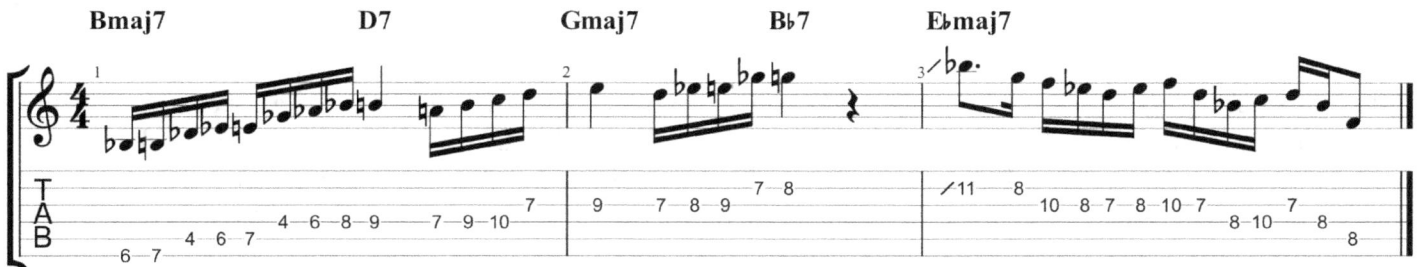

McLaughlin verwendet in seinem Spiel viele pentatonische Muster und kurze melodische Skalensequenzen / Motive (wahrscheinlich beeinflusst von Saxophonisten wie John Coltrane). Beispiel 14b zeigt diesen Ansatz in Aktion. Takt eins verwendet Sequenzen, die von der H-Dur-Skala auf den Schlägen 1 und 2 verwendet wurden, und sich dann für die restlichen zwei Schläge des Taktes in der G-Dur-Skala auflösen.

In Takt zwei werden die Vier-Noten-Sequenzen auf den Schlägen 3 und 4 nun von der c-Moll-Pentatonischen-Skala abgeleitet und gehen mit der gleichen Skala in Takt drei über. Diese Skalenanwendung wird dann um einen halben Schritt in Takt vier auf die h-Moll-Pentatonische Skala abgesenkt, um die Tonänderung zu G-Dur aufzunehmen. Der Lick endet mit der 5. Tonstufe des Gmaj7-Akkords im letzten Takt. Während pentatonische Skalen oft als das Gebiet der Rock- und Bluesgitarristen angesehen werden, zeigt McLaughlins Spiel, dass sie bei komplexen Jazz-Harmonien effektiv wirken können.

Beispiel 14b

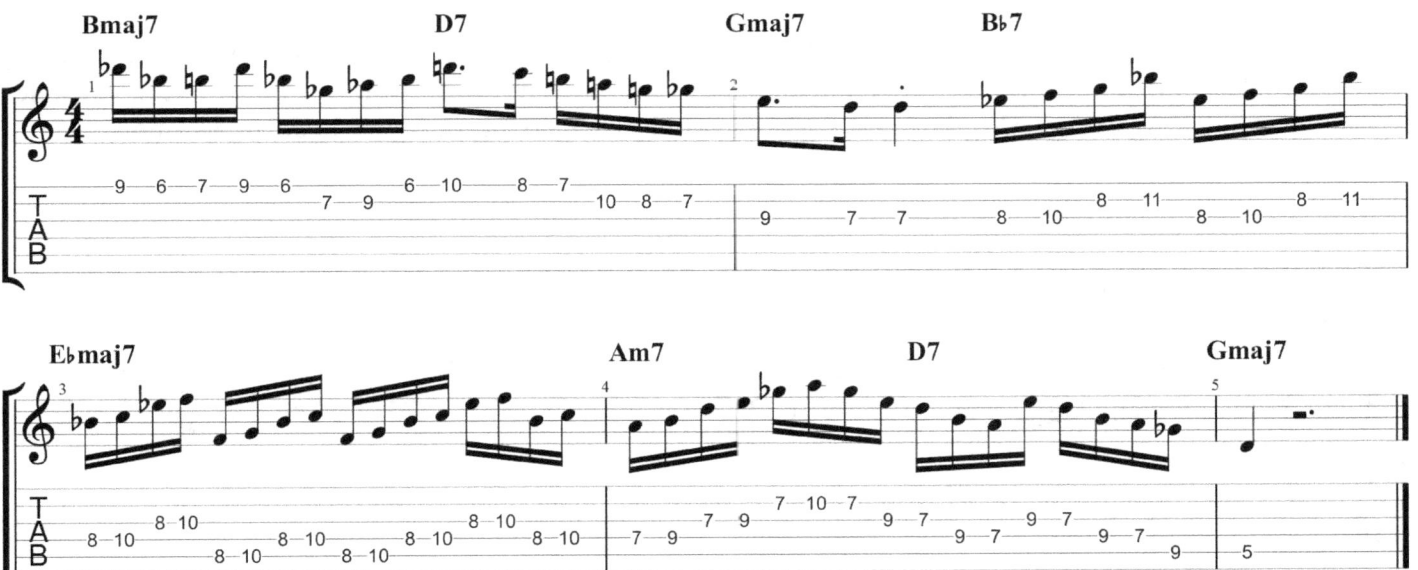

Schnellere Skalenübergänge sind in Beispiel 14c zu erkennen, diesmal jedoch mit einer Kombination aus 1/16tel-Noten und 1/8tel-Noten-Rhythmen. Die ersten beiden Beats in Takt eins steigen in 1/16tel-Tönen auf eine B-Dur-Skala auf und lösen sich dann in dem ersten verfügbaren Skalenton in G-Dur auf Beat 3 auf. Diese nahtlosen Skalenverbindungen sind ein Merkmal von McLaughlins Spiel und verleihen seinen Linien eine große Fluidität.

In Takt zwei (Beat 3) kombinierte 1/8- und 1/16-Noten-Rhythmen geben der Es-Dur-Skala etwas Abwechslung, bevor ein fünfstimmiges Motiv in Takt drei den Lick abschließt. Um McLaughlins Skalenbeherrschung nachzuahmen, versuche, beim Improvisieren in jeder neuen Skala auf den nächstgelegenen verfügbaren Ton zu wechseln. Du wirst feststellen, dass dieser Ansatz melodisch klingt, besonders bei mehreren Akkord- / Keyänderungen.

Beispiel 14c

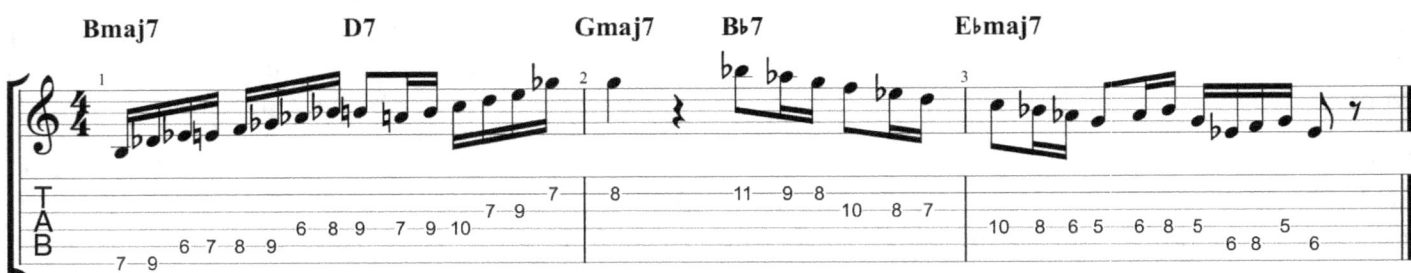

Beispiel 14d ist ein pentatonisches Skalen-Training, das zeigt, wie du Skalen aus fünf Tönen über mehrere Tonänderungen hinweg verwenden und dennoch der Harmonie treu bleiben kannst. In Takt eins wird eine cis-Moll-Pentatonik über den Bmaj7-Akkord auf den ersten beiden Beats gespielt. Um dann den ersten Tonwechsel (auf D7 bei Beat 3) unterzubringen, ändert sich die Skala auf h-Moll-Pentatonik.

In Takt drei, wenn der Bb7-Akkord erscheint, kommt die c-Moll-Pentatonik ins Spiel und wird bis zur letzten Note des Licks bei Beat 1 im letzten Takt verwendet. Der Lick verwendet nur diese drei kleinen pentatonischen Skalen: c# Moll, h-Moll und c-Moll, aber sie arbeiten effektiv gegen die zugrunde liegende Harmonie.

Beispiel 14d

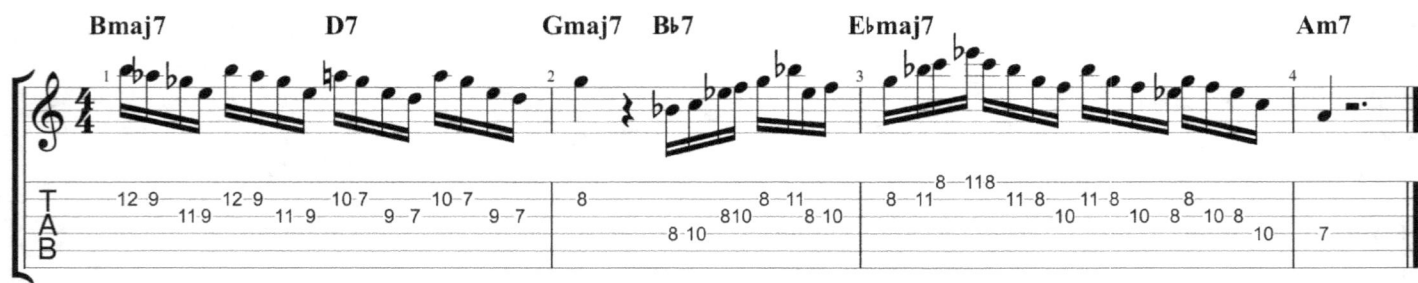

Der letzte McLaughlin-Lick basiert ebenfalls auf mollpentatonischen Skalen. Beginnend mit der G# Moll-Pentatonik über den Bmaj7-Akkord in Takt eins, wechselt er zur A Moll-Pentatonik für den D7-Akkord. Wie im vorherigen Beispiel wird die c-Moll-Pentatonische Skala beginnend mit dem Bb7-Akkord bis zum Takt vier gespielt, wobei die Tonartänderung ein Umgreifen auf h-Moll-Pentatonik erfordert.

Während McLaughlin offensichtlich viele melodische Tricks und Skalen in seinem Spiel verwendet, ist seine Beherrschung der pentatonischen Skalen unübertroffen, und das Studium einiger seiner Linien wird deine Solofähigkeiten wirklich verbessern.

Beispiel 14e

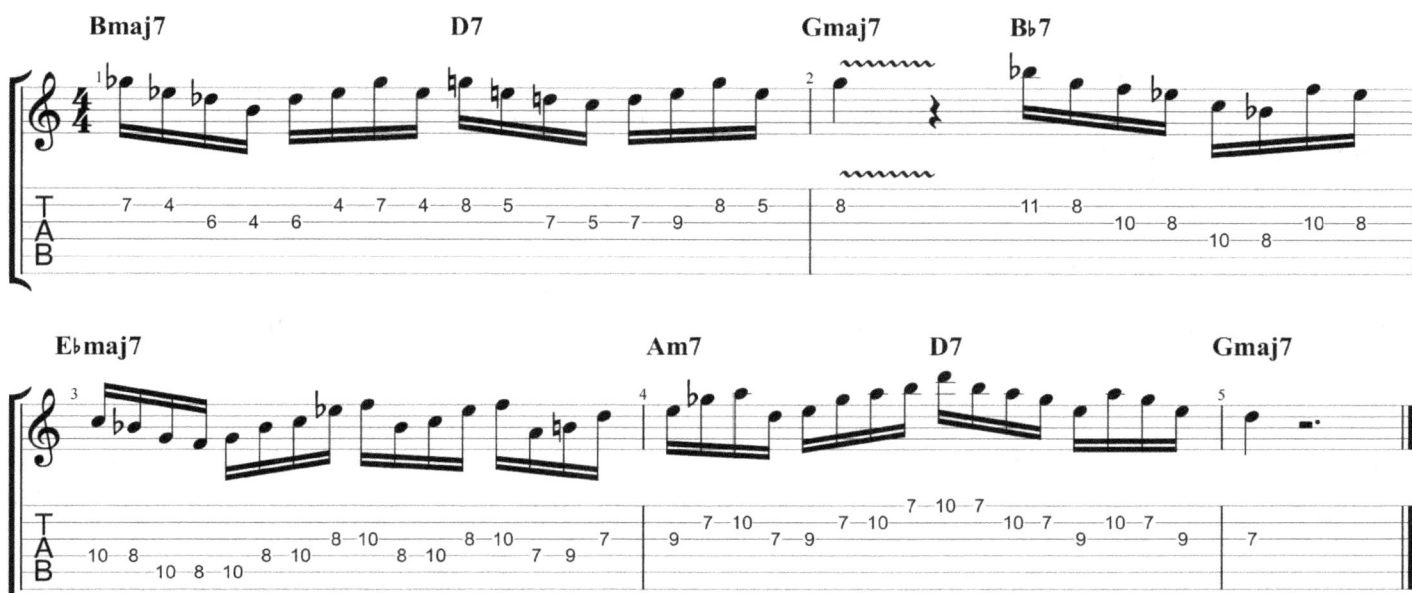

George Benson

George Benson wurde am 22. März 1943 geboren und wuchs im Hill District von Pittsburgh, Pennsylvania, auf. Im zarten Alter von nur 7 Jahren spielte er die Ukulele in einem Eckladen. Im Alter von 8 Jahren spielte er Freitag- und Samstagabend in einem nicht lizenzierten Nachtclub Gitarre. So etwas wie ein Wunderkind, nahm Benson bereits im Alter von 9 Jahren auf und veröffentlichte *She Makes Me Mad* and *It Should Have Been Me*, auf dem Label RCA-Victor in New York.

Zu Bensons frühen Einflüssen auf die Gitarre gehörten der Country Jazz Gitarrist Hank Garland und der Swing Jazz-Großmeister Charlie Christian. Seine ersten Schritte in der Musikindustrie hatten offenbar einen negativen Einfluss auf seine Schulbildung und deshalb wurde seine Gitarre beschlagnahmt! Nach einiger Zeit in einem Jugendgefängnis bekam er jedoch von seinem Stiefvater eine neue Gitarre und nahm das Spiel wieder auf.

Benson besuchte dann die Schenley High School und begann nach seinem Abschluss mit dem Organisten Jack McDuff zusammenzuarbeiten, der überwiegend instrumentalen Soul-Jazz spielte. Im Alter von 21 Jahren nahm Benson sein Debütalbum als Leader auf, *The New Boss Guitar*, auf dem auch McDuff an der Orgel zu hören war. Seine nächste Aufnahme trug den Titel *It's Uptown* (mit dem George Benson Quartet) und beinhaltete diesmal Lonnie Smith an der Orgel. Auf dieses Album folgte *The George Benson Cookbook*, wieder einmal mit Lonnie Smith und auch Ronnie Cuber am Baritonsaxophon.

Zu dieser Zeit erregte Bensons unverwechselbarer Jazz-Blues-Gitarren-Stil bei seinen Musikerkollegen große Aufmerksamkeit, und er wurde anschließend von dem legendären Miles Davis beauftragt, auf dem Track *Paraphernalia* aus Davis' 1968er Aufnahme *Miles in the Sky* zu spielen.

Benson unterschrieb dann beim Jazzlabel CTI Records und nahm mehrere kommerziell erfolgreiche Jazzalben auf, darunter *Bad Benson*, *Good King Bad* und *Benson and Farrell* (mit Joe Farrell). Benson nahm auch eine Version des The Beatles Abbey Road Albums *The Other Side of Abbey Road* und eine Version von *White Rabbit* auf, vor allem bekannt von Jefferson Airplane. Er fand auch Zeit, an Sessions für andere Künstler zu spielen, die der KTI angehören, darunter Freddie Hubbard und Stanley Turrentine.

Ende der 1970er Jahre nahm Benson für das Label Warner Brothers auf und sang nun auch regelmäßig auf seinen Aufnahmen, was er bis dahin nur selten getan hatte. Seine 1976er Veröffentlichung *Breezin'* enthielt seine Lead-Stimme auf dem Track *This Masquerade*, der ein großer Hit in den Pop-Charts war und ihm einen Grammy Award für Record of the Year einbrachte. Das Album enthielt auch ein Cover der Jose Feliciano Komposition *Affirmation*. *Breezin'* war für Benson erfolgreich und wurde zu seinem bisherigen Bestseller, obwohl die Plattenfirma anfangs nicht wollte, dass er singt und Gitarre spielt.

George Benson nahm auch die Originalversion des Songs *The Greatest Love of All* für einen biographischen Film über den Boxer Muhammad Ali (genannt *The Greatest*) von 1977 auf. In dieser Zeit nahm Benson mit dem deutschen Dirigenten Claus Ogerman auf und arbeitete in den 1960er, 1970er und 1980er Jahren mit dem Trompeter Freddie Hubbard an einer Reihe seiner Alben.

Weitere kommerzielle Erfolge folgten und eine Live-Aufnahme des Tracks *On Broadway* gewann 1978 Benson einen Grammy. Sein bahnbrechendes Pop-Album war *Give Me The Night* (1981), produziert von Quincy Jones, und in den folgenden Jahren hatte er viele Hitsingles wie *Love All the Hurt Away*, *Turn Your Love Around*, *Lady Love Me* und *20/20*.

1990 erhielt Benson die Ehrendoktorwürde der Musik des Berklee College of Music und wurde von der National Endowment of the Arts auch als Jazz Master anerkannt.

In den letzten Jahren hat Benson auch das Album *Guitar Man* veröffentlicht, das seinen Gitarrenspielstil aus den 1960er und frühen 1970er Jahren auf einem Album von Jazz- und Popstandards wieder aufgreift. Mit Mitte 70 nimmt George Benson immer noch Schallplatten auf, performt aus seinem umfangreichen musikalischen Repertoire und gilt als einer der großen Jazzgitarristen.

Bensons flüssiger und hochinnovativer Solostil mischt Blues, Soul und Mainstream-Jazz auf eine einzigartige Weise, die nur wenige andere Spieler erreicht haben. Seine Verwendung von Oktaven und Intervallen ist besonders originell und obwohl er von Spielern wie Wes Montgomery beeinflusst wird, ist sein Klang und seine improvisierte Vorgehensweise sofort als seine eigene erkennbar.

Benson wird seit langem mit Ibanez-Gitarren assoziiert und das Unternehmen hat eine Reihe von Modellen mit seinem Namen produziert, darunter die LGB300. Zu Beginn seiner Karriere benutzte er auch eine Gibson L-5 CES, wie sie von Wes Montgomery gespielt wurde.

Zur Verstärkung verwendet er seit kurzem einen Fender George Benson Hot Rod Deluxe oder Twin Reverb Verstärker, meist ohne Gitarreneffekte oder Signalverarbeitung.

Empfohlenes Audiomaterial

The George Benson Cookbook

It's Uptown

Breezin'

Guitar Man

George Bensons Solostil ist sofort erkennbar und mischt komplexe Bebop-Linien mit schnellen Blues-Runs und Oktavpassagen, die an Wes Montgomery erinnern. Benson kreiert auch melodische Ideen aus einfachen Doppelgriffen, wie in diesem ersten Beispiel gezeigt.

In Takt eins zielt ein Doppelgriff-Slide auf die 9. und 11. des Dmaj9-Akkords. In solchen harmonischen Situationen „denkt" Benson jedoch oft an den V-Akkord bezogen auf den Dur-Akkord, so dass er hier an ein A7 (V-Akkord in der Tonart D-Dur) denkt. Der A7-Substitutionsansatz setzt sich mit einer bekannten bluesigen Doppelgriff-Phrase fort, die in Takt zwei wiederholt wird. Beachte, wie sich die rhythmische Platzierung zwischen diesen ansonsten ähnlichen Phrasen leicht ändert.

Die Doppelgriff-Intervalle kehren im letzten Takt zurück, werden aber diesmal als 1/4-Triolen gespielt. Versuche, diese Doppelgriffe auf dem gleichen Saitenpaar zu halten, da dies bei der erforderlichen Positionsverschiebung in diesem Lick hilft.

Beispiel 15a

Der A7-Substitutionsansatz zeigt sich auch in diesem zweiten Lick. Es beginnt mit einer pentatonischen A-Dur-Phrase, die in Takt eins mündet und bis zum kurzen Bending am Anfang von Takt zwei dauert. Benson zieht Saiten nicht besonders hoch, was charakteristisch für die kleinen Blues-Bends ist, die er von Zeit zu Zeit benutzt.

Ab Takt drei gibt es einen chromatischen Aufstieg vom 8. Bund auf der oberen E-Saite bis zum 12. Bund, bevor am Ende von Takt 3 in Beat 4 eine A-Dur-Triade skizziert wird, wobei darauf zu achten ist, dass die Rhythmen hier genau eingehalten werden und das genaue Timing dem Audio entnommen wird. Dies ist ein typischer Benson Move, der ein großartiges Blues-Feeling in die Linie einführt. Der Lick endet mit einer A-Dur-Triade im letzten Takt, die über dem darunter liegenden G/A-Akkord gespielt wird.

Beispiel 15b

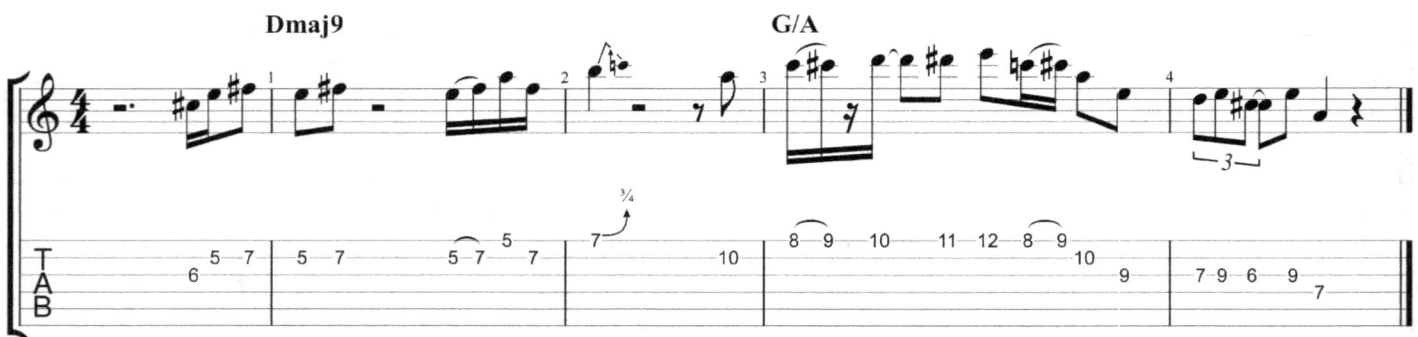

Benson ist ein Meister der Verwendung chromatischer Passnoten in seinen Soli und Beispiel 15c ist ein typisches Beispiel dafür. Beginnend mit einem chromatischen Lauf bis zur ersten 1/16.-Note des Taktes eins, wird dann die gleiche Tonfolge umgekehrt, bevor die B-Note auf dem 12-Bund auf Beat 2 gespielt wird, wobei bei Beat 3 des Taktes eins ein schneller Fingerwechsel von der 9. bis zur 5. erforderlich ist, um den Rest des Taktes zu vervollständigen.

Mehr chromatische Passnoten auf Beat 4 von Takt eins führen in den bluesig klingenden 1/16. Notendurchgang in Takt zwei. Der Lick endet mit einer typischen Benson-Doppelgriff-Figur in Takt drei. Längere Lines wie diese brauchen oft etwas mehr Übung, um wirklich flüssig zu klingen, also lerne sie zunächst in kleinen Abschnitten. Mach dir keine Sorgen um die Geschwindigkeit, bis du die Linie in einem langsamen Tempo präzise ausführen kannst.

Beispiel 15c

Beispiel 15d sieht auf dem Papier täuschend einfach aus, ist aber musikalisch gegen die Hintergrundharmonie wirksam. Mit dem Intervall einer Quinte zielen die slidenden Doppelgriffe in Takt eins zunächst auf die sechste und große Septime des Dmaj9-Akkords ab und kurz darauf auf die Quinte und Neunte. Die lange Sequenz von Viertelnoten-Triolen, die mit dem 3. Beat des zweiten Taktes beginnt, verwendet eine beliebte Benson-Technik: Sie spielt eine Oktav-Griffweise, fügt aber eine Tonhöhe innerhalb des Oktavintervalls hinzu.

In diesem Beispiel ist das Intervall, das der Oktave hinzugefügt wird, das vierte (15. Bund auf der B-Saite), was eine Form ergibt, die so aufgebaut ist: Grundton, 4., Oktave. Sofern du diese Form auf Noten beschränkst, die in dem von dir gespielten Akkord / der Skala enthalten sind, kannst du diese Figur aus drei Noten sehr effektiv über das Griffbrett bewegen.

Beispiel 15d

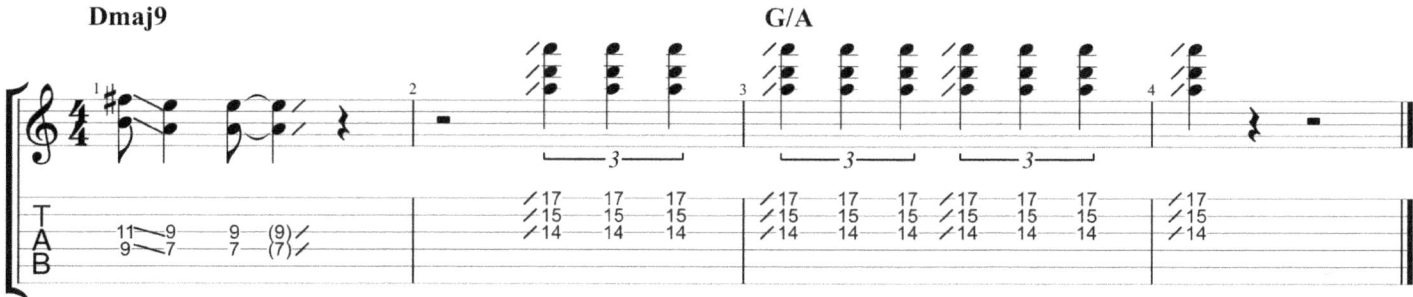

Der letzte George Benson-Lick kehrt zu dem bereits erwähnten A7-Substitutionskonzept zurück und weist eine lange 1/16-Notenlinie auf. Eine schnelle Positionsverschiebung vom Pickup-Lauf zum ersten Beat des ersten Taktes ist nötig, also übe es langsam, bis du es automatisch spielen kannst. Der lange Lauf, der mit Beat 4 des ersten Taktes beginnt, wird in der 8. Position gespielt, bevor du für die letzten beiden 1/16.-Noten zur 5. Position gehst. Beachte die Verwendung der chromatischen Passnoten in dieser langen Linie.

In Takt drei gibt es einen weiteren chromatischen Anstieg, der auf halbem Weg durch den ersten Beat beginnt, der den 9. Bund auf der G-Saite nach oben geht. Die Linie endet wieder auf der 5. Position und mit mehr chromatischen Noten, die zu der wiederholten A-Note im letzten Takt führen. Meistere diese Linie erneut in einem langsameren Tempo, bevor du sie beschleunigst.

Beispiel 15e

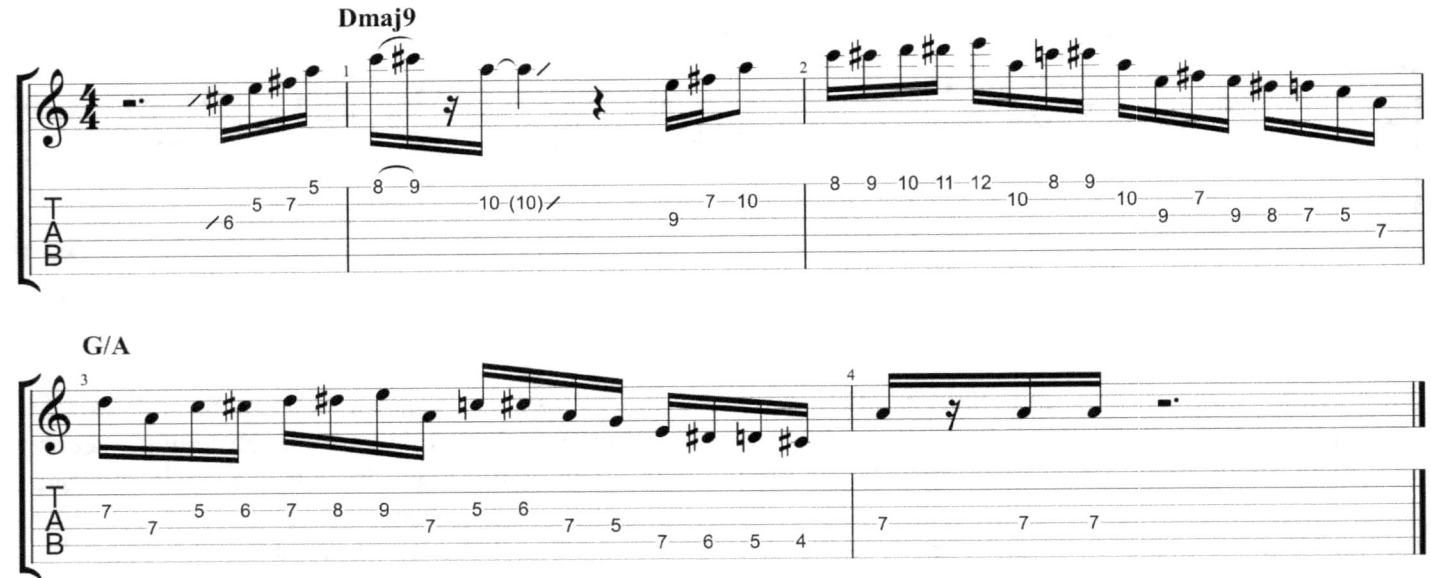

Pat Martino

Pat Martino wurde am 25. August 1944 in Philadelphia, Pennsylvania, geboren und begann im Alter von 12 Jahren mit dem Gitarrespielen, sein Vater, Carmen „Mickey" Azzara, war ein lokaler Clubsänger und Jazz-Fan, der den jungen Martino schon früh dem Jazz aussetzte. Martino verließ die Schule in der zehnten Klasse, um sich der Musik zu widmen, und studierte dann bei Dennis Sandole, der auch John Coltrane unterrichtete. Martino wurde zunächst von Jazzgitarristen wie Wes Montgomery und Johnny Smith beeinflusst.

Martino begann im zarten Alter von 15 Jahren professionell zu spielen, nachdem er nach New York City gezogen war, wo er bald in renommierten Jazzclubs wie Smalls Paradise spielte. Später zog er in eine Suite im President Hotel in der 48th Street, um in der Nähe der Clubs zu sein, in denen er spielte. Er spielte sechs Monate im Jahr im Smalls und dann in den Sommermonaten im Club Harlem in Atlantic City. Martinos Ruf wuchs schnell und er wurde zu einem gefragten Sideman und Solisten, besonders in den Orgeltrios von Spielern wie Jack McDuff und Don Patterson. Er tauchte auch stark in die aufstrebende Soul-Jazz-Szene in New York ein.

Als Martino gerade zwanzig Jahre alt war, wurde er als Leader bei Prestige Records verpflichtet und produzierte eine Reihe von Alben für das Label, darunter *El Hombre*, *Strings* und *Desperado*. Sein 1972 erschienenes Album *Pat Martino Live* enthält ein erweitertes Solo auf dem Lied *Sunny*, das eines seiner berühmtesten Soli bleibt und ein hervorragendes Beispiel für seine langen 1/16-Notenlinien ist, gemischt mit wiederholten rhythmischen Motiven. Martinos unverwechselbarer Solostil und unglaublich fließende Improvisationen fanden in den frühen bis mittleren 70er Jahren einen treuen Fan, und er tourte und nahm weiter auf, bis er 1976 starke Kopfschmerzen bekam, die sich verschlimmerten, bis bei ihm ein Gehirnaneurysma diagnostiziert wurde.

Martino hatte ständig Auftritte, bis das Aneurysma ihm plötzlich schwere Amnesie bescherte, so dass er sich nicht mehr an seine bisherige Karriere erinnern konnte. Vielleicht noch beunruhigender für seine Karriere war, dass er auch keine Kenntnisse mehr über die Gitarre hatte oder wie er das Instrument zuvor gespielt hatte. Nach der Operation und einer langen Erholungsphase musste Martino die Gitarre praktisch wieder von Grund auf neu lernen und kehrte erst 1987 mit der Veröffentlichung des entsprechend betitelten Albums *The Return* wieder auf die Bühne zurück. Nach dieser Comeback-Aufnahme nahm er wieder eine Pause, als seine Eltern krank wurden, und erst 1994, als er die Alben *Interchange* und *The Maker* aufnahm, kehrte er Vollzeit zur Musik zurück.

Nachdem er in seiner Karriere große persönliche Hindernisse überwunden hat, tritt Martino nun wieder regelmäßig auf und nimmt auf. Er ist sehr nachdenklich und philosophisch in Bezug auf seine Herangehensweise an die Jazzmusik, was sich sowohl in seinem kompositorischen Ansatz als auch in seinem Spiel und seiner Lehre widerspiegelt.

Martino hat in seiner Karriere viele Auszeichnungen erhalten, darunter Guitar Player of the Year in der *Down Beat* Zeitschrift Readers' Poll of 2004, zwei Grammy Award Nominierungen 2002 für das beste Jazz Instrumental Album (*Live bei Yoshi's*) und das beste Jazz Instrumental Solo on *All Blues*. Im Jahr 2003 erhielt er Grammy-Nominierungen für das beste Jazz-Instrumental-Album mit *Think Tank* und das beste Jazz-Instrumental-Solo auf *Africa*.

Pat Martino hat auch mehrere Lehrvideos und Bücher veröffentlicht, die seinen einzigartigen Ansatz der Jazzimprovisation behandeln. Er nimmt weiterhin auf und tritt live auf, und sein letztes Album, *Formidable*, wurde 2017 veröffentlicht.

Martinos musikalischer Ansatz ist sehr stark im Hard-Bop-Jazz-Genre, beinhaltet aber auch Elemente aus der Weltmusik und sogar Rock. Seine langen, schnell abfeuernden 1/16-Notenpassagen werden von anderen Gitarristen stark nachgeahmt, obwohl nur wenige sein Niveau an Flüssigkeit und Ideenreichtum erreichen.

Martino hat in seiner langen Karriere eine Vielzahl von Gitarren verwendet, darunter eine Benedetto Signature-Gitarre (sein aktuelles Instrument), ein PM Gibson Signature-Modell und verschiedene andere Gibson-Modelle, darunter eine Les Paul Custom und eine L-5. Er verwendet dicke Saiten und Plektren. Als Verstärker hat er Fender Twin Reverbs und Roland JC-120s verwendet, aber in den letzten Jahren hat er einen Acoustic Clarus Head bevorzugt, der in einem Mesa Boogie Cabinet gespielt wird.

Empfohlenes Audiomaterial

Pat Martino – Live

El Hombre

Remember: A Tribute to Wes Montgomery

Ausgehend von einem bluesigen Doppelgriff zeigt dieser eher einfach klingende Lick Martinos Fähigkeit, Linien aus einem alternativen Akkord demjenigen, der überspielt wird, zu überlagern. Hier ist der ursprüngliche Akkord Dm9, aber die Linie suggeriert eher einen G7-Sound. Beachte die Betonung der Note B (die große Terz von G7), gesehen in Takt zwei (Beat 3) und Takt drei (Beats 1 und 2). Diese Art der „on-the-fly"-Akkordsubstitution ist in Martinos Spiel üblich.

Pat Martino verwendet im Allgemeinen dicke Saiten und ein dickes Plektrum, um seinen dunklen, ausdrucksstarken Klang zu erreichen, so dass du vielleicht versuchen solltest, stärkere Saiten zu verwenden, um das möglichst nachzuahmen.

Beispiel 16a

Martino favorisiert in seiner Improvisation 1/16tel-Notenläufe und Beispiel 16b nutzt diesen rhythmischen Ansatz mit großer Wirkung. Beginnend mit einer 1/16-Ton-Triolenfigur auf der oberen E-Saite, steigt die Linie schnell ab und verwendet die so genannte Bebop Dominant-Skala. Dies ist ein regulärer mixolydischer Modus mit einer zusätzlichen 7. Tonstufe.

Wie beim vorherigen Beispiel basiert das Denken hier auf einem G7-Akkord und nicht auf dem Dm9, das im Background gespielt wird. Nimm dir Zeit, diese Linie bis zum vollen Tempo aufzubauen.

Beispiel 16b

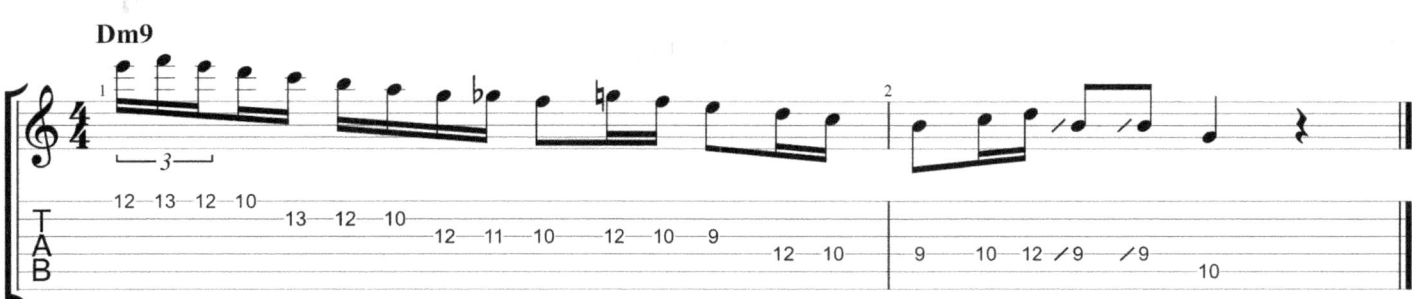

Weitere Substitutionen sind in diesem nächsten 1/16.-Notenbeispiel ersichtlich, das mit einem Fmaj7-Arpeggio auf der 7. Position beginnt. Fmaj7 überlagert mit Dm7 erzeugt einen Dm9-Sound, so dass dies eine effektive Akkordsubstitution und ein Martino-Favorit ist. Es gibt eine chromatische Passnote, die auf der letzten 1/16.-Note von Beat 2 im ersten Takt und wieder auf Beat 3 im gleichen Takt verwendet wird.

Martino verwendet solche Passagen, um sicherzustellen, dass seine Linien eine gewisse chromatische „Farbe" haben, und um ihm auch zu helfen, auf Akkordtönen auf den stärkeren Beats in jedem Takt zu landen. In Takt zwei wird die G Bebop Dominant-Skala wiederverwendet.

Beispiel 16c

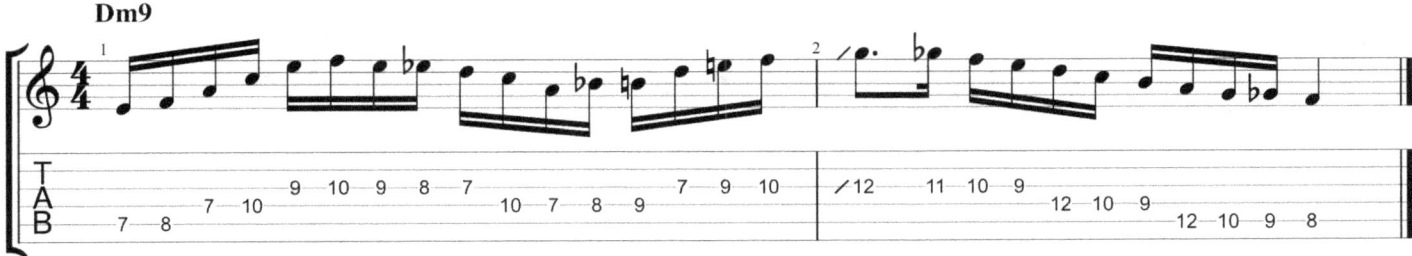

Beginnend mit einem kurzen Emin7-Arpeggio auf Beat 1 im ersten Takt, zeigt dieser vielbeschäftigte Lick eine komplexere Verwendung von chromatischen Passnoten. Passtöne werden geschickt eingesetzt, um die Töne einer G-Dur-Triade zu erfassen. Takt zwei verwendet einen hoch chromatischen Skalenaufstieg bis zu einer hohen D-Note auf dem 10. Bund auf der oberen E-Saite, bevor er mit einem bluesigen Doppelgriff im letzten Takt endet.

Stelle bei diesen langen 1/16tel-Notenlinien sicher, dass du die Phrasierung nicht überstürzt und das Tempo konstant hältst. Möglicherweise musst du auch ein wenig mehr an deiner Picking-Technik arbeiten, um sie auf das volle Tempo zu bringen.

Beispiel 16d

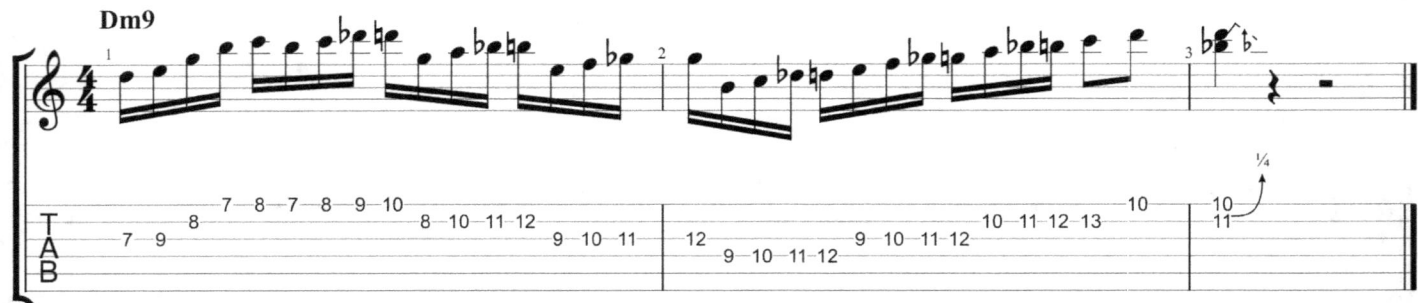

Der letzte Pat Martino-Lick ist voll von den Techniken der früheren Beispiele und beginnt mit einem doppelten chromatischen Ansatz (zwei aufeinanderfolgende Halbtöne), der zum b7 des Dm9-Akkords absteigt. Takt eins hat mehrere chromatische Passnoten vor der diatonischeren Melodie am Anfang von Takt zwei. Die chromatischen Noten kehren mit dem letzten Beat von Takt zwei wieder zurück und setzen sich bis zum letzten Takt fort, was der gesamten Linie einen Hard-Bop-Jazz-Geschmack verleiht, der dem klassischen Martino entspricht.

Wenn du längere Linien wie diese lernst, zerlege sie in kleinere Abschnitte, anstatt zu versuchen, sie alle auf einmal zu lernen. Möglicherweise musst du deine Skalengriffe leicht anpassen, um eine flüssige Handhabung bei der Verwendung mehrerer Passnoten zu erreichen.

Beispiel 16e

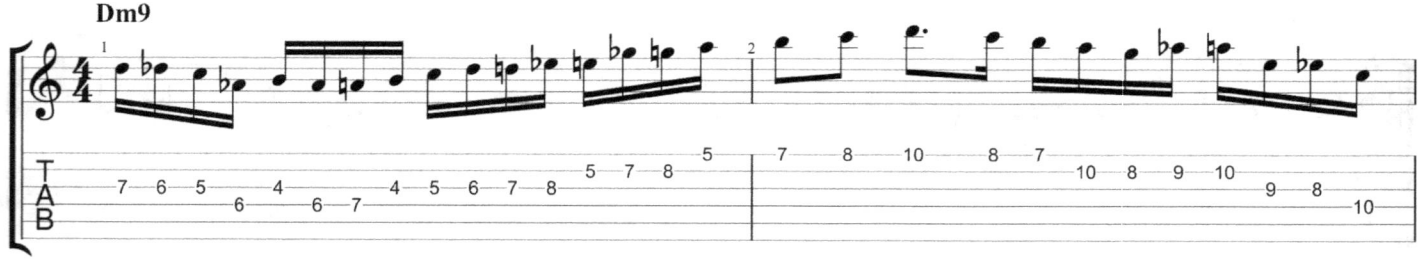

Larry Carlton

Larry Eugene Carlton wurde im März 1948 in Torrance, Kalifornien, geboren. Im Alter von 6 Jahren begann er mit dem Gitarrenstudium und interessierte sich bald für Jazz, nachdem er sich mit legendären Gitarristen wie Joe Pass, Barney Kessel und Wes Montgomery beschäftigte. Er wurde auch von der Musik und dem Blues-Gitarrenspiel von B.B. King angezogen. Er besuchte das Junior College und das Long Beach State College, während er professionell in Clubs in und um Los Angeles spielte.

Carltons schnell wachsende Spielkompetenz und sein Hintergrund in Jazz und Rock/Pop-Musik machten ihn zu einem aufstrebenden Star in der Los Angeles-Session-Szene der 1970er Jahre. Schließlich spielte er bei Hunderten von Aufnahmesessions und Filmsoundtracks und war bei Pop-, Jazz-, Rock- und sogar Country-Record-Dates gleichermaßen zu Hause, was ihn zu einem sehr gefragten Studiogitarristen machte. Seine Arbeit mit Steely Dan und mit Joni Mitchell erhielt viel Lob und sein legendäres Solo auf *Kid Charlemagne* von Steely Dan gilt laut *Rolling Stone* Magazine als eines der am besten aufgenommenen Gitarrensoli aller Zeiten. Er arbeitete mit praktisch allen großen Plattenproduzenten der 1970er und 80er Jahre zusammen und seine musikalische Vielseitigkeit ließ ihn auf über 100 Goldplatten erscheinen.

Neben seiner Session-Arbeit hat Carlton auch eine lange Solokarriere hinter sich, die mit seinem Debütalbum *With A Little Help From My Friends* von 1968 begann. Mitte der 70er Jahre baute er ein Heimstudio auf und nannte es Room 335 nach der Gibson ES-335 Modellgitarre, die er viele Jahre lang als sein Hauptinstrument gespielt hatte. Er hat die meisten seiner Alben im Room 335 aufgenommen und eine seiner bekanntesten Kompositionen ist auch nach dem Studio benannt. Carlton produzierte von 1978 bis 1984 sechs Soloalben und hatte mit seiner Version von Santo Farinas Track *Sleepwalk* einige beachtliche kommerzielle Erfolge. Er war auch Mitglied der Jazz-Fusionsgruppe The Crusaders und erhielt 1981 von der beliebten US-Fernsehserie *Hill Street Blues* einen Grammy Award für die beste Pop-Instrumentalperformance für das Thema. Carlton produzierte 1986 auch ein Live-Album namens *Last Nite*.

1988, als seine Solokarriere stark voranschritt, wurde er von einem Teenager vor dem Room 335 Studio in den Hals geschossen und erlitt Nerven- und Stimmbandverletzungen, was die Fertigstellung des Albums *On Solid Ground*, an dem er damals arbeitete, verzögerte. Sein linker Arm war gelähmt und sechs Monate lang konnte er nicht richtig spielen. Glücklicherweise hat er sich nach diesem Vorfall erholt und hat weitere Soloalben aufgenommen und unter anderem mit der Gruppe *Fourplay* zusammengearbeitet.

In den letzten Jahren arbeitete Carlton mit den anderen Studiogitarristen Lee Ritenour und Steve Lukather zusammen und erhielt auch den Auftrag, Musik für den thailändischen König Bhumibol Adulyadej zum Geburtstag des Königs zu komponieren. Zu den weiteren musikalischen Auszeichnungen von Carltons gehören 1987 ein Grammy Award für die beste Pop-Instrumental-Performance für *Minute by Minute* und weitere Grammy Awards für das beste Pop-Instrumental-Album *No Substitutions: 2001 live in Osaka* und 2010 als bestes Pop-Instrumental-Album, *Take Your Pick*.

Carltons unverwechselbarer Spielstil kombiniert Bebop-Jazz-Linien mit einem fast Pedal-Steel-ähnlichen Bendingansatz. Sein Einsatz von gemischten Triaden in seinen Soli steht im Gegensatz zu vielen der eher maßstabsorientierten Spieler seiner Generation. Als einfallsreicher, melodischer und sehr ausdrucksstarker Solist haben viele Künstler seinen ausgeprägten Spielstil genutzt, um ihre Musik zu ergänzen.

Carlton ist wahrscheinlich am bekanntesten für seinen Einsatz einer Gibson ES-335 Gitarre von 1969. Tatsächlich erhielt er den Spitznamen „Mr. 335" für die Verwendung dieses Instruments, das in den 1970er und 1980er Jahren zu einem wichtigen Bestandteil der Studiogitarrenszene in LA wurde. Andere Gitarren, die er besaß und spielte, sind eine 1951 Fender Telecaster, eine 1964 Fender Stratocaster und eine 1955 Gibson Les Paul Special.

Als Verstärker hat er einen Fender Vibrolux und Princeton verwendet, aber sein Standard-Setup beinhaltet im Allgemeinen einen Dumble-Verstärker, der von dem legendären Amp-Designer Howard Dumble hergestellt wurde. Carlton verwendet in seinem Spiel sparsam Effekte, verwendet aber etwas Delay und Reverb auf seinem charakteristischen Gitarrensound.

Empfohlenes Audiomaterial

Larry Carlton

Letzter Abend

The Royal Scam (Steely Dan)

Beispiel 17a beginnt mit einer G-Dur-Pentatoniklinie in der 5. Position und arbeitet sich mit zwei Positionsslides auf der D- und G-Saite bis zur 10. Position nach oben. In Takt zwei ziehst du die B-Saite einen ganzen Schritt bis zum 12. Bund hoch, dann spielst du mit dem vierten Finger die hohe D-Note auf der oberen E-Saite am 10. Bund.

Ziehe und lasse dann in Takt drei die B-Saite los, wie am 10. Bund angegeben. An 8. Stelle folgt eine kurze pentatonische Phrase. Die typische Carlton-Phrase in Takt vier betont den 3. des darunter liegenden D7-Akkords, und der Lick endet mit der großen Terz von Cm7, um die Tonänderung in Takt fünf hervorzuheben.

Um den Carlton-Sound zu erhalten, verwende einen leicht übersteuerten Gitarrensound, um etwas Sustain zu geben und vielleicht etwas Kompression hinzuzufügen.

Beispiel 17a

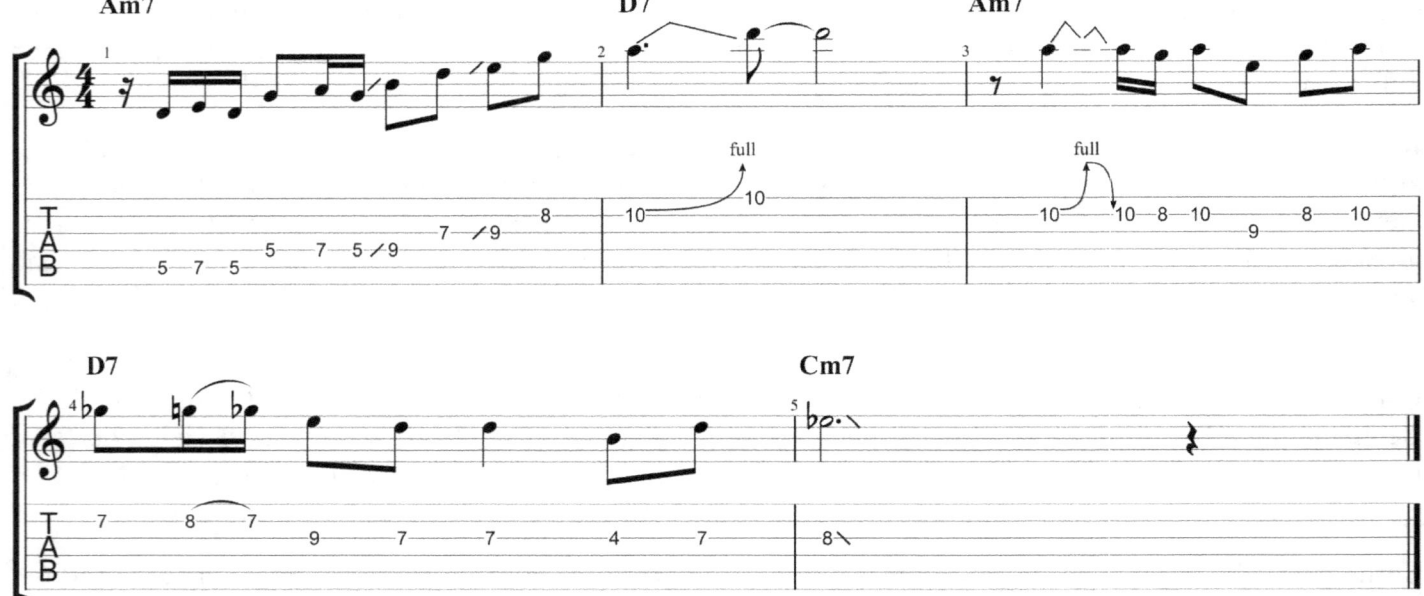

Beginnend mit einer 1/16.-Noten-Pickup-Phrase in der 5. Position, spielst du die Halbschrittbiegung auf der hohen E-Saite in Takt eins und stellst sicher, dass du am Anfang von Takt zwei auf der B-Saite zum 7. Bund auf der B-Saite gelangst und fügst der Note Vibrato hinzu. Larry Carlton verwendet oft diese einfach klingenden Biegungen und Melodien, um die Akkordwechsel darzustellen. Beachte, wie er Akkordtöne am Anfang jedes Taktes verwendet.

In der fünften Position verwendet der Lick den A-Dorian-Modus für die Takte drei und vier, wobei die Akkordtöne wieder auf den ersten Schlag jedes Taktes fallen. Achte besonders auf das Timing des 1/4-Noten-Triplet bei den Schlägen 3 und 4 in Takt 4.

Beispiel 17b

Beginnend mit einer kurzen 1/8-Noten-Einleitungsmelodie, ist Beispiel 17c der klassische Larry Carlton, der mit hochpräzisen Saitenbiegungen die Harmonie umreißt. Biege in Takt drei einen Ganztonschritt auf der hohen E-Saite nach oben und gib der Note ihre volle rhythmische Dauer, bevor du sie wieder nach unten loslässt. In Takt drei achte auf die Halbschrittbiegungen und versuche, jede der Saiten ineinander übergehen zu lassen – ein wesentliches Merkmal von Carltons Stil.

Die kurze Melodie und Halbtonbiegung in Takt fünf zeigt, wie geschickt Carlton mit Schlüsseländerungen umgeht. Beziehe dich auf das Audiomaterial, um das richtige Timing für diese letzte Phrase zu erhalten.

Beispiel 17c

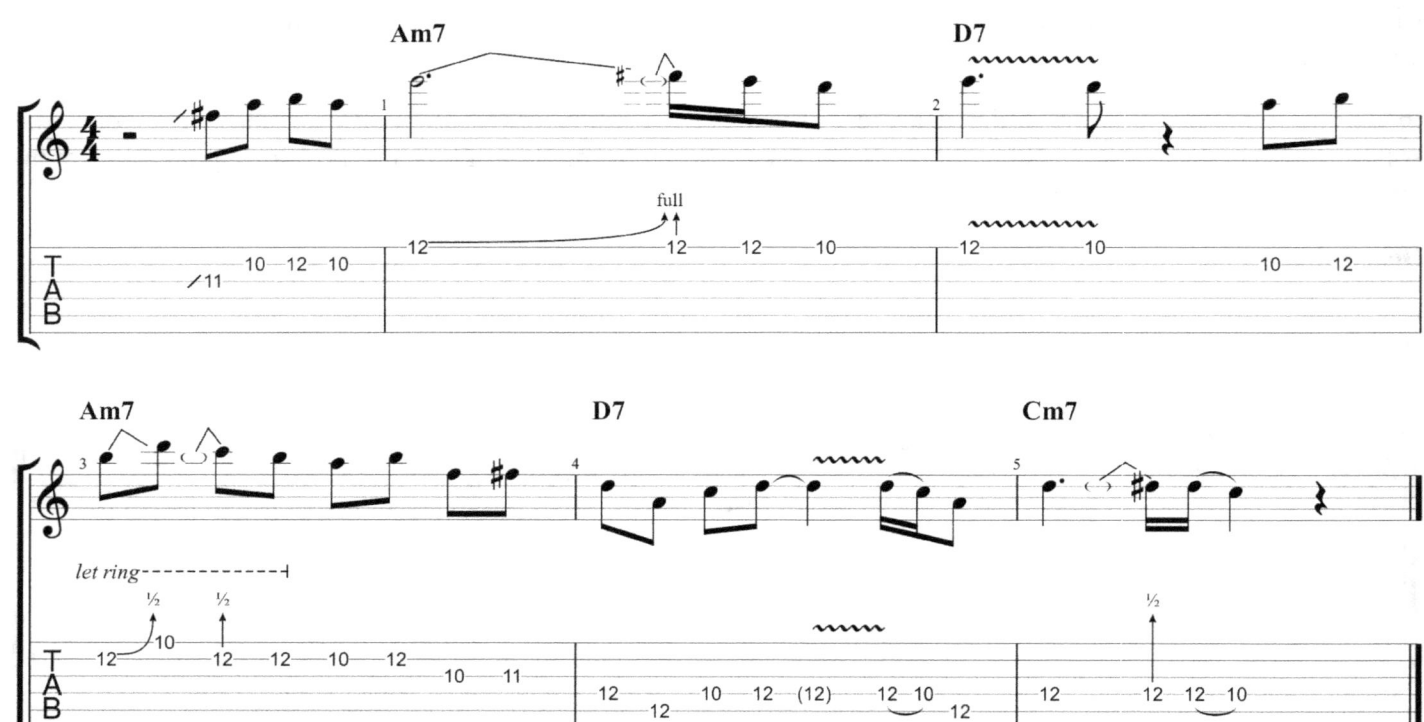

Es gibt mehr Halbtonbiegungen in diesem blues-inspirierten Lick, der den A-Dorian-Modus für die Skalenpassagen verwendet. Der Lick beginnt mit einer hohen Stimmlagenbiegung am 15. Bund. In Takt zwei gibt es einen Skalenabstieg nach unten im A-dorischen Modus. Beachte, wie Carlton regelmäßig lange Biegungen und einfach klingende Skalenpassagen mischt, um seinen charakteristischen melodischen Klang zu erzeugen.

In Takt vier gibt es zwei 1/4-Noten-Triolen vor der letzten langen Biegung in Takt fünf. Stelle sicher, dass du dieser Biegung ihre volle rhythmische Dauer gibst, bevor du die letzte Note auf dem 8. Bund, B-Saite spielst und etwas Vibrato hinzugibst. Vermeide es, dieses Beispiel zu überstürzen, und halte dein Timing gleichmäßig und präzise.

Beispiel 17d

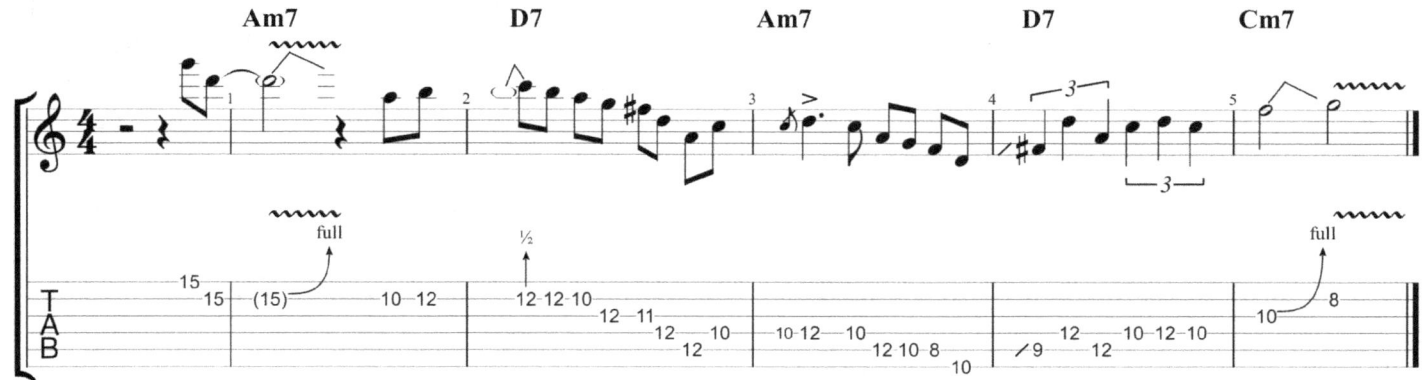

Der letzte exemplarische Lick beginnt mit einer 1/16.-Noten-Einleitung in die gehaltene D-Note am 10. Bund auf der oberen E-Saite. Stelle sicher, dass du hier etwas Vibrato hinzufügst, um der Note eine Gesangsqualität zu verleihen. Das Erreichen dieser Intonation ist ein weiteres großes Merkmal von Carltons Spiel. Weitere Saitenbiegungen folgen dem Übergang in Takt zwei. Achte auf die Halbschrittbiegung, die auf die Septime des Am7-Akkords bei Beat 1 in Takt drei abzielt.

Der A-Dorian-Modus wird erneut für die Skalenpassagen im Rest von Takt drei und auch im Takt vier verwendet, bevor der Lick mit dem flachen siebten und der kleinen Terz von Cm7 endet, was die Schlüsseländerung zu Bb-Dur markiert.

Beispiel 17e

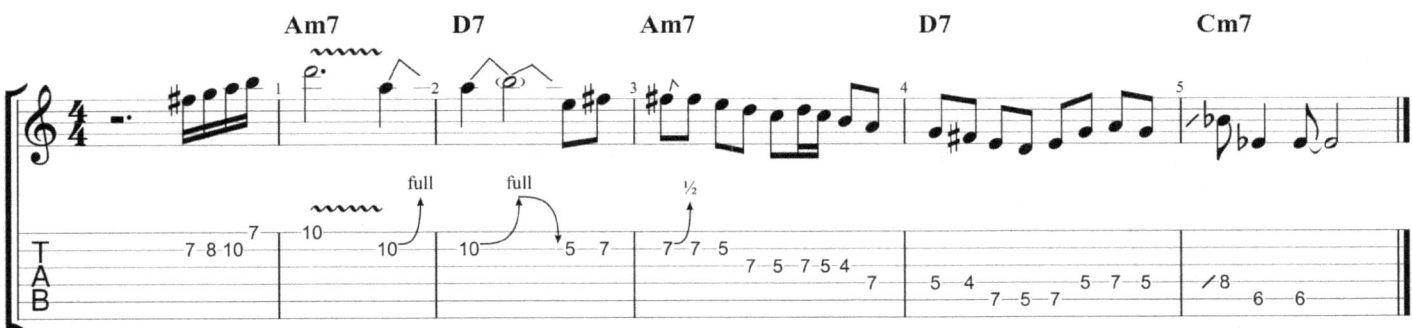

John Scofield

John Scofield wurde am 26. Dezember 1951 in Dayton, Ohio, geboren und wuchs im ländlichen Connecticut auf. Ursprünglich inspiriert von Blues- und Rockspielern, begann Scofield mit dem Gitarrespielen, als er 11 Jahre alt war, und sein Interesse an Musik entwickelte sich während seiner High School-Jahre weiter, bis er sich 1970 entschied, sich am Berklee College of Music in Boston einzuschreiben. Während des Studiums in Berklee fing Scofield an, sich einen Namen zu machen, indem er lokal im Raum Boston spielte, und als er das College verließ, nahm er mit Gerry Mulligan und Chet Baker auf.

Scofield tourte und nahm dann zwei Jahre lang mit dem Fusion-Drummer Billy Cobham und dem Keyboarder George Duke auf und arbeitete mit Gary Burton und Charles Mingus zusammen. 1976 unterschrieb Scofield bei Enja Records und veröffentlichte im folgenden Jahr sein erstes Soloalbum mit dem Titel *John Scofield*. 1978 nahm er das wegweisende Album *Rough House* mit dem Pianisten Hal Galper auf und arbeitete mit Galper wieder auf dem Album *Ivory Forest* zusammen.

Scofield gründete 1979 mit dem Schlagzeuger Adam Nussbaum und dem Bassisten Steve Swallow ein neues Trio und arbeitete 1982 mit dem legendären Jazz-Trompeter Miles Davis zusammen. Er spielte mit Davis auf den Alben *Star People*, *Decoy* und *You're Under Arrest* und tourte mit ihm etwas mehr als dreieinhalb Jahre lang – einmal teilte er die Gitarrenparts mit Mike Stern. Nachdem er die Davis-Band verlassen hatte, baute Scofield auf der Bekanntheit auf, die er als Mitglied der Trompetergruppe gewonnen hatte, und veröffentlichte Mitte der 80er Jahre zwei weitere Soloalben, *Electric Outlet* und *Still Warm*. Beide Alben trugen dazu bei, seinen Status in der Jazz-Welt zu festigen.

1987 veröffentlichte Scofield das erste von drei Alben mit der kraftvollen Rhythmusgruppe von Dennis Chambers und Gary Grainger. Die Band, die mehrere verschiedene Keyboarder hatte, nahm die Alben *Blue Matter*, *Loud Jazz* und *Pick Hits Live* auf und tourte ausgiebig. Scofield fand auch Zeit, sich mit seinem Gitarristenkollegen Bill Frisell in Marc Johnsons Gruppe Bass Desires zusammenzuschließen.

Anfang der 90er Jahre gründete Scofield ein neues Quartett und unterschrieb bei Blue Note Records, um die Zusammenarbeit mit dem Saxophonisten Joe Lovano aufzunehmen. Er nahm 1990 *Time on My Hands* mit Lovano, Bassist Charlie Haden und Schlagzeuger Jack DeJohnette auf. Die Gruppe ersetzte DeJohnette durch Bill Stewart am Schlagzeug und nahm weitere zwei Alben auf, bevor Scofield das Album *Grace Under Pressure* veröffentlichte und sich erneut mit Bill Frisell zusammenschloss. 1994 setzte Scofield seine Zusammenarbeit mit anderen Gitarristen fort, als er *I Can See Your House From Here* mit Pat Metheny aufnahm.

Scofield hat sich für seine nächste Gruppe mit dem Organisten Larry Goldings und dem Bassisten Dennis Irwin zusammengetan und die Alben *Hand Jive* und *Groove Elation* veröffentlicht, die beide kritisch gut aufgenommen wurden. 1997 arbeitete er auch mit dem Avantgarde-Trio Medeski, Martin und Wood zusammen und produzierte das *A Go Go Go* Album.

Scofield begann Anfang der 2000er Jahre mit modernen Drum'n'Bass-Rhythmen zu experimentieren und veröffentlichte *Überjam* 2002 und *Up All Night* 2004. Ebenfalls 2004 veröffentlichte er *EnRoute: John Scofield Trio Live*, eine Trio-Aufnahme mit Steve Swallow am Bass und Bill Stewart am Schlagzeug. Es folgte ein Tributalbum mit Musik von Ray Charles mit dem Titel *That's What I Say: John Scofield Plays the Music of Ray Charles*.

Ein zweites Album mit Medeski, Martin und Wood wurde 2006 veröffentlicht und 2010 nahm er das Album *54* auf. Scofields Aufnahmeproduktion wurde mit dem Album *A Moment's Peace* (veröffentlicht 2011) fortgesetzt, auf dem Larry Goldings zusammen mit dem Bassisten Scott Colley und dem Schlagzeuger Brian Blade gespielt wurden.

Neben seiner Konzerttätigkeit und der Aufnahmearbeit war Scofield auch in der Jazzausbildung tätig, zuletzt als Gastprofessor an der Jazzabteilung der Steinhardt School of Education in New York.

Scofield's Spielstil ist sofort mit einem unverwechselbaren melodischen Vokabular erkennbar, das oft durch seine charakteristische Verwendung von dissonanten Intervallen und kantigen Melodien unterbrochen wird. Wie Pat Metheny wird auch Scofields Solostil von anderen Musikern sehr geschätzt und er hat sich zu einem der individuell klingenden Spieler der Moderne entwickelt.

Scofield verwendet und unterstützt hauptsächlich Ibanez-Gitarren und hat ein Signature-Modell, die JSM100. Diese Gitarre ist auf der Grundlage seiner langjährigen Bühnen- und Aufnahmegitarre, einer 1981er Ibanez AS200, konzipiert. Er verwendet eine Vielzahl von Effektpedalen, darunter eine Pro Co Rat Distortion, sowie verschiedene Modulations- und Delay-Geräte. Für Verstärker bevorzugt er im Allgemeinen eine Vox AC 30 oder eine Mesa Boogie Combo und benutzte auch Sundown Verstärker zu Beginn seiner Karriere.

Empfohlenes Audiozubehör

Rough House

Time on my Hands

A Go Go

John Scofield hat einen sofort erkennbaren Stil als Solist, mit einem einzigartigen Ansatz für Notenwahl, Phrasierung und Dynamik. Dieses erste Beispiel (gespielt über die Eröffnungstakte der Akkordsequenz, bekannt als „Rhythm Changes") zeigt, wie er einen bluesbasierten Ansatz verfolgen und ihm ein frisches und originelles Makeover verleihen kann. Beachte die Verwendung von Off-Beat-Rhythmen in den ersten beiden Takten und auch die kleinen Blues-Kurven, die er häufig einsetzt (siehe Beats 2 und 3 in Takt drei).

Synkopierte Rhythmen sind ein Merkmal von Takt vier, die 1/4-Noten, 1/8-Noten und Triolen mischen, bevor der Lick mit einem klassischen Bluesmittel endet: dem Hämmern auf die große Terz des B-Dur-Akkords. Achten darauf, dass du dich auf das Audio beziehst, um die verschiedenen Rhythmen genau wiederzugeben. Füge deinem Gitarrensound leichten Overdrive hinzu, sowie einen leichten Chorus-Effekt.

Beispiel 18a

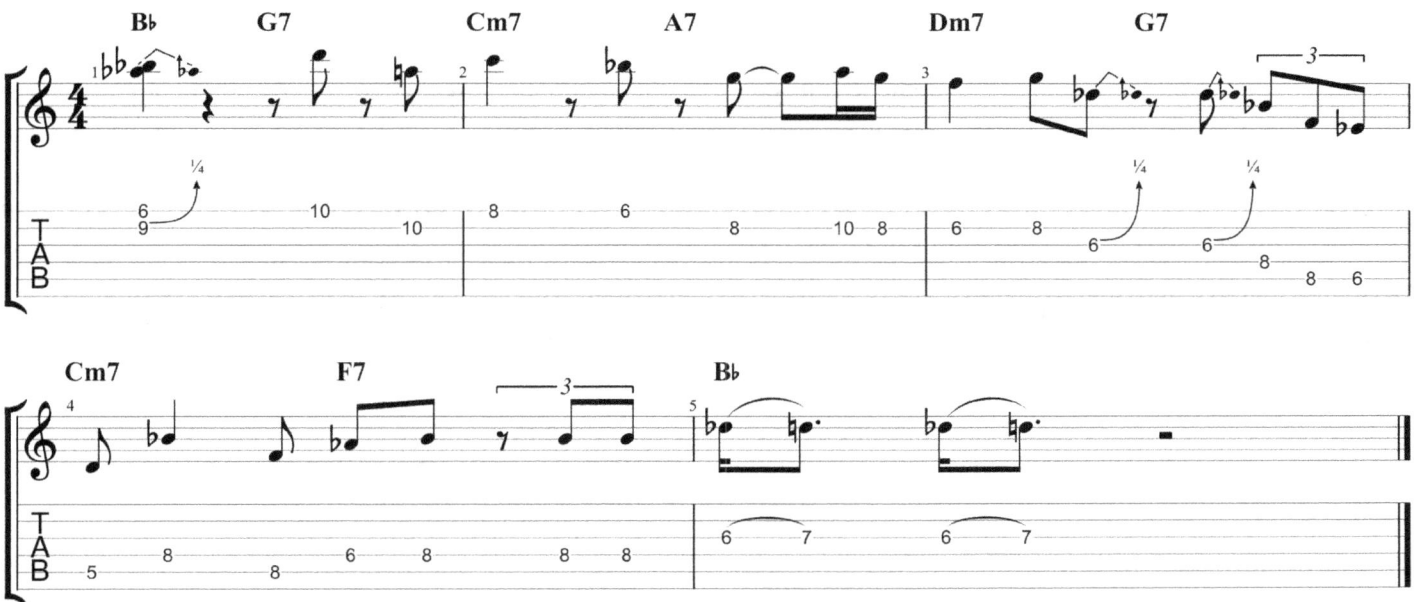

Dieses nächste Beispiel bleibt bei einem bluesbasierten Ansatz für Rhythm Changes, aber mit dem Hinzufügen einiger chromatischer Passnoten (in Takt eins und zwei, auf Beats 3 und 2). Wie im vorherigen Beispiel sind Off-Beat-Rhythmen ein Merkmal des Eröffnungstaktes bevor in Takt zwei weitere synkopierte Rhythmen erscheinen, die Achtel-, 1/4- und 1/16-Noten-Rhythmen mischen. In Takt vier ist eine weitere von Scofields bevorzugten kleinen Blues-Biegungen, vor der Einführung des dissonant klingenden zweiten Intervalls auf Takt 2 von Beat vier.

Scofield verwendet in seinem Spiel häufig kleine Intervall-Phrasen und ist eines seiner charakteristischen Solo-Mittel. Der Lick endet mit einem weiteren großen zweiten Intervall im Up-Beat von Beat 2 im letzten Takt. Die Verwendung eines leichten Overdrive mit dem gewählten Steg-Pickup (und vielleicht mit etwas abgesenkter Tonregelung) wird diesen Intervallen einen zusätzlichen Biss verleihen.

Beispiel 18b

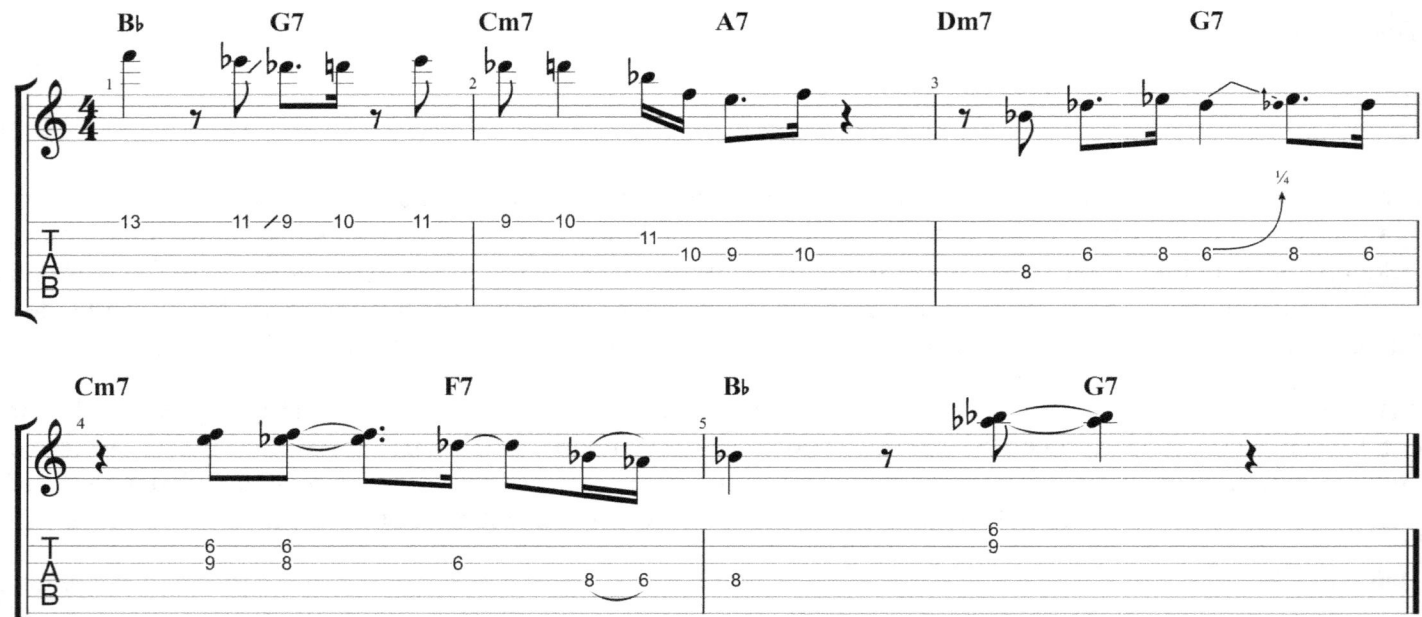

Du musst ein wenig vorsichtig mit den Rhythmen in den ersten beiden Takten dieses nächsten Beispiels sein es eventuell sorgfältig zusammen mit dem Audio anhören. Obwohl die geschriebene Tonhöhe gleich aussieht (Takt eins geht in Takt zwei), verwendet dieses Motiv die Technik, den gleichen klingenden Ton auf zwei verschiedenen Saiten zu spielen. Takt drei ist eine typische Blues-Phrase, die mit einem wiederholten Hammer-On vom 6. bis 7. Bund auf der G-Saite (Beat 2) endet.

Takt vier hat eine Mischung aus Rhythmen und du musst besonders vorsichtig sein mit dem Timing der letzten beiden Triolen auf den Schlägen 3 und 4, bevor du die Linie beendest, indem du die letzte Note in den ersten Beat des letzten Taktes hältst.

Beispiel 18c

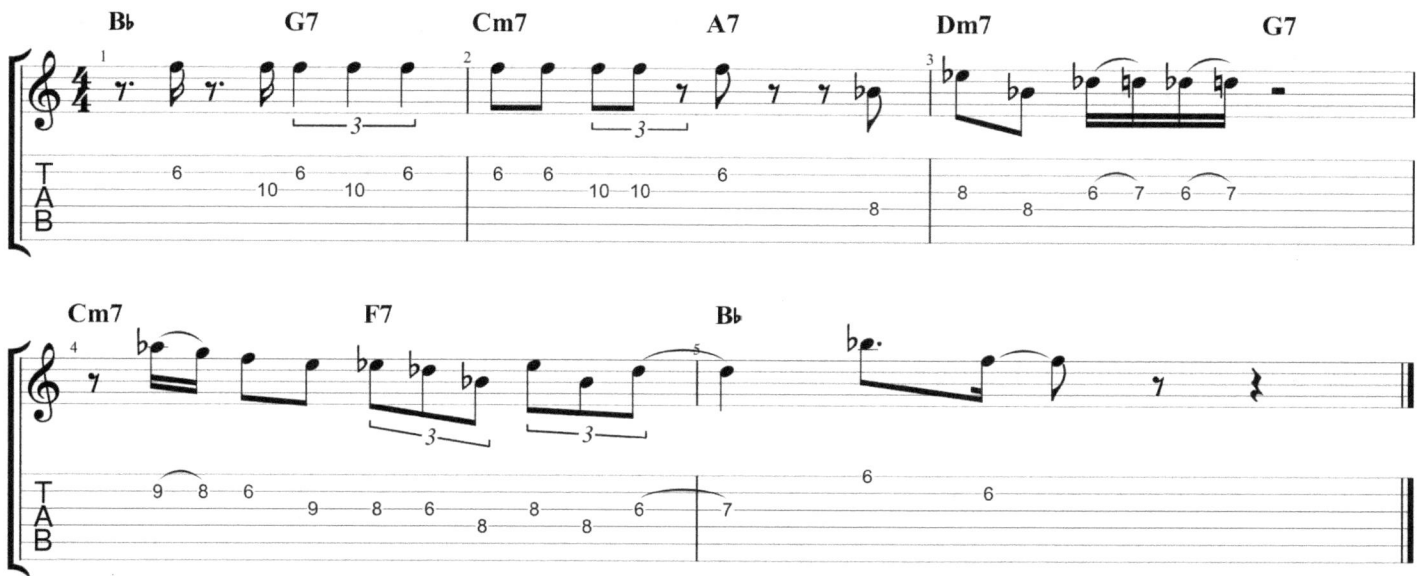

Dieses nächste Beispiel greift mehrere der Solo-Ansätze der vorherigen Licks auf und beinhaltet wiederum die rhythmische Synkopierung und die Verwendung kleiner dissonanter Intervalle. Achte auf die schnellen Hammer-On-Figuren bei Schlag 4 von Takt eins und Schlag 1 von Takt zwei. Die kniffligste Phrase in diesem Lick beginnt mit dem Up-Beat von Beat 3 in Takt zwei und geht weiter, bis die gebundene Note in den letzten Takt führt. Diese Linie ist einfacher zu spielen, als es auf dem Papier aussieht, also nimm dir Zeit und studiere den Ton sorgfältig, um die Rhythmen genau richtig zu spielen.

Der Lick endet mit der Verwendung von zweiten Intervallen (Takt vier, Schläge 2, 3 und 4). Das Timing ist hier entscheidend, also wenn die schriftliche Notation schwer zu entschlüsseln scheint, höre mehrmals das Audio an, um zu hören, wie es klingen soll.

Beispiel 18d

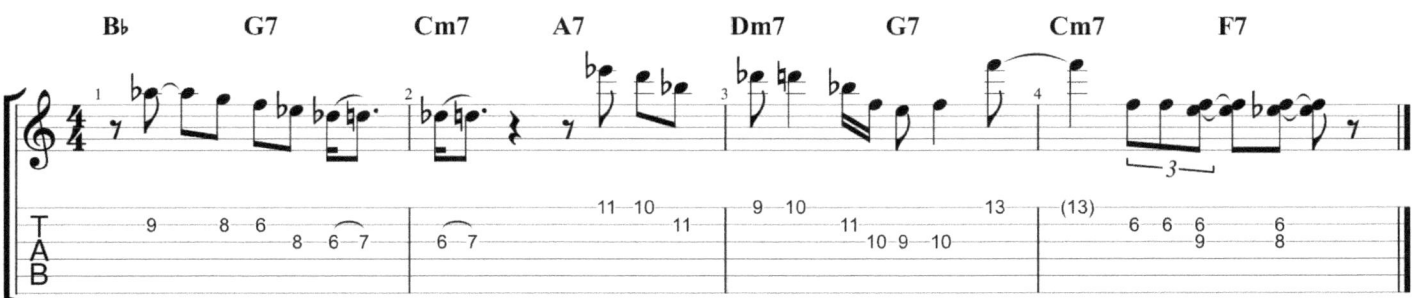

Scofield verwendet in seinem Spiel oft bestimmte Intervalle als melodisches Motiv, wobei die Septime ein besonderer Favorit ist. Dieser letzte Lick beginnt mit einem 7. Intervall, das vom 7. Bund auf der D-Saite bis zum 8. Bund auf der B-Saite (die leicht gebogen ist) gespielt wird. In Takt zwei wird eine Doppelgriff-Figur leicht scharf gebogen, um einen bluesigen Touch zu erzeugen, bevor die synkopierten Rhythmen auf den Up-Beat von Beat 2 zurückkehren.

Achte in Takt drei auf die Viertelnoten-Triolen über die letzten beiden Schläge und stelle sicher, dass du sie gleichmäßig verteilst. Der letzte Takt verwendet einen gewöhnlichen Blues- oder RnB-Stil Blues-Lick und endet auf der b7- Tonstufe des F7-Akkords.

Beispiel 18e

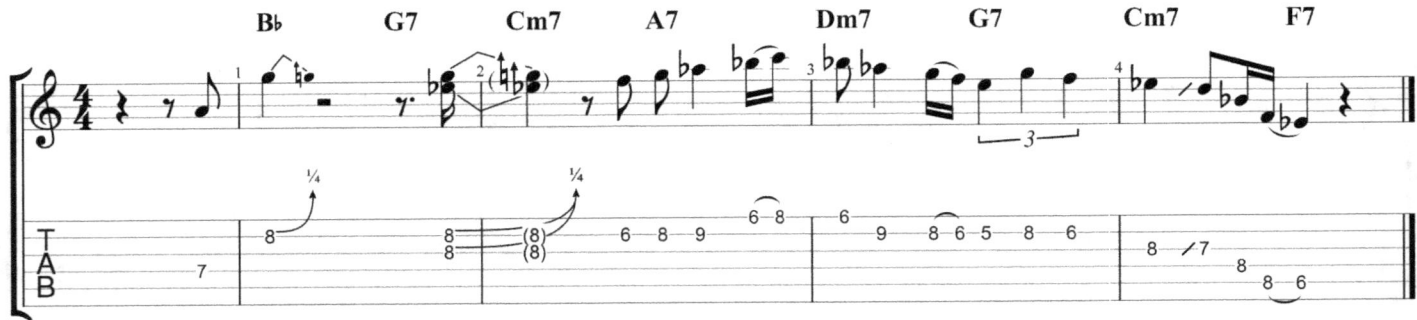

Mike Stern

Mike Stern wurde am 10. Januar 1953 in Boston, Massachusetts, geboren und interessierte sich zunächst als Teenager, der in Washington D.C. aufwuchs, für Gitarre. Sterns frühe musikalische Einflüsse waren hauptsächlich Rock- und Bluesgitarristen, aber später zog es ihn immer mehr in die Harmonie und Melodie des Jazz. Sein Interesse am Jazzstudium entwickelte sich bis zu einem Punkt, an dem er später in seine Heimat Boston zurückkehrte, um das wunderbare Berklee College of Music zu besuchen. Während seines Studiums in Berklee zog Sterns Gitarrenspiel bald die Aufmerksamkeit anderer gleichgesinnter Jazzmusiker auf sich und er wurde ein regelmäßiger Künstler in der lokalen Bostoner Jazzszene.

Seine erste bedeutende Karriereunterbrechung erfolgte, als ihm (angeblich von Pat Metheny) empfohlen wurde, für die 70er Jahre Rockgruppe Blood Sweat and Tears vorzuspielen, und nachdem er die Audition erfolgreich bestanden hatte, begann er mit der Band auf Tour zu gehen. Stern nahm zwei Alben mit BST auf und spielte zwei Jahre lang mit ihnen, bevor er 1979 schließlich zu Drummer Billy Cobhams Hochenergie-Fusionsgruppe Glass Menagerie kam. Er blieb bei Cobham bis Anfang 1981, als er dem legendären Trompeter Miles Davis als Gitarrist für Davis' neue Band empfohlen wurde. Stern spielte Anfang der 1980er Jahre drei Jahre lang mit Davis zusammen und nahm zwei Studioalben auf, *The Man with the Horn* und *Star People sowie* die viel beachtete Live-Aufnahme *We Want Miles*.

Nachdem er Davis' Band verlassen hatte, spielte Stern mit dem ehemaligen Weather Report Bassisten Jaco Pastorius in seiner Word of Mouth Gruppe und nach einer kurzen Rehabilitationsphase, um sich von Drogen- und Alkoholproblemen zu befreien, kehrte er für ein weiteres Jahr zu Miles Davis zurück.

Stern nahm 1985 sein erstes Soloalbum *Neesh* für das Japanese Trio-Label auf, und ein Jahr später erschien sein erstes Atlantic Records Jazz-Fusion-Album *Upside Downside* mit allgemein positiven Kritiken in der Musikpresse. Sterns wachsende kompositorische Fähigkeiten sowie seine herausragenden Improvisationsfähigkeiten zogen in den 1980er Jahren eine treue Fangemeinde für ihn an, und seine Karriere blieb stetig aufwärtsgerichtet. Nach einer kurzen Zeit der Zusammenarbeit mit dem Altsaxophonisten David Sanborn im Jahr 1986 und einigen Tourneen mit der Gruppe Steps Ahead (mit dem Tenorsaxophonisten Michael Brecker) schloss sich Stern mit Brecker als Teil der eigenen Gruppe des Tenors zusammen und tourte mit großem Erfolg.

Stern veröffentlichte in den späten 1980er und frühen 1990er Jahren weiterhin Soloalben im Jazz-Fusionsstil und gründete außerdem eine Tourneeband mit dem Tenorsaxophonisten Bob Berg. 1992 wurde er gebeten, in der reformierten Gruppe der Brecker Brothers zu spielen, wiederum zusammen mit Michael Brecker. Stern nahm 1992 auch ein Album mit Jazzstandards mit dem Titel *Standards and Other Songs* auf, das sein Bebop-Spiel mit großer Wirkung präsentierte und von der Kritik gut aufgenommen wurde.

Anfang der 2000er Jahre hatte Stern begonnen, die Verwendung von Gesang auf seinen Soloaufnahmen zu erforschen, und nachdem er Atlantic Records verlassen hatte, um bei ESC Records zu unterschreiben, setzte er sein Muster der Veröffentlichung von Soloaufnahmen fort, während er immer noch mit anderen Jazz- und Fusionskünstlern aufnahm und spielte, darunter The Yellowjackets 2008.

2014 nahm Stern mit dem texanischen Gitarristen Eric Johnson in einer sehr erfolgreichen Zusammenarbeit auf und tourte mit ihm. Stern erlitt im Sommer 2016 einen schweren Karriererückschlag, als er bei einem Sturz schwer verletzt wurde, aber trotz einiger schwerer Verletzungen ist er wieder in die Live-Performance zurückgekehrt, allerdings mit einer modifizierten Spieltechnik, die ihm hilft, seine jüngsten Verletzungen zu überwinden. Stern wurde für sein Gitarrenspiel und seine Studioaufnahmen nominiert und mehrfach ausgezeichnet und hat bisher 17 Soloalben veröffentlicht.

Mike Stern spielte zu Beginn seiner Karriere sowohl eine Fender Stratocaster als auch eine Telecaster, wobei das Telecaster-Modell für viele Jahre seine bevorzugte Gitarre wurde. Für die meiste Zeit der 1980er und 1990er Jahre verwendete er einen hybriden Telecaster, der von Michael Aronson gebaut wurde, basierend auf einem früheren Instrument, das ihm gestohlen wurde. Stern spielt seit kurzem eine Yamaha PA1511MS Mike Stern Modellgitarre, die auf der Aronson-Gitarre basiert. Für die Verstärkung verwendet Stern ein Stereo-Setup mit einer alten Yamaha SPX90 und mehreren Boss-Pedalen, die über Doppelverstärker (normalerweise Fender 65 Twin Reverbs) gespielt werden.

Sterns Spielstil ist eine raffinierte Verschmelzung von Bebop-Jazz-Vokabular und oft recht roh klingenden Blues / Rock-Linien. Dieser Ansatz, der von einigen Kritikern als „Bop'n'Roll" bezeichnet wird, kombiniert lange Passagen im Bebop-Stil mit traditionellen Rock / Blues-Bends und Vibrato. Stern verwendet auch Improvisationsmittel und harmonische Ansätze, die eher mit Hornisten und Jazzpianisten als mit Gitarristen in Verbindung gebracht werden.

Empfohlenes Audiomaterial

Play

Upside Downside

Standards (and other songs)

We Want Miles (Miles Davis)

Mike Stern verwendet in seinem Solo viele Blues-Phrasen und pentatonische Muster. Dieser erste Lick verwendet durchgehend die C Blues Skala. Ausgehend von einer klassischen kleinen Terz bei Beat 1 von Takt 1, trägt das schnelle 1/16-Triplett bei Beat 4 zum Blues-Feeling bei, indem es die b5 der Skala in einer schnellen Hammer-On/Pull-Off-Sequenz zeigt. Der Lick endet mit einer einfachen Blues-Skala-Melodie in Takt drei, bevor er auf den Grundton des Cm7-Akkords auf dem Down-Beat von Takt vier endet. Höre dir das Audio an, wenn die geschriebenen Rhythmen etwas abschreckend aussehen, und du wirst bald hören, wie das Beispiel klingen soll.

Stern verwendet einen Stereogitarrensound mit einem SPX90 Pitch Shifter und zwei Verstärkern für seinen Hauptton, aber man kann seinen Sound für diese Beispiele mit einem Chorus-Effekt einigermaßen gut nachahmen.

Beispiel 19a

Beispiel 19b ist weit entfernt von der Einfachheit des vorherigen Beispiels und zeigt die Fähigkeit von Stern, mehrere Klangmittelpunkte über einen einzigen Akkord zu legen. In Takt eins wird das gezeigt, was Jazzmusiker als „Coltrane changes" bezeichnen – eine harmonische Sequenz, die der Saxophonist John Coltrane in den späten 1950er Jahren populär machte. Die kantig klingende Sequenz besteht aus mehreren Dreiklängen / 7. Akkord-Arpeggios, die sich von Es-Dur auf Beat 1 über F#7, B7 zu einem viertönigen Motiv auf D-Dur auf Beat 4 bewegen.

Dieser Ansatz setzt sich mit einem G-Dur-Arpeggio auf Beat 1 von Takt zwei fort, bevor ein Ebmaj7-Arpeggio über die Taktlinie zwischen dem zweiten und dritten Takt eingesetzt wird. Nimm dir die Zeit, diesen Lick zu lernen, denn es kann eine Weile dauern, bis deine Ohren einen Teil der Dissonanzen absorbieren, die dieser Art von Fusion-Jazz-Linien innewohnen.

Beispiel 19b

Wie Pat Martino spielt Mike Stern in seinen Soli oft lange Passagen mit 1/16tel-Noten und Beispiel 19c ist stilistisch ähnlich wie Martinos Ansatz. Zwei chromatische Passnoten werden auf den Schlägen 1 und 3 des ersten Taktes verwendet und die restlichen Noten werden aus dem C-Äolischen Modus gezogen – einem Stern-Favoriten für tonische Mollakkorde.

Takt zwei beginnt mit einem 1/16-Ton-Triplett-Hammer-Om / Pull-Off, bevor er mit der äolischen Skala weitergeht. Der Lick endet, indem er auf der kleinen Terz und b7-Tonstufe des Cm7-Akkords abzielt. Stern verwendet für diese Art von langer melodischer Linie meist alternatives Picking, so dass das Üben der Picking-Technik sicherlich helfen wird, dieses Beispiel zu beherrschen.

Beispiel 19c

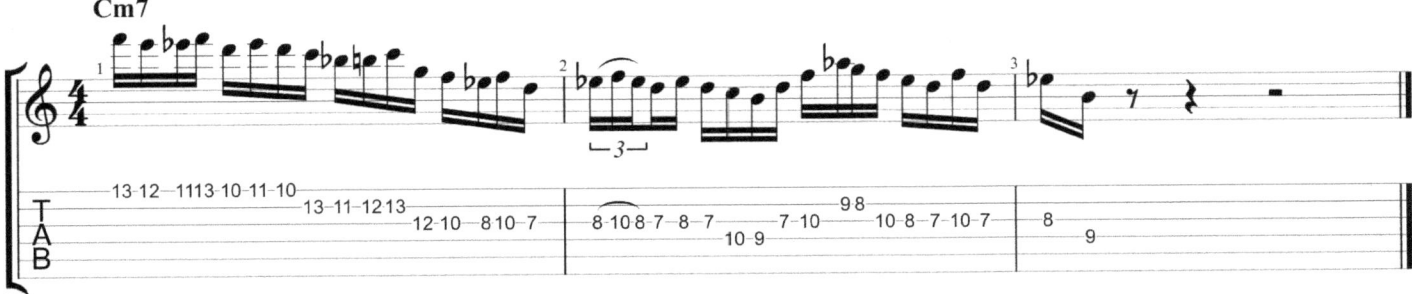

Beispiel 19d basiert fast ausschließlich auf Arpeggios – einem weiteren beliebten Improvisationsgerät von Stern. Beginnend mit einem Bb-Dreiklang, der mit einem Ab-Dreiklang in Takt eins abwechselt, steigt die Linie ein langes Ebmaj7-Arpeggio hinab. Achte darauf, dass du die richtigen Rhythmen in Takt eins spielst, da sie leicht irreführend sind.

Die Linie schließt mit einem kurzen Intervallmotiv auf dem letzten Takt von Beat zwei, bevor sie auf dem Grundton und b7 des darunter liegenden Cm7-Akkords endet.

Beispiel 19d

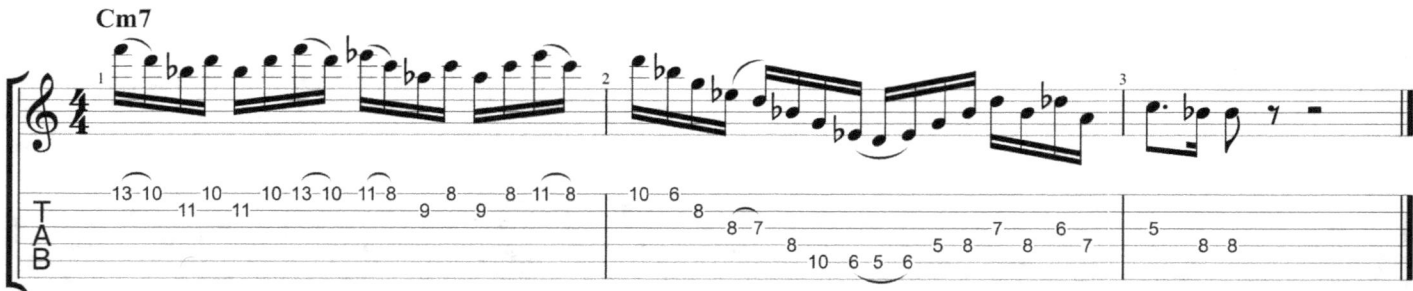

Das letzte Beispiel ist ein weiterer Lick, der von Pat Martino hätte gespielt werden können und fast ausschließlich 1/16tel-Noten enthält. Es gibt eine kurze Skalensequenz, die auf der C-Melodischen Moll-Skala auf den Schlägen 1 und 2 des ersten Taktes basiert, bevor einige chromatische Passnoten hinzugefügt werden, die die Linie bis zum schnellen 1/16-Triplett am Anfang des zweiten Taktes führen.

Die Linie verwendet dann den C-Äolischen Modus, bevor sie am 4./11. des Cm7-Akkords in Takt drei landet. Stern mischt in seinen Soli oft Skalentypen, um verschiedene Texturen auf demselben Akkord zu erzeugen, und dieser Lick ist ein gutes Beispiel dafür, wie man das erreichen kann, ohne dass es komisch klingt.

Beispiel 19e

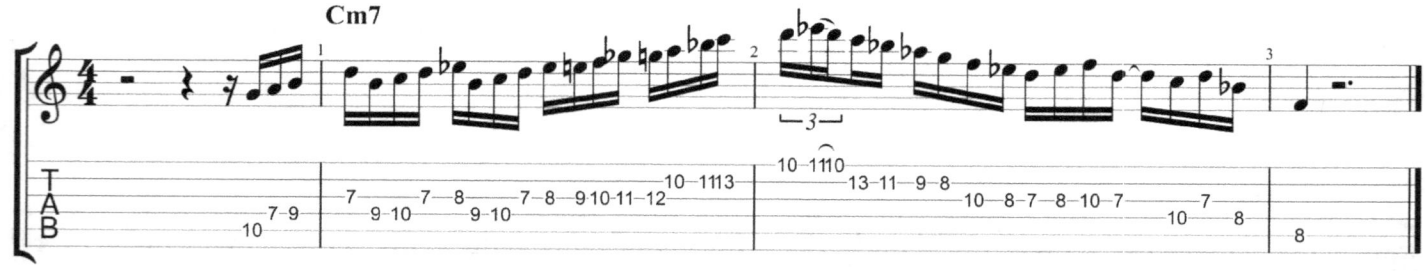

Pat Metheny

Patrick Bruce Metheny wurde am 12. August 1954 in Lee's Summit, Missouri, in einer bereits musikalischen Familie geboren. Methenys Vater spielte Trompete (wie sein Bruder) und seine Mutter war Sängerin. Nachdem Metheny zunächst von seinem Bruder Trompete gelernt hatte, wurde er zunehmend von der Gitarre angezogen. Inspiriert von einer Beatles-Performance im Fernsehen, erhielt Metheny 1964 seine erste Gitarre. Bald zog es ihn besonders an, Wes Montgomery und andere Jazzkünstler wie Miles Davis zu spielen, und schon bald trat er regelmäßig in seiner Umgebung auf und übte kontinuierlich zu Hause.

Nachdem Metheny im Alter von nur 15 Jahren ein Stipendium des *Down* Beat-Magazins gewonnen hatte, besuchte er ein Sommercamp mit dem Gitarristen Attila Zoller und erregte anschließend die Aufmerksamkeit des Dekans der University of Miami, der ihm ein Stipendium an der Universität anbot. Metheny, der bereits als ein Wunderkind galt, unterrichtete bald Gitarre, zuerst in Florida und dann am Berklee College of Music in Boston.

Metheny debütierte 1974 auf einem Album mit dem Pianisten Paul Bley, dem Bassisten Jaco Pastorius und dem Schlagzeuger Bruce Ditmas, das für das Label Improvising Artists entstand. Metheny kam dann 1975 in die Band von Vibraphonist Gary Burton und spielte zusammen mit seinem Gitarrenkollegen Mick Goodrick. Im folgenden Jahr veröffentlichte Metheny sein offizielles Debütalbum *Bright Size Life* auf dem ECM-Label, wiederum mit Jaco Pastorius am Bass. Metheny blieb mehrere Jahre lang beim ECM.

Metheny gründete dann die Pat Metheny Group, zusammen mit der langjährigen Mitarbeiterin, der Pianistin Lyle Mays. Die Gruppe veröffentlichte in den nächsten Jahren mehrere Alben, und ihre zweite Aufnahme, *American Garage*, stieg erfolgreich in die populären Musikcharts ein und erreichte Platz eins in der Billboard Jazz Charts. Eine Zusammenarbeit mit David Bowie Mitte der 80er Jahre bei *This is Not America* brachte Methenys Musik in die Top 40, sowohl in den USA als auch in Großbritannien.

Die Metheny-Gruppe entwickelte sich in den folgenden Jahren durch mehrere Besetzungswechsel und nach der Veröffentlichung der Aufnahme *First Circle* verließ Metheny das ECM-Label und unterschrieb bei der Firma Geffen für das Album *Still Life (Talking)*. Trotz Solo- und Nebenprojekten hielt Metheny seine Hauptgruppe zusammen, obwohl er sich von der eher lateinamerikanischen Musik abwandte, um neue und vielfältige Instrumentierungs- und Kompositionsansätze zu integrieren.

Außerhalb der Pat Metheny Group hat der Gitarrist zahlreiche Alben aufgenommen, die andere Seiten seiner musikalischen Persönlichkeit zeigen, darunter *Secret Story* (sein Album von 1992 mit Orchesterarrangements), *The Falcon and the Snowman* (Filmmusik von 1985) und die Avantgarde *Zero Tolerance for Silence* von 1994. Er hat auch mit vielen anderen Musikern aufgenommen, darunter Dave Holland, Brad Mehldau, Michael Brecker, Joni Mitchell, Ornette Coleman, Jim Hall, Bruce Hornsby und Bassist Marc Johnson, um nur einige zu nennen. Er hat auch mit seinem älteren Bruder Mike Metheny Alben aufgenommen, darunter *Day In - Night Out* (1986) und *Close Enough for Love* (2001).

Im Jahr 2012 gründete er die Unity Band mit Antonio Sánchez am Schlagzeug, Ben Williams am Bass und Chris Potter am Saxophon. Diese Gruppe tourte durch Europa und die USA und Metheny kündigte 2013 die Gründung der Pat Metheny Unity Group an, ergänzt durch den italienischen Multi-Instrumentalisten Giulio Carmassi.

Metheny hat unzählige Auszeichnungen für seine Musik und sein Spiel erhalten, darunter 20 Grammy Awards in zehn verschiedenen Kategorien.

Metheny ist ein fließender und hochinnovativer Solist mit einem sofort erkennbaren Spielvokabular und hat sich zu einer der Jazzgrößen der Moderne entwickelt. Mit kompositorischen Fähigkeiten, die so ausgeprägt sind wie sein Spiel, ist er einer der meist verehrten (und imitierten) modernen Jazzgitarristen. Sein charakteristischer Gitarrensound wird auch von zeitgenössischen Spielern stark kopiert.

Methenys Wahl des Instruments hängt stark von dem Projekt ab, an dem er beteiligt ist, obwohl er im Allgemeinen seine Ibanez PM Signature-Modellgitarre bevorzugt. Zu Beginn seiner Karriere verwendete er eine naturbelassene Gibson ES-175, bevor er sie Mitte der 90er Jahre an die Wand hing. Er hat auch einige sehr ungewöhnliche Instrumente benutzt, die speziell für ihn entworfen wurden, darunter eine speziell angefertigte 42-saitige Pikasso-Gitarre. Metheny ist auch einer der bekanntesten Anwender des Gitarrensynthesizers, insbesondere des Roland GR300. Neben seinen elektrischen Instrumenten verwendet er regelmäßig sechs- und zwölfsaitige Akustikgitarren.

Metheny verwendete viele Jahre lang einen Acoustic 134 Verstärker, bevor er zu anderen Marken wie Digitech und Ashly wechselte. Er verwendet auch Effektgeräte wie das digitale Delay Lexicon Prime Time als integralen Bestandteil seines Signalwegs.

Empfohlenes Audiomaterial

Bright Size Life

Question and Answer (Pat Metheny/Dave Holland/Roy Haynes)

Still Life Talking (Pat Metheny Group)

Pat Metheny ist ein Meister der rhythmischen Phrasierung über Taktlinien hinweg. Obwohl dieser Lick auf dem Papier einfach aussieht, ist es wichtig, die Zeit konstant zu halten. Der Lick beginnt mit einem einfachen pentatonischen Muster in c-Moll, das chromatisch durch den Dbmaj7-Akkord (in den Takten drei und vier) nach oben bewegt wird, bevor es sich zu c-Moll in Takt fünf auflöst. Solche Bewegungsmuster werden oft als „Side-Slipping" bezeichnet und sind eine effektive Möglichkeit, vorübergehend außerhalb der Tonart zu spielen.

Die dramatischen Einzel-Slides, wie Beat 3 von Takt sechs, sind ein charakteristisches Merkmal von Methenys Spiel, und er wird manchmal Doppelgriffe verwenden, wie die der ersten beiden Beats des letzten Taktes.

Beispiel 20a

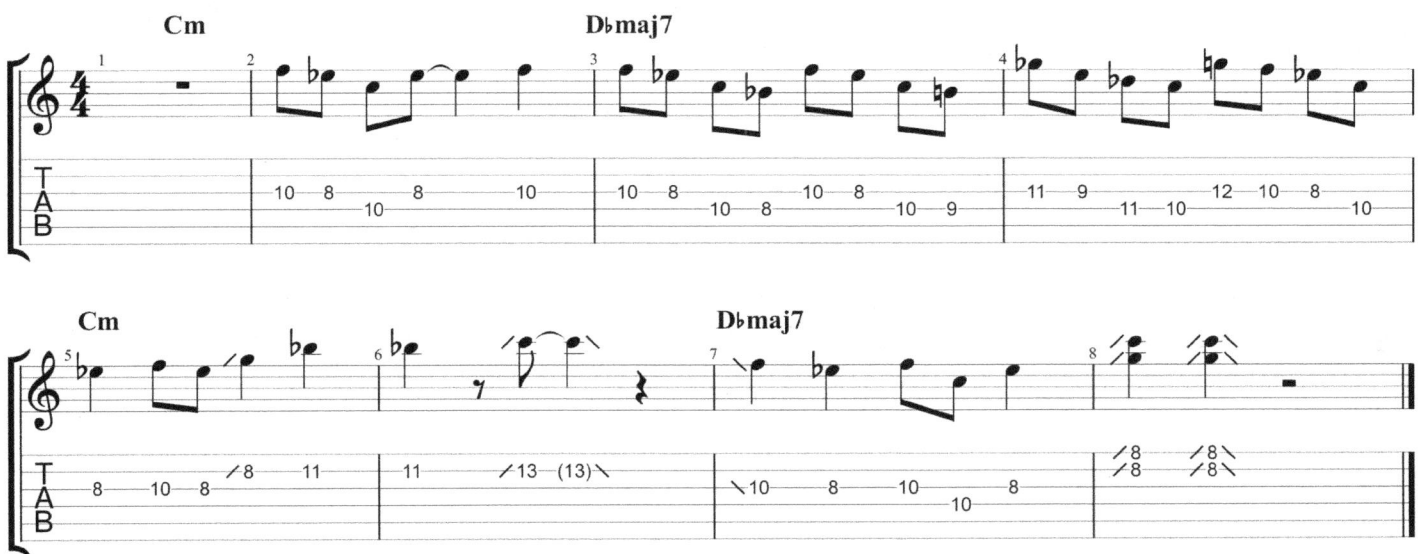

Metheny verwendet in seinen Soli oft wiederholte melodische Muster mit großer Wirkung. Beispiel 20b verwendet das gleiche Muster von Beat 3 von Takt eins bis Takt drei. Achte darauf, dass du die mittleren beiden Noten in jeder dieser vierstimmigen Phrasen abziehst da dies hilft, Methenys Legato-Ansatz einzufangen.

Takt drei zeigt einen melodischen Ansatz im Bop-Stil mit einer chromatischen Passnote im Up-Beat von Beat 3, was einen Kontrast zu früheren repetitiven Mustern darstellt. Der Bop-Ansatz setzt sich in Takt vier fort, bevor die Linie mit einem einfachen pentatonischen Motiv in c-Moll ergänzt wird.

Beispiel 20b

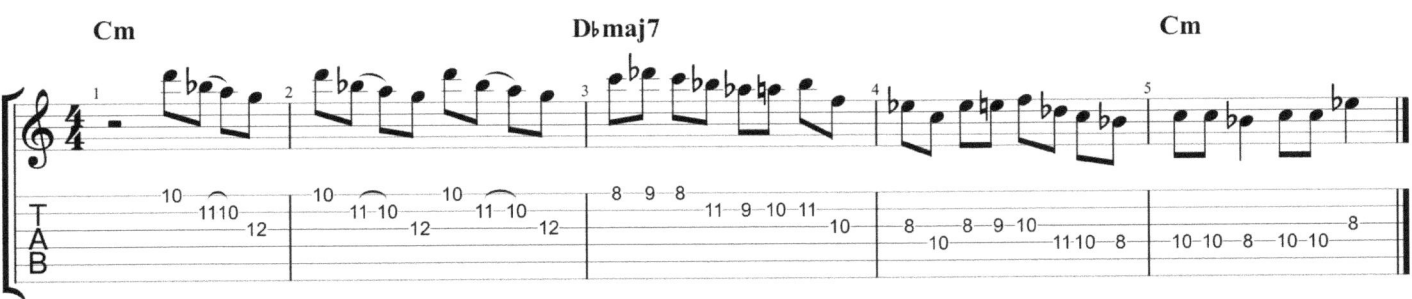

Beispiel 20c erweitert das Konzept des „Side-Slipping" um ein Vielfaches und verwendet durchgängig ein Griffmuster. Das Muster wird chromatisch auf dem Griffbrett auf dem gleichen Saitensatz (G-, B- und E-Saiten) nach oben bewegt. In Takt eins beginnt das Muster mit der Ausrichtung auf die 5., b3, 9. und den Grundton des c-Moll-Akkords. Dann steigt er einen Bund nach dem anderen an, bis zu den letzten beiden Beats des Taktes vier. Du wirst an manchen Stellen mit diesem Lick viel Dissonanz hören, aber das ist beabsichtigt, um Spannung zu erzeugen.

Die letzte Note des Licks (die hohe D-Note im 10. Bund) ist dazu da, die vorherige harmonische Spannung freizusetzen (es ist die 9. des c-Moll-Akkords). Die Verwendung solcher chromatischen aufsteigenden Muster kann im Solo spannend sein, aber sie müssen sorgfältig eingesetzt werden. Spiele sie immer mit einem klaren Rhythmus, sonst kann es schnell so klingen, als würdest du falsche Noten spielen. Das Auflösen auf einen Akkordton, nachdem du etwas Side-Slipping verwendet hast, ist ein kluger Zug.

Beispiel 20c

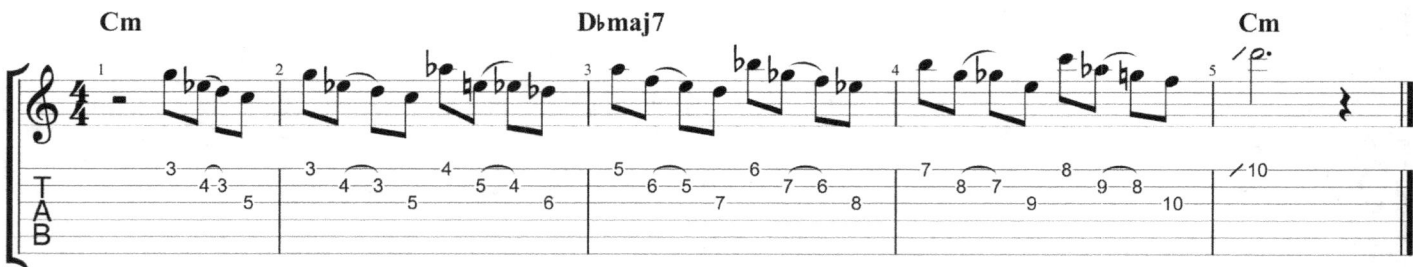

Obwohl das nächste Beispiel aus einfachen diatonischen Skalen aufgebaut ist, zeigt es, wie Metheny ein melodisches Solo mit klaren Rhythmen und einer soliden Phrasierung erzeugt. Die ersten beiden Takte verwenden nur Noten der c-Moll-Pentatonik, aber die rhythmische Anordnung der Noten macht den Unterschied. Anstatt mit dem Schlag 1 von Takt 1 zu beginnen, beginnt die Linie mit dem Schlag 3 und beinhaltet eine gebundene Note über die Taktlinie in Takt 2. Im dritten Takt werden nur drei Noten verwendet, um den Akkordwechsel zu Dbmaj7 zu markieren. Beachte die beiden rhythmischen Beat-Lücken, bevor der Lick in Takt vier wieder aufgenommen wird.

In Takt fünf wird die c-Moll-Pentatonik wieder mit einfachen, aber wirkungsvollen abwechselnden 1/4- und 1/8-Noten-Rhythmen verwendet, bevor der Lick mit zwei 1/4-Noten auf Takt sieben abgeschlossen wird. Diese Art von einfacher, aber starker Phrasierung macht eine Linie wirklich rhythmisch interessant. Metheny verwendet diesen Ansatz häufig in seinen Soli, besonders bei schnelleren Tempi.

Beispiel 20d

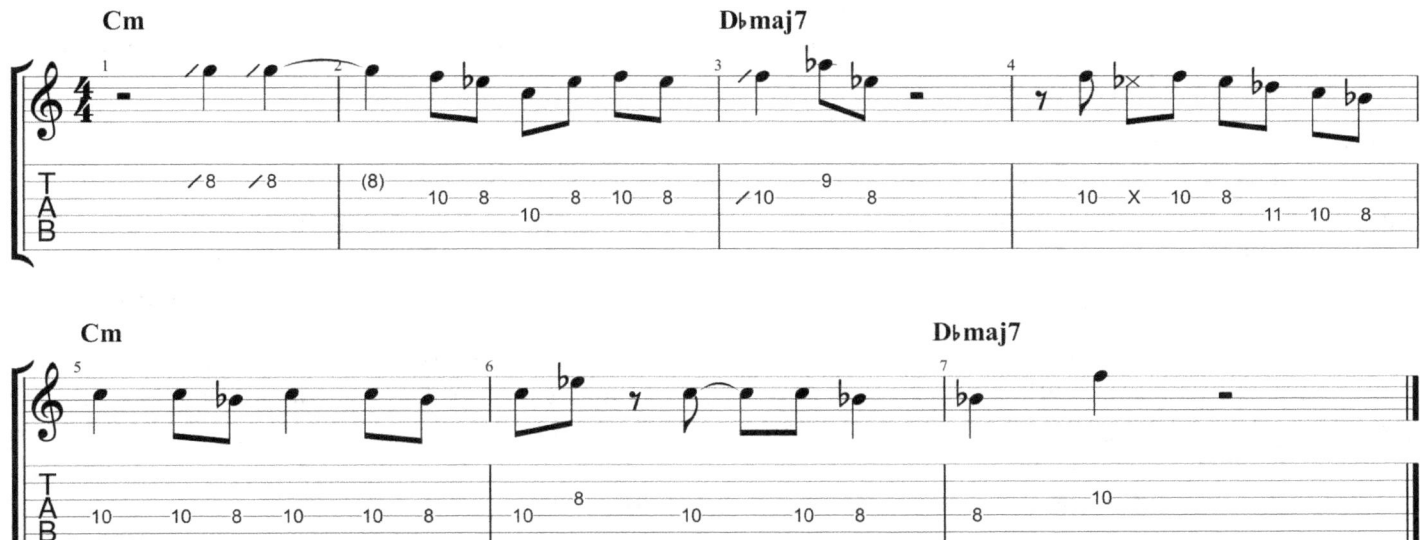

Das letzte Pat Metheny Beispiel beginnt mit zwei Takten der Stille, bevor etwas passiert. Bei mittleren bis schnellen Tempi kann dies ein nützliches Mittel sein. Du kannst deinem Solo Zeit geben, sich zu entwickeln, ohne ständig zu spielen. Der Eingang bei Takt drei über dem Dbmaj7-Akkord ist umso dramatischer, nachdem zwei Takte der Stille stattgefunden haben.

Die Linie endet mit zwei typischen Metheny-Fingerslide – zuerst zur hohen B-Note auf der B-Saite (11. Bund) und der C-Note auf der gleichen Saite am 13. Bund. Es gibt hier nichts besonders Anspruchsvolles, aber versuche, deine Zeit konstant zu halten und sei nicht versucht, die Phrasen in diesem Lick zu überstürzen.

Beispiel 20e

Beispiel Jazzgitarren-Solo 1

Dieses Beispiel-Solo wird über eine I VI II V Akkordfolge in C-Dur gespielt und enthält vier Licks aus dem Buch. Die Sequenz I VI II V ist in der Jazzmusik alltäglich und findet sich in Tausenden von Jazzstandards wieder. Der Aufbau eines soliden Vokabulars über diese Entwicklung (vorzugsweise in allen Tonarten) gilt als wichtige Grundlage für jeden angehenden Jazzmusiker.

Das Solo beginnt mit dem ersten Lick aus dem Joe Pass-Kapitel (Beispiel 9a) und zeigt mehrere klassische Bebop-Moves, wie z.B. die Approach-Noten zur Dekoration des 5. und Grundton des Cmaj7-Akkords in Takt eins, bis hin zur Verwendung des b9-Intervalls gegen den G7-Akkord in Takt fünf. Fast jeder Jazzmusiker würde veränderte Spannungen (b5, #5, #5, b9 oder #9) über die Akkorde VI7 und V7 verwenden, wie hier zu sehen ist. Diese veränderten Spannungen können einzeln oder in Kombination mit anderen gespielt werden.

Der zweite Lick verbindet sich effektiv mit dem ersten und ist Beispiel 6a aus dem Wes Montgomery Kapitel. Dieser Lick sorgt für eine willkommene Veränderung der rhythmischen Struktur von den offenen vier Takten aus und die Verwendung der 1/4-Noten-Triolen hilft, dem Solo ein entspanntes „behind the beat"-Feeling zu erhalten. Längere Triplett-Rhythmen wie diese werden von Solisten oft verwendet, um einen Kontrast zu den mehr als 1/8- und 1/16-Notenläufen vieler Jazz-Soli zu schaffen.

Spieler wie Wes Montgomery arrangierten ihre Soli häufig mit Akkordwerken und Einzelpassagen. Der dritte vorgestellte Lick in diesem Beispiel-Solo verwendet ein solches Akkordsolo, das aus Beispiel 9c im Joe Pass Kapitel entnommen wurde. Die Verwendung solcher Akkordphrasen kann wirklich helfen, einem Jazz-Solo Abwechslung zu verleihen und harmonische Klarheit zu schaffen. Achte darauf, diese Akkorde nicht zu überstürzen, wenn du sie spielst – du solltest vielleicht üben, von einzelnen Noten zu Akkorden zu wechseln, um dich an diesen Ansatz zu gewöhnen. Es wird nach einer Weile zur zweiten Natur werden und ist eine nützliche Fähigkeit, sich auf der Gitarre zu entwickeln.

Ein weiterer Joe Pass Lick beendet dieses Beispiel-Solo (Beispiel 9e) und verwendet im Gegensatz zum ersten Lick fast ausschließlich 1/16tel-Noten. Dies wird manchmal als Double Time-Spielen in Jazzkreisen bezeichnet und kann sich bei musikalischer Anwendung dramatisch anhören. Pat Martino ist ein Experte im Spielen von langen double-time 1/16tel-Notenlinien, wie natürlich auch Joe Pass. Achte auf die Griffweise, die erforderlich ist, um die Ganztonmuster in Takt eins zu spielen, und achte darauf, dass du die 1/16tel-Noten in diesem langen Abschnitt nicht überstürzt.

Beispiel 21a

Beispiel Jazzgitarren-Solo 2

Jazz-Soli werden nicht immer über mehrere Akkordwechsel gespielt, und viele bekannte Jazzkompositionen verfügen über Solo-Sektionen mit einem einzigen Akkord. Dies wird manchmal als „Ein-Akkord-Vamp" bezeichnet. Dieses zweite Beispiel-Solo hat nur einen Akkord (Cm9) zu berücksichtigen und bietet dem Solisten daher viel Freiheit in Bezug auf seinen improvisatorischen Ansatz.

Das Solo beginnt mit Beispiel 19a (abzüglich der Pickup-Note) aus dem Kapitel Mike Stern und dient als einfache, aber melodisch effektive Art des Beginns. Die bluesige Natur dieses Licks ist für ein Publikum zugänglich und viele Jazz-Soli über statische Akkordvamps beginnen mit bluesbasierten Phrasen wie dieser. Denke daran, deine Zeit konstant zu halten und folge den Hammer-On / Pull-Off-Anweisungen auf Schlag 4 des ersten Taktes.

Lick zwei beginnt bei Takt fünf und ist ein Grant Green Lick (Beispiel 12b), das 1/16tel-Note Triolen mit ausgefallenen 1/8tel-Noten kombiniert. Die Verwendung wiederholter rhythmischer und melodischer Motive wie diesem ist ein gängiger Ansatz bei Einzelakkordvamps. Das in den Takten sechs und sieben verwendete Ebmaj7-Arpeggio ist eine Akkordsubstitution, die häufig auf einen Cm7-Akkord angewendet wird, und ist daher in diesem Zusammenhang besonders effektiv.

Die lange 1/16tel-Notenlinie, die bei Takt neun beginnt, stammt wiederum aus dem Kapitel Mike Stern (Beispiel 19c). Sie ist ein großartiges Beispiel dafür, wie man Passtöne in einer ansonsten diatonischen Skalenlinie verwenden kann, um einem Solo eine chromatische Spannung zu verleihen. Stern ist ein Meister dieser Art von veredelter 1/16tel-Notenlinie, die über einen einzigen Akkord gespielt wird. Achte auf die kleinen Positionsverschiebungen in diesem Lick. Lerne es, indem du es zunächst in kleinere Abschnitte zerlegst.

Das Solo endet mit einem weiteren Grant Green Lick (Beispiel 12a) und der Schwerpunkt liegt hier auf 1/8-Ton-Triolen. Dieser Lick wird meist auf der 8. Position gespielt, aber achte auf die Passage, die mit Beat 3 von Takt eins beginnt - die Triolen hier sind in vier statt drei gruppiert. Hör dir das Audio an, um diesen rhythmischen Effekt zu hören. Die Verwendung verschiedener rhythmischer Gruppierungen ist ein weiteres nützliches Werkzeug für den Solisten, besonders in solchen Situationen mit einzelnen Akkorden.

Beispiel 21b

Fazit

Nun, da haben wir es! 100 fantastische Licks im Stil der größten Jazzgitarristen der Welt. Wir hoffen, dass dir die Reise gefallen hat und du über die nächsten Jahre in dieses Buch eintauchen wirst.

Wie wir in der Einleitung erwähnt haben, wirst du das Beste aus diesem Buch herausholen, indem du jeden Lick zu deinem eigenen machen. Es ist zwar wertvoll, den Stil der Musiker, die du liebst, zu kopieren, aber du wirst wirklich davon profitieren, jeden Lick so zu gestalten, dass er zu deiner eigenen Stimme passt.

Experimentiere, indem du den Rhythmus, die Phrasierung, die Artikulation und die Geschwindigkeit jeder Phrase änderst, um sie an deine musikalische Persönlichkeit anzupassen. So entwickelt sich die Sprache und so erschaffst du deine eigene, einzigartige Stimme auf dem Instrument. Ein einziger Lick kann dir stundenlang kreatives Vergnügen im Proberaum bereiten.

Die beste Vorgehensweise ist es, diese Licks mit einer Jam-Gruppe, live oder in einem Proberaum zu spielen. Die Gitarre fühlt sich anders an, wenn man sich vom Komfort seiner Backing Tracks entfernt.

Ich bin stolz darauf, dass Fundamental Changes inzwischen über 100 Gitarrenmethoden veröffentlicht hat und einige dieser Titel dir helfen werden, deine eigene Sprache zu entwickeln und zu personalisieren.

Mein Buch Blues Guitar Melodische Phrasing wirft einen detaillierten Blick darauf, wie man das musikalische Gefühl erlernen kann. Ich fragte einmal einen Lehrer, wie ein berühmter Gitarrist so spielte, wie er es tat. Er sagte mir: „Er fühlt es einfach." Nun, vielleicht war das wahr, aber es war eine nutzlose Antwort eines Lehrers! Ich machte mich daran, das musikalische Gefühl in eine präzise Reihe von Ideen und Fähigkeiten zu zerlegen, und diese Studie führte zu **Blues Guitar Melodic Phrasing**. Alles darin ist auch auf die Jazzgitarre anwendbar.

Einige der theoretischen Ideen in diesem Buch können für dich neu sein. Ich versuche, die Theorie auf ein Minimum zu beschränken und mich auf die Musik zu konzentrieren. Zwei Bücher, die ich geschrieben habe, um die praktische Anwendung der Theorie zu zeigen, sind Guitar Scales in Context und The Practical Guide to Modern Theory for Guitarists.

Beide Bücher sind äußerst praxisorientiert und helfen wirklich bei der täglichen, musikalischen Anwendung der Theorie.

Wenn du eine solide technische Entwicklung anstrebst, ist Simon Pratts Buch Guitar Finger Gym ein großartiger Leitfaden für die meisten Aspekte der Gitarrentechnik, und mein Buch Complete Technique for Modern Guitar ist auch ein guter Begleitband.

Vor allem aber viel Spaß beim Lernen der Musik, die du liebst. Wenn du nicht lächelst, machst du es falsch!

Joseph

Andere Jazz-Bücher von Fundamental Changes

Für weitere Studien des Jazz' und um mehr Ideen zu bekommen, wie du diese Licks verwenden kannst, sieh dir die folgenden Bücher von Fundamental Changes an.

- Beyond Chord Melody with Martin Taylor
- Chord Tone Soloing for Jazz Guitar
- Fundamental Changes in Jazz Guitar
- Minor ii V Mastery
- Voice Leading Jazz Guitar
- Bebop Jazz Blues Guitar
- Jazz Blues Soloing for Guitar